配色设计速查手册

红糖美学 著

COLOR DESIGN

人 民 邮 电 出 版 社
北 京

图书在版编目（CIP）数据

配色设计速查手册 / 红糖美学著. -- 北京 : 人民邮电出版社, 2023.7(2024.3重印)
ISBN 978-7-115-60743-0

Ⅰ. ①配… Ⅱ. ①红… Ⅲ. ①配色－设计－手册 Ⅳ. ①J063-62

中国国家版本馆CIP数据核字(2023)第031350号

内 容 提 要

配色是设计师、画师必备的技能，也是一部分新手设计师、画师的痛点。本书立足于设计行业和绘画行业，重点解决从业者和新手的配色难问题。

本书共十一章。第一章讲解色彩的基础知识；第二章到第八章讲解七大色系的配色方案，共78种颜色，每个色系的颜色都是按照由浅到深的方式排列；第九章讲解意象配色方案，共162种，应用场景有平面设计、室内设计、产品设计、景观设计、园林设计、家居设计等；第十章讲解大自然配色方案，共52种，应用场景有平面设计、室内设计、产品设计、城市设计、建筑设计、景观设计等；第十一章讲解流行风格配色方案，共20种，应用场景有平面设计、室内设计、产品设计、包装设计等。

本书适合设计师、画师阅读和参考。

◆ 著　　　　红糖美学
责任编辑　魏夏莹
责任印制　周昇亮

◆ 人民邮电出版社出版发行　　北京市丰台区成寿寺路 11 号
邮编　100164　　电子邮件　315@ptpress.com.cn
网址　https://www.ptpress.com.cn
北京九天鸿程印刷有限责任公司印刷

◆ 开本：787×1092　1/32
印张：14.5　　　　2023 年 7 月第 1 版
字数：445 千字　　2024 年 3 月北京第 5 次印刷

定价：139.00 元

读者服务热线：(010)81055296　印装质量热线：(010)81055316
反盗版热线：(010)81055315
广告经营许可证：京东市监广登字 20170147 号

前 言

本书是一本适用于各种场景的便携式速查配色辞典，旨在为读者快速解决生活和工作中的各种配色难题。

本书的基本内容分为五大板块：色彩的基础知识、七大色系的配色方案、意象配色方案、大自然配色方案，以及流行风格配色方案。

本书共有312个配色主题，每个主题都列举了双色、三色、四色、五色配色，共有4212个配色和3510张配色案例图，并附有详细的色彩名称、CMYK值、RGB值。同时，本书附有索引，将1950个色彩按照红色系、橙色系、黄色系、绿色系、蓝色系、紫色系、无色彩系进行分类，每种色系又按颜色由浅到深排列并附上页码，方便读者查阅配色方案。

希望本书的配色案例可以让各位读者的生活更加多姿多彩。

红糖美学

2023年4月

目录

第 2 章 红色系配色

第 3 章 橙色系配色

第 7 章

紫色系配色

第 8 章

无色彩系配色

第 9 章

意象配色 204

第 11 章
流行风格配色

本书使用指南

本书以色彩意象为基础，书中配色方案分为四大部分——色系、意象、大自然和流行风格。在第一部分，以色系为主题，设计双色、三色、四色和五色的配色方案，并附有配色图案。

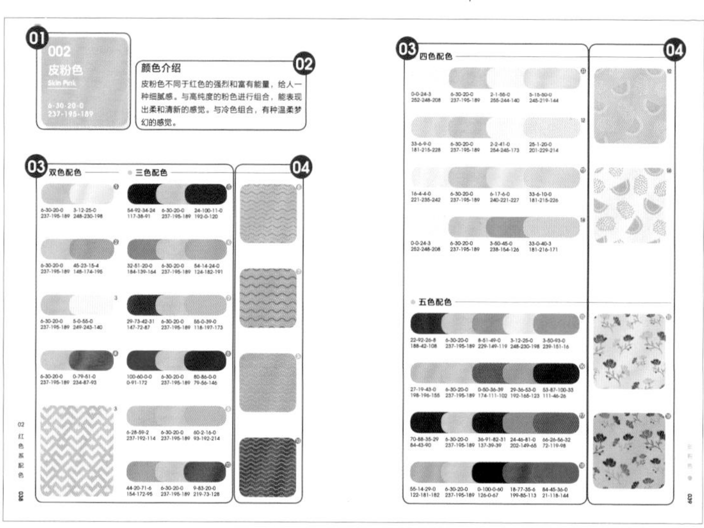

01 色系主题

主题序号以及色彩名称

02 主题导语

介绍色彩与描述其传达的意象

03 配色方案

双色、三色、四色、五色配色方案

04 配色图案

双色、三色、四色、五色配色图案

注意：本书使用印刷用墨，所以颜色上可能会出现偏差。

本书所有色彩均以 CMYK 值为准。由于 RGB 值的应用范围较广，在不同软件和不同色彩使用环境中会出现不同的色值，所以 RGB 值仅供参考。

第二部分，以意象为主题，搭配多个相关色彩，设计双色到五色配色图案。第三部分和第四部分，以大自然、流行风格为主题，提取代表性照片的关键色彩，设计双色到五色的配色图案。

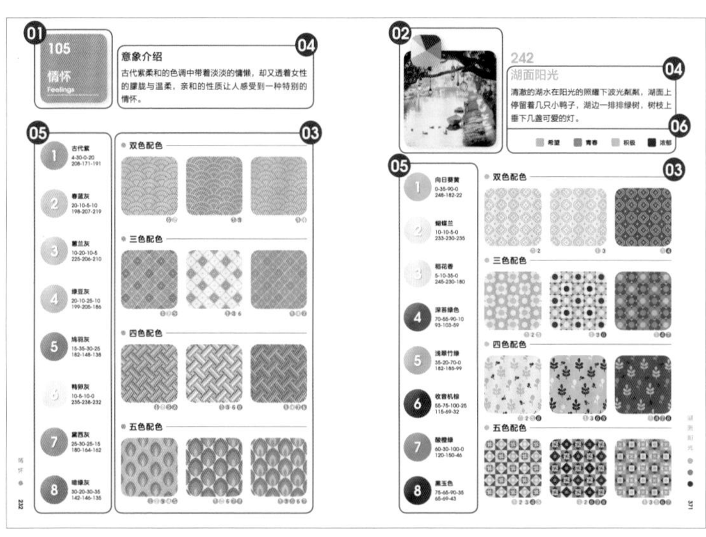

01 意象主题
主题序号与意象主题词以及关键色展示

02 配色主题
代表主题的照片以及照片的色彩构成

03 配色图案
双色、三色、四色、五色配色图案

04 主题导语
介绍色彩与描述其传达的意象以及对主题照片产生的联想

05 主题相关色
主题照片涉及色彩的名称和对应配色图案所用色彩序号

06 关键词
主题传达的意象词语

Color Scheme

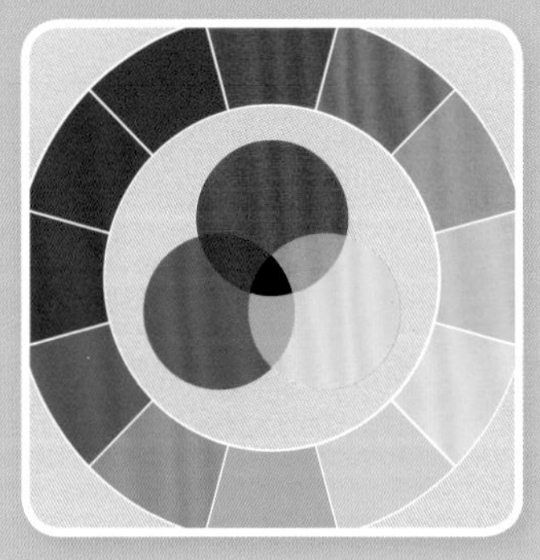

01

第 1 章
色彩的基础知识

自然界中美妙的色彩刺激和影响着我们的视觉和心情，掌握基本的色彩知识在日常生活中是非常必要的。

认识色彩

我们生活在五彩缤纷的世界中，色彩刺激着我们的视觉神经，也影响着我们的情感。学习色彩知识前，我们先了解色彩的产生。

色彩的来源是光，色彩是在光线的反射作用下，人眼睛所产生的视觉现象，如果没有光就不会有色彩，色彩与光是不可分离的。

光具有波的物理性质，而光波的波长差别决定了颜色的差别。1666年，英国物理学家牛顿用三棱镜将太阳光分解出红、橙、黄、绿、蓝、靛、紫的七色光带，其中，红光波长最长，紫光波长最短。

物体之所以有颜色，是因为不同物体对光中的七色光波吸收和反射程度不同。被反射出的光色，就是我们看到的物体的固有色。

七色光带

认识色彩的基本要素

色彩的种类丰富，但无论是哪种色彩，都具有色相、明度和纯度这三个基本要素，它们被称为色彩三要素。它们分别表示色彩的相貌、色彩的深浅程度及色彩的鲜艳程度。

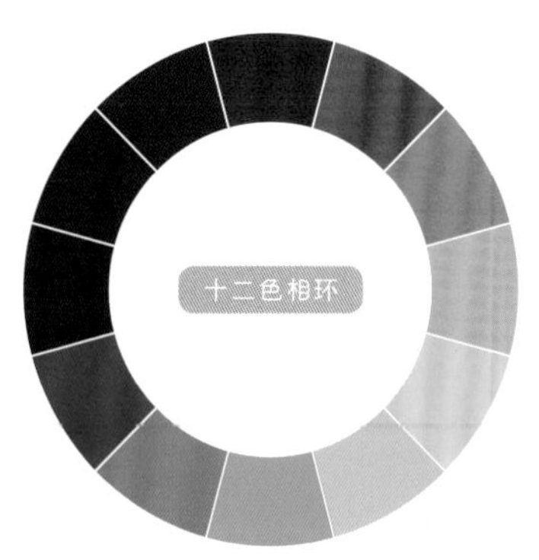

色相

色相是色彩的首要特征，是区别各种不同色彩最准确的标准。自然界中的色相是无限丰富的，初学者可通过十二色相环来辨认颜色的色相。十二色相环解决了色彩的纷乱和易混淆等问题，还包含多种色彩关系。

明度

色彩的明度可以理解成“亮度”，明度越高越接近白色，明度越低越接近黑色。在色彩中，不同色彩也有明度区分，黄色明度最高，紫色明度最低。

明度在色彩三要素中具有较强的独立性，可以不带色彩色相特征，单独通过黑、白、灰体现出来。如素描绘画，只需考虑物体对象的明暗色调。

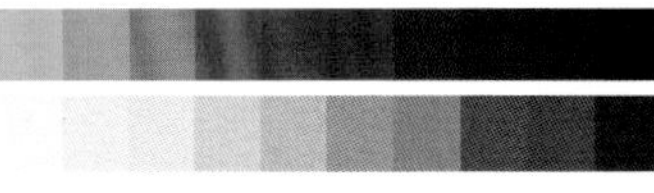

明度条

色彩的明度

纯度

纯度是指色彩的鲜艳程度，又称饱和度。纯度降低时，色彩会变化为明度相似的灰色。纯度受明度影响，明度提高或降低，纯度都会降低。

纯度条

?

观察这张图片，天空是怎样一种蓝色？远处的高楼是什么蓝色？近处的蓝色是怎样的？都是蓝色，它们有什么区别？

天空的蓝色明度高，远处高楼的蓝色纯度高，近处的蓝色明度和纯度都非常低。

色彩的心理效果

色彩对心理的影响，源于记忆、认知的联想和心理暗示。如每逢喜事、佳节，处处以红色装点，我们便产生了红色代表喜庆、热闹、吉祥的心理意象。春天万物复苏，植物萌芽新生，绿色能带来新生、希望的心理效果便是顺其自然的。

世界五彩缤纷，色彩的心理效果也变得复杂。如黄色，让人联想到秋天的落叶凋零、积极向上的阳光，黄色也常被用于警示危险。一种颜色可以有多种倾向性，那该如何去判断和使用呢?

我们可以通过色彩的搭配，让色彩共同发挥作用，控制色彩所产生的心理效果。

秋天，黄色和暗红色的落叶、咖啡色的树干、褐色的土地，所有色彩的纯度低、对比弱，给人安宁、朴实、孤独的感受。

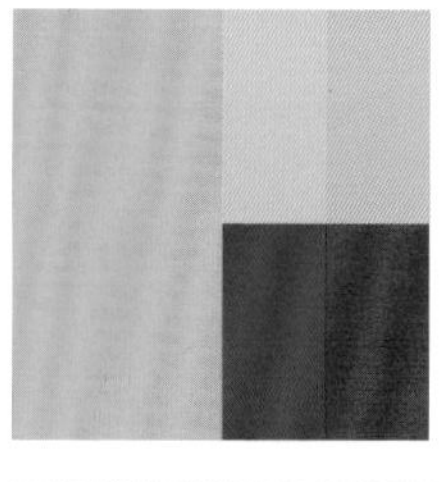

阳光下，蓝色的天空、绿色的植物，多彩而鲜明，营造出积极、欢乐的气氛。

在危险的地方，警示牌为黄色，搭配黑色衬托出黄色明亮、醒目的色彩特质。

配色前需要了解的色彩关系

掌握十二色相环

色相环是配色前必须要掌握的内容，是可以用于研究和运用色彩的工具。色相环是由三原色及三原色混合后产生的新色彩组成的，新的色彩有间色和复色之分。色相环中，这些色彩按照规律排列形成一个闭环。

而不同的色彩模式下，原色不同所产生的色相环也有区别。我们熟知的绘画颜料三原色，即红、黄、蓝；RGB模式，三原色为红、绿、蓝；CMYK模式，三原色为品红、黄、青（湛蓝）。

RGB模式为彩色电子显示屏所用的色彩模式，如计算机屏幕、电视机屏幕等。CMYK模式为印刷使用的色彩模式，CMYK三原色与绘画颜料三原色比较接近，混合方式也相似。

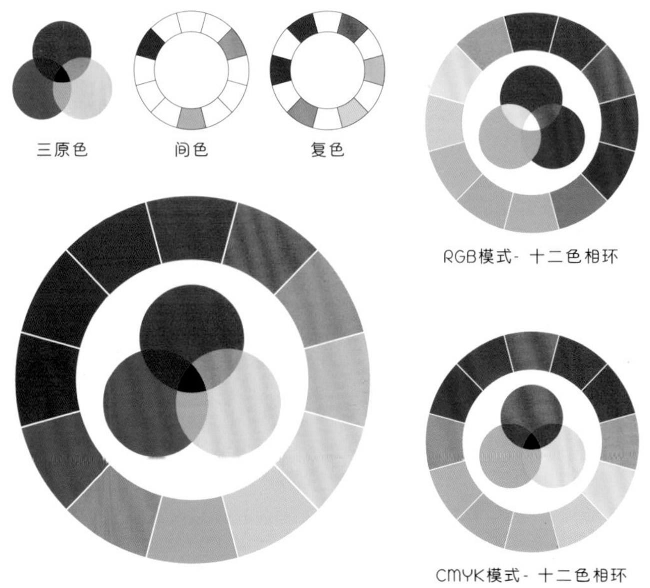

色彩关系

配色是有规律可循的，色彩关系包括对比色、互补色、类似色、邻近色等。通过十二色相环可以直观地发现其规律，掌握规律，面对色彩搭配时将游刃有余。

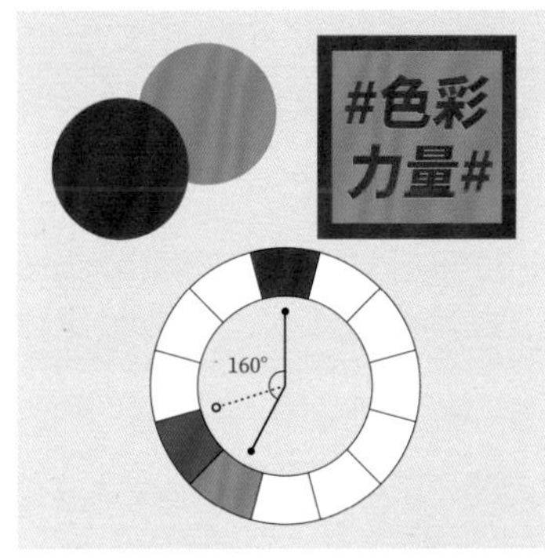

对比色

具有对比色关系的色彩，对比效果强烈、醒目、鲜明，如红与蓝、蓝与橙、绿与紫。在十二色相环中，成对比色的色彩位置关系为夹角成120度到180度。

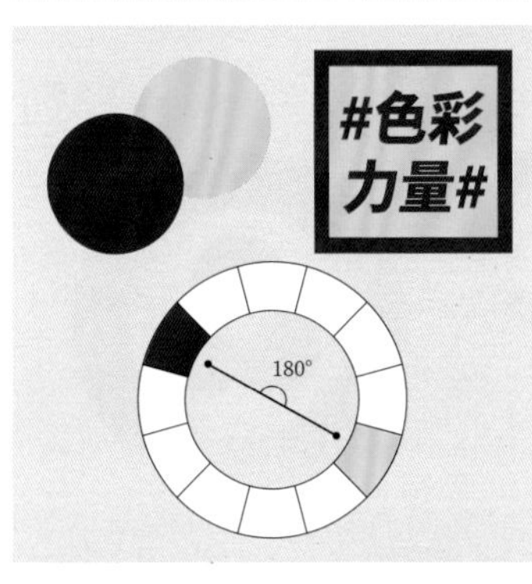

互补色

互补色的对比效果最强烈，如黄与紫、红与绿、蓝与橙。在十二色相环中，成互补色的色彩位置关系为夹角成180度。

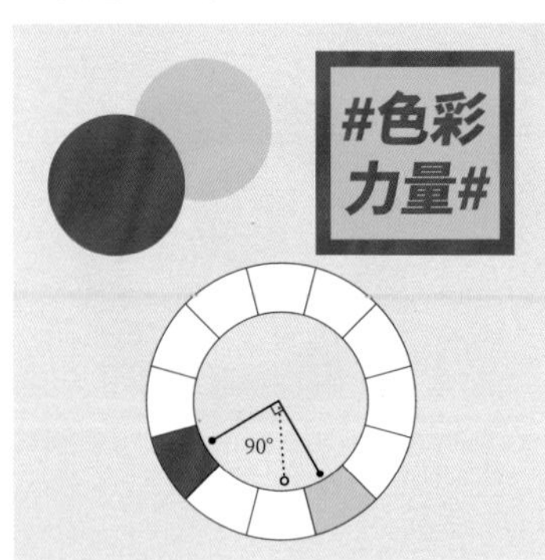

中差色

中差色对比效果丰富、活泼，同时保持着协调统一，如蓝与黄绿、黄与青蓝。在十二色相环中，成中差色的色彩位置关系为夹角成60度到90度。

类似色

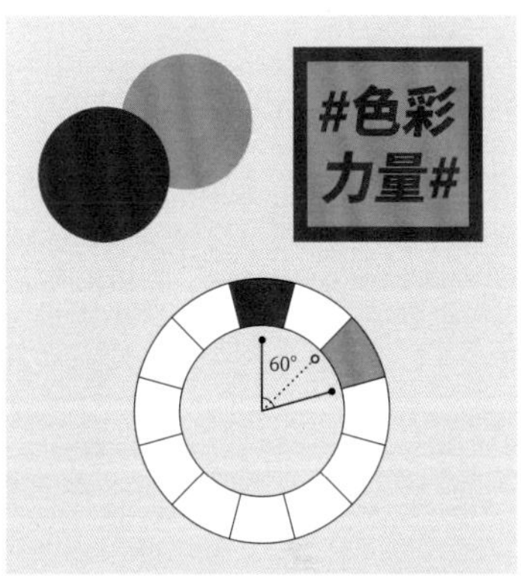

类似色对比效果协调、柔和、耐看，室内设计常常采用类似色进行配色，如红与橙、蓝与绿。在十二色相环中，成类似色的色彩位置关系为夹角成60度左右。

邻近色

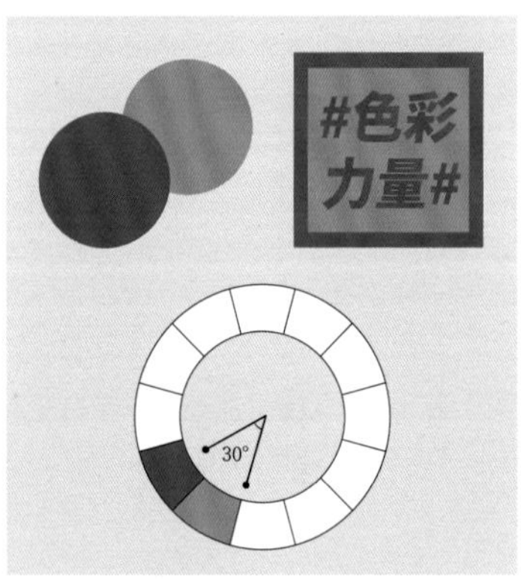

邻近色即色相环中相邻的色彩关系。同一色系之中，通过明度和纯度的对比手法，也能丰富和强化比对效果。在十二色相环中，成邻近色的色彩位置关系为夹角在30度内。

冷暖色

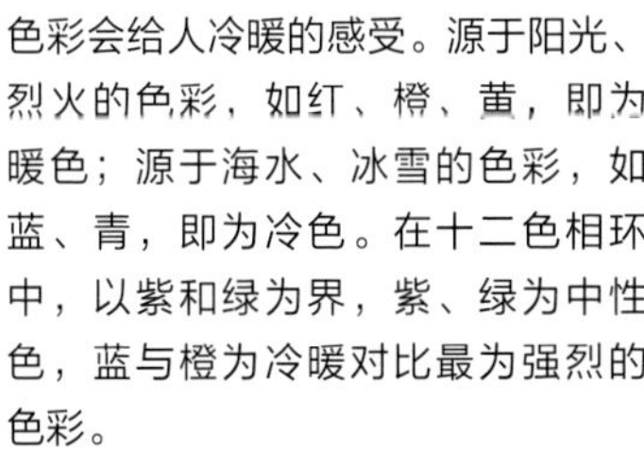

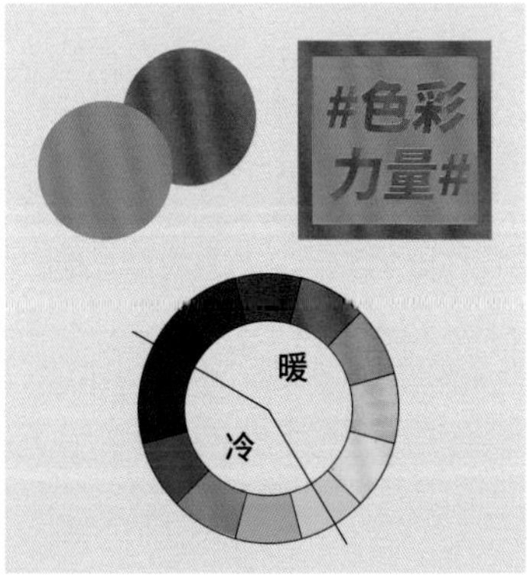

色彩会给人冷暖的感受。源于阳光、烈火的色彩，如红、橙、黄，即为暖色；源于海水、冰雪的色彩，如蓝、青，即为冷色。在十二色相环中，以紫和绿为界，紫、绿为中性色，蓝与橙为冷暖对比最为强烈的色彩。

色调

色调是进行设计时配色的重要概念，控制色调能更加有效地把握色彩的情感表达。色调将色彩的明度和纯度结合起来表现色彩的程度，根据不同的色相、明度和纯度的组合，可以将色彩分为明鲜、明色、明淡、浊色、暗浓暗色等常见色调。

确定色调的情感基调，能大大提高设计用色和色彩搭配的准确性和参考性。

明鲜色调

明鲜色调的特点是色彩鲜艳且纯度较高，配色方式多种多样。可以是多彩的强对比，色彩意象热烈、刺激、张扬；搭配对比色的组合，色彩更有活力；纯色搭配不同明度与纯度的同色系色彩，能突出纯色意象；与白色组合搭配，色彩意象欢乐、积极、开放；与黑色组合搭配，色彩意象激情、力量、自信。

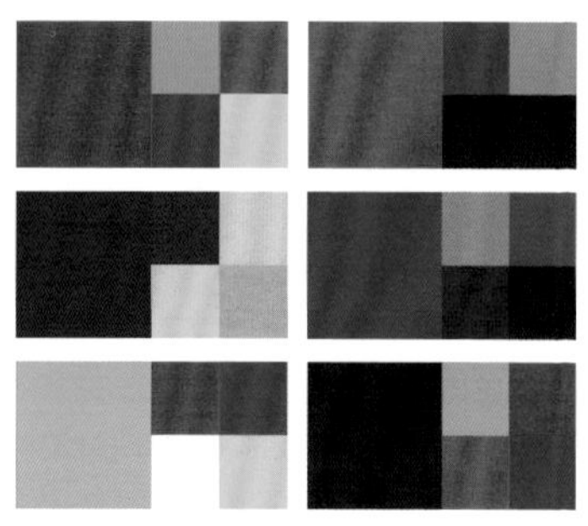

明色色调

明色色调的特点是在明鲜色调基础上提高了色彩的明度，没有明鲜色调的刺激和艳丽，整体色调干净、协调。不同色彩关系的意象有所差别：对比色组合，色彩意象可爱、梦幻，充满童趣；中差色组合，色彩意象舒适、阳光、年轻；同色系组合，色彩意象干净、明朗。

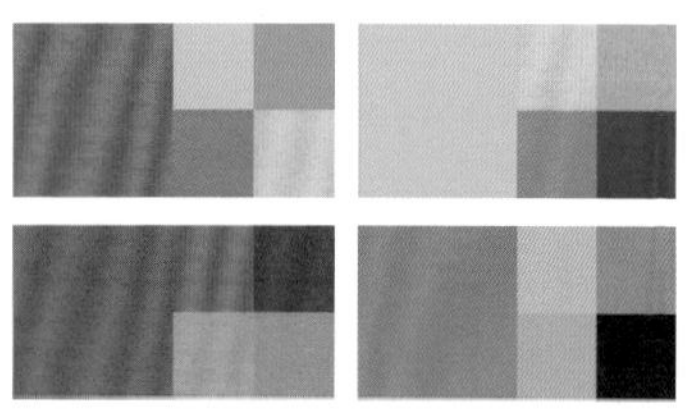

明淡色调

明淡色调的特点是轻柔、淡雅，色彩纯度低、明度高。暖色系色彩组合，色彩意象温柔、浪漫，给人一种放松、亲和的感觉；冷色系色彩组合，色彩意象变得冷淡、寂静。

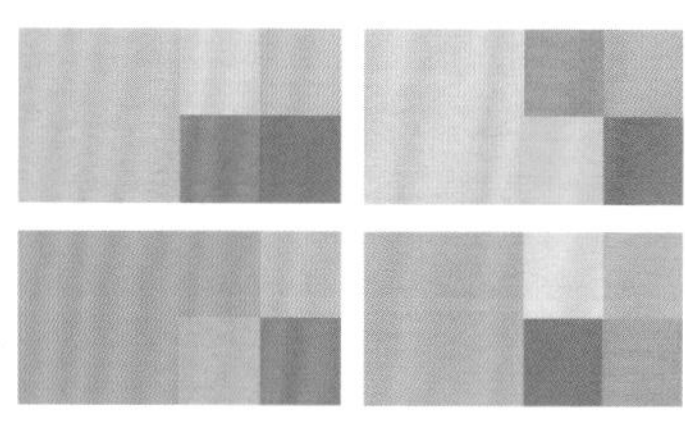

浊色色调

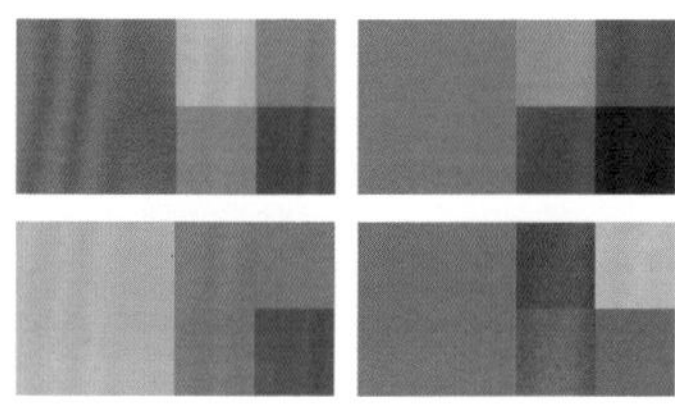

浊色色调的特点是成熟、中庸、素雅，色彩纯度低，色彩倾向变得极弱，但就是这种稳重，与成年人的格调一致。对比色组合，色调的力量感较强，给人成熟、优雅并存的效果。

暗浓色调

暗浓色调是一种独特的色调，特点是明度较低、纯度高，对比色组合，带有一种成年人的高级趣味。奢侈品、高端产品广告常用暗浓色调，其没有明鲜色调那样刺激的色彩，但不失力量感，给人成熟、高级、有魅力的感觉。

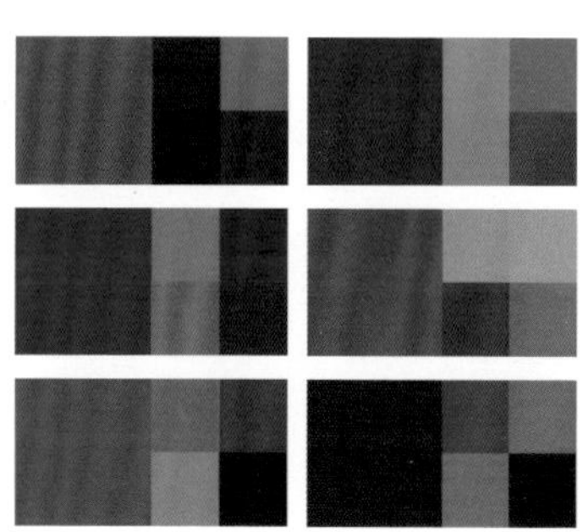

暗色色调

暗色色调在黑色中蕴藏着色彩力量，色彩明度低。深色系色彩组合，体现商务、内敛的感觉；搭配不同明度的色彩，色调会带有神秘感和戏剧性。

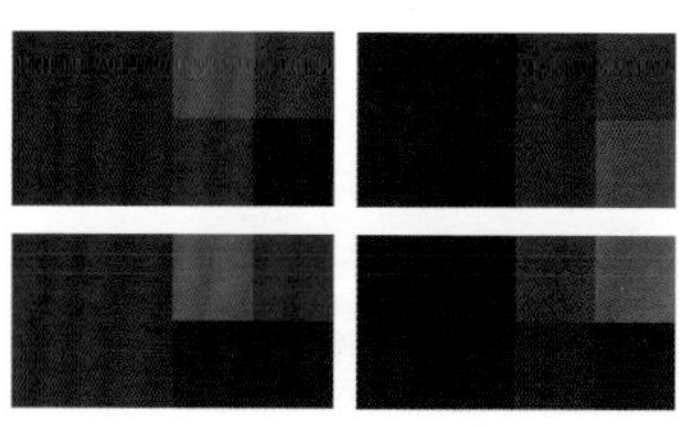

配色小技巧

控制色彩数量

设计作品色彩的好坏，不在于色彩数量的多少，而在于色彩搭配传达的意象是否准确和直观。无论多复杂的设计，最好不要使用超过三种主色，增加不同明度和纯度的色彩可以丰富配色。

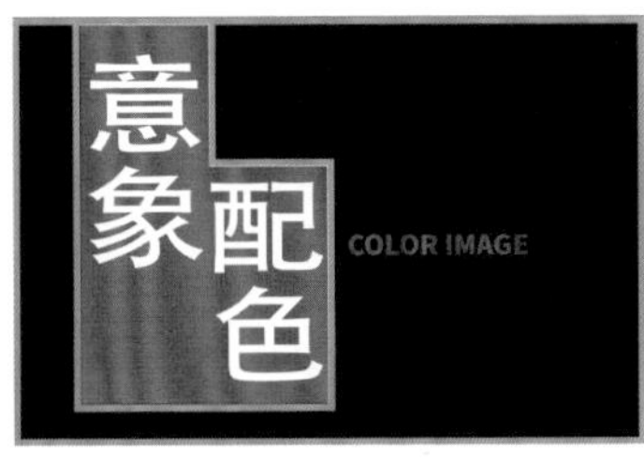

蓝色边框，在这里显得多余。去除蓝色边框后，作品简洁、成熟。

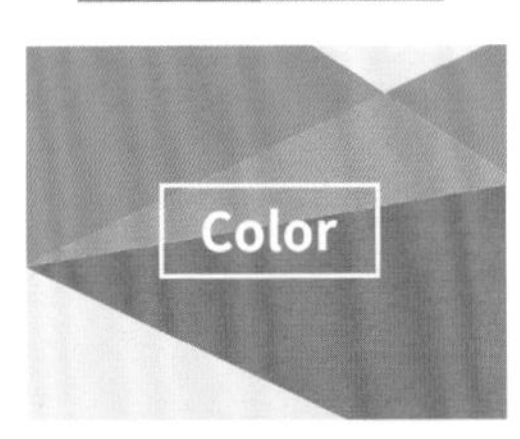

搞定红配绿

红配绿，是大家比较避讳的配色方案，让人不适和排斥，也被贴上土气的标签。

其原因是高纯度的色彩组合在一起，各自色彩性格都非常突出，意象变得杂乱。这种情况下，可以通过改变明度、纯度弱化冲突、调和关系，明度、纯度是色彩润滑剂。

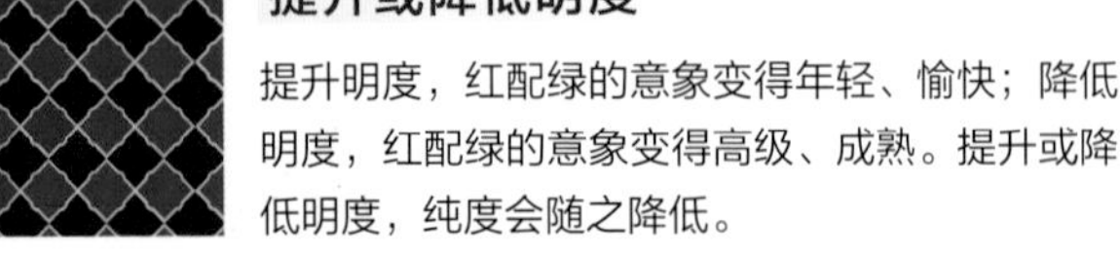

提升或降低明度

提升明度，红配绿的意象变得年轻、愉快；降低明度，红配绿的意象变得高级、成熟。提升或降低明度，纯度会随之降低。

色彩面积

面积不同的色彩搭配在一起，色彩意象会倾向面积较大的色彩。但需要注意的是，当色彩明度差异较大时，色彩意象会倾向于鲜明的色彩，因为鲜明的色彩力量非常强，醒目、引人注意。

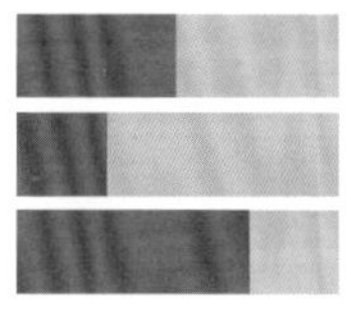

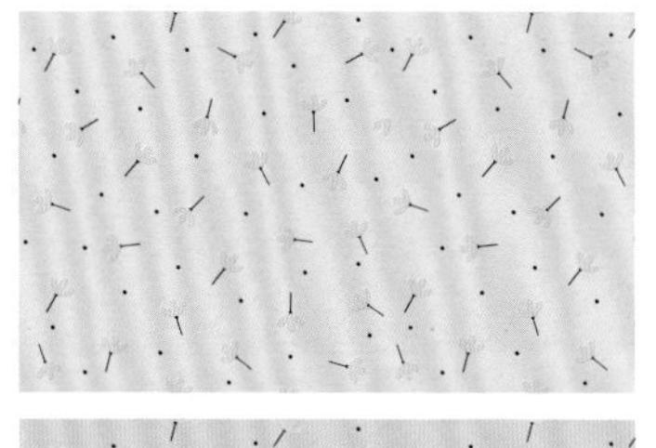
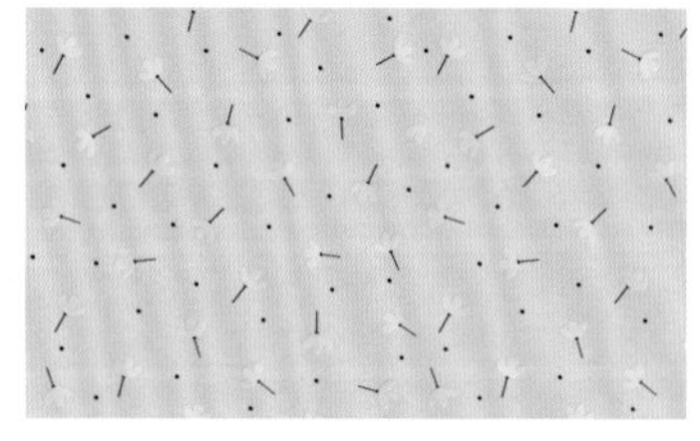

增加黑、白、灰

配色中，色彩的属性确立但色彩对比还不够稳定时，除调整明度、纯度外，还可以添加黑、白、灰进行调和。例如在明鲜色调中添加黑色和白色，既能保留色彩的活力和力量，对比也协调稳定。

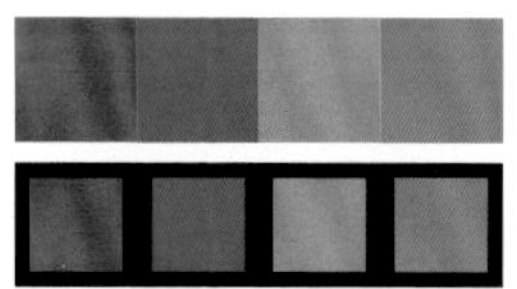

总结

配色的原则，是在色彩对比中寻找平衡，让色彩传达准确的意象和美感。配色技巧只是遵循配色原则的经验方法，只是常规的配色方法，并不是绝对的。因为色彩学不是纯粹的物理和化学问题，还有感性因素，所以除了掌握常规的配色方法，还需要打破常规、摆脱束缚。本书有海量配色方案可供使用、参考和学习。

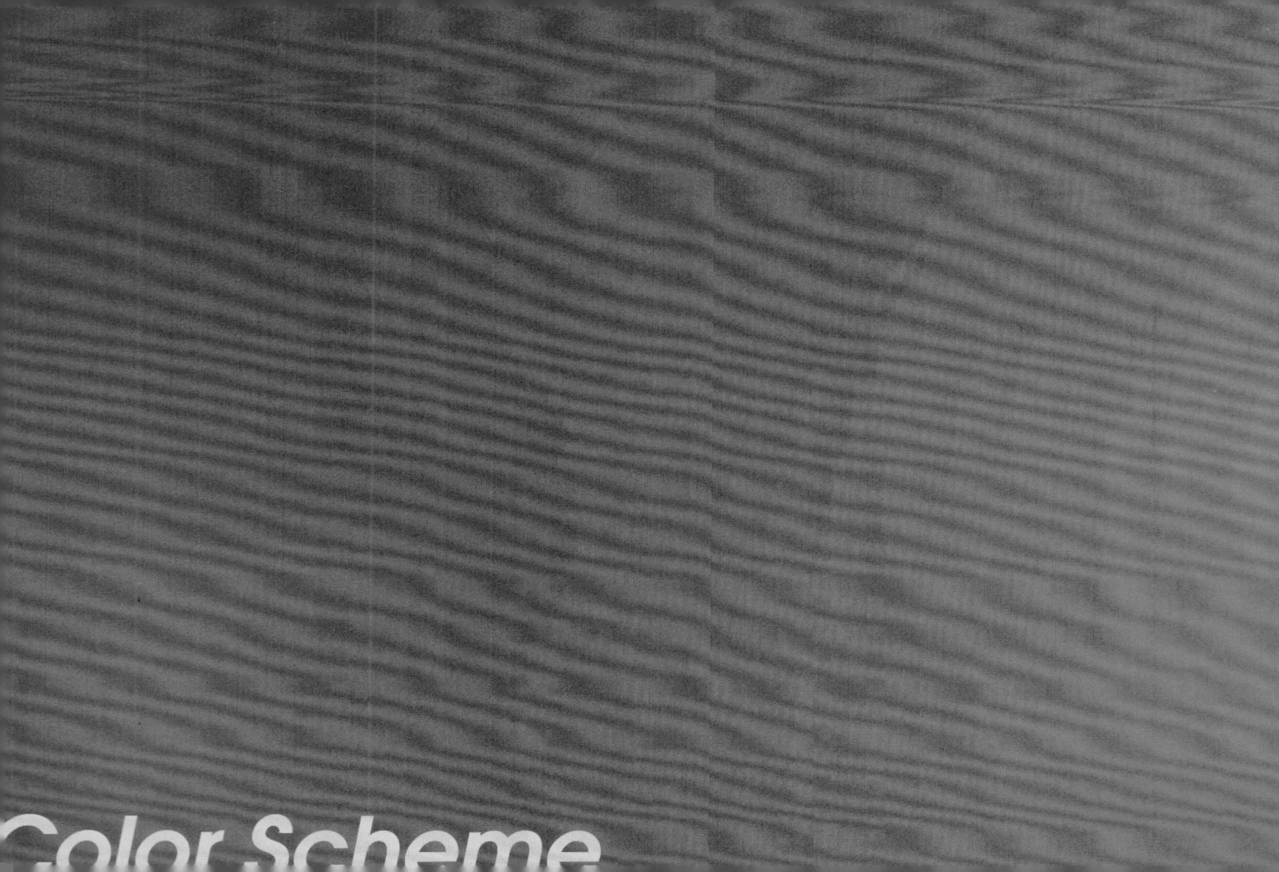
Color Scheme

02

第 2 章
红色系配色

红色对视觉的冲击力非常强，是一种十分强烈的颜色，它与许多颜色都能形成强烈的对比。红色代表强大、力量、主动、激进。

001 樱花色

Cherry Blossom

4-8-4-0
246-239-240

颜色介绍

樱花色高明度的特质给人一种晴朗新鲜的感觉，通常与明度高、纯度低的暖色和冷色搭配使用，能给画面增添清新感，表现出青春与活力。

双色配色

❶
4-8-4-0 246-239-240 | 8-47-19-0 229-159-171

❷
4-8-4-0 246-239-240 | 17-27-5-0 216-194-215

❸
4-8-4-0 246-239-240 | 36-28-9-2 173-176-203

❹
4-8-4-0 246-239-240 | 24-17-41-0 204-202-160

❷

三色配色

❺
0-17-24-3 248-219-193 | 4-8-4-0 246-239-240 | 28-15-0-0 192-206-234

❻
28-0-27-0 195-226-201 | 4-8-4-0 246-239-240 | 25-2-13-0 201-228-226

❼
0-25-10-0 249-210-212 | 4-8-4-0 246-239-240 | 11-31-34-5 222-183-159

❽
56-34-0-0 122-152-207 | 4-8-4-0 246-239-240 | 6-28-59-1 238-194-115

❾
0-40-20-0 245-178-178 | 4-8-4-0 246-239-240 | 94-60-10-2 0-93-161

❿
76-55-69-15 72-97-82 | 4-8-4-0 246-239-240 | 20-20-36-5 206-195-163

❼

❽

❾

❿

四色配色

⑪

28-15-0-0	4-8-4-0	0-25-10-0	29-39-2-0
192-206-234	246-239-240	249-210-212	189-163-203

⑪

⑫

30-0-9-0	4-8-4-0	17-0-22-0	35-25-0-5
188-226-234	246-239-240	221-237-212	171-178-215

⑬

28-0-9-2	4-8-4-0	47-42-0-0	0-17-24-3
191-226-232	246-239-240	148-146-198	248-219-193

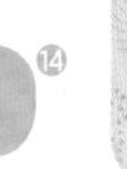

⑭

⑭

23-1-54-0	4-8-4-0	28-0-27-0	0-40-20-0
209-226-143	246-239-240	195-226-201	245-178-178

五色配色

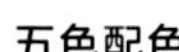

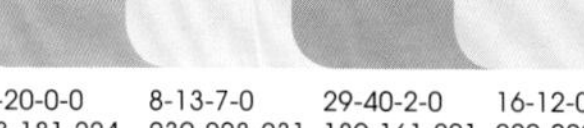

⑮

47-20-0-0	8-13-7-0	29-40-2-0	16-12-0-0	94-60-10-2
143-181-224	239-228-231	189-161-201	220-222-240	0-93-161

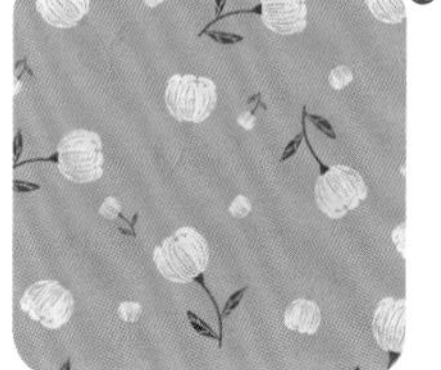

⑮

⑯

11-31-34-5	4-8-4-0	31-26-66-0	0-8-29-0	56-37-19-16
222-183-159	246-239-240	190-180-104	255-238-194	113-132-160

⑰

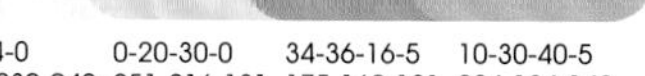

54-92-33-24	4-8-4-0	0-20-30-0	34-36-16-5	10-30-40-5
117-38-92	246-239-240	251-216-181	175-160-181	224-184-149

⑱

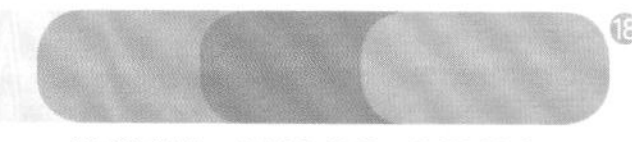

⑱

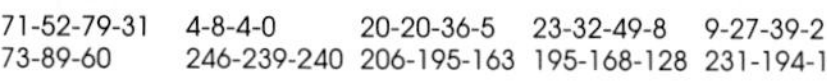

71-52-79-31	4-8-4-0	20-20-36-5	23-32-49-8	9-27-39-2
73-89-60	246-239-240	206-195-163	195-168-128	231-194-156

002
皮粉色
Skin Pink

6-30-20-0
237-195-189

颜色介绍

皮粉色不同于红色的强烈和富有能量，给人一种细腻感。与高纯度的粉色进行组合，能表现出柔和清新的感觉。与冷色组合，有种温柔梦幻的感觉。

双色配色

①
6-30-20-0 237-195-189　3-12-25-0 248-230-198

②
6-30-20-0 237-195-189　45-23-15-4 148-174-195

3
6-30-20-0 237-195-189　5-0-55-0 249-243-140

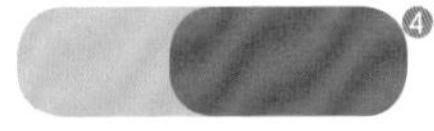
④
6-30-20-0 237-195-189　0-79-51-0 234-87-93

3

三色配色

⑤
54-92-34-24 117-38-91　6-30-20-0 237-195-189　24-100-11-0 192-0-120

⑥
32-51-20-0 184-139-164　6-30-20-0 237-195-189　54-14-24-0 124-182-191

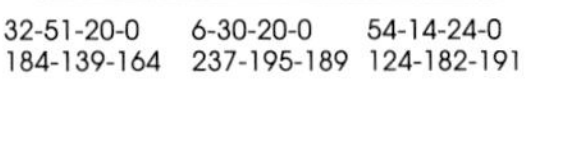
⑦
29-73-42-31 147-72-87　6-30-20-0 237-195-189　55-0-39-0 118-197-173

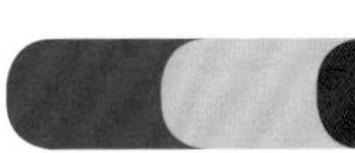
⑧
100-60-0-0 0-91-172　6-30-20-0 237-195-189　80-86-0-0 79-56-146

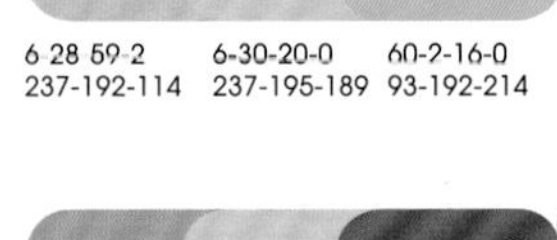
⑨
6-28-59-2 237-192-114　6-30-20-0 237-195-189　60-2-16-0 93-192-214

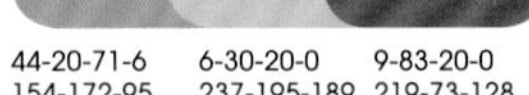
⑩
44-20-71-6 154-172-95　6-30-20-0 237-195-189　9-83-20-0 219-73-128

⑥

⑦

⑨
⑩
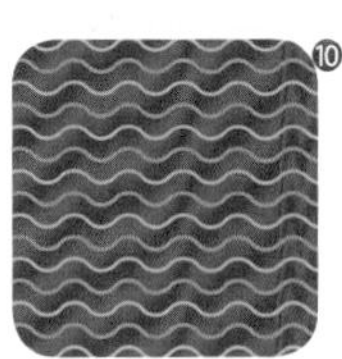

四色配色

⑪

0-0-24-3	6-30-20-0	2-1-55-0	5-15-50-0
252-248-208	237-195-189	255-244-140	245-219-144

12

33-6-9-0	6-30-20-0	2-2-41-0	25-1-20-0
181-215-228	237-195-189	254-245-173	201-229-214

⑬

16-4-4-0	6-30-20-0	6-17-6-0	33-6-10-0
221-235-242	237-195-189	240-221-227	181-215-226

14

0-0-24-3	6-30-20-0	3-50-45-0	33-0-40-3
252-248-208	237-195-189	238-154-126	181-216-171

五色配色

⑮

22-92-26-8	6-30-20-0	8-51-49-0	3-12-25-0	3-50-93-0
188-42-108	237-195-189	229-149-119	248-230-198	239-151-16

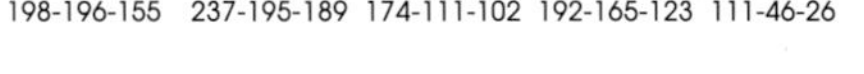

⑯

27-19-43-0	6-30-20-0	0-50-36-39	29-36-53-0	53-87-100-33
198-196-155	237-195-189	174-111-102	192-165-123	111-46-26

⑰

70-88-35-29	6-30-20-0	36-91-82-31	24-46-81-0	66-26-56-32
84-43-90	237-195-189	137-39-39	202-149-65	72-119-98

⑱

55-14-29-0	6-30-20-0	0-100-0-60	18-77-35-6	84-45-36-0
122-181-182	237-195-189	126-0-67	199-85-113	21-118-144

003
珊瑚粉
Coral Pink

2-40-23-0
242-177-173

颜色介绍

珊瑚粉用于表现温柔与魅力。搭配低纯度的蓝色，可以体现出成熟、大方的气质。搭配低纯度的黄色和绿色，可以营造出俏皮、幽默的气氛。

双色配色

❶

2-40-23-0 242-177-173
100-60-0-0 0-91-172

❷
2-40-23-0 242-177-173
2-15-47-0 250-222-150

❸

2-40-23-0 242-177-173
6-17-6-0 240-221-227

❹
2-40-23-0 242-177-173
29-40-2-0 189-161-201

❶

三色配色

5
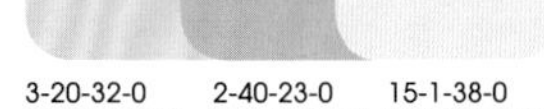
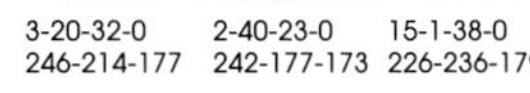
3-20-32-0 246-214-177
2-40-23-0 242-177-173
15-1-38-0 226-236-179

❻

15-1-38-0 226-236-179
2-40-23-0 242-177-173
55-23-15-3 121-167-195

7

36-13-10-5 168-196-213
2-40-23-0 242-177-173
6-17-6-0 240-221-227

8

36-18-36-0 177-191-169
2-40-23-0 242-177-173
5-0-36-0 248-246-185

❾
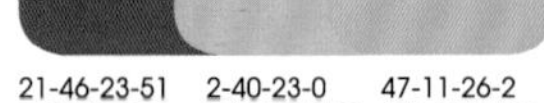
21-46-23-51 127-93-102
2-40-23-0 242-177-173
47-11-26-2 144-191-189

❿

0-54-31-75 98-51-52
2-40-23-0 242-177-173
0-84-75-22 198-61-46

5

7

8

❿

四色配色

11

0-0-31-14 233-228-179 | 2-40-23-0 242-177-173 | 2-14-22-0 249-227-202 | 3-20-48-1 246-211-144

0-0-31-14	2-40-23-0	2-14-22-0	3-20-48-1
233-228-179	242-177-173	249-227-202	246-211-144

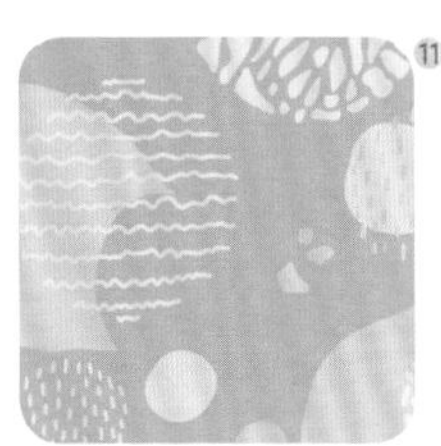

11

12

18-60-59-11	2-40-23-0	11-0-24-3	33-10-18-0
195-117-89	242-177-173	230-238-206	182-208-209

13

31-13-13-0	2-40-23-0	2-21-14-0	15-1-38-0
186-206-215	242-177-173	247-215-209	226-236-179

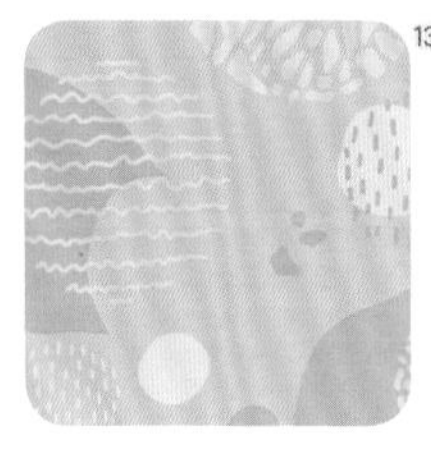

13

14

56-2-18-8	2-40-23-0	47-11-8-0	0-0-31-14
104-187-201	242-177-173	142-194-222	233-228-179

五色配色

15

20-81-85-12	2-40-23-0	6-28-59-2	22-92-26-9	8-19-3-0
188-73-43	242-177-173	237-192-114	186-42-108	235-216-229

15

16

0-50-36-39	2-40-23-0	36-91-82-31	83-64-25-13	31-23-41-0
174-111-102	242-177-173	137-39-39	51-84-131	189-187-156

17

41-45-11-2	2-40-23-0	0-0-31-8	42-16-36-4	56-87-26-9
163-143-180	242-177-173	244-238-187	158-185-166	128-56-114

18

18

100-100-0-30	2-40-23-0	61-88-26-12	0-89-18-36	58-28-24-7
21-18-111	242-177-173	116-52-112	173-34-92	112-153-171

004
伊甸粉
Eden Pink

0-45-10-0
243-168-187

颜色介绍

伊甸粉昭示着梦想与希望，展现了女性的温柔。搭配绿色和黄色，可给人妙趣和机智的感觉。搭配低纯度的粉色和蓝色，可使整个画面兼具冷静和纯真的氛围。

● 双色配色

1
0-45-10-0 243-168-187
23-7-9-0 205-223-229

2
0-45-10-0 243-168-187
3-2-55-0 253-242-140

3
0-45-10-0 243-168-187
20-20-22-3 208-199-191

4
0-45-10-0 243-168-187
3-12-25-0 248-230-198

2

● 三色配色

5
33-6-9-0 181-215-228
0-45-10-0 243-168-187
10-72-11-2 217-101-149

5

6
11-8-94-1 235-220-0
0-45-10-0 243-168-187
0-0-48-0 255-248-158

7
0-66-86-0 238-118-41
0-45-10-0 243-168-187
6-28-59-1 238-194-115

7

8
22-92-26-9 186-42-108
0-45-10-0 243-168-187
73-86-8-2 97-58-139

8

9
75-26-46-0 55-147-143
0-45-10-0 243-168-187
63-86-26-0 121-62-122

10
86-94-34-26 55-36-91
0-45-10-0 243-168-187
84-45-24-11 9-110-150

10

四色配色

⑪

4-1-25-0 249-248-208	0-45-10-0 243-168-187	17-2-20-0 220-235-215	2-21-23-0 248-214-193

⑫

9-100-100-32 169-0-9	0-45-10-0 243-168-187	42-12-20-2 157-195-200	73-86-8-2 97-58-139

⑬

3-12-25-0 248-230-198	0-45-10-0 243-168-187	10-72-11-3 216-100-148	6-35-6-0 236-186-205

⑭

2-1-55-0 255-244-140	0-45-10-0 243-168-187	3-20-32-0 246-214-177	18-27-33-5 209-185-163

五色配色

⑮

54-91-33-24 117-40-93	0-45-10-0 243-168-187	10-72-11-3 216-100-148	6-34-8-0 236-188-204	86-94-34-26 55-36-91

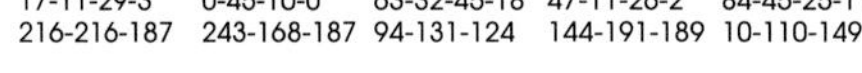

⑯

17-11-29-3 216-216-187	0-45-10-0 243-168-187	63-32-45-18 94-131-124	47-11-26-2 144-191-189	84-45-25-11 10-110-149

⑰

31-34-24-7 179-163-169	0-45-10-0 243-168-187	33-6-9-9 170-203-216	4-1-25-0 249-248-208	19-17-42-2 213-204-157

⑱

⑱

66-64-8-0 108-98-162	0-45-10-0 243-168-187	36-2-17-0 173-217-217	12-82-14-11 200-70-127	59-45-0-0 118-133-193

005
玫瑰红
Rose Red

9-64-32-1
222-120-133

颜色介绍

玫瑰红有着温和的气质，多用于表现女性美的色彩搭配中。搭配绿色系，犹如衬托玫瑰花的绿叶，视觉上也十分协调。搭配蓝色，可以塑造出明快的效果。

● 双色配色

① 9-64-32-1 222-120-133 | 4-9-21-0 247-235-208

② 9-64-32-1 222-120-133 | 25-1-20-0 201-229-214

③ 9-64-32-1 222-120-133 | 44-12-20-2 152-193-199

④ 9-64-32-1 222-120-133 | 3-43-35-0 239-169-150

②

● 三色配色

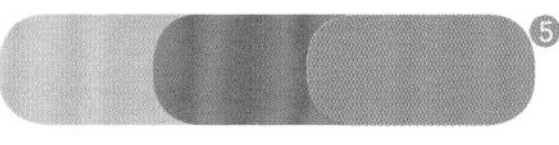

⑤ 6-28-60-1 238-193-113 | 9-64-32-1 222-120-133 | 63-5-43-14 82-167-148

⑥ 14-19-9-0 224-210-218 | 9-64-32-1 222-120-133 | 55-38-8-0 128-147-192

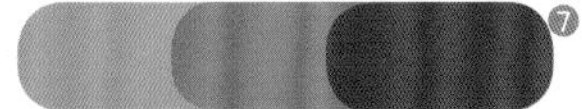

⑦ 59-16-36-4 108-170-164 | 9-64-32-1 222-120-133 | 48-76-8-20 131-69-130

⑧ 0-84-75-22 198-61-46 | 9-64-32-1 222-120-133 | 0-100-100-71 102-0-0

⑨ 54-92-34-24 117-38-91 | 9-64-32-1 222-120-133 | 80-69-31-0 72-86-131

⑩ 86-94-34-26 55-36-91 | 9-64-32-1 222-120-133 | 43-57-36-28 130-97-109

四色配色

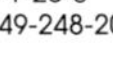

⑪

15-1-38-0	9-64-32-1	4-1-25-0	2-21-23-0
226-236-179	222-120-133	249-248-208	248-214-193

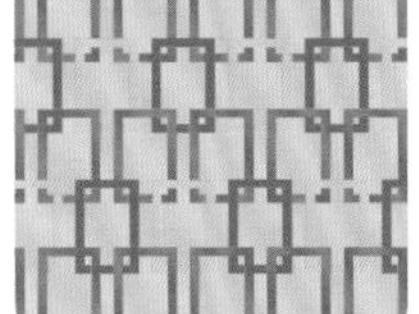

⑫

⑫

33-6-9-0	9-64-32-1	17-11-29-3	63-32-45-18
181-215-228	222-120-133	216-216-187	94-131-124

⑬

4-1-25-0	9-64-32-1	2-1-55-0	6-35-6-0
249-248-208	222-120-133	255-244-140	236-186-205

⑬

⑭

3-9-17-0	9-64-32-1	5-33-21-0	10-75-10-0
249-236-216	222-120-133	238-189-184	219-94-148

五色配色

⑮

17-11-29-3	9-64-32-1	44-12-20-2	59-55-15-0	69-100-36-0
216-216-187	222-120-133	152-193-199	123-117-164	110-35-103

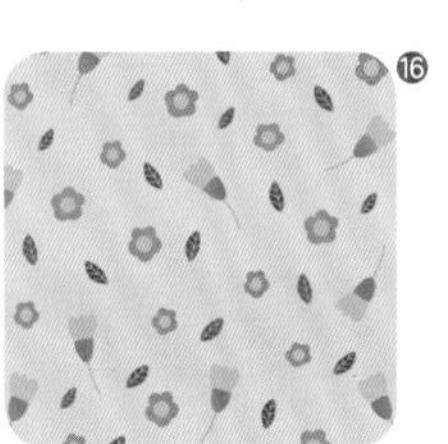

⑯

⑯

33-6-10-0	9-64-32-1	31-53-2-0	58-3-14-0	36-75-14-11
181-215-226	222-120-133	184-135-184	101-193-217	162-81-134

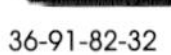
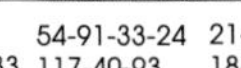
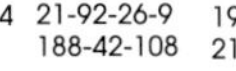
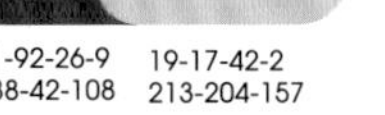

⑰

36-91-82-32	9-64-32-1	54-91-33-24	21-92-26-9	19-17-42-2
136-39-38	222-120-133	117-40-93	188-42-108	213-204-157

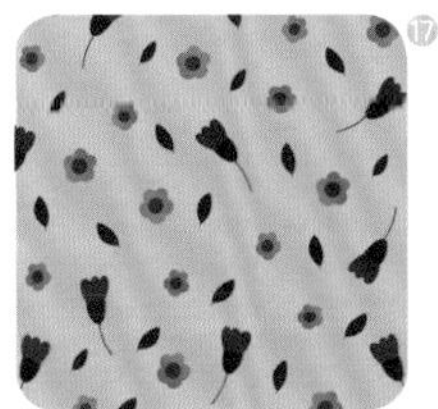

⑰

⑱

73-86-8-2	9-64-32-1	49-20-38-0	15-1-38-0	21-92-26-9
97-58-139	222-120-133	143-177-162	226-236-179	188-42-108

006
杜鹃红
Azalea

12-61-20-2
217-126-151

颜色介绍

杜鹃红柔中带刚的气质，蕴含着一种强韧的力量感。搭配绿色系和黄色系，能营造一种自然的舒心感。搭配低明度的紫色，能给画面增加稳重感。

双色配色

❶
12-61-20-2 217-126-151　6-26-6-0 238-204-216

❷
12-61-20-2 217-126-151　17-0-22-0 221-237-212

3
12-61-20-2 217-126-151　33-6-9-0 181-215-228

❹
12-61-20-2 217-126-151　48-17-66-4 145-175-108

3

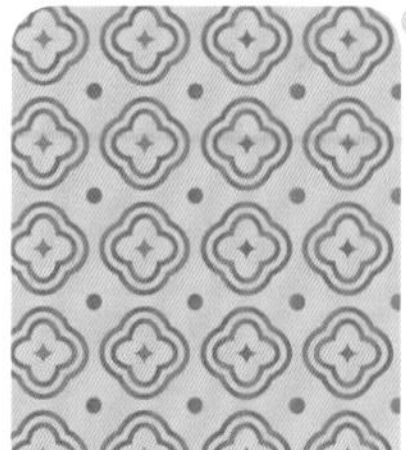

三色配色

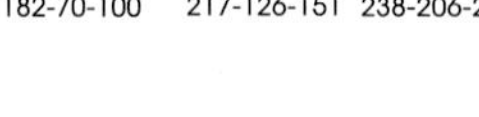

5
25-82-40-10 182-70-100　12-61-20-2 217-126-151　6-25-8-0 238-206-214

❻
0-20-50-0 252-214-140　12-61-20-2 217-126-151　50-3-13-0 131-202-220

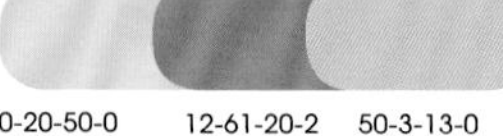

❼
62-83-0-29 97-47-120　12-61-20-2 217-126-151　22-92-26-9 186-42-108

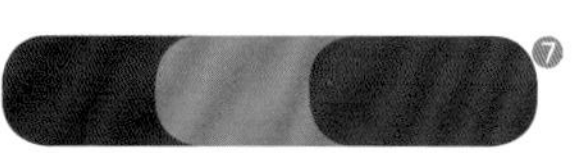

❽
0-26-27-2 247-203-180　12-61-20-2 217-126-151　48-86-89-0 152-67-52

❾
27-18-40-3 195-195-159　12-61-20-2 217-126-151　75-42-47-21 60-109-112

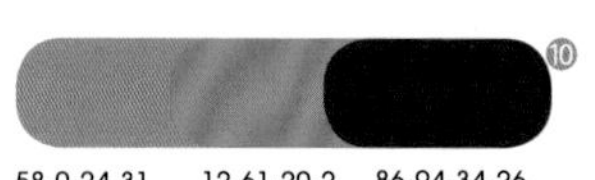

❿
58-0-24-31 78-155-159　12-61-20-2 217-126-151　86-94-34-26 55-36-91

5

❻

❽

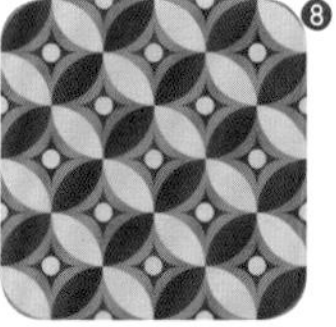

❾

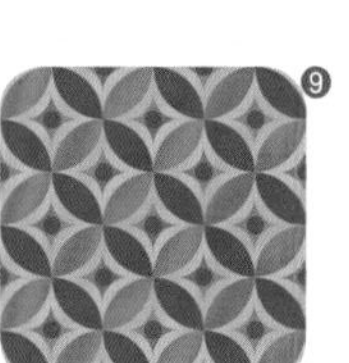

四色配色

⑪

0-25-10-0	12-61-20-2	0-14-20-0	0-68-25-0
249-210-212	217-126-151	252-229-206	236-114-138

⑫

15-1-38-0	12-61-20-2	4-2-25-0	27-0-53-3
226-236-179	217-126-151	249-246-207	197-219-143

⑬

29-2-3-0	12-61-20-2	4-0-29-0	42-23-0-0
190-226-243	217-126-151	249-248-200	158-181-222

⑬

⑭

⑭

35-25-0-5	12-61-20-2	25-2-13-0	77-4-40-0
171-178-215	217-126-151	201-228-226	0-172-167

五色配色

⑮

0-12-6-0	12-61-20-2	26-31-0-0	16-9-0-0	53-14-8-2
253-234-233	217-126-151	196-180-215	220-227-243	123-182-216

⑯

54-92-33-24	12-61-20-2	34-36-16-5	0-20-30-0	14-30-16-0
117-38-92	217-126-151	175-160-181	251-216-181	222-190-195

⑯

⑰

48-28-0-19	12-61-20-2	25-2-13-0	10-86-11-11	60-55-0-0
125-147-188	217-126-151	201-228-226	202-58-125	119-116-181

⑱

58-47-100-3	12-61-20-2	6-38-90-0	37-91-82-31	91-16-64-4
128-125-44	217-126-151	237-173-30	136-39-39	0-144-116

⑱

颜色介绍

红提色给人一种醇厚与魅力的意象。能搭配明度高的颜色，能突出女性的魅力。搭配明度低的紫色，能体现出高品位和高贵气质。搭配绿色，能展现出异域风情。

● 双色配色

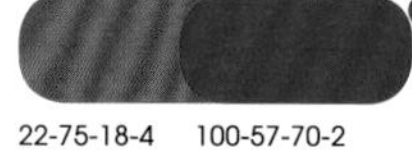

❶
22-75-18-4 195-89-136　100-57-70-2 0-96-91

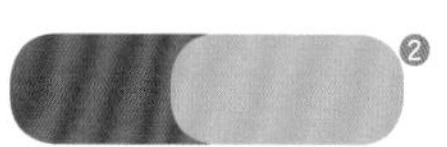

❷
22-75-18-4 195-89-136　12-31-32-2 224-186-165

❸
22-75-18-4 195-89-136　9-10-15-0 236-230-218

❹
22-75-18-4 195-89-136　50-20-60-30 112-138-95

❶

● 三色配色

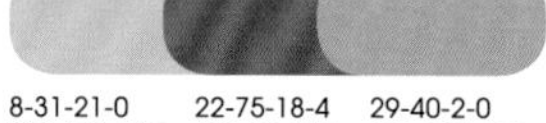

❺
8-31-21-0 233-191-186　22-75-18-4 195-89-136　29-40-2-0 189-161-201

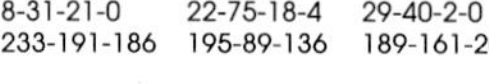

❻
11-4-24-1 233-236-206　22-75-18-4 195-89-136　61-65-26-12 112-91-130

7
50-3-13-0 131-202-220　22-75-18-4 195-89-136　0-1-31-0 255-250-196

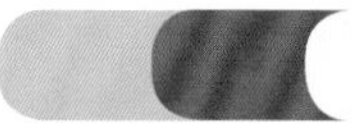
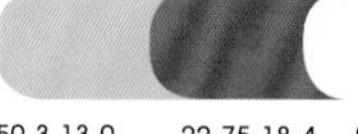

❽
75-75-45-0 90-79-110　22-75-18-4 195-89-136　36-10-3-11 160-192-218

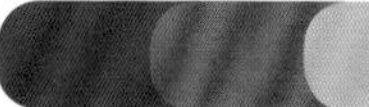

❾
67-33-50-20 82-125-114　22-75-18-4 195-89-136　6-17-45-13 221-197-141

❿
7-17-0-3 234-217-232　22-75-18-4 195-89-136　6-34-8-0 236-188-204

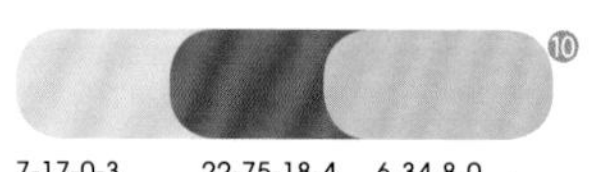

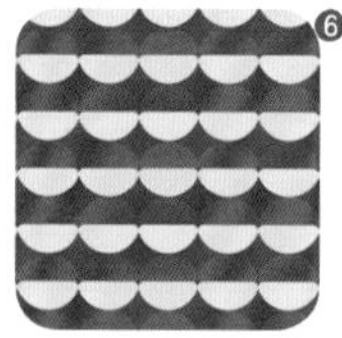

❻

7

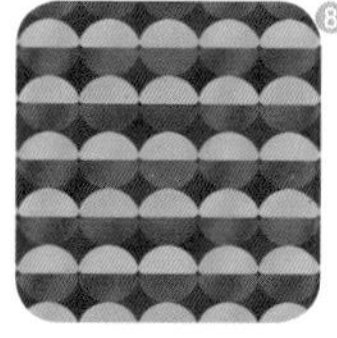

❽

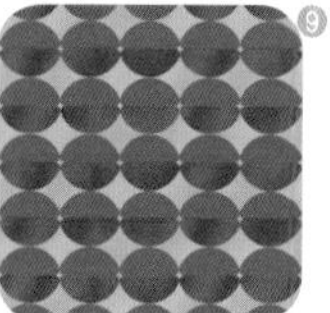

❾

四色配色

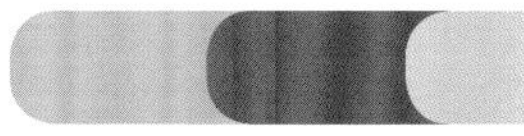

⑪

16-30-19-0	22-75-18-4	15-9-16-8	61-66-26-12
218-188-190	195-89-136	212-215-206	112-89-129

⑫

43-18-53-2	22-75-18-4	3-12-25-0	62-29-36-14
159-182-134	195-89-136	248-230-198	97-140-144

⑬

73-86-8-2	22-75-18-4	7-12-6-0	29-39-2-0
97-58-139	195-89-136	239-229-232	189-163-203

⑭

54-92-34-24	22-75-18-4	28-44-40-13	60-83-80-0
117-38-91	195-89-136	177-140-129	128-71-65

⑪ ⑫

五色配色

⑮

60-65-11-0	22-75-18-4	25-2-13-0	6-34-8-0	50-41-0-0
123-99-158	195-89-136	201-228-226	236-188-204	141-146-199

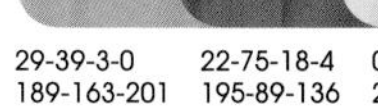

⑯

29-39-3-0	22-75-18-4	0-25-10-0	0-9-9-3	6-25-33-0
189-163-201	195-89-136	249-210-212	249-235-228	239-203-171

⑰

7-10-27-0	22-75-18-4	41-7-25-16	51-61-0-24	14-22-49-3
241-230-196	195-89-136	144-183-177	119-90-147	222-197-139

⑱

67-72-25-0	22-75-18-4	6-24-8-0	4-9-21-0	10-25-35-0
109-85-135	195-89-136	238-208-216	247-235-208	232-200-167

⑮

⑯

008

草莓红

Strawberry

18-77-35-6
199-85-113

颜色介绍

草莓红活泼亮丽，有富足的意象。与相似纯度的黄色进行搭配，给人活泼的感觉。搭配低纯度的蓝色和紫色，能展现出清爽的效果。

● 双色配色

①
18-77-35-6 199-85-113 0-36-14-0 246-187-193

②
18-77-35-6 199-85-113 51-3-33-0 132-199-184

③
18-77-35-6 199-85-113 15-1-38-0 226-236-179

④
18-77-35-6 199-85-113 6-36-60-2 235-177-108

①

● 三色配色

⑤
3-12-25-0 248-230-198 18-77-35-6 199-85-113 73-86-8-2 97-58-139

⑤

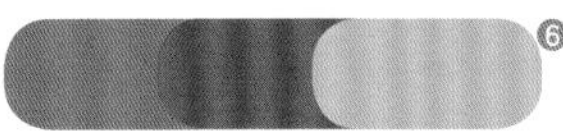

⑥
50-20-60-30 112-138-95 18-77-35-6 199-85-113 9-15-49-14 215-197-133

⑦
5-10-20-5 237-225-203 18-77-35-6 199-85-113 47-11-26-2 144-191-189

⑦

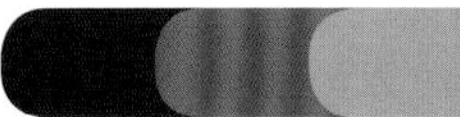

⑧
70-100-13-29 86-12-100 18-77-35-6 199-85-113 3-50-47-0 238-153-123

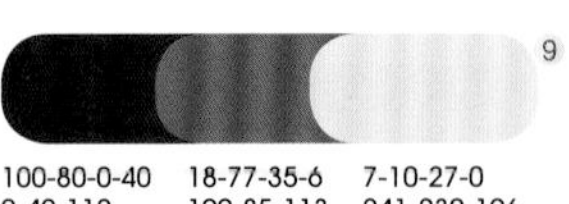

9
100-80-0-40 0-40-112 18-77-35-6 199-85-113 7-10-27-0 241-230-196

9

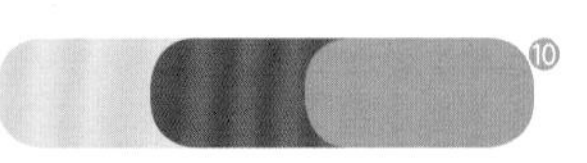

⑩
3-20-20-0 246-216-200 18-77-35-6 199-85-113 3-50-47-0 238-153-123

⑩

四色配色

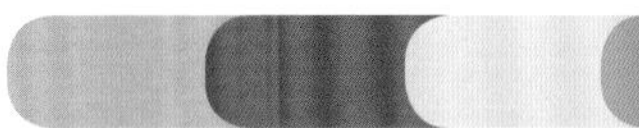

⑪

6-33-64-1	18-77-35-6	15-7-29-0	63-12-42-0
237-184-101	199-85-113	225-228-193	96-175-159

⑫

2-40-23-0	18-77-35-6	0-80-100-10	86-60-26-12
242-177-173	199-85-113	220-79-3	34-89-134

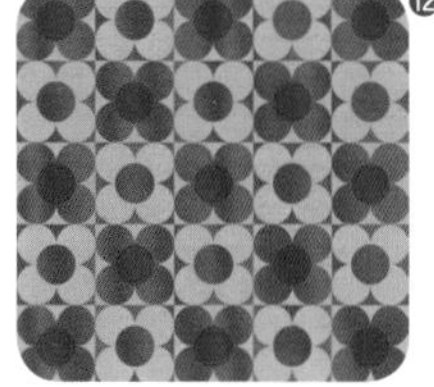

⑫

⑬

3-50-47-0	18-77-35-6	39-12-85-0	3-12-25-0
238-153-123	199-85-113	173-192-67	248-230-198

⑭

67-13-58-2	18-77-35-6	2-21-23-0	11-31-59-5
83-167-128	199-85-113	248-214-193	223-180-111

五色配色

15

0-25-18-0	18-77-35-6	13-0-29-0	6-33-64-1	7-10-27-0
249-208-198	199-85-113	230-240-199	237-184-101	241-230-196

15

⑯

51-3-23-0	18-77-35-6	9-7-45-0	12-31-32-2	67-72-25-0
130-200-202	199-85-113	238-230-160	224-186-165	109-85-135

⑰

9-100-100-32	18-77-35-6	0-48-44-31	86-94-34-26	24-17-41-0
169-0-9	199-85-113	190-124-102	55-36-91	204-202-160

⑯

⑱

6-34-8-0	18-77-35-6	8-59-40-0	3-12-19-0	7-17-6-0
236-188-204	199-85-113	227-132-126	248-230-209	238-220-227

009

石榴红

Garnet

0-100-100-0
230-0-18

颜色介绍

石榴红使人联想起太阳、火焰、热血、花卉等，是我国传统的喜庆色彩。与蓝色和黄色搭配，可以使画面对比更加强烈，有一种明显的现代感。

● 双色配色

1

0-100-100-0 230-0-18 | 2-21-23-0 248-214-193

2

0-100-100-0 230-0-18 | 3-2-55-0 253-242-140

3

0-100-100-0 230-0-18 | 6-34-8-0 236-188-204

4

0-100-100-0 230-0-18 | 7-28-59-1 237-193-115

1

● 三色配色

5

0-50-90-0 243-152-28 | 0-100-100-0 230-0-18 | 88-34-89-24 0-108-62

5

6

61-65-26-12 112-91-130 | 0-100-100-0 230-0-18 | 15-0-40-0 226-236-175

6

7

0-1-31-0 255-250-196 | 0-100-100-0 230-0-18 | 0-21-44-0 251-213-152

8

22-86-85-8 189-64-45 | 0-100-100-0 230-0-18 | 48-100-100-30 121-22-27

7

9

100-18-64-4 0-137-116 | 0-100-100-0 230-0-18 | 73-90-28-16 89-46-106

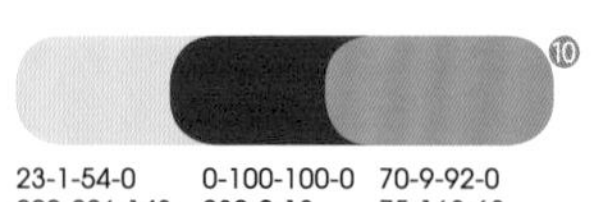

10

23-1-54-0 209-226-143 | 0-100-100-0 230-0-18 | 70-9-92-0 75-168-68

8

● 四色配色

⑪

6-34-8-0
236-188-204

0-100-100-0
230-0-18

3-11-20-0
248-232-209

10-72-11-3
216-100-148

⑪

⑫

54-91-33-24
117-40-93

0-100-100-0
230-0-18

0-50-100-0
243-152-0

6-34-8-0
236-188-204

⑬

25-2-13-0
201-228-226

0-100-100-0
230-0-18

15-1-38-0
226-236-179

63-5-56-0
95-182-137

⑫

⑭

3-30-29-0
243-196-174

0-100-100-0
230-0-18

4-1-25-0
249-248-208

25-0-19-0
201-230-217

● 五色配色

⑮

0-50-93-0
243-152-12

0-100-100-0
230-0-18

0-5-50-0
255-240-150

78-75-0-0
80-75-157

30-0-35-0
191-223-184

⑮

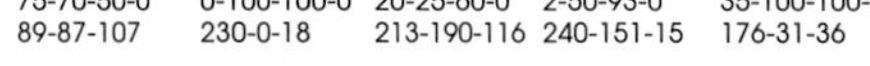

⑯

75-70-50-0
89-87-107

0-100-100-0
230-0-18

20-25-60-0
213-190-116

2-50-93-0
240-151-15

35-100-100-0
176-31-36

⑰

6-28-59-0
239-194-116

0-100-100-0
230-0-18

3-12-25-0
248-230-198

4-0-50-0
251-244-153

69-2-34-0
53-182-180

⑯

⑱

38-40-91-43
120-103-27

0-100-100-0
230-0-18

31-100-100-62
95-0-0

31-26-66-10
178-168-98

19-50-67-23
177-122-74

颜色介绍

茜草红暗淡而浓厚，使人感到稳定。与明度较高的冷色调进行搭配，营造出爽快的效果。与灰色调的色彩进行组合，整体效果低调大气。

● 双色配色

①

22-66-48-9 190-105-103　44-12-20-2 152-193-199

②
22-66-48-9 190-105-103　80-41-34-22 34-107-129

③

22-66-48-9 190-105-103　21-13-57-3 209-206-127

④

22-66-48-9 190-105-103　0-100-0-60 126-0-67

①

● 三色配色

⑤

85-75-40-10 57-71-109　22-66-48-9 190-105-103　2-21-23-0 248-214-193

⑥

6-29-60-2 237-190-112　22-66-48-9 190-105-103　3-12-25-0 248-230-198

⑦

0-31-50-0 248-193-132　22-66-48-9 190-105-103　88-18-44-5 0-144-147

⑧

0-15-10-0 252-228-223　22-66-48-9 190-105-103　0-50-5-0 241-158-188

⑨
44-20-71-6 154-172-95　22-66-48-9 190-105-103　4-0-25-0 249-248-208

⑩
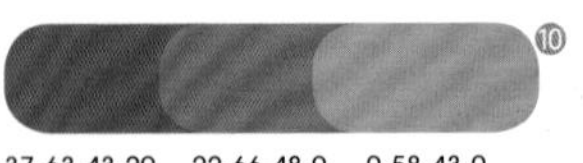
37-63-43-29 139-88-95　22-66-48-9 190-105-103　0-58-43-0 239-137-122

⑤
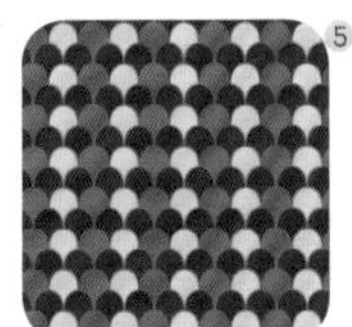

⑥
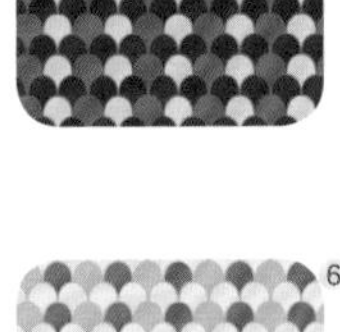
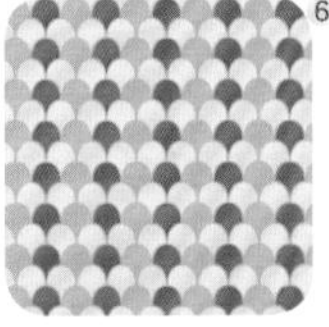

⑦
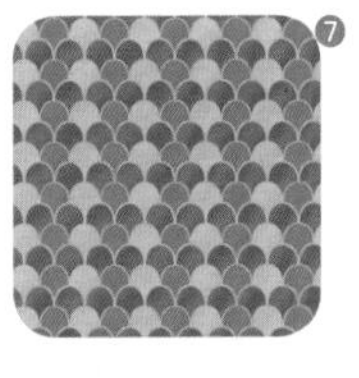

⑧
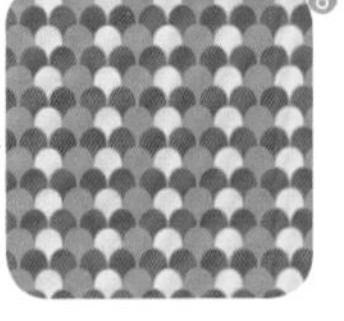

四色配色

⑪

6-34-8-0	22-66-48-9	6-17-6-0	16-26-4-0
236-188-204	190-105-103	240-221-227	218-197-218

12

3-12-25-0	22-66-48-9	41-25-63-5	15-1-38-0
248-230-198	190-105-103	162-169-109	226-236-179

⑪

12

⑬

63-59-13-29	22-66-48-9	40-82-94-44	39-29-53-11
91-85-131	190-105-103	114-46-20	159-158-120

⑭

84-45-24-11	22-66-48-9	5-10-44-5	64-19-25-0
9-110-150	190-105-103	238-222-156	92-167-184

五色配色

⑮

2-21-23-0	22-66-48-9	6-33-64-1	22-86-85-8	3-50-47-0
248-214-193	190-105-103	237-184-101	189-64-45	238-153-123

16

18-5-19-0	22-66-48-9	77-4-40-0	0-14-15-2	3-20-48-1
218-229-214	190-105-103	0-172-167	250-227-213	246-211-144

⑮

⑰

80-41-34-22	22-66-48-9	9-10-15-0	58-3-14-0	25-2-13-0
34-107-129	190-105-103	236-230-218	101-193-217	201-228-226

⑱

6-28-59-2	22-66-48-9	12-23-52-17	22-77-73-9	61-88-26-12
237-192-114	190-105-103	203-177-119	189-83-62	116-52-112

16

011 酒红色 Wine Red

30-71-38-18
164-86-105

颜色介绍

酒红色明度适中，纯度较低，有沉稳、优美和包容的意象。搭配暗淡的绿色和深蓝色，营造出东方气息。与低纯度的红色和黄色搭配，表现出高贵的感觉。

● 双色配色

①
30-71-38-18 164-86-105
6-28-60-1 238-193-113

②
30-71-38-18 164-86-105
9-27-39-2 231-194-156

③
30-71-38-18 164-86-105
20-8-53-0 215-218-141

④
30-71-38-18 164-86-105
86-94-34-26 55-36-91

①

● 三色配色

⑤
6-5-32-0 244-238-190
30-71-38-18 164-86-105
0-40-20-0 245-178-178

⑤

⑥
12-17-27-0 229-213-189
30-71-38-18 164-86-105
84-45-24-11 9-110-150

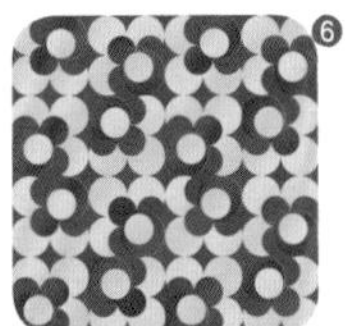

⑥

7
63-5-56-0 95-182-137
30-71-38-18 164-86-105
2-10-23-0 251-234-204

⑧
41-15-7-0 160-194-221
30-71-38-18 164-86-105
0-15-53-3 249-219-134

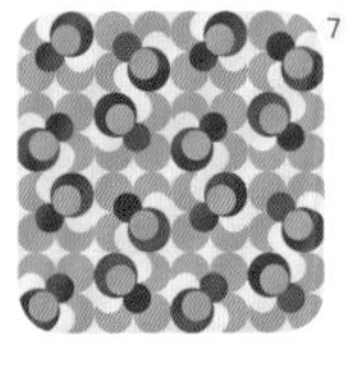

7

⑨
23-7-9-0 205-223-229
30-71-38-18 164-86-105
47-42-0-0 148-146-198

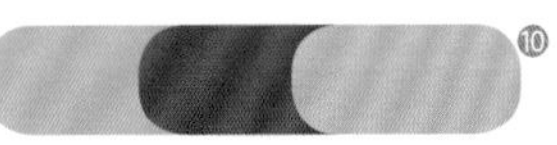

⑩
44-12-20-2 152-193-199
30-71-38-18 164-86-105
27-18-40-3 195-195-159

⑧

四色配色

⑪

91-16-64-4 0-144-116	30-71-38-18 164-86-105	10-30-64-0 232-188-104	37-91-82-31 136-39-39

⑫

13-37-5-4 217-174-199	30-71-38-18 164-86-105	73-85-29-16 88-55-109	58-28-24-7 112-153-171

⑬

21-47-28-0 206-152-157	30-71-38-18 164-86-105	40-55-27-23 142-106-127	40-82-94-44 114-46-20

⑭

21-7-48-0 213-220-153	30-71-38-18 164-86-105	41-28-0-18 142-153-191	67-81-23-1 110-70-129

⑪

⑫

五色配色

⑮

54-92-33-24 117-38-92	30-71-38-18 164-86-105	44-46-16-5 153-137-169	14-23-32-2 222-199-172	38-28-46-0 173-173-143

⑯

14-29-42-0 223-189-150	30-71-38-18 164-86-105	10-26-14-0 230-200-203	10-5-14-0 235-237-224	12-34-33-0 226-182-162

⑰

20-20-36-5 206-195-163	30-71-38-18 164-86-105	31-34-24-7 179-163-169	27-18-40-3 195-195-159	10-12-20-2 232-222-205

⑱

71-52-79-31 73-89-60	30-71-38-18 164-86-105	23-32-49-8 195-168-128	28-44-40-13 177-140-129	40-82-94-45 113-45-19

⑮

⑯

012
栗色
Maroon

37-63-43-29
139-88-95

颜色介绍

栗色偏中性的色彩意象给人一种孤独和浑浊的感觉。与灰色调的色彩进行搭配，可以使画面更加沉稳内敛。与明度高的冷色或暖色搭配，可以增强画面活跃度。

● 双色配色

①
37-63-43-29 139-88-95 | 0-49-64-11 226-145-86

②
37-63-43-29 139-88-95 | 10-13-25-12 216-205-182

③
37-63-43-29 139-88-95 | 15-24-7-5 214-195-209

④
37-63-43-29 139-88-95 | 55-31-71-0 126-158-187

①

● 三色配色

⑤
64-19-28-43 59-115-125 | 37-63-43-29 139-88-95 | 29-10-10-0 191-213-223

⑤

⑥
13-14-15-0 227-219-213 | 37-63-43-29 139-88-95 | 22-44-20-1 203-157-171

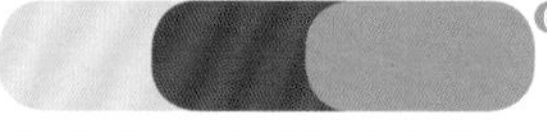

⑥

⑦
24-19-41-3 201-196-157 | 37-63-43-29 139-88-95 | 93-74-36-30 13-59-97

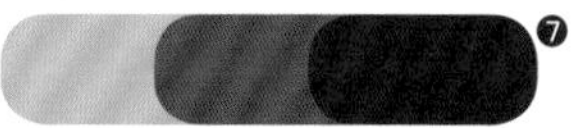

⑧
0-54-41-0 241-146-129 | 37-63-43-29 139-88-95 | 6-17-6-0 240-221-227

⑦

⑨
20-50-93-7 200-137-31 | 37-63-43-29 139-88-95 | 8-13-30-5 231-217-182

⑩
55-60-19-0 134-110-154 | 37-63-43-29 139-88-95 | 19-19-24-8 203-195-182

⑧

● 四色配色

⑪

61-18-41-23	37-63-43-29	4-2-25-0	50-50-26-1
88-143-133	139-88-95	249-246-207	144-130-155

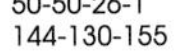
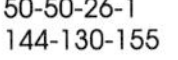

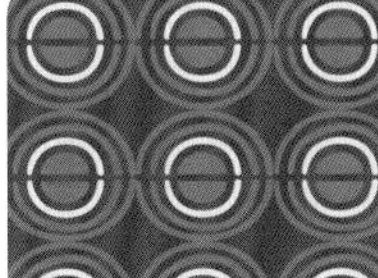

⑪

⑫

4-2-25-0	37-63-43-29	3-28-21-0	19-36-15-3
249-246-207	139-88-95	244-200-190	207-172-186

⑫

⑬

2-43-22-0	37-63-43-29	6-17-6-0	31-34-24-7
241-170-172	139-88-95	240-221-227	179-163-169

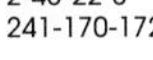

⑭

13-50-70-0	37-63-43-29	11-8-75-9	91-17-64-4
221-147-82	139-88-95	222-210-79	0-143-116

● 五色配色

⑮

3-20-20-0	37-63-43-29	19-50-67-23	9-7-25-0	9-100-100-32
246-216-200	139-88-95	177-122-74	237-233-202	169-0-9

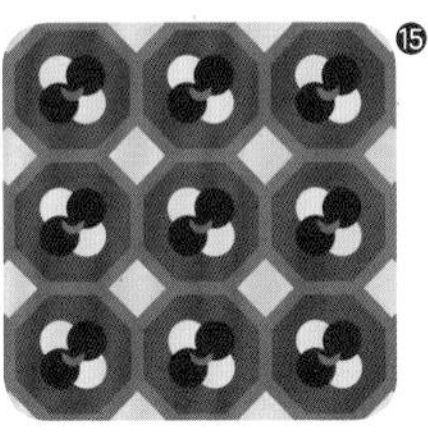

⑮

⑯

30-85-85-10	37-63-43-29	10-48-78-0	12-11-60-7	95-74-36-30
174-65-47	139-88-95	227-152-66	222-210-118	0-58-97

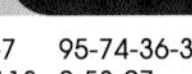
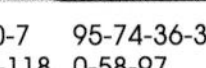

⑰

0-75-44-27	37-63-43-29	92-74-36-30	14-51-39-12	66-56-40-0
191-77-85	139-88-95	19-59-97	202-135-126	107-112-130

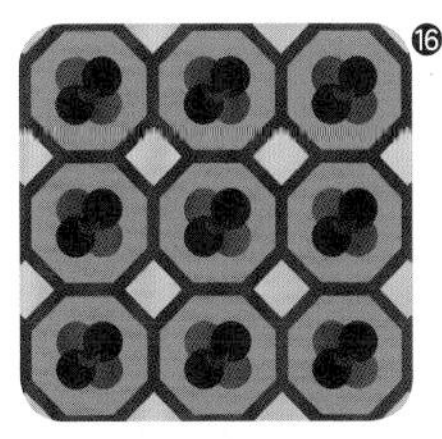

⑯

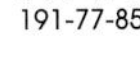

⑱

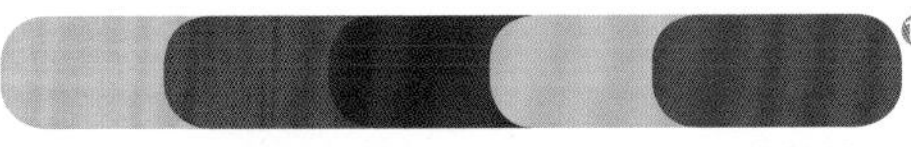

6-28-59-2	37-63-43-29	22-86-86-23	20-20-36-5	61-65-26-12
237-192-114	139-88-95	168-55-37	206-195-163	112-91-130

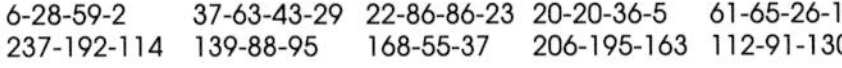

03

第 3 章 橙色系配色

橙色充满活力与华丽，是醒目而温暖的颜色。它比红色少了些热情和挑衅，但是可以被用于吸引注意力和设计中高度重要的区域。

013 杏仁色 Almond

9-27-39-2
231-194-156

颜色介绍

杏仁色色调柔和细腻。搭配低明度的色彩，给人一种坚实可靠的感觉。搭配同色调的暖色，产生一种陈旧感。与高明度的色彩搭配，画面对比强烈，能增加视觉上的趣味性。

双色配色

① 9-27-39-2 231-194-156　3-50-47-0 238-153-123

② 9-27-39-2 231-194-156　3-2-55-0 253-242-140

③ 9-27-39-2 231-194-156　0-54-31-75 98-51-52

④ 9-27-39-2 231-194-156　11-0-24-3 230-238-206

三色配色

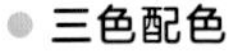

⑤ 60-65-26-12 114-91-130　9-27-39-2 231-194-156　15-54-40-5 204-134-128

⑥ 36-91-82-31 137-39-39　9-27-39-2 231-194-156　67-0-62-53 36-111-76

⑦ 36-36-42-16 159-145-129　9-27-39-2 231-194-156　69-100-36-30 87-20-82

⑧ 44-21-71-6 154-170-95　9-27-39-2 231-194-156　9-41-69-0 231-167-87

⑨ 96-16-36-4 0-143-161　9-27-39-2 231-194-156　36-91-82-31 137-39-39

⑩ 0-100-0-60 126-0-67　9-27-39-2 231-194-156　60-65-26-12 114-91-130

四色配色

11

0-0-35-0 255-250-188 | 9-27-39-2 231-194-156 | 77-4-40-0 0-172-167 | 25-2-12-0 201-228-227

12

18-54-40-5 204-134-128 | 9-27-39-2 231-194-156 | 3-12-25-0 248-230-198 | 51-12-20-2 131-186-198

13

29-40-2-0 189-161-201 | 9-27-39-2 231-194-156 | 7-12-6-0 239-229-232 | 94-60-10-2 0-93-161

14

9-10-15-0 236-230-218 | 9-27-39-2 231-194-156 | 20-9-23-3 209-217-199 | 66-31-34-4 93-145-156

五色配色

15

55-43-70-2 133-135-92 | 9-27-39-2 231-194-156 | 21-48-59-25 171-122-86 | 3-2-25-0 251-247-207 | 0-50-36-50 152-95-88

15

16

22-66-48-9 190-105-103 | 9-27-39-2 231-194-156 | 3-50-47-0 238-153-123 | 3-12-25-0 248-230-198 | 61-65-26-12 112-91-130

17

90-62-33-25 6-77-112 | 9-27-39-2 231-194-156 | 18-54-40-5 204-134-128 | 3-50-93-0 239-151-16 | 51-51-49-39 103-90-86

18

48-16-37-0 145-184-167 | 9-27-39-2 231-194-156 | 0-0-48-0 255-248-158 | 50-50-26-1 144-130-155 | 27-18-40-3 195-195-159

16

014 肤色 Skin Color

0-30-60-0
249-194-112

颜色介绍

肤色常常给人以亲近柔和的感受。肤色与低纯度、高明度的黄色和红色搭配，能够表现出柔美和实在的感觉。与紫色搭配时，能够带来鲜明畅快的感觉。

双色配色

1
0-30-60-0 249-194-112　0-0-35-0 255-250-188

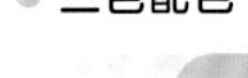

2
0-30-60-0 249-194-112　0-50-30-0 242-156-151

3
0-30-60-0 249-194-112　0-75-70-40 167-66-43

4
0-30-60-0 249-194-112　0-45-75-20 211-141-60

1

三色配色

5
0-5-15-0 255-245-224　0-30-60-0 249-194-112　35-25-0-0 176-184-221

6
0-15-35-0 253-225-176　0-30-60-0 249-194-112　40-0-60-0 168-209-130

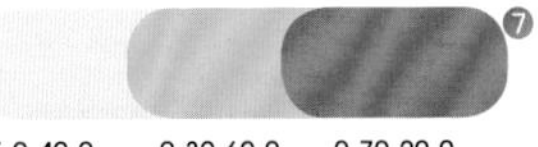

7
15-0-40-0 226-236-175　0-30-60-0 249-194-112　0-70-20-0 235-109-142

8
15-0-25-0 225-238-207　0-30-60-0 249-194-112　50-0-25-0 132-204-201

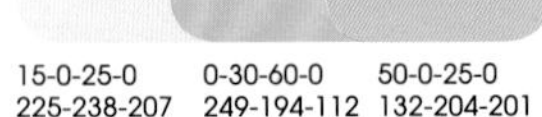

9
0-25-0-0 249-211-227　0-30-60-0 249-194-112　55-0-0-0 107-200-242

10
15-45-0-0 216-160-199　0-30-60-0 249-194-112　5-20-0-0 241-217-233

5

6

7

8

四色配色

⑪

0-30-20-0	0-30-60-0	0-10-20-0	0-55-25-0
248-198-189	249-194-112	254-236-210	240-145-153

⑫

80-0-25-15	0-30-60-0	15-0-10-0	55-0-25-0
0-158-178	249-194-112	224-240-235	115-198-200

⑬

0-95-95-40	0-30-60-0	80-0-40-10	25-40-0-0
165-18-5	249-194-112	0-163-159	197-164-204

⑭

10-5-0-10	0-30-60-0	25-20-20-25	40-40-0-45
219-224-233	249-194-112	166-165-164	110-102-137

⑪ ⑫

五色配色

⑮

0-65-10-0	0-30-60-0	0-45-25-0	0-5-45-0	0-75-40-0
236-122-161	249-194-112	243-167-165	255-241-162	234-97-111

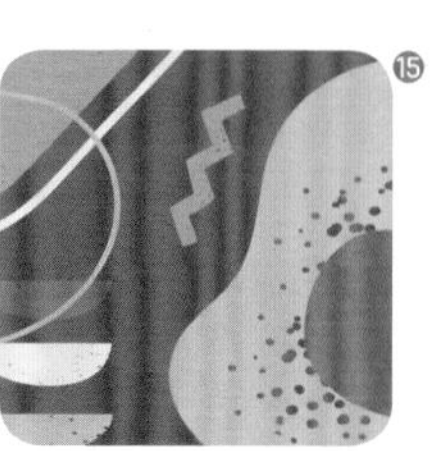

⑮

⑯

20-5-0-0	0-30-60-0	0-10-20-0	20-25-0-0	50-10-0-0
211-230-246	249-194-112	254-236-210	209-196-224	130-193-234

⑰

10-30-0-0	0-30-60-0	0-5-20-0	0-20-35-0	15-45-0-0
229-194-219	249-194-112	255-245-215	251-216-172	216-160-199

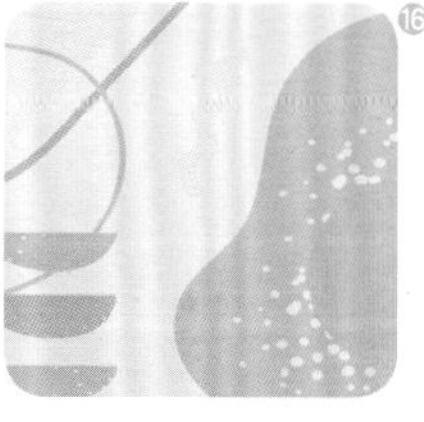

⑯

⑱

0-75-85-0	0-30-60-0	0-5-30-0	0-65-25-0	0-90-75-0
235-97-42	249-194-112	255-243-195	237-121-142	232-56-54

015

金盏花黄

Marigold

0-40-100-0
247-171-0

颜色介绍

金盏花黄同冬日暖阳一样温暖，给人年轻活泼的感觉。与黄色和绿色搭配，可以体现明快愉悦之感。与紫色搭配，可以使画面更加清新爽朗。

双色配色

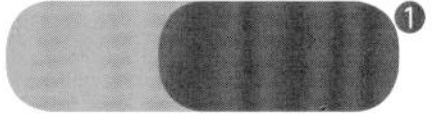

❶
0-40-100-0 247-171-0
0-80-75-0 234-85-57

❷
0-40-100-0 247-171-0
95-0-75-0 0-158-107

❸
0-40-100-0 247-171-0
15-0-15-0 224-240-226

❹
0-40-100-0 247-171-0
0-80-30-25 194-67-99

❶

三色配色

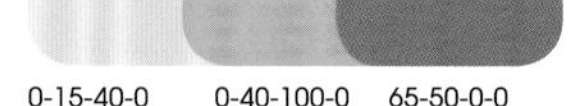

❺
0-15-40-0 253-224-165
0-40-100-0 247-171-0
65-50-0-0 104-121-186

❺

❻
30-0-5-0 187-226-241
0-40-100-0 247-171-0
75-0-30-0 0-178-188

❻

❼
0-65-75-5 231-117-61
0-40-100-0 247-171-0
0-70-75-30 187-85-46

❽
0-20-35-0 251-216-172
0-40-100-0 247-171-0
0-50-15-0 241-157-174

❼

❾
0-10-35-0 254-234-180
0-40-100-0 247-171-0
40-0-85-0 170-207-69

❿
0-0-50-0 255-247-153
0-40-100-0 247-171-0
0-60-0-0 238-135-180

❽

四色配色

⑪

50-0-5-0	0-40-100-0	0-10-40-0	0-50-35-0
127-205-236	247-171-0	255-233-169	242-155-143

⑫

0-15-20-0	0-40-100-0	0-65-55-0	0-90-60-30
252-227-205	247-171-0	238-121-97	183-39-56

⑬

0-80-25-0	0-40-100-0	0-50-10-0	0-75-90-0
233-83-125	247-171-0	241-157-181	235-97-32

⑭

0-50-5-0	0-40-100-0	0-5-45-0	0-65-45-0
241-158-188	247-171-0	255-241-162	237-121-113

⑪

⑫

五色配色

⑮

30-0-15-0	0-40-100-0	0-5-15-0	0-25-40-0	65-0-30-0
188-225-223	247-171-0	255-245-224	250-206-157	73-188-189

⑯

75-0-45-45	0-40-100-0	65-0-40-0	0-25-60-5	0-50-90-70
0-121-109	247-171-0	77-187-170	243-197-111	109-63-0

⑰

10-25-0-0	0-40-100-0	15-0-0-0	25-45-0-0	75-0-10-15
230-203-226	247-171-0	223-242-252	197-154-197	0-163-201

⑱

70-0-10-0	0-40-100-0	5-15-0-0	50-75-0-15	100-0-10-25
3-184-223	247-171-0	242-226-238	132-73-142	0-135-183

⑮

⑯

016

橘黄色

Tangerine

5-35-90-0
240-179-28

颜色介绍

橘黄色给人一种乖巧伶俐、俏皮可爱的感觉。搭配明度高的色彩，能使画面更加热闹跳跃。搭配纯度高的暖色，可以增加开朗的氛围感。

双色配色

❶ 5-35-90-0 240-179-28　86-94-34-26 55-36-91

❷ 5-35-90-0 240-179-28　3-11-20-0 248-232-209

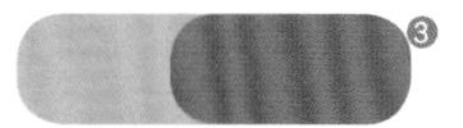

❸ 5-35-90-0 240-179-28　14-69-41-0 214-108-116

❹ 5-35-90-0 240-179-28　15-1-38-0 226-236-179

三色配色

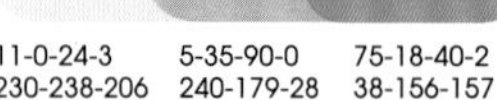

❺ 11-0-24-3 230-238-206　5-35-90-0 240-179-28　75-18-40-2 38-156-157

❻ 36-91-82-31 137-39-39　5-35-90-0 240-179-28　31-26-66-11 177-167-97

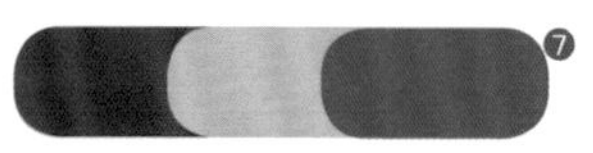

❼ 22-86-85-8 189-64-45　5-35-90-0 240-179-28　88-34-89-24 0-108-62

❽ 52-70-16-46 94-57-98　5-35-90-0 240-179-28　36-73-82-31 138-71-43

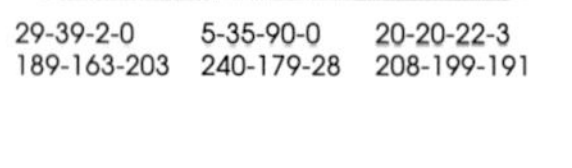

❾ 29-39-2-0 189-163-203　5-35-90-0 240-179-28　20-20-22-3 208-199-191

❿ 0-17-24-3 248-219-193　5-35-90-0 240-179-28　30-0-65-5 188-212-114

四色配色

11

20-31-11-0 209-184-201	5-35-90-0 240-179-28	3-20-20-0 246-216-200	3-2-55-0 253-242-140

⑫

41-7-25-16 144-183-177	5-35-90-0 240-179-28	11-0-24-3 230-238-206	44-20-71-6 154-172-95

⑬

28-2-81-0 200-216-74	5-35-90-0 240-179-28	3-2-55-0 253-242-140	78-38-36-4 49-128-147

⑭

6-30-20-0 237-195-189	5-35-90-0 240-179-28	52-61-14-0 141-110-159	80-41-34-22 34-107-129

11

⑫

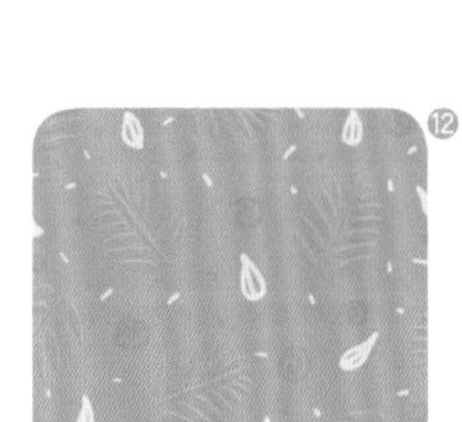

五色配色

15

68-17-44-0 79-164-152	5-35-90-0 240-179-28	4-2-25-0 249-246-207	50-3-13-0 131-202-220	25-2-13-0 201-228-226

⑯

3-2-55-0 253-242-140	5-35-90-0 240-179-28	68-17-44-0 79-164-152	6-16-17-2 238-219-207	29-31-3-0 190-178-211

⑰

26-52-37-18 173-122-122	5-35-90-0 240-179-28	3-12-25-0 248-230-198	6-34-8-0 236-188-204	29-40-2-0 189-161-201

⑱

27-52-56-14 177-125-98	5-35-90-0 240-179-28	54-92-34-24 117-38-91	73-86-8-2 97-58-139	93-42-78-45 0-78-57

15

⑯

017 太阳橙

Sun Orange

0-55-100-0
241-141-0

颜色介绍

太阳橙可表现温暖、活泼、美味等意象。与粉色进行搭配，给人温暖而舒适的感觉。与暖色和紫色搭配，能给画面增加干净和整洁的效果。

双色配色

1
0-55-100-0 241-141-0
0-0-65-0 255-245-113

2
0-55-100-0 241-141-0
0-45-5-0 243-169-195

3
0-55-100-0 241-141-0
0-30-25-0 248-198-181

4
0-55-100-0 241-141-0
0-60-95-35 180-97-0

三色配色

5
20-0-30-0 214-233-196
0-55-100-0 241-141-0
55-0-60-0 122-194-131

6
0-0-50-0 255-247-153
0-55-100-0 241-141-0
65-20-0-0 82-165-220

7
20-10-0-0 211-222-241
0-55-100-0 241-141-0
70-50-0-0 89-118-186

8
10-5-10-10 220-223-217
0-55-100-0 241-141-0
30-5-20-45 125-146-141

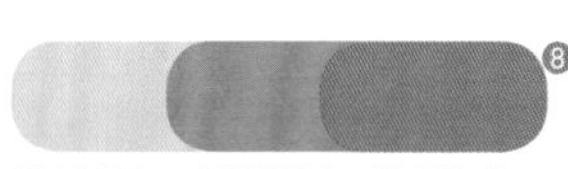

9
0-15-35-0 253-225-176
0-55-100-0 241-141-0
35-60-0-0 176-119-176

10
70-35-0-0 76-141-203
0-55-100-0 241-141-0
0-20-35-0 251-216-172

四色配色

⑪

0-25-45-0	0-55-100-0	0-15-10-0	0-70-40-0
250-205-147	241-141-0	252-228-223	236-109-116

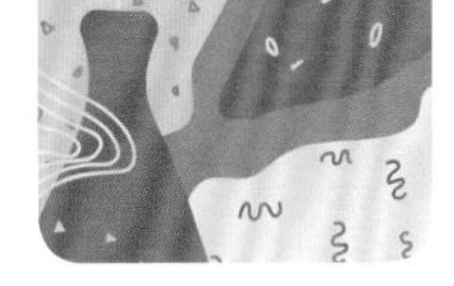

⑪

⑫

0-45-10-0	0-55-100-0	0-10-40-0	0-35-55-0
243-168-187	241-141-0	255-233-169	247-185-119

⑬

0-75-85-55	0-55-100-0	0-25-15-0	0-65-60-25
138-51-7	241-141-0	249-209-203	197-99-73

⑫

⑭

15-0-35-0	0-55-100-0	0-50-0-0	65-0-30-0
226-237-186	241-141-0	241-158-194	73-188-189

五色配色

⑮

75-65-0-0	0-55-100-0	0-5-60-0	40-0-65-0	0-85-25-0
83-92-168	241-141-0	255-238-125	168-209-118	232-68-120

⑮

⑯

0-40-5-0	0-55-100-0	0-0-45-0	50-0-10-0	0-65-0-0
244-180-201	241-141-0	255-248-165	129-205-228	236-122-172

⑰

15-25-0-0	0-55-100-0	0-15-20-0	0-30-55-0	30-65-0-0
220-199-225	241-141-0	252-227-205	249-195-123	185-110-170

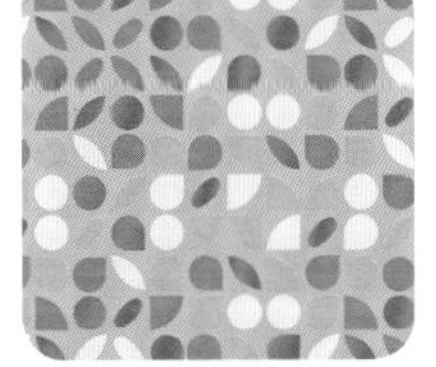

⑯

⑱

60-0-65-35	0-55-100-0	20-0-20-0	0-35-70-15	20-60-100-45
77-143-91	241-141-0	213-234-216	223-165-78	139-80-0

018
柑橘橙
Citrus Orange

0-65-100-0
238-120-0

颜色介绍

柑橘橙给人一种晴朗新鲜的感觉，有着能让人振作的力量，很适合使用在强调欢乐主题的画面中。搭配明亮的绿色，强调对比效果，使画面更加有童趣。

● 双色配色

1

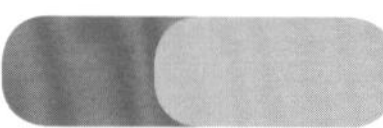

0-65-100-0 238-120-0 | 6-34-8-0 236-188-204

2

0-65-100-0 238-120-0 | 0-1-31-0 255-250-196

3

0-65-100-0 238-120-0 | 69-3-28-0 50-181-190

4

0-65-100-0 238-120-0 | 13-2-100-0 234-228-0

1

● 三色配色

5

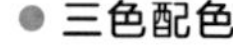

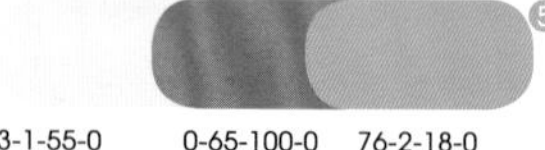

3-1-55-0 253-243-140 | 0-65-100-0 238-120-0 | 76-2-18-0 0-177-207

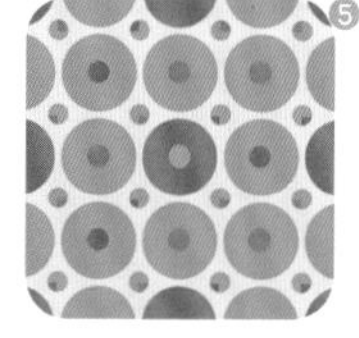

5

6

24-81-74-4 192-77-62 | 0-65-100-0 238-120-0 | 48-100-64-29 121-19-56

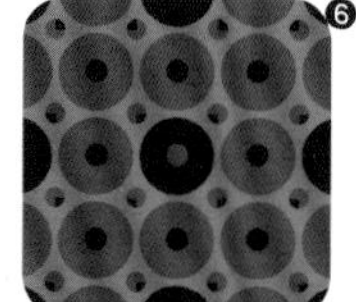

6

7

31-100-100-62 95-0-0 | 0-65-100-0 238-120-0 | 65-31-100-39 74-105-30

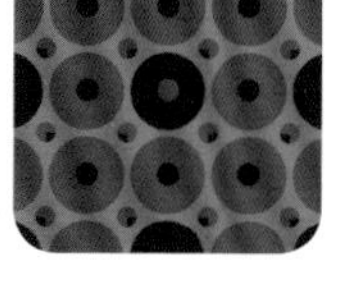

8

90-62-33-10 12-87-126 | 0-65-100-0 238-120-0 | 32-5-100-25 158-172-0

9

2-17-59-0 250-217-121 | 0-65-100-0 238-120-0 | 27-71-8-0 191-19-155

7

10

74-100-38-0 99-36-101 | 0-65-100-0 238-120-0 | 94-46-0-31 0-87-150

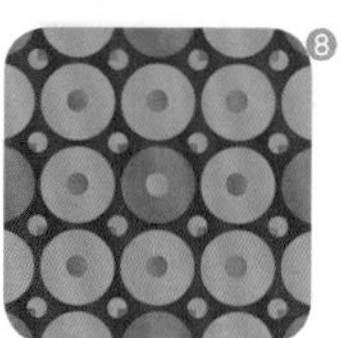

8

四色配色

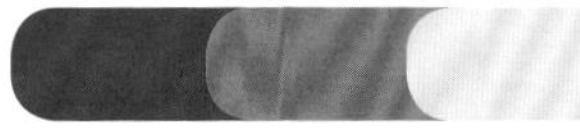

⑪

94-60-10-0	0-65-100-0	3-12-35-0	10-85-90-0
0-94-162	238-120-0	249-228-178	218-71-37

⑫

91-16-64-4	0-65-100-0	0-10-65-0	36-90-82-30
0-144-116	238-120-0	255-229-109	139-42-40

⑬

55-85-0-0	0-65-100-0	3-12-20-0	30-48-9-0
136-61-147	238-120-0	248-230-208	187-145-182

⑭

40-58-92-42	0-65-100-0	22-90-90-8	20-67-84-30
118-81-26	238-120-0	189-54-38	163-85-38

⑪ ⑫

五色配色

⑮

78-75-0-0	0-65-100-0	24-81-74-4	6-28-59-2	96-16-36-4
80-75-157	238-120-0	192-77-62	237-192-114	0-143-161

16

22-95-26-9	0-65-100-0	3-50-47-0	2-21-23-0	3-12-20-0
186-29-105	238-120-0	238-153-123	248-214-193	248-230-208

⑰

23-32-50-8	0-65-100-0	3-7-18-0	20-50-67-23	6-38-75-2
195-168-126	238-120-0	249-239-216	176-121-74	235-172-74

⑱

24-81-74-4	0-65-100-0	0-15-80-0	88-33-88-24	36-90-82-30
192-77-62	238-120-0	255-219-63	0-109-63	139-42-40

⑮

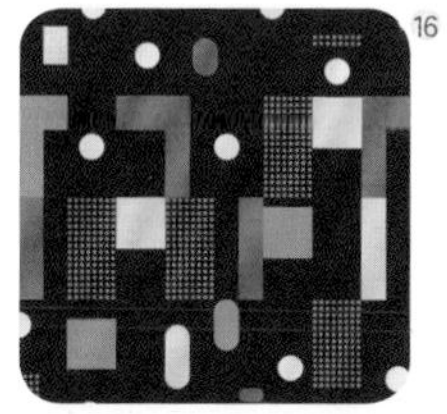

16

019
红柿橙
Red Persimmon

0-80-85-0
234-85-41

颜色介绍

红柿橙给人热烈、开放、灿烂的印象，体现出开阔的生命理想、积极的人生态度、不屈的精神等。与红色和黄色搭配，给人一种较为柔和明朗的感觉。

● 双色配色

1

0-80-85-0 234-85-41 | 20-0-15-0 213-235-225

2

0-80-85-0 234-85-41 | 20-0-55-0 216-229-141

3

0-80-85-0 234-85-41 | 0-20-55-0 252-213-129

4

0-80-85-0 234-85-41 | 0-90-45-20 200-43-80

1

● 三色配色

5

5-0-50-0 248-243-153 | 0-80-85-0 234-85-41 | 70-0-20-0 27-184-206

5

6

0-25-75-0 251-202-77 | 0-80-85-0 234-85-41 | 70-5-0-0 6-180-234

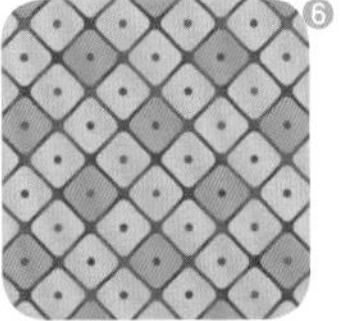

6

7

30-0-0-0 186-227-249 | 0-80-85-0 234-85-41 | 55-0-75-0 125-193-99

8

0-30-5-0 247-200-214 | 0-80-85-0 234-85-41 | 65-0-35-0 76-187-180

7

9

15-0-65-0 228-232-115 | 0-80-85-0 234-85-41 | 55-0-90-0 126-191-65

10

0-20-25-20 217-188-166 | 0-80-85-0 234-85-41 | 20-50-45-20 180-126-110

8

四色配色

11

10-0-40-0 237-241-176	0-80-85-0 234-85-41	50-0-50-0 137-201-151	80-50-0-0 48-113-185

12

0-100-65-0 230-0-62	0-80-85-0 234-85-41	0-50-15-0 241-157-174	0-10-70-0 255-229-95

13

10-100-20-50 136-0-68	0-80-85-0 234-85-41	0-55-90-0 241-142-29	0-20-50-0 252-214-140

14

50-5-0-0 128-200-239	0-80-85-0 234-85-41	0-0-45-0 255-248-165	30-0-80-0 195-217-78

11

12

五色配色

15

75-70-0-0 86-84-162	0-80-85-0 234-85-41	0-75-0-0 234-96-158	0-10-55-0 255-231-135	0-45-75-0 244-163-71

16

100-0-0-50 0-104-150	0-80-85-0 234-85-41	20-0-20-0 213-234-216	65-0-60-0 84-185-131	0-85-60-20 201-59-65

17

75-0-45-0 0-177-160	0-80-85-0 234-85-41	0-60-15-0 238-134-161	0-30-15-0 247-199-198	45-0-20-0 147-210-211

18

95-90-0-20 30-40-126	0-80-85-0 234-85-41	0-40-0-0 244-180-208	0-70-20-0 235-109-142	55-75-0-0 135-81-157

15

16

颜色介绍

南瓜色通常给人一种沉稳、充满魅力的意象。搭配明度高的冷色和暖色，能使画面增加明快亮丽的效果。与绿色和黄色搭配，使画面有复古的感觉。

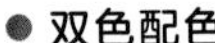

● 双色配色

① 5-80-100-15 205-75-7　0-54-31-75 98-51-52

② 5-80-100-15 205-75-7　80-86-0-0 79-56-146

③ 5-80-100-15 205-75-7　0-10-70-20 220-198-83

④ 5-80-100-15 205-75-7　76-2-18-0 0-177-207

● 三色配色

⑤ 2-21-23-0 248-214-193　5-80-100-15 205-75-7　63-5-56-0 95-182-137

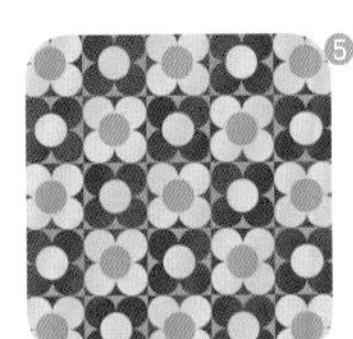

⑥ 23-7-9-0 205-223-229　5-80-100-15 205-75-7　10-72-11-0 219-102-150

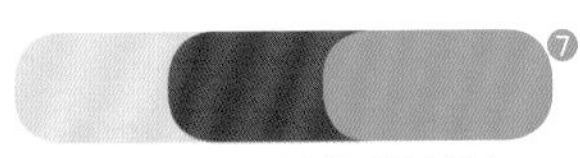

⑦ 21-7-20-0 211-223-210　5-80-100-15 205-75-7　77-4-40-0 0-172-167

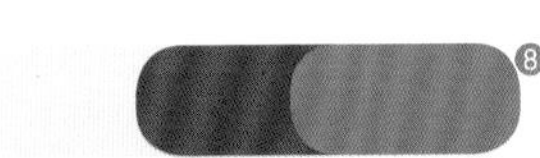

⑧ 5-0-36-0 248-246-185　5-80-100-15 205-75-7　74-20-76-11 58-143-88

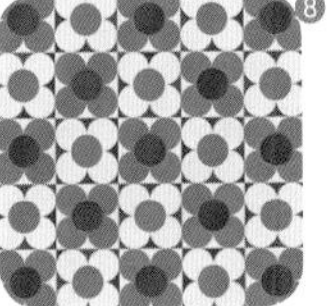

⑨ 3-12-25-0 248-230-198　5-80-100-15 205-75-7　56-64-0-2 130-101-168

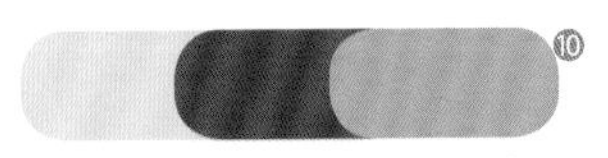

⑩ 17-4-38-0 221-229-177　5-80-100-15 205-75-7　18-36-15-3 209-173-186

四色配色

⑪

23-7-38-0 207-219-174	5-80-100-15 205-75-7	2-1-55-0 255-244-140	80-41-34-22 34-107-129

⑫

6-38-90-0 237-173-30	5-80-100-15 205-75-7	91-16-64-4 0-144-116	37-91-82-31 136-39-39

⑬

0-0-24-3 252-248-208	5-80-100-15 205-75-7	28-2-81-0 200-216-74	91-16-64-4 0-144-116

⑭

6-28-59-1 238-194-115	5-80-100-15 205-75-7	11-8-84-0 236-222-54	9-100-100-32 169-0-9

⑪

⑫

五色配色

⑮

6-30-20-0 237-195-189	5-80-100-15 205-75-7	4-2-25-0 249-246-207	0-50-45-0 242-155-126	16-24-4-0 218-200-220

⑮

16

77-4-40-0 0-172-167	5-80-100-15 205-75-7	0-10-5-0 253-238-237	6-32-50-0 238-188-132	4-2-25-0 249-246-207

⑰

54-91-33-24 117-40-93	5-80-100-15 205-75-7	34-36-16-5 175-160-181	0-20-30-0 251-216-181	10-40-40-5 221-166-140

⑱

71-52-79-31 73-89-60	5-80-100-15 205-75-7	23-32-49-8 195-168-128	3-50-93-0 239-151-16	19-64-100-36 155-84-0

16

021
塔里木色
Tarim

25-60-70-15
178-110-71

颜色介绍

塔里木色给人沉稳和有力的感觉，表现勤勤恳恳、明智、安静而质朴的感觉。搭配同色系，突出平稳感，能缓和人们紧张和缺乏安全感的心情。

双色配色

❶
25-60-70-15 0-50-100-0
178-110-71 243-152-0

❷
25-60-70-15 24-17-41-3
178-110-71 201-199-158

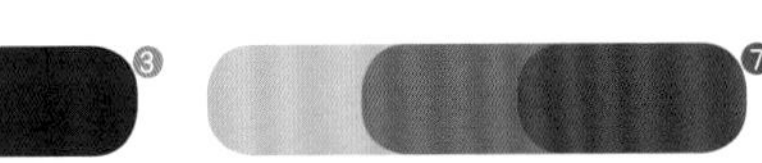

❸
25-60-70-15 100-68-100-31
178-110-71 0-64-42

❹
25-60-70-15 28-2-81-0
178-110-71 200-216-74

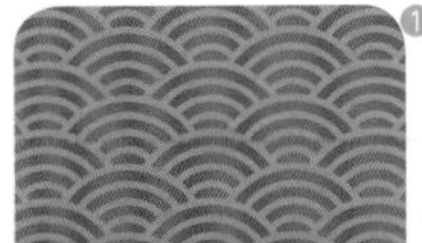

❶

三色配色

❺
44-12-20-2 25-60-70-15 20-20-22-3
152-193-199 178-110-71 208-199-191

❻
6-28-59-2 25-60-70-15 6-78-51-0
237-192-114 178-110-71 225-89-94

❼
24-17-41-3 25-60-70-15 22-86-86-8
201-199-158 178-110-71 189-64-44

❽
3-2-55-0 25-60-70-15 51-3-13-0
253-242-140 178-110-71 127-201-220

❾
16-4-4-0 25-60-70-15 96-16-36-4
221-235-242 178-110-71 0-143-161

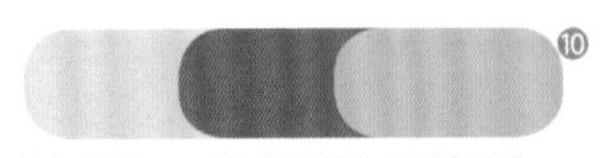

❿
0-14-26-5 25-60-70-15 25-17-36-5
245-221-189 178-110-71 196-196-165

❺

❻

❼

❽

四色配色

11

3-39-47-0 241-176-132	25-60-70-15 178-110-71	10-12-20-2 232-222-205	94-60-9-2 0-93-162

11

12

6-17-6-0 240-221-227	25-60-70-15 178-110-71	58-0-24-31 78-155-159	25-2-12-0 201-228-227

13

0-0-35-0 255-250-188	25-60-70-15 178-110-71	25-2-12-0 201-228-227	63-5-56-0 95-182-137

12

14

41-7-25-16 144-183-177	25-60-70-15 178-110-71	96-38-43-31 0-95-110	10-12-20-2 232-222-205

五色配色

15

90-62-33-25 6-77-112	25-60-70-15 178-110-71	22-77-73-9 189-83-62	3-50-93-0 239-151-16	96-38-43-31 0-95-110

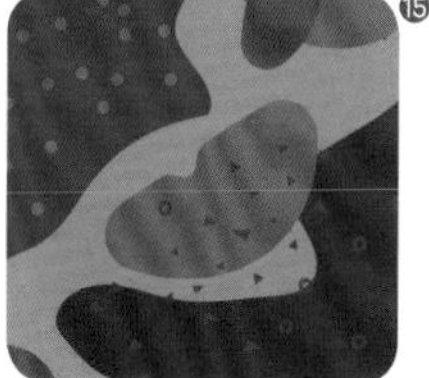

15

16

0-62-51-0 238-128-106	25-60-70-15 178-110-71	96-16-36-4 0-143-161	9-27-39-2 231-194-156	9-100-100-32 169-0-9

17

9-27-39-2 231-194-156	25-60-70-15 178-110-71	96-16-36-4 0-143-161	6-28-59-2 237-192-114	3-50-93-0 239-151-16

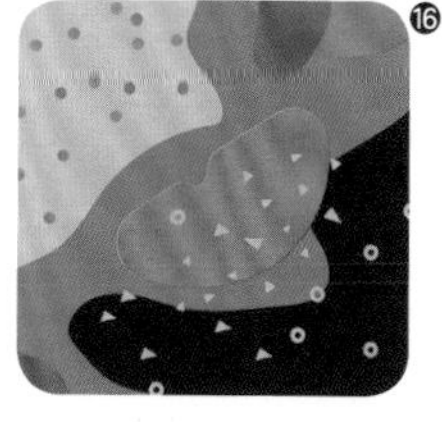

16

18

0-100-0-60 126-0-67	25-60-70-15 178-110-71	6-28-59-2 237-192-114	36-91-82-31 137-39-39	92-74-36-30 19-59-97

颜色介绍

橙褐色让人感觉到莫名的怀念和温暖，给人一种恬静而怀念的感觉，似乎还能让人闻到泥土的味道。搭配较深的冷色，可以让人感受到自然风光。

双色配色

❶ 0-60-100-40 170-91-0 | 44-12-20-2 152-193-199

❷ 0-60-100-40 170-91-0 | 27-18-40-3 195-195-159

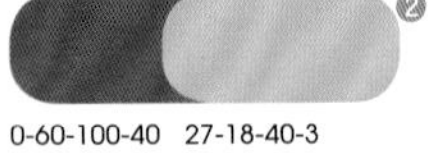

❸ 0-60-100-40 170-91-0 | 47-36-98-21 133-130-31

❹ 0-60-100-40 170-91-0 | 80-100-0-0 84-27-134

三色配色

❺ 3-17-25-0 247-221-193 | 0-60-100-40 170-91-0 | 51-2-38-0 132-199-175

❻ 0-0-48-0 255-248-158 | 0-60-100-40 170-91-0 | 8-18-87-1 238-207-40

❼ 26-0-3-0 197-231-246 | 0-60-100-40 170-91-0 | 3-50-93-0 239-151-16

❽ 2-21-23-0 248-214-193 | 0-60-100-40 170-91-0 | 78-75-0-0 80-75-157

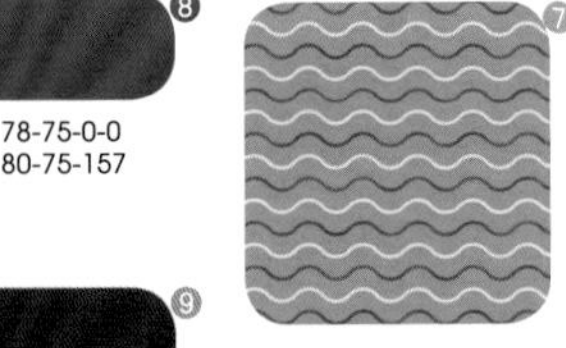

❾ 64-46-90-24 94-105-51 | 0-60-100-40 170-91-0 | 36-91-82-32 136-39-38

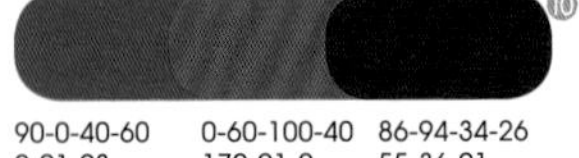

❿ 90-0-40-60 0-91-93 | 0-60-100-40 170-91-0 | 86-94-34-26 55-36-91

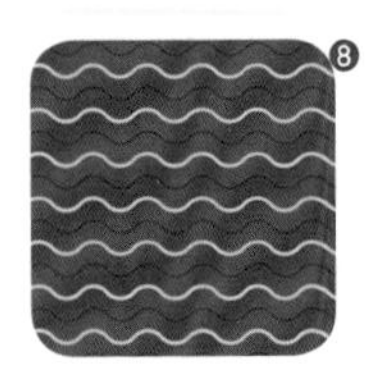

四色配色

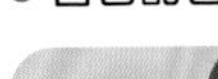

⑪

24-17-41-0	0-60-100-40	71-32-67-18	16-72-81-4
204-202-160	170-91-0	73-125-92	207-98-53

⑫

3-12-51-0	0-60-100-40	22-6-75-5	3-50-93-0
250-226-143	170-91-0	206-210-85	239-151-16

⑬

2-29-31-0	0-60-100-40	27-9-29-0	94-43-25-2
245-198-171	170-91-0	197-214-190	0-115-159

⑭

77-4-40-0	0-60-100-40	0-1-31-0	29-40-2-0
0-172-167	170-91-0	255-250-196	189-161-201

⑪ ⑫

五色配色

15

55-23-15-3	0-60-100-40	3-12-25-0	51-2-38-0	3-12-51-0
121-167-195	170-91-0	248-230-198	132-199-175	250-226-143

⑯

0-10-20-0	0-60-100-40	8-51-49-0	2-21-23-0	14-28-59-2
254-236-210	170-91-0	229-149-119	248-214-193	222-187-115

⑰

6-42-70-2	0-60-100-40	54-91-33-24	6-30-20-0	76-94-95-22
233-165-83	170-91-0	117-40-93	237-195-189	80-43-42

⑱

53-87-100-33	0-60-100-40	32-26-66-30	36-91-82-31	72-85-29-16
111-46-26	170-91-0	148-141-81	137-39-39	90-55-108

15

⑯

023
土棕色
Earthy Brown

45-78-90-10
149-76-47

颜色介绍

土棕色给人一种醇厚和安稳的感觉。与绿色系搭配，能塑造大自然般的朴实感。与蓝色系搭配，能更加突出画面的沉稳和理性。

● 双色配色

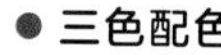

❶
45-78-90-10 149-76-47　58-28-24-7 112-153-171

❷
45-78-90-10 149-76-47　36-91-82-32 136-39-38

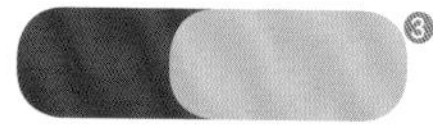

❸
45-78-90-10 149-76-47　20-20-36-5 206-195-163

❹
45-78-90-10 149-76-47　86-94-34-26 55-36-91

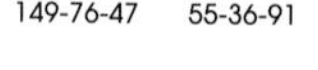

❶

● 三色配色

❺
4-0-25-0 249-248-208　45-78-90-10 149-76-47　44-20-71-6 154-172-95

❺

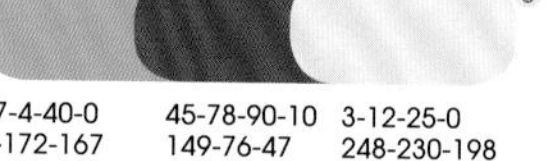

6
77-4-40-0 0-172-167　45-78-90-10 149-76-47　3-12-25-0 248-230-198

6

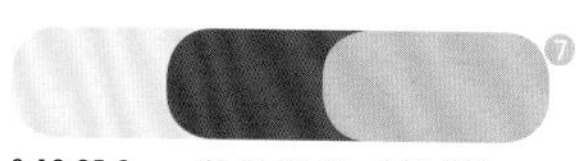

❼
3-12-25-0 248-230-198　45-78-90-10 149-76-47　6-29-60-2 237-190-112

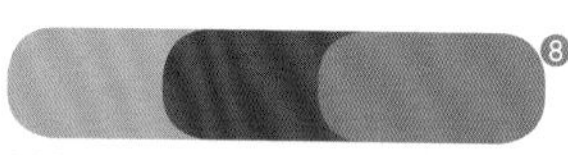

❽
3-33-28-14 220-173-158　45-78-90-10 149-76-47　61-24-40-21 93-139-134

❼

❾
44-12-20-2 152-193-199　45-78-90-10 149-76-47　27 18-40-3 195-195-159

❽

❿
11-14-60-1 233-214-121　45-78-90-10 149-76-47　32-43-25-0 184-153-165

● 四色配色

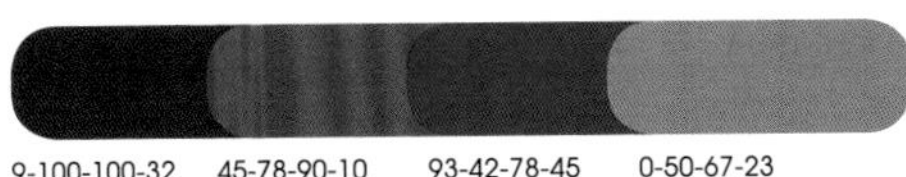

⑪

9-100-100-32
169-0-9

45-78-90-10
149-76-47

93-42-78-45
0-78-57

0-50-67-23
204-129-71

⑫

0-15-10-0
252-228-223

45-78-90-10
149-76-47

23-7-9-0
205-223-229

51-12-20-2
131-186-198

⑬

14-21-71-6
154-170-95

45-78-90-10
149-76-47

75-41-100-34
57-96-38

0-0-48-0
255-248-158

⑭

0-7-42-0
255-238-167

45-78-90-10
149-76-47

6-36-60-2
235-177-108

29-40-2-0
189-161-201

● 五色配色

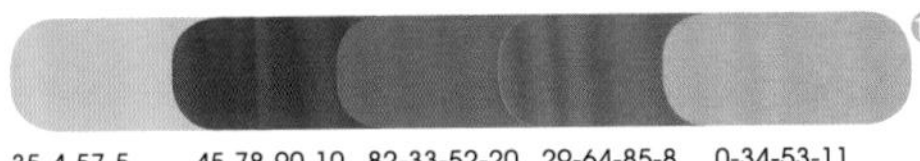

⑮

35-4-57-5
175-204-131

45-78-90-10
149-76-47

82-33-52-20
5-116-112

29-64-85-8
181-107-51

0-34-53-11
230-174-116

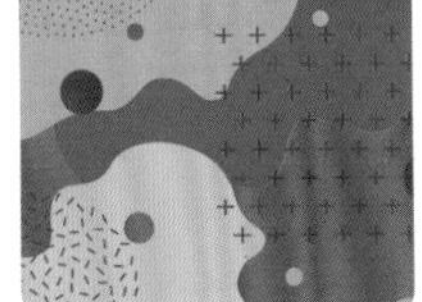

⑮

⑯

10-0-34-3
233-238-186

45-78-90-10
149-76-47

26-0-66-10
190-208-107

2-33-56-0
245-188-119

47-36-98-22
132-129-30

⑰

0-64-100-0
239-122-0

45-78-90-10
149-76-47

11-8-94-0
236-221-0

84-100-36-0
76-39-104

12-82-71-0
216-78-65

⑱

0-7-42-0
255-238-167

45-78-90-10
149-76-47

41-25-63-5
162-169-109

15-1-38-0
226-236-179

28-2-81-0
200-216-74

⑯

颜色介绍

红茶色是一种具有传统气息的颜色，代表大地的博爱、母性的关怀，富于表现庄重、典雅的气氛及浓郁沉香的食物。与黄色和橙色搭配，色调和谐统一，让人感到温暖。

● 双色配色

1
20-70-100-50 129-61-0
0-10-50-0 255-232-147

2
20-70-100-50 129-61-0
0-30-55-20 215-168-107

3
20-70-100-50 129-61-0
40-0-40-0 165-212-173

4
20-70-100-50 129-61-0
25-10-0-0 199-217-240

1

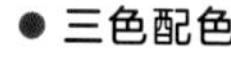

● 三色配色

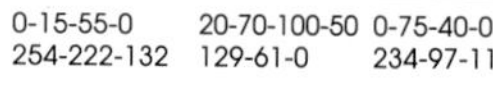

5
0-15-55-0 254-222-132
20-70-100-50 129-61-0
0-75-40-0 234-97-111

6
0-20-20-0 251-218-200
20-70-100-50 129-61-0
65-0-60-30 64-147-104

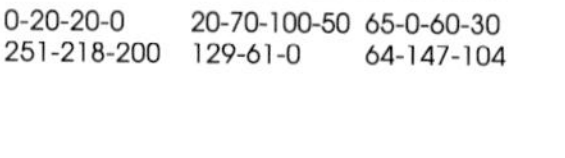

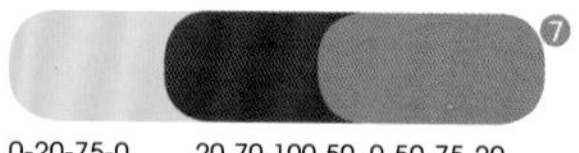

7
0-20-75-0 253-211-78
20-70-100-50 129-61-0
0-50-75-20 210-132-59

8
0-15-20-10 236-213-193
20-70-100-50 129-61-0
20-35-20-15 189-159-165

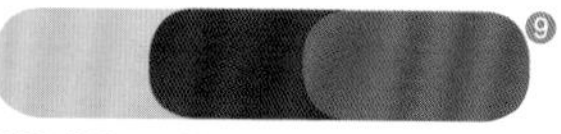

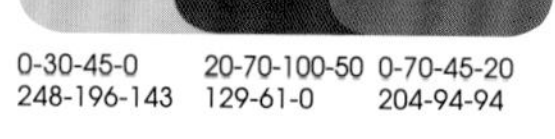

9
0-30-45-0 248-196-143
20-70-100-50 129-61-0
0-70-45-20 204-94-94

10
35-0-60-0 181-214-129
20-70-100-50 129-61-0
80-0-55-0 0-171-141

5

6

7

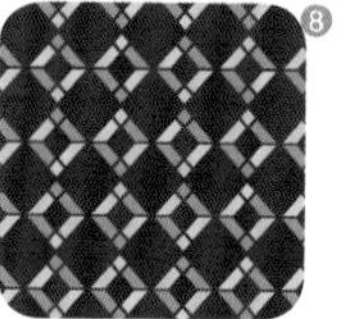

8

● 四色配色

⑪

0-80-60-0	20-70-100-50	0-10-45-0	55-0-15-0
234-85-80	129-61-0	255-232-158	112-199-218

⑫

30-50-0-0	20-70-100-50	0-10-25-0	0-40-50-0
187-141-190	129-61-0	254-235-200	245-175-126

⑬

0-20-35-5	20-70-100-50	25-45-60-0	20-15-0-0
244-209-167	129-61-0	200-151-105	210-213-236

⑭

50-0-60-0	20-70-100-50	0-30-40-0	0-60-65-0
139-199-130	129-61-0	248-196-153	239-132-84

⑪

⑫

● 五色配色

⑮

0-60-0-0	20-70-100-50	5-0-35-0	30-0-55-0	65-0-40-0
238-135-180	129-61-0	248-246-187	193-220-141	77-187-170

⑯

0-45-40-0	20-70-100-50	0-5-35-0	0-25-50-0	0-65-20-0
243-166-140	129-61-0	255-243-184	250-205-137	237-122-148

⑰

40-55-0-0	20-70-100-50	0-15-50-0	0-85-60-5	85-75-0-0
166-126-183	129-61-0	254-223-143	226-68-74	58-74-157

⑱

0-85-75-5	20-70-100-50	0-20-65-5	0-50-70-10	5-100-45-45
226-69-54	129-61-0	245-206-102	227-144-74	150-0-54

⑮

⑯

04

第 4 章
黄色系配色

黄色是一个可见性强的色彩，因此它被用于健康和安全设备及危险信号中。黄色给人愉快、辉煌、温暖、充满希望和活力的色彩意象；但色彩性格非常不稳定，容易产生偏差。

025

象牙黄

Ivory

10-10-20-0
234-228-209

颜色介绍

象牙黄很低调，表现出自然柔和的感觉。与冷色系的色彩搭配，能制造出柔和的感觉。与冷色系中低纯度的灰调颜色搭配，能表现出更加柔嫩的感觉。与暖色系的灰调颜色组合，能产生悠闲感。

双色配色

❶
10-10-20-0 234-228-209
36-91-82-31 137-39-39

❷
10-10-20-0 234-228-209
6-28-60-1 238-193-113

❸
10-10-20-0 234-228-209
56-64-0-2 130-101-168

❹
10-10-20-0 234-228-209
86-94-34-26 55-36-91

❶

三色配色

❺
40-9-14-0 163-203-215
10-10-20-0 234-228-209
0-50-45-0 242-155-126

❺

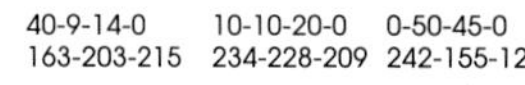

❻
58-8-36-0 110-185-174
10-10-20-0 234-228-209
87-48-30-14 0-103-137

❻

❼
0-80-100-10 220-79-3
10-10-20-0 234-228-209
44-20-71-6 154-172-95

❼

❽
94-60-10-2 0-93-161
10-10-20-0 234-228-209
0-50-100-0 243-152-0

❾
6-34-8-0 236-188-204
10-10-20-0 234-228-209
61-65-26-12 112-91-130

❿
67-5-58-0 78-178-133
10-10-20-0 234-228-209
3-26-96-0 247-196-0

❽

四色配色

⑪

91-40-96-40	10-10-20-0	88-48-48-49	32-26-66-30
0-85-43	234-228-209	0-70-80	148-141-81

⑪

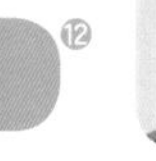

⑫

3-50-5-0	10-10-20-0	6-28-59-1	76-2-18-0
237-156-188	234-228-209	238-194-115	0-177-207

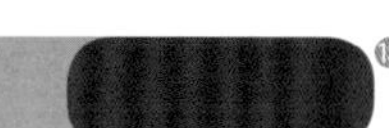

⑬

3-50-47-0	10-10-20-0	3-50-93-0	22-92-26-8
238-153-123	234-228-209	239-151-16	188-42-108

⑫

⑭

33-6-9-0	10-10-20-0	2-2-41-0	23-1-54-0
181-215-228	234-228-209	254-245-173	209-226-143

五色配色

⑮

23-32-50-8	10-10-20-0	40-82-94-44	24-17-41-3	0-50-36-39
195-168-126	234-228-209	114-46-20	201-199-158	174-111-102

⑮

⑯

100-22-100-10	10-10-20-0	27-20-71-4	22-86-85-8	90-62-33-25
0-126-62	234-228-209	195-187-93	189-64-45	6-77-112

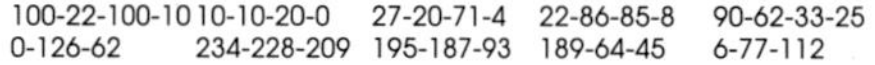

⑰

3-50-93-0	10-10-20-0	88-10-50-0	34-9-12-2	18-54-40-5
239-151-16	234-228-209	0-156-145	177-207-218	204-134-128

⑯

⑱

27-18-40-3	10-10-20-0	64-5-56-0	69-100-36-0	6-28-59-2
195-195-159	234-228-209	91-181-137	110-35-103	237-192-114

026
奶油色
Cream

5-10-30-0
245-231-190

颜色介绍

奶油色清淡温和，给人温暖和甜蜜的感觉。搭配柔和色调的色彩，能强化画面的柔和宜人感。搭配高亮色彩，能烘托出纯洁纯真的感觉。

双色配色

❶ 5-10-30-0 245-231-190 | 60-45-53-40 84-92-84

❷ 5-10-30-0 245-231-190 | 20-36-15-3 206-172-186

❸ 5-10-30-0 245-231-190 | 44-12-20-2 152-193-199

❹ 5-10-30-0 245-231-190 | 37-7-58-0 176-204-131

三色配色

❺ 6-28-59-2 237-192-114 | 5-10-30-0 245-231-190 | 69-100-36-0 110-35-103

❻ 20-50-93-7 200-137-31 | 5-10-30-0 245-231-190 | 92-74-36-30 19-59-97

❼ 96-16-36-4 0-143-161 | 5-10-30-0 245-231-190 | 36-100-68-20 151-19-56

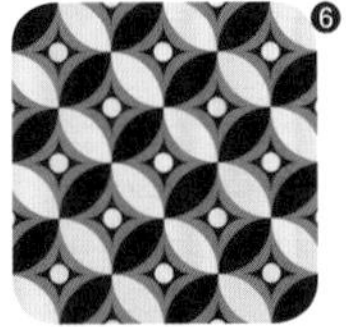

❽ 90-38-0-32 0-96-155 | 5-10-30-0 245-231-190 | 19-50-48-23 177-122-103

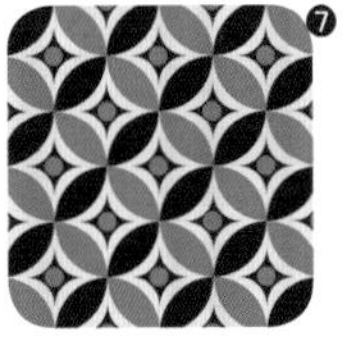

❾ 58-0-24-31 78-155-159 | 5-10-30-0 245-231-190 | 25-69-27-0 195-105-135

❿ 81-62-26-0 62-96-143 | 5-10-30-0 245-231-190 | 47-36-98-21 133-130-31

四色配色

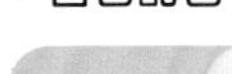

11

6-30-20-0	5-10-30-0	60-55-0-0	25-2-12-0
237-195-189	245-231-190	119-116-181	201-228-227

12

100-72-62-25	5-10-30-0	42-23-70-0	32-55-95-22
0-64-77	245-231-190	165-175-99	159-109-28

13

77-4-40-0	5-10-30-0	25-2-12-0	63-5-56-0
0-172-167	245-231-190	201-228-227	95-182-137

14

35-40-0-3	5-10-30-0	0-36-81-0	73-86-8-2
174-155-199	245-231-190	248-181-58	97-58-139

五色配色

15

50-3-13-0	5-10-30-0	3-50-5-0	7-12-6-0	94-60-10-2
131-202-220	245-231-190	237-156-188	239-229-232	0-93-161

16

3-50-47-0	5-10-30-0	55-33-68-30	24-17-41-0	27-52-56-14
238-153-123	245-231-190	104-120-79	204-202-160	177-125-98

17

45-23-20-4	5-10-30-0	22-66-48-9	51-63-24-38	90-60-33-24
149-174-187	245-231-190	190-105-103	104-75-106	0-80-115

18

54-91-33-24	5-10-30-0	27-20-71-4	45-34-20-4	90-62-33-25
117-40-93	245-231-190	195-187-93	151-157-177	6-77-112

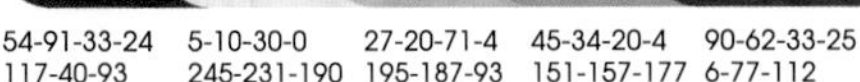

027
淡奶黄
Light Cream

5-18-49-0
244-214-144

颜色介绍

淡奶黄有着清淡而温柔的色相，温柔而招人喜欢。搭配浅色调的互补色，表现出柔和清澈的效果。搭配明亮色调的蓝色和粉色，表现出率真的感觉。

双色配色

❶
5-18-49-0 244-214-144
44-20-71-6 154-172-95

❷
5-18-49-0 244-214-144
3-12-25-0 248-230-198

❸
5-18-49-0 244-214-144
44-12-20-2 152-193-199

❹
5-18-49-0 244-214-144
34-53-86-26 150-107-44

❶

三色配色

❺
3-50-93-0 239-151-16
5-18-49-0 244-214-144
91-40-97-40 0-85-42

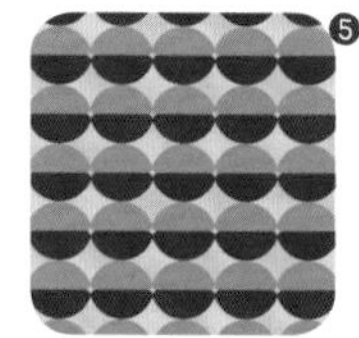

6
77-4-40-0 0-172-167
5-18-49-0 244-214-144
3-12-25-0 248-230-198

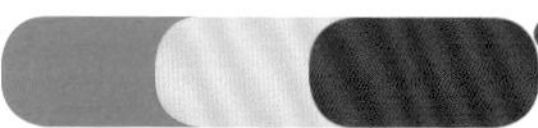

❼
100-0-100-2 0-152-67
5-18-49-0 244-214-144
22-86-86-8 189-64-44

❽
71-52-79-31 73-89-60
5-18-49-0 244-214-144
34-53-86-26 150-107-44

❾
58-28-24-7 112-153-171
5-18-49-0 244-214-144
88-48-48-49 0-70-80

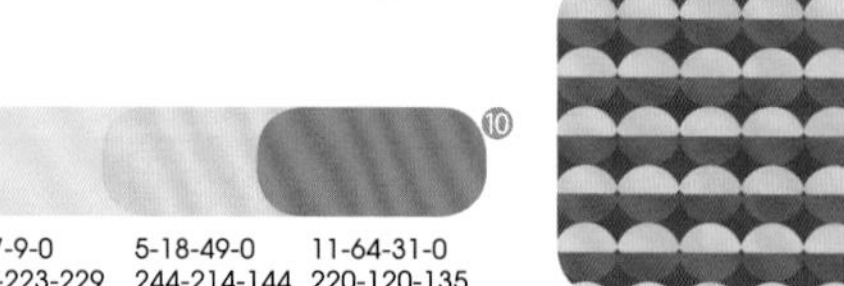

❿
23-7-9-0 205-223-229
5-18-49-0 244-214-144
11-64-31-0 220-120-135

四色配色

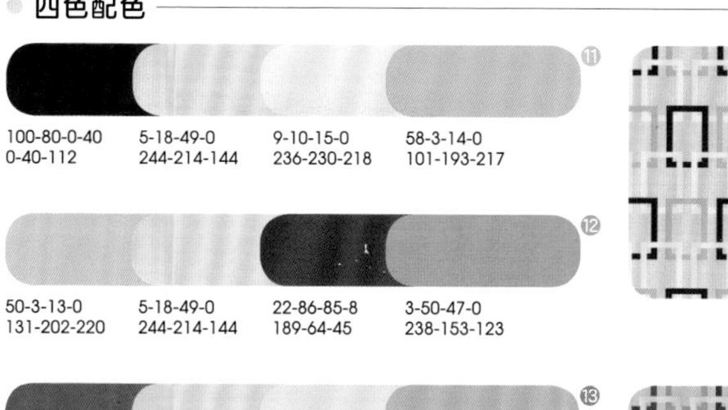

⑪

100-80-0-40	5-18-49-0	9-10-15-0	58-3-14-0
0-40-112	244-214-144	236-230-218	101-193-217

⑫

50-3-13-0	5-18-49-0	22-86-85-8	3-50-47-0
131-202-220	244-214-144	189-64-45	238-153-123

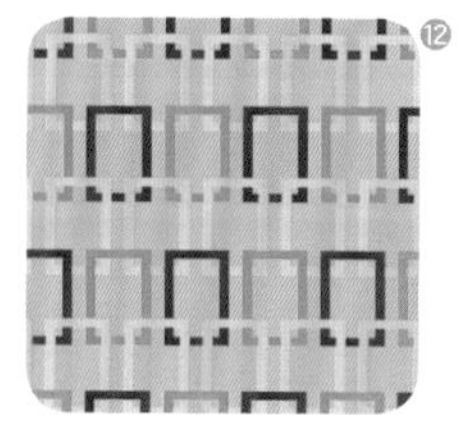

⑬

34-53-86-26	5-18-49-0	23-7-9-0	51-12-20-2
150-107-44	244-214-144	205-223-229	131-186-198

⑭

95-16-36-4	5-18-49-0	10-72-11-0	29-39-2-0
0-143-161	244-214-144	219-102-150	189-163-203

五色配色

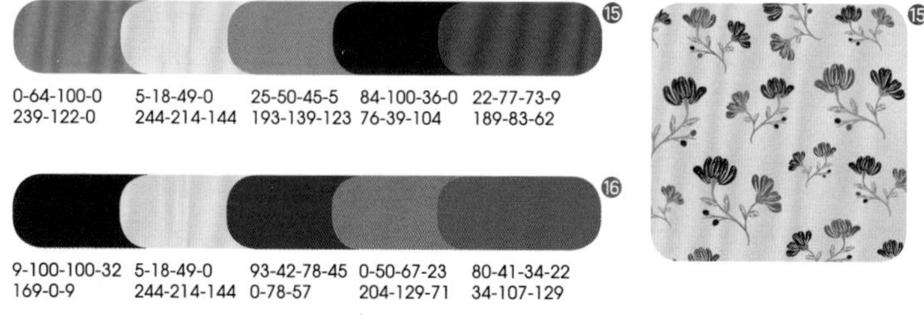

⑮

0-64-100-0	5-18-49-0	25-50-45-5	84-100-36-0	22-77-73-9
239-122-0	244-214-144	193-139-123	76-39-104	189-83-62

⑯

9-100-100-32	5-18-49-0	93-42-78-45	0-50-67-23	80-41-34-22
169-0-9	244-214-144	0-78-57	204-129-71	34-107-129

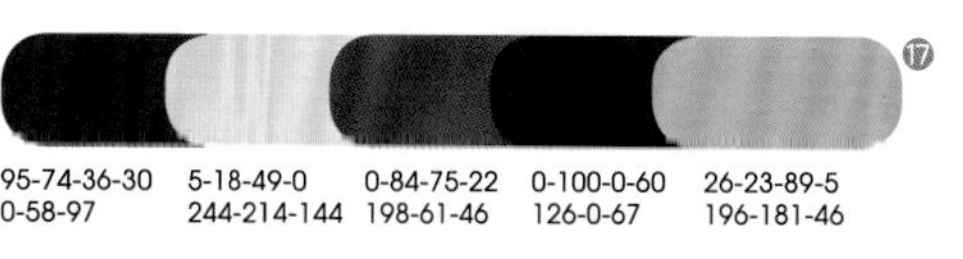

⑰

95-74-36-30	5-18-49-0	0-84-75-22	0-100-0-60	26-23-89-5
0-58-97	244-214-144	198-61-46	126-0-67	196-181-46

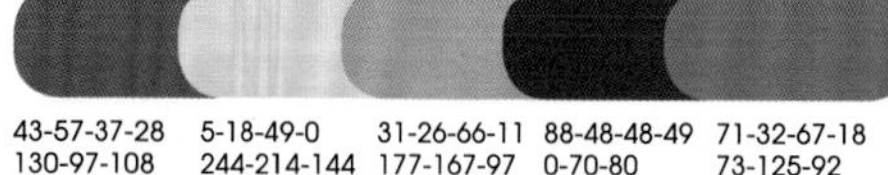

⑱

43-57-37-28	5-18-49-0	31-26-66-11	88-48-48-49	71-32-67-18
130-97-108	244-214-144	177-167-97	0-70-80	73-125-92

028 奶酪色

Cheese

14-22-49-3
222-197-139

颜色介绍

奶酪色的色相中有着一种悠闲的意象。搭配黄色，会加强质朴的感觉。搭配高纯度的橙色和红色，会因为色相的差异，形成强烈的对比，增强画面的活跃性。

双色配色

❶
14-22-49-3 222-197-139
6-42-70-2 233-165-83

❷
14-22-49-3 222-197-139
6-30-20-0 237-195-189

❸
14-22-49-3 222-197-139
3-2-55-0 253-242-140

❹
14-22-49-3 222-197-139
23-7-9-0 205-223-229

❶

三色配色

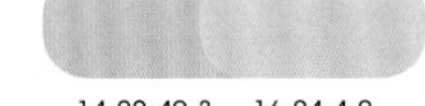

❺
4-1-25-0 249-248-208
14-22-49-3 222-197-139
16-24-4-0 218-200-220

❻
91-16-64-4 0-144-116
14-22-49-3 222-197-139
69-100-36-30 87-20-82

❼
43-66-95-22 140-88-35
14-22-49-3 222-197-139
36-91-82-31 137-39-39

❽
36-90-82-30 139-42-40
14-22-49-3 222-197-139
96-16-36-4 0-143-161

❾
86-94-34-26 55-36-91
14-22-49-3 222-197-139
47-36-98-21 133-130-31

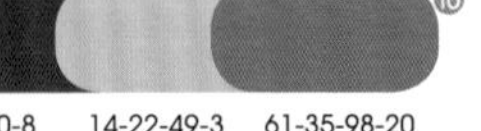

❿
22-90-90-8 189-54-38
14-22-49-3 222-197-139
61-35-98-20 103-124-41

四色配色

⑪

32-55-95-22	14-22-49-3	3-2-25-0	41-36-47-20
159-109-28	222-197-139	251-247-207	144-137-117

12

6-34-8-0	14-22-49-3	4-1-25-0	3-1-55-0
236-188-204	222-197-139	249-248-208	253-243-140

⑪

12

⑬

2-1-15-0	14-22-49-3	29-40-2-0	7-14-11-0
252-251-228	222-197-139	189-161-201	239-225-221

⑭

0-80-100-10	14-22-49-3	58-0-24-31	54-91-33-24
220-79-3	222-197-139	78-155-159	117-40-93

五色配色

⑮

0-59-59-70	14-22-49-3	22-86-85-8	10-7-14-5	61-65-26-12
108-54-32	222-197-139	189-64-45	227-227-216	112-91-130

⑮

⑯

80-75-0-0	14-22-49-3	3-50-93-0	19-64-100-36	22-86-85-8
74-75-157	222-197-139	239-151-16	155-84-0	189-64-45

⑰

36-19-36-5	14-22-49-3	3-12-25-0	34-48-50-23	34-36-16-5
171-184-163	222-197-139	248-230-198	153-119-102	175-160-181

⑱

0-100-0-60	14-22-49-3	48-43-70-2	22-77-73-9	92-74-36-30
126-0-67	222-197-139	150-139-91	189-83-62	19-59-97

⑯

029 连翘黄

Forsythia

5-10-80-0
247-224-65

颜色介绍

连翘黄活泼明亮，表现出热烈和向上的气氛。搭配高纯度的暖色，表现出开明的效果。和同色调的冷色进行搭配，会给人一种明快的感觉。

双色配色

❶

5-10-80-0 247-224-65 | 90-62-33-25 6-77-112

❷

5-10-80-0 247-224-65 | 44-12-20-2 152-193-199

❸

5-10-80-0 247-224-65 | 69-100-36-30 87-20-82

❹

5-10-80-0 247-224-65 | 16-24-4-0 218-200-220

❶

三色配色

❺

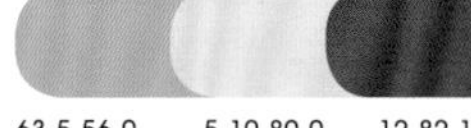

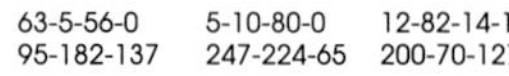

63-5-56-0 95-182-137 | 5-10-80-0 247-224-65 | 12-82-14-11 200-70-127

❺

❻

2-53-93-0 239-145-17 | 5-10-80-0 247-224-65 | 77-4-40-0 0-172-167

❻

❼

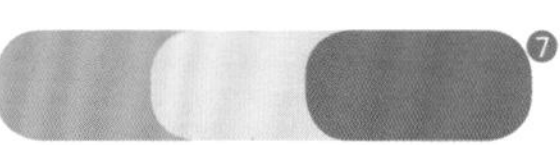

26-22-90-5 196-182-43 | 5-10-80-0 247-224-65 | 60-30-100-15 109-136-40

❼

❽

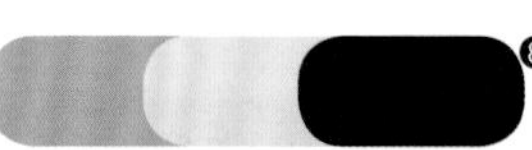

18-32-62-5 209-174-105 | 5-10-80-0 247-224-65 | 0-100-0-60 126-0-67

❽

❾

4-1-25-0 249-248-208 | 5-10-80-0 247-224-65 | 0-39-55-0 246-177-116

❿

11-0-24-3 230-238-206 | 5-10-80-0 247-224-65 | 55-23-15-0 123-169-198

四色配色

⑪

2-50-93-0	5-10-80-0	3-2-55-0	88-18-44-5
240-151-15	247-224-65	253-242-140	0-144-147

⑫

31-26-66-10	5-10-80-0	96-38-43-31	20-20-22-3
178-168-98	247-224-65	0-95-110	208-199-191

⑬

87-48-30-14	5-10-80-0	7-29-27-0	52-61-14-0
0-103-137	247-224-65	236-195-178	141-110-159

⑭

6-34-8-0	5-10-80-0	10-84-11-0	96-16-36-4
236-188-204	247-224-65	217-69-136	0-143-161

⑪ ⑫

五色配色

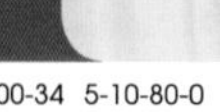
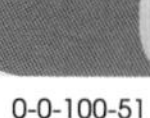

⑮

74-41-100-34	5-10-80-0	0-0-100-51	24-17-41-0	43-66-95-22
60-96-37	247-224-65	158-148-0	204-202-160	140-88-35

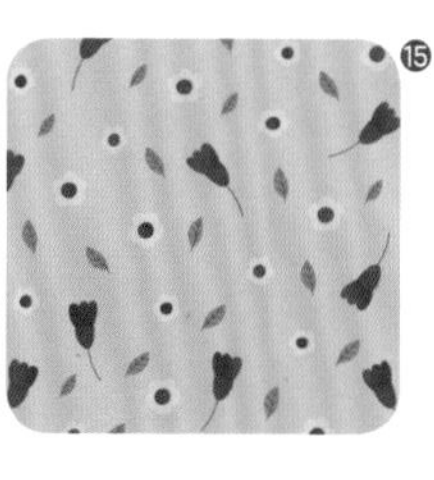

⑮

⑯

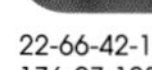
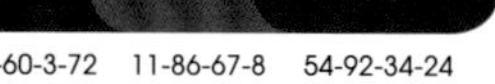

22-66-42-19	5-10-80-0	23-60-3-72	11-86-67-8	54-92-34-24
176-97-103	247-224-65	86-44-73	206-64-65	117-38-91

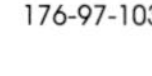

⑰

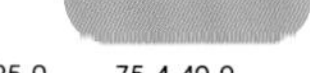
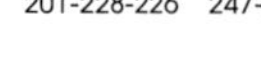
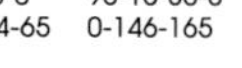

25-2-13-0	5-10-80-0	96-16-36-0	5-0-25-0	75-4-40-0
201-228-226	247-224-65	0-146-165	247-248-208	0-174-167

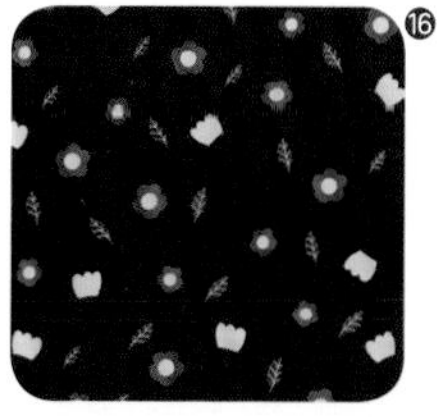

⑯

⑱

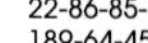

22-86-85-8	5-10-80-0	26-22-89-5	61-35-98-2	28-42-96-14
189-64-45	247-224-65	196-182-46	118-141-49	177-140-82

030

荧光黄

Fluorescent Yellow

0-0-100-0
255-241-0

颜色介绍

荧光黄强烈的反光能轻易吸引人们的视线。搭配红色或蓝色，给人干脆利落的感觉。搭配亮紫色和橙色，营造出一种梦幻的效果。

双色配色

❶ 0-0-100-0 255-241-0 | 22-92-36-9 186-43-97

❷ 0-0-100-0 255-241-0 | 94-60-10-1 0-93-162

❸ 0-0-100-0 255-241-0 | 3-0-20-0 251-250-218

❹ 0-0-100-0 255-241-0 | 28-2-81-0 200-216-74

❶

三色配色

❺ 0-71-100-14 215-96-0 | 0-0-100-0 255-241-0 | 60-30-100-15 109-136-40

❻ 20-50-93-7 200-137-31 | 0-0-100-0 255-241-0 | 48-100-64-29 121-19-56

❼ 70-12-20-0 54-171-197 | 0-0-100-0 255-241-0 | 0-66-86-0 238-118-41

❽ 69-55-91-1 101-110-62 | 0-0-100-0 255-241-0 | 31-100-100-62 95-0-0

❾ 0-1-31-0 255-250-196 | 0-0-100-0 255-241-0 | 24-0-59-0 207-225-131

❿ 90-62-33-10 12-87-126 | 0-0-100-0 255-241-0 | 16-76-83-4 206-90-49

四色配色

⑪

60-2-30-0	0-0-100-0	10-72-11-3	29-40-2-0
98-191-189	255-241-0	216-100-148	189-161-201

⑫

28-2-81-0	0-0-100-0	10-0-34-3	91-16-64-4
200-216-74	255-241-0	233-238-186	0-144-116

⑬

36-91-82-31	0-0-100-0	61-35-98-20	100-72-62-25
137-39-39	255-241-0	103-124-41	0-64-77

⑭

0-58-58-0	0-0-100-0	27-0-85-0	96-16-36-4
240-137-97	255-241-0	202-219-61	0-143-161

⑪

⑫

五色配色

⑮

24-81-74-4	0-0-100-0	63-5-56-0	78-75-0-0	69-3-25-0
192-77-62	255-241-0	95-182-137	80-75-157	48-182-196

⑯

59-83-100-0	0-0-100-0	100-83-24-0	28-86-75-0	75-100-24-0
130-71-45	255-241-0	0-63-128	189-67-62	97-33-115

⑰

96-16-36-4	0-0-100-0	3-1-55-0	64-82-31-0	90-12-89-2
0-143-161	255-241-0	253-243-140	118-69-120	0-148-79

⑱

44-36-96-20	0-0-100-0	52-0-100-0	71-32-67-18	44-21-71-6
141-133-34	255-241-0	137-193-34	73-125-92	154-170-95

⑮

⑯

031
香蕉黄
Banana

0-15-100-0
255-217-0

颜色介绍

香蕉黄给人一种活泼和愉悦的感觉。搭配橙色和红色，能营造出丰富的感觉，给人一种富足的优越感。搭配紫色和蓝色，能突显香蕉黄的明亮，表现出智慧的感觉。

双色配色

❶
0-15-100-0 255-217-0 | 60-55-0-0 119-116-181

❷

0-15-100-0 255-217-0 | 50-0-30-0 133-203-191

❸
0-15-100-0 255-217-0 | 94-60-10-2 0-93-161

❹
0-15-100-0 255-217-0 | 28-2-81-0 200-216-74

❶

三色配色

❺
4-2-25-0 249-246-207 | 0-15-100-0 255-217-0 | 77-4-40-0 0-172-167

❺

❻

80-100-0-10 79-23-127 | 0-15-100-0 255-217-0 | 32-92-26-9 185-42-108

❻

❼

47-36-98-22 132-129-30 | 0-15-100-0 255-217-0 | 0-54-31-75 98-51-52

❼
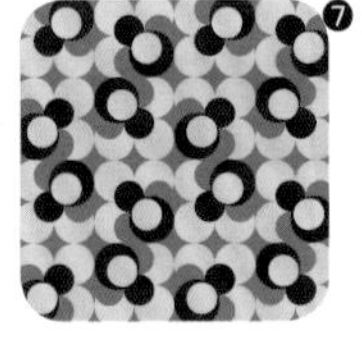

❽

29-39-2-0 189-163-203 | 0-15-100-0 255-217-0 | 10-64-11-0 221-121-160

❽
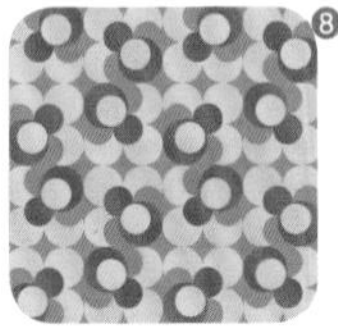

❾
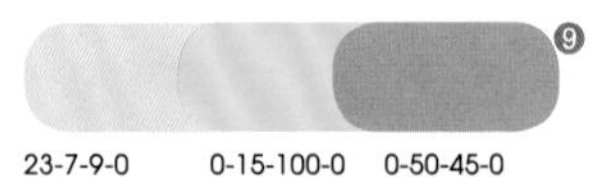
23-7-9-0 205-223-229 | 0-15-100-0 255-217-0 | 0-50-45-0 242-155-126

❿

14-22-49-3 222-197-139 | 0-15-100-0 255-217-0 | 82-33-52-19 5-117-113

四色配色

⑪

4-2-25-0
249-246-207

0-15-100-0
255-217-0

6-38-90-0
237-173-30

77-4-40-0
0-172-167

⑫

32-26-66-11
175-166-97

0-15-100-0
255-217-0

0-50-36-39
174-111-102

0-100-0-60
126-0-67

⑬

29-14-9-0
191-206-221

0-15-100-0
255-217-0

4-2-25-0
249-246-207

51-3-13-0
127-201-220

⑭

51-2-31-0
131-200-188

0-15-100-0
255-217-0

5-0-36-0
248-246-185

28-2-81-0
200-216-74

五色配色

15

6-42-70-0
233-165-83

0-15-100-0
255-217-0

0-64-100-0
239-122-0

94-60-10-2
0-93-161

25-2-13-0
201-228-226

⑯

52-70-16-46
94-57-98

0-15-100-0
255-217-0

33-16-94-20
162-166-28

14-79-86-14
194-77-40

36-91-82-31
137-39-39

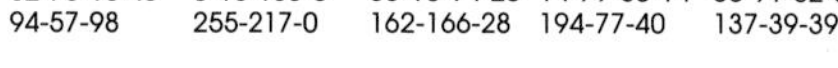

⑰

75-61-8-2
80-98-163

0-15-100-0
255-217-0

50-0-100-0
143-195-31

2-1-55-0
255-244-140

43-66-95-22
140-88-35

⑱

23-75-26-0
197-92-130

0-15-100-0
255-217-0

79-4-40-0
0-170-167

3-41-37-0
240-173-149

73-86-8-2
97-58-139

032

柠檬黄

Lemon

9-12-97-0
239-216-0

颜色介绍

柠檬黄体现出未成熟的可爱与鲜嫩。和冷色搭配，表现出清爽新鲜的感觉。和暗色搭配，能够形成强烈的对比，营造发光的效果。

双色配色

❶
9-12-97-0 239-216-0 | 10-64-11-0 221-121-160

❷
9-12-97-0 239-216-0 | 11-0-24-3 230-238-206

❸
9-12-97-0 239-216-0 | 64-84-39-10 111-61-103

❹
9-12-97-0 239-216-0 | 40-35-11-0 166-163-194

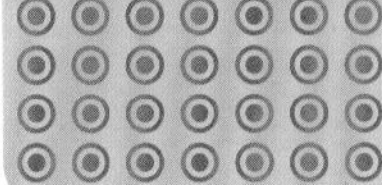
❶

三色配色

❺

0-0-67-74 105-99-33 | 9-12-97-0 239-216-0 | 36-90-82-30 139-42-40

❺

❻

0-65-70-0 238-121-72 | 9-12-97-0 239-216-0 | 77-0-34-0 0-176-180

❻

❼
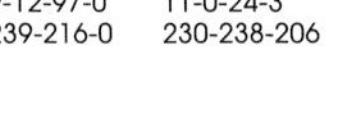

90-62-33-25 6-77-112 | 9-12-97-0 239-216-0 | 36-18-36-0 177-191-169

❼

❽

42-20-75-36 122-134-65 | 9-12-97-0 239-216-0 | 1-33-64-18 217-165-89

❽

❾

77-0-34-0 0-176-180 | 9-12-97-0 239-216-0 | 70-82-50-0 105-70-99

❿

94-60-9-2 0-93-162 | 9-12-97-0 239-216-0 | 36-10-3-11 160-192-218

四色配色

⑪

6-34-8-0	9-12-97-0	3-7-20-0	35-7-9-0
236-188-204	239-216-0	249-239-212	175-212-227

⑫

28-2-81-0	9-12-97-0	3-50-45-0	19-44-8-0
200-216-74	239-216-0	238-154-126	209-160-189

⑬

36-91-82-32	9-12-97-0	80-48-28-15	73-85-29-16
136-39-38	239-216-0	46-105-139	88-55-109

⑭

28-2-81-0	9-12-97-0	6-25-8-0	3-2-55-0
200-216-74	239-216-0	238-206-214	253-242-140

⑪ ⑫

五色配色

⑮

65-35-100-20	9-12-97-0	26-22-89-5	10-12-20-2	0-34-53-11
93-122-41	239-216-0	196-182-46	232-222-205	230-174-116

⑯

88-18-44-5	9-12-97-0	11-0-24-3	3-2-55-0	2-5-93-0
0-144-147	239-216-0	230-238-206	253-242-140	240-151-15

⑰

55-23-15-3	9-12-97-0	6-36-60-2	3-7-18-0	19-100-100-0
121-167-195	239-216-0	235-177-108	249-239-216	202-21-29

⑱

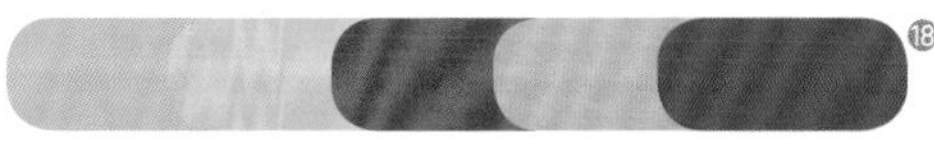

51-3-13-0	9-12-97-0	15-73-16-0	4-30-68-0	54-59-16-12
127-201-220	239-216-0	211-98-144	243-191-94	126-104-147

⑮

⑯

033

日照黄

Sunshine

3-26-96-0
247-196-0

颜色介绍

日照黄体现着奢华和珍贵的气质，是财富的象征。与暖色搭配，可以表现出丰富和华丽的感觉。与同色系的柔和色搭配，可以表现出自然的朴实感。

双色配色

❶ 3-26-96-0 247-196-0 / 0-50-100-0 243-152-0

❷ 3-26-96-0 247-196-0 / 28-2-81-0 200-216-74

❸ 3-26-96-0 247-196-0 / 30-40-2-0 187-161-201

❹ 3-26-96-0 247-196-0 / 12-82-14-11 200-70-127

❶

三色配色

❺ 0-80-100-10 220-79-3 / 3-26-96-0 247-196-0 / 80-86-0-0 79-56-146

❻ 42-58-91-43 114-79-27 / 3-26-96-0 247-196-0 / 20-50-93-7 200-137-31

❼ 90-62-33-25 6-77-112 / 3-26-96-0 247-196-0 / 0-69-46-0 236-112-108

❽ 3-2-55-0 253-242-140 / 3-26-96-0 247-196-0 / 51-3-13-0 127-201-220

❾ 77-4-40-0 0-172-167 / 3-26-96-0 247-196-0 / 75-41-100-34 57-96-38

❿

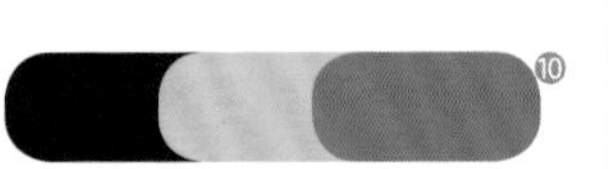

86-94-34-26 55-36-91 / 3-26-96-0 247-196-0 / 47-36-98-21 133-130-31

❺ ❻ ❼ ❽

四色配色

⑪
7-12-6-0 239-229-232 | 3-26-96-0 247-196-0 | 77-4-40-0 0-172-167 | 25-69-27-0 195-105-135

⑫
32-26-66-30 148-141-81 | 3-26-96-0 247-196-0 | 22-77-73-9 189-83-62 | 54-92-34-24 117-38-91

⑬
90-62-33-24 6-77-113 | 3-26-96-0 247-196-0 | 15-1-9-22 190-204-202 | 70-47-17-23 74-104-144

⑭
49-14-96-2 146-178-44 | 3-26-96-0 247-196-0 | 95-16-36-4 0-143-161 | 11-8-94-1 235-220-0

五色配色

⑮
6-34-8-0 236-188-204 | 3-26-96-0 247-196-0 | 63-68-23-10 110-87-133 | 2-2-55-0 255-243-140 | 22-92-26-9 186-42-108

⑯
6-28-59-2 237-192-114 | 3-26-96-0 247-196-0 | 22-86-85-8 189-64-45 | 60-83-11-1 125-66-139 | 58-0-24-31 78-155-159

⑰
36-100-68-20 151-19-56 | 3-26-96-0 247-196-0 | 59-45-100-18 112-114-38 | 32-55-95-22 159-109-28 | 14-74-34-24 179-79-101

⑱
0-100-0-60 126-0-67 | 3-26-96-0 247-196-0 | 54-92-34-24 117-38-91 | 0-50-36-39 174-111-102 | 36-91-82-31 137-39-39

034

金麦色

Golden Wheat

5-35-100-0
240-178-0

颜色介绍

金麦色是强烈而温暖的黄色。搭配暖色，有华丽、热情之感。添加阴影效果，能突显绘画般的空间层次感。搭配大自然中土木的颜色，能展现广袤的氛围。

双色配色

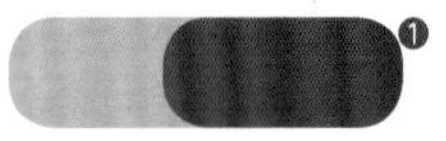

❶
5-35-100-0 240-178-0
19-80-52-18 180-71-81

❷
5-35-100-0 240-178-0
3-12-25-0 248-230-198

❸
5-35-100-0 240-178-0
36-50-95-4 175-132-38

❹
5-35-100-0 240-178-0
73-86-8-2 97-58-139

❶

三色配色

❺
3-2-55-0 253-242-140
5-35-100-0 240-178-0
51-3-13-0 127-201-220

❻
28-2-81-0 200-216-74
5-35-100-0 240-178-0
76-2-18-0 0-177-207

❼
0-70-19-0 235-109-144
5-35-100-0 240-178-0
35-100-100-0 176-31-36

❽
51-43-96-33 0-96-111
5-35-100-0 240-178-0
21-81-60-40 98-51-55

❾
96-38-43-30 0-96-111
5-35-100-0 240-178-0
19-80-52-18 180-71-81

❿
86-94-34-26 55-36-91
5-35-100-0 240-178-0
47-36-98-21 133-130-31

❺

❻

❼

❽

四色配色

⑪

3-2-55-0 253-242-140 | 5-35-100-0 240-178-0 | 45-23-15-4 148-174-195 | 100-56-28-0 0-98-145

⑫

42-58-91-43 114-79-27 | 5-35-100-0 240-178-0 | 36-91-82-32 136-39-38 | 19-50-67-23 177-122-74

⑬

3-50-45-0 238-154-126 | 5-35-100-0 240-178-0 | 3-1-55-0 253-243-140 | 16-24-4-0 218-200-220

⑭

51-3-13-0 127-201-220 | 5-35-100-0 240-178-0 | 15-1-38-0 226-236-179 | 63-4-56-0 94-183-137

五色配色

⑮

16-24-4-0 218-200-220 | 5-35-100-0 240-178-0 | 60-55-0-0 119-116-181 | 60-60-0-60 63-52-96 | 80-86-0-0 79-56-146

⑯

49-3-98-1 145-193-36 | 5-35-100-0 240-178-0 | 96-16-36-4 0-143-161 | 24-17-41-3 201-199-158 | 90-62-33-25 6-77-112

⑰

35-53-50-27 145-107-95 | 5-35-100-0 240-178-0 | 61-86-40-13 115-56-98 | 22-86-85-8 189-64-45 | 26-22-89-5 196-182-46

⑱

19-64-100-36 155-84-0 | 5-35-100-0 240-178-0 | 14-10-52-5 221-214-138 | 60-30-100-15 109-136-40 | 26-22-89-5 196-182-46

035

金发色

Blonde

0-10-75-10
240-214-75

颜色介绍

金发色让人联想到开朗、美丽，以及异国风情的魅力。金发色与类似色彩进行组合，表现出一种柔美的女性魅力。与低明度的浊色色调色彩进行组合，表现出一种时尚、高级的感觉。

双色配色

①
0-10-75-10 240-214-75
70-70-88-2 102-88-62

②
0-10-75-10 240-214-75
25-2-13-0 201-228-226

③
0-10-75-10 240-214-75
19-50-48-23 177-122-103

④
0-10-75-10 240-214-75
6-30-20-0 237-195-189

①

三色配色

⑤
3-50-5-0 237-156-188
0-10-75-10 240-214-75
22-92-26-9 186-42-108

⑤

⑥
3-51-70-0 238-150-79
0-10-75-10 240-214-75
91-16-64-3 0-145-117

⑥

7
100-0-100-10 0-145-64
0-10-75-10 240-214-75
0-0-48-0 255-248-158

7

⑧
90-62-33-25 6-77-112
0-10-75-10 240-214-75
0-75-68-22 200-81-59

⑧

⑨
0-0-48-0 255-248-158
0-10-75-10 240-214-75
52-70-7-0 141-93-157

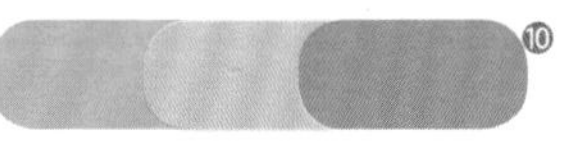

⑩
6-34-8-0 236-188-204
0-10-75-10 240-214-75
29-39-2-0 189-163-203

四色配色

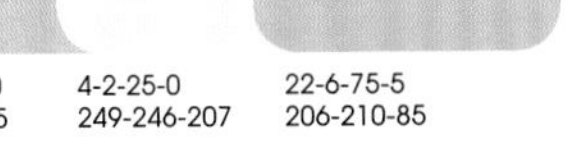

⑪

75-41-100-34	0-10-75-10	4-2-25-0	22-6-75-5
57-96-38	240-214-75	249-246-207	206-210-85

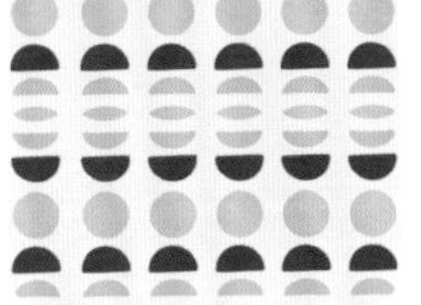

⑪

⑫

90-60-33-24	0-10-75-10	22-6-75-5	28-42-69-14
0-80-115	240-214-75	206-210-85	177-140-82

⑬

4-2-25-0	0-10-75-10	6-34-8-0	10-75-11-11
249-246-207	240-214-75	236-188-204	204-87-137

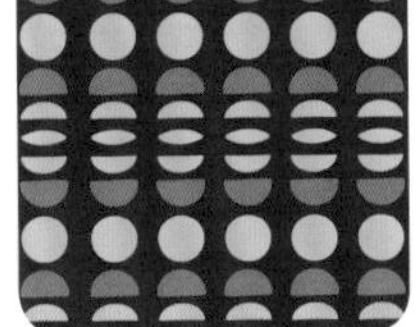

⑫

⑭

0-66-86-0	0-10-75-10	86-94-34-26	69-100-36-0
238-118-41	240-214-75	55-36-91	110-35-103

五色配色

⑮

3-20-20-0	0-10-75-10	19-50-67-23	3-2-25-0	9-100-100-32
246-216-200	240-214-75	177-122-74	251-247-207	169-0-9

⑮

⑯

61-35-98-20	0-10-75-10	27-67-81-31	22-50-93-7	45-35-65-5
103-124-41	240-214-75	152-83-43	197-136-33	153-151-101

⑰

61-35-98-2	0-10-75-10	0-50-100-0	3-2-25-0	91-17-64-4
118-141-49	240-214-75	243-152-0	251-247-207	0-143-116

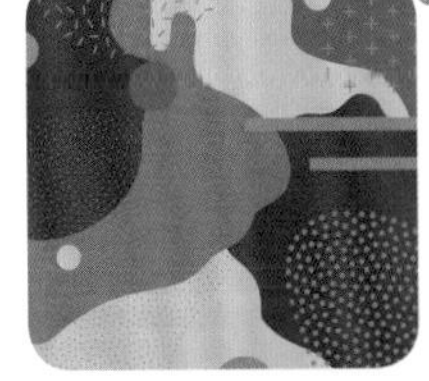

⑯

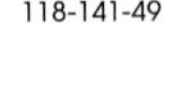
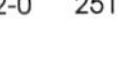

⑱

22-86-86-8	0-10-75-10	6-28-59-2	20-20-36-5	61-65-26-12
189-64-44	240-214-75	237-192-114	206-195-163	112-91-130

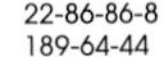
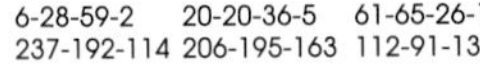

036
黄赭石
Yellow Ochre

18-32-62-5
209-174-105

颜色介绍

黄赭石有一种悠闲的意象。搭配类似色彩可以突出朴素的特质，搭配艳丽的色彩则可以加强画面的活跃性。和低明度的冷色进行组合，具有一种平静的情绪感。

双色配色

1
18-32-62-5 209-174-105
3-2-55-0 253-242-140

2
18-32-62-5 209-174-105
20-20-22-3 208-199-191

3
18-32-62-5 209-174-105
0-70-65-0 236-109-78

4
18-32-62-5 209-174-105
24-0-41-3 202-224-169

1

三色配色

5
0-0-24-3 252-248-208
18-32-62-5 209-174-105
0-50-100-0 243-152-0

5

6
42-58-91-43 114-79-27
18-32-62-5 209-174-105
20-20-22-3 208-199-191

6

7
3-26-96-0 247-196-0
18-32-62-5 209-174-105
69-100-36-30 87-20-82

8
51-43-96-33 112-105-31
18-32-62-5 209-174-105
34-63-29-57 101-59-77

7

9
90-0-40-60 0-91-93
18-32-62-5 209-174-105
57-42-0-58 65-75-112

10
86-94-34-26 55-36-91
18-32-62-5 209-174-105
63-36-50-18 96-125-114

8

四色配色

⑪

40-82-94-45	18-32-62-5	100-80-0-40	36-91-82-32
113-45-19	209-174-105	0-40-112	136-39-38

⑫

100-68-100-31	18-32-62-5	74-41-100-34	19-50-67-23
0-64-42	209-174-105	60-96-37	177-122-74

⑬

45-23-15-4	18-32-62-5	4-2-25-0	51-2-38-0
148-174-195	209-174-105	249-246-207	132-199-175

⑭

9-100-100-32	18-32-62-5	26-22-89-5	71-52-79-31
169-0-9	209-174-105	196-182-46	73-89-60

⑪

⑫

五色配色

⑮

15-94-94-4	18-32-62-5	3-12-25-0	36-91-82-32	0-62-51-0
205-43-32	209-174-105	248-230-198	136-39-38	238-128-106

⑯

0-62-51-0	18-32-62-5	2-17-24-0	63-5-56-0	73-86-8-2
238-128-106	209-174-105	249-222-195	95-182-137	97-58-139

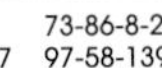

⑰

2-21-23-0	18-32-62-5	20-20-36-5	36-51-95-27	47-36-98-22
248-214-193	209-174-105	206-230-163	146-108-28	132-129-30

⑱

58-28-24-7	18-32-62-5	87-87-27-10	24-17-41-0	84-45-25-11
112-153-171	209-174-105	57-54-115	204-202-160	10-110-149

⑮

⑯

Color Scheme

05

第 5 章 绿色系配色

绿色是植物的颜色，在中国文化中还有生命的含义，可代表自然、生态、环保等，如绿色食品。绿色因为与春天有关，所以象征青春，也象征繁荣。绿色有和平、友善、善于倾听、不希望发生冲突的色彩性格。

037

绿白色

White Green

21-4-15-0
210-229-222

颜色介绍

绿白色纤细而淡雅，让人感受到生机与冷静。搭配高明度的蓝色和橙色，给人一种明亮清晨的氛围感。搭配粉红色，能削弱清冷感，给人一种童话世界的感受。

双色配色

❶
21-4-15-0 210-229-222　63-5-56-0 95-182-137

❷
21-4-15-0 210-229-222　0-0-35-0 255-250-188

❸
21-4-15-0 210-229-222　6-34-8-0 236-188-204

❹
21-4-15-0 210-229-222　66-31-34-4 93-145-156

❶

三色配色

❺
55-23-15-3 121-167-194　21-4-15-0 210-229-222　94-60-9-2 0-93-162

❺

❻
94-64-30-2 0-89-135　21-4-15-0 210-229-222　0-54-31-75 98-51-52

❻

❼
0-0-35-0 255-250-188　21-4-15-0 210-229-222　77-4-40-0 0-172-167

❽
18-54-40-5 204-134-128　21-4-15-0 210-229-222　90-62-33-25 6-77-112

❼

❾
28-2-81-0 200-216-74　21-4-15-0 210-229-222　0-43-22-5 236-166-167

❽

❿
58-0-24-31 78-155-159　21-4-15-0 210-229-222　20-67-84-31 161-85-37

四色配色

⑪

90-62-33-25	21-4-15-0	3-50-93-0	51-51-49-39
6-77-112	210-229-222	239-151-16	103-90-86

⑫

0-0-35-0	21-4-15-0	77-4-40-0	63-5-56-0
255-250-188	210-229-222	0-172-167	95-182-137

⑬

0-100-0-60	21-4-15-0	14-74-34-24	20-50-93-7
126-0-67	210-229-222	179-79-101	200-137-31

⑭

0-0-35-0	21-4-15-0	3-50-93-0	63-5-56-0
255-250-188	210-229-222	239-151-16	95-182-137

五色配色

⑮

94-60-9-2	21-4-15-0	55-23-15-3	6-34-8-0	90-62-33-25
0-93-162	210-229-222	121-167-195	236-188-204	6-77-112

⑯

11-0-24-3	21-4-15-0	6-36-60-2	33-0-40-3	78-38-36-4
230-238-206	210-229-222	235-177-108	181-216-171	49-128-147

⑰

18-32-60-5	21-4-15-0	36-91-82-31	2-29-31-0	51-43-96-33
209-174-105	210-229-222	136-39-38	245-198-171	112-105-31

⑱

78-46-25-14	21-4-15-0	39-73-51-0	61-65-26-12	60-60-0-60
52-109-145	210-229-222	170-92-101	112-91-130	63-52-96

038
灰绿色
Celadon

47-11-26-2
144-191-189

颜色介绍

灰绿色给人一种柔和纤细但又不失潇洒的感觉。与棕褐色进行组合，表现出严肃的感觉。搭配低纯度的黄色与粉色，可以营造出优雅的气氛。

双色配色

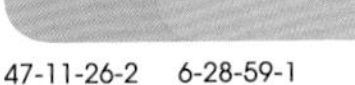

① 47-11-26-2 144-191-189 | 6-28-59-1 238-194-115

② 47-11-26-2 144-191-189 | 22-9-31-0 209-218-187

③ 47-11-26-2 144-191-189 | 8-31-21-0 233-191-186

④ 47-11-26-2 144-191-189 | 18-54-40-5 204-134-128

①

三色配色

⑤ 3-20-32-0 246-214-177 | 47-11-26-2 144-191-189 | 0-40-20-0 245-178-178

⑥ 68-17-44-0 79-164-152 | 47-11-26-2 144-191-189 | 84-45-24-11 9-110-150

⑦ 96-16-36-4 0-143-161 | 47-11-26-2 144-191-189 | 2-21-23-0 248-214-193

⑧ 20-8-53-0 215-218-141 | 47-11-26-2 144-191-189 | 51-63-24-38 104-75-106

⑨ 45-23-15-4 148-174-195 | 47-11-26-2 144-191-189 | 6-25-8-0 238-206-214

⑩ 19-36-15-3 207-172-186 | 47-11-26-2 144-191-189 | 17-11-29-3 216-216-187

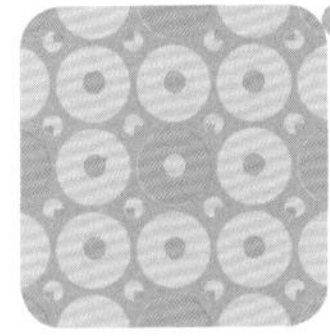

⑤

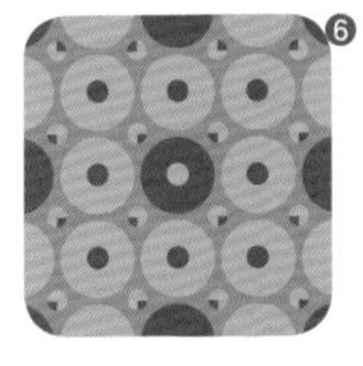

⑥

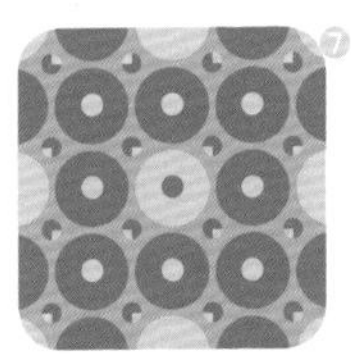

⑦

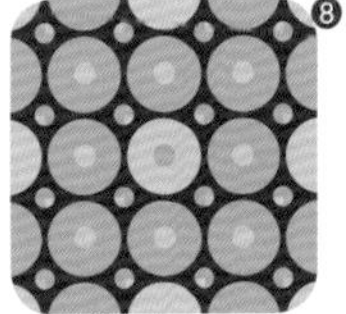

⑧

四色配色

⑪

11-0-24-3　47-11-26-2　36-5-32-0　96-16-36-4
230-238-206　144-191-189　175-211-186　0-143-161

⑫

54-91-33-24　47-11-26-2　2-21-23-0　34-36-16-5
117-40-93　144-191-189　248-214-193　175-160-181

⑪

⑬

90-16-64-4　47-11-26-2　22-9-31-0　16-30-19-0
0-144-116　144-191-189　209-218-187　218-188-190

⑭

44-95-64-14　47-11-26-2　27-20-71-4　0-70-70-70
145-39-66　144-191-189　195-187-93　107-40-14

⑫

五色配色

⑮

91-16-64-4　47-11-26-2　14-22-49-3　37-91-82-31　47-36-98-22
0-144-116　144-191-189　222-197-139　136-39-39　132-129-30

⑯

64-33-53-18　47-11-26-2　37-45-25-43　40-82-94-44　27-42-54-37
92-128-112　144-191-189　119-99-112　114-46-20　144-114-86

⑮

⑰

15-1-38-0　47-11-26-2　9-7-25-0　28-14-57-24　2-14-13-0
226-236-179　144-191-189　237-233-202　164-169-108　249-228-219

⑱

71-52-79-31　47-11-26-2　23-32-49-8　0-50-36-39　19-64-100-36
73-89-60　144-191-189　195-168-128　174-111-102　155-84-0

⑯

039 钴绿色

Cobalt Green

63-0-40-0
87-189-170

颜色介绍

钴绿色既代表自然与生机，又蕴藏了一丝平静。搭配深蓝色和深绿色，表现出深沉怀古的感觉。搭配黄色和蓝色，给人一种平衡而不失活跃的感觉。

双色配色

1
63-0-40-0 87-189-170
3-12-25-0 248-230-198

2
63-0-40-0 87-189-170
21-55-47-0 205-135-120

3
63-0-40-0 87-189-170
96-16-36-4 0-143-161

4
63-0-40-0 87-189-170
73-86-8-2 97-58-139

1

三色配色

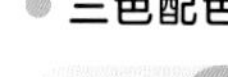

5
11-0-24-3 230-238-206
63-0-40-0 87-189-170
25-2-13-0 201-228-226

6
10-12-20-2 232-222-205
63-0-40-0 87-189-170
70-31-36-0 81-145-156

7
7-8-33-0 242-232-185
63-0-40-0 87-189-170
63-32-50-18 95-130-117

8
36-5-32-0 175-211-186
63-0-40-0 87-189-170
3-41-9-0 239-175-194

9
11-43-34-0 225-165-152
63-0-40-0 87-189-170
14-61-49-24 181-104-93

10
58-28-24-7 112-153-171
63-0-40-0 87-189-170
93-74-36-30 13-59-97

5

6

7

8

四色配色

⑪

22-75-66-22	63-0-40-0	5-0-36-0	87-45-24-0
171-77-64	87-189-170	248-246-185	0-117-160

⑫

38-10-0-0	63-0-40-0	6-34-8-0	90-62-33-25
166-205-237	87-189-170	236-188-204	6-77-112

⑬

60-60-0-60	63-0-40-0	86-60-26-12	60-55-0-0
63-52-96	87-189-170	34-89-134	119-116-181

⑭

100-65-48-0	63-0-40-0	96-26-36-4	26-13-36-5
0-87-114	87-189-170	0-132-155	194-202-168

⑪ ⑫

五色配色

⑮

2-40-23-0	63-0-40-0	14-74-34-24	3-16-10-0	85-20-54-6
242-177-173	87-189-170	179-79-101	246-224-222	0-142-128

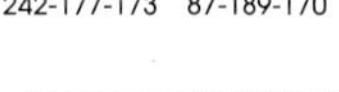

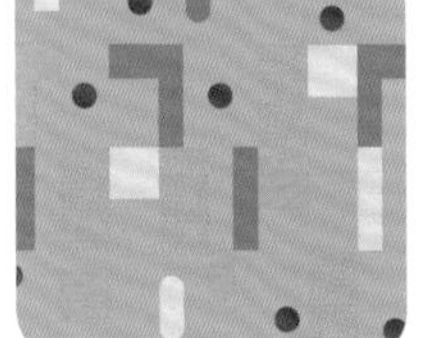

⑮

⑯

100-0-34-0	63-0-40-0	7-10-27-0	12-11-60-7	56-64-0-2
0-159-178	87-189-170	241-230-196	222-210-118	130-101-168

⑰

4-2-25-0	63-0-40-0	41-2-2-0	25-2-13-0	64-40-17-0
249-246-207	87-189-170	156-213-242	201-228-226	104-138-177

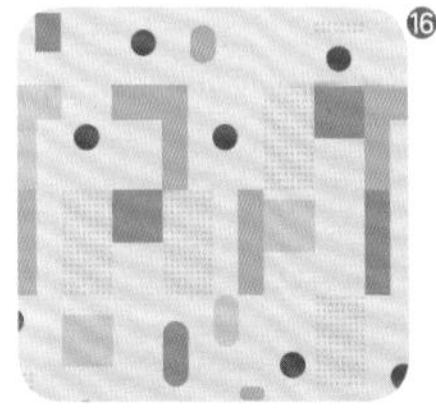

⑯

⑱

9-7-25-0	63-0-40-0	3-50-93-0	0-3-37-0	0-45-30-0
237-233-202	87-189-170	239-151-16	255-246-181	243-166-157

040
松叶绿
Pine Leaf

48-24-49-9
140-161-132

颜色介绍

松叶绿是一种柔和恬静的色彩，让人产生怀念的感觉。搭配绿色系，可以表现出生机与活力。搭配低纯度的粉色和黄色，可以表现出安定和统一，给人舒适的感觉。

● 双色配色

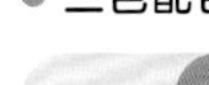

①
48-24-49-9 140-161-132
6-28-59-2 237-192-114

②
48-24-49-9 140-161-132
19-36-15-3 207-172-186

③
48-24-49-9 140-161-132
20-9-23-3 209-217-199

④
48-24-49-9 140-161-132
23-7-9-0 205-223-229

①

● 三色配色

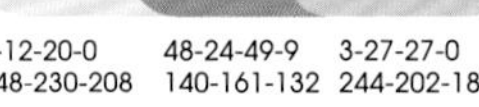

⑤
3-12-20-0 248-230-208
48-24-49-9 140-161-132
3-27-27-0 244-202-180

⑥
11-0-24-3 230-238-206
48-24-49-9 140-161-132
36-5-32-0 175-211-186

⑦
7-10-27-0 241-230-196
48-24-49-9 140-161-132
47-26-18-0 146-171-191

⑧
36-91-82-31 137-39-39
48-24-49-9 140-161-132
27-18-40-3 195-195-159

⑨
9-27-39-2 231-194-156
48-24-49-9 140-161-132
90-68-25-0 28-85-139

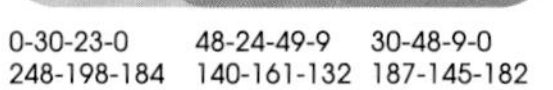

⑩
0-30-23-0 248-198-184
48-24-49-9 140-161-132
30-48-9-0 187-145-182

⑤

⑥
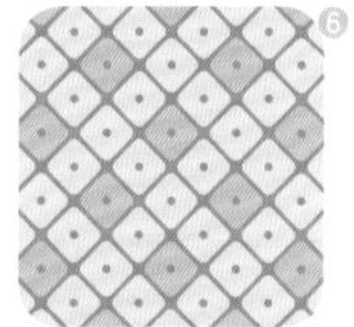

⑦

⑧

四色配色

11

25-2-12-0 201-228-227 | 48-24-49-9 140-161-132 | 44-12-20-2 152-193-199 | 6-17-6-0 240-221-227

11

12

0-50-100-40 172-106-0 | 48-24-49-9 140-161-132 | 4-2-25-0 249-246-207 | 35-53-50-27 145-107-95

13

35-65-51-9 168-103-100 | 48-24-49-9 140-161-132 | 67-33-50-20 82-125-114 | 90-62-33-24 6-77-113

12

14

15-40-59-11 204-155-101 | 48-24-49-9 140-161-132 | 19-64-100-36 155-84-0 | 90-62-33-25 6-77-112

五色配色

15

10-5-30-0 236-235-194 | 48-24-49-9 140-161-132 | 77-4-40-0 0-172-167 | 25-2-12-0 201-228-227 | 63-5-56-0 95-182-137

15

16

48-43-70-2 150-139-91 | 48-24-49-9 140-161-132 | 14-22-49-3 222-197-139 | 64-33-53-18 92-128-112 | 17-4-38-0 221-229-177

17

17-11-29-3 216-216-187 | 48-24-49-9 140-161-132 | 56-37-19-16 113-132-160 | 3-12-25-0 248-230-198 | 58-28-24-7 112-153-171

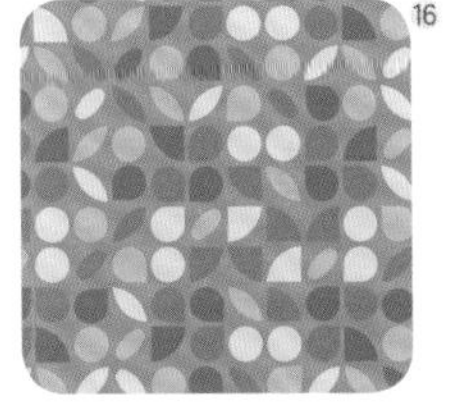

16

18

26-22-89-43 138-129-25 | 48-24-49-9 140-161-132 | 0-70-70-70 107-40-14 | 0-0-70-20 223-211-85 | 30-10-45-0 192-208-157

041
苔绿色
Moss Green

42-26-62-10
154-161-106

颜色介绍

苔绿色给人柔和而舒适的感觉，搭配暖色，能增添活泼感，搭配低明度的色彩，能增加安定的感觉。搭配低纯度的粉色和高明度的绿色，能增加快乐和幸福的感觉。

双色配色

❶
42-26-62-10 6-25-33-0
154-161-106 239-203-171

❷
42-26-62-10 52-24-33-29
154-161-106 107-135-135

❸
42-26-62-10 6-36-60-2
154-161-106 235-177-108

❹
42-26-62-10 13-13-28-5
154-161-106 221-213-185

❶

三色配色

❺
6-36-60-2 42-26-62-10 8-31-21-0
235-177-108 154-161-106 233-191-186

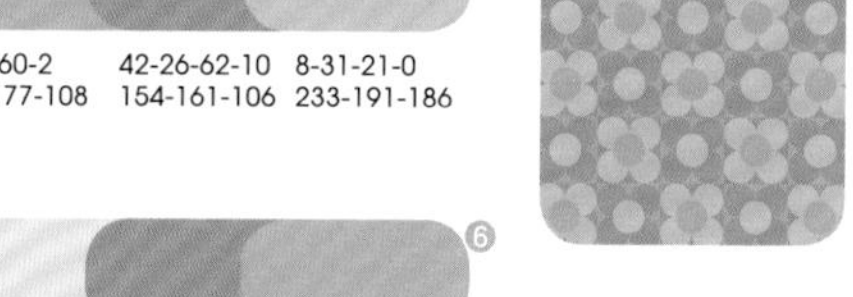

❻
9-10-35-0 42-26-62-10 7-38-43-0
237-227-179 154-161-106 234-176-140

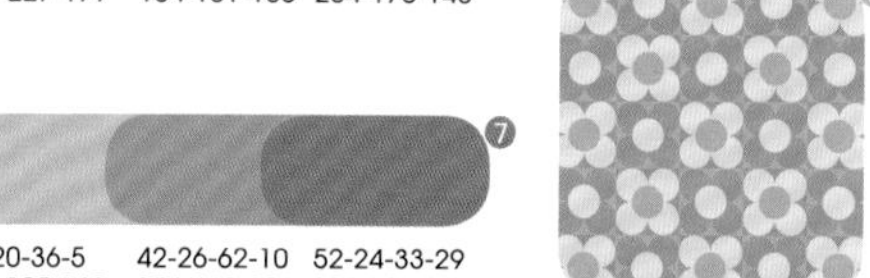

❼
20-20-36-5 42-26-62-10 52-24-33-29
206-195-163 154-161-106 107-135-135

❽
64-46-90-24 42-26-62-10 0-54-31-75
94-105-51 154-161-106 98-51-52

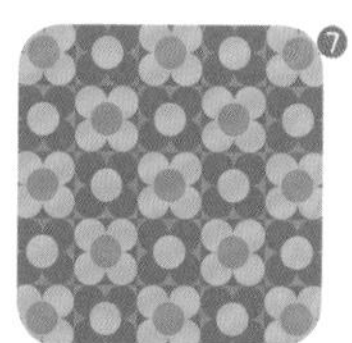

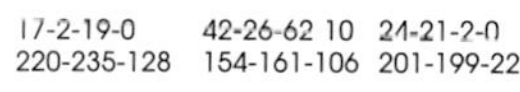

❾
17-2-19-0 42-26-62 10 24-21-2-0
220-235-128 154-161-106 201-199-225

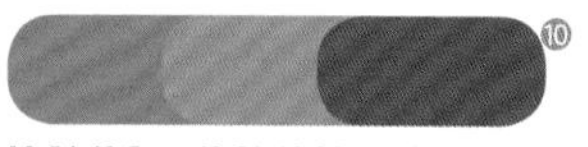

❿
18-54-40-5 42-26-62-10 43-57-36-28
204-134-128 154-161-106 130-97-109

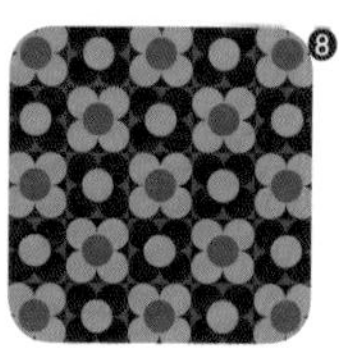

四色配色

⑪

3-12-25-0 248-230-198 | 42-26-62-10 154-161-106 | 6-30-62-1 238-190-107 | 20-50-93-7 200-137-31

⑪

12

22-66-48-9 190-105-103 | 42-26-62-10 154-161-106 | 71-32-67-18 73-125-92 | 9-7-45-0 238-230-160

⑬

12-48-76-0 224-151-70 | 42-26-62-10 154-161-106 | 93-74-36-30 13-59-97 | 24-17-41-3 201-199-158

12

⑭

12-31-32-2 224-186-165 | 42-26-62-10 154-161-106 | 82-33-52-20 5-116-112 | 75-41-100-34 57-96-38

五色配色

⑮

32-55-95-22 159-109-28 | 42-26-62-10 154-161-106 | 9-7-45-0 238-230-160 | 35-53-50-27 145-107-95 | 18-32-62-5 209-174-105

⑮

⑯

7-38-43-0 234-176-140 | 42-26-62-10 154-161-106 | 3-12-25-0 248-230-198 | 23-32-50-8 195-168-126 | 43-66-95-22 140-88-35

⑰

9-10-35-0 237-227-179 | 42-26-62-10 154-161-106 | 3-50-47-0 238-153-123 | 2-21-23-0 248-214-193 | 14-36-59-0 223-174-111

⑯

⑱

57-37-38-22 106-124-127 | 42-26-62-10 154-161-106 | 0-0-24-3 252-248-208 | 25-2-12-0 201-228-227 | 19-17-42-2 213-204-57

042
橄榄绿
Olive Green

51-36-60-21
123-129-96

颜色介绍

橄榄绿给人非常诚实可靠的安全感。搭配藏蓝色和浅绿色，能增加画面的静寂感，体现出淳朴的意象。搭配暖色，表现出成熟的感觉。

● 双色配色

1
51-36-60-21 3-2-55-0
123-129-96 253-242-140

2
51-36-60-21 47-26-18-0
123-129-96 146-171-191

3
51-36-60-21 18-60-59-11
123-129-96 195-117-89

4
51-36-60-21 86-94-34-26
123-129-96 55-36-91

1

● 三色配色

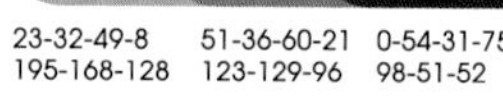

5
23-32-49-8 51-36-60-21 0-54-31-75
195-168-128 123-129-96 98-51-52

5

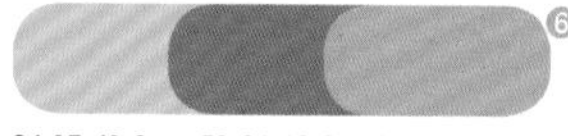

6
24-17-41-3 51-36-60-21 0-34-53-11
201-199-158 123-129-96 230-174-116

7
13-14-15-0 51-36-60-21 69-100-36-30
227-219-213 123-129-96 87-20-82

6

8
44-12-20-2 51-36-60-21 27-18-40-3
152-193-199 123-129-96 195-195-159

7

9
6-28-59-2 51-36-60-21 29-40-2-0
237-192-114 123-129-96 189-161-201

10
11-0-24-3 51-36-60-21 20-36-15-3
230-238-206 123-129-96 206-172-186

8

四色配色

⑪

14-53-59-0 218-142-100	51-36-60-21 123-129-96	10-2-10-0 235-243-235	59-8-14-0 101-186-212

⑫

6-28-60-1 238-193-113	51-36-60-21 123-129-96	3-12-25-0 248-230-198	23-19-41-3 203-197-157

⑬

22-86-85-8 189-64-45	51-36-60-21 123-129-96	6-28-59-2 237-192-114	80-100-0-10 79-23-127

⑭

23-32-49-8 195-168-128	51-36-60-21 123-129-96	20-20-36-5 206-195-163	3-12-25-0 248-230-198

⑪

⑫

五色配色

⑮

100-60-0-70 0-31-80	51-36-60-21 123-129-96	9-7-45-0 238-230-160	0-50-36-39 174-111-102	36-91-82-31 137-39-39

16

31-74-26-12 170-84-122	51-36-60-21 123-129-96	63-68-23-10 110-87-133	6-34-8-0 236-188-204	9-7-45-0 238-230-160

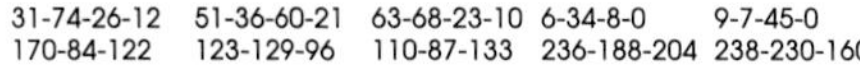

⑰

20-2-49-0 216-228-154	51-36-60-21 123-129-96	41-7-25-16 144-183-177	14-53-59-0 218-142-100	21-27-23-4 204-185-181

⑱

44-21-71-6 154-170-95	51-36-60-21 123-129-96	4-2-25-0 249-246-207	6-28-60-1 238-193-113	27-20-71-4 195-187-93

⑮

16

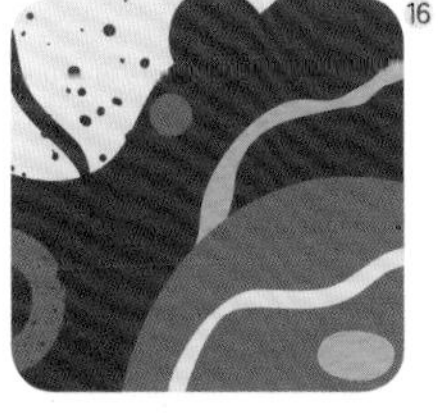

043 翠绿色 Verdure

100-0-100-10
0-145-64

颜色介绍

翠绿色表现和睦友善、和平和希望。搭配低纯度的绿色，表现出沉默安静的感觉。搭配高明度的色彩，能使绿色的鲜艳感跃然纸上，制造出清爽的效果。

双色配色

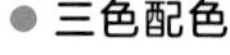

❶

100-0-100-10 0-145-64
0-66-86-0 238-118-41

❷

100-0-100-10 0-145-64
6-28-59-1 238-194-115

❸

100-0-100-10 0-145-64
2-1-55-0 255-244-140

❹

100-0-100-10 0-145-64
86-94-34-26 55-36-91

❶

三色配色

❺

20-2-49-0 216-228-154
100-0-100-10 0-145-64
50-3-98-0 143-193-37

❻

6-34-8-0 236-188-204
100-0-100-10 0-145-64
28-2-81-0 200-216-74

❼

7-10-27-0 241-229-195
100-0-100-10 0-145-64
0-54-31-75 98-51-52

❽
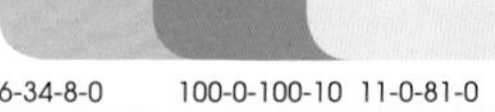

6-34-8-0 236-188-204
100-0-100-10 0-145-64
11-0-81-0 238-234-66

❾

25-1-20-0 201-229-214
100-0-100-10 0-145-64
59-2-18-0 98-193-210

❿

24-17-41-0 204-202-160
100-0-100-10 0-145-64
42-58-91-43 114-79-27

❺

❻

❼

❽

四色配色

⑪

6-28-59-2	100-0-100-10	4-2-25-0	20-0-80-0
237-192-114	0-145-64	249-248-208	218-226-74

⑫

8-0-74-0	100-0-100-10	7-68-79-0	77-4-40-0
243-237-88	0-145-64	227-112-57	0-172-167

⑬

20-50-93-7	100-0-100-10	67-62-86-46	22-86-85-8
200-137-31	0-145-64	70-65-38	189-64-45

⑭

43-66-95-22	100-0-100-10	37-91-82-31	28-42-69-14
140-88-35	0-145-64	136-39-39	177-140-82

五色配色

⑮

0-40-100-0	100-0-100-10	15-1-38-0	6-28-59-1	21-81-60-40
247-171-0	0-145-64	226-236-179	237-194-115	143-52-55

⑯

28-2-81-0	100-0-100-10	11-8-94-0	40-82-94-44	44-36-96-20
200-216-74	0-145-64	236-221-0	114-46-20	141-133-34

⑰

11-0-81-0	100-0-100-10	0-7-42-0	60-2-30-0	25-2-12-0
238-234-66	0-145-64	255-238-167	98-191-189	201-228-227

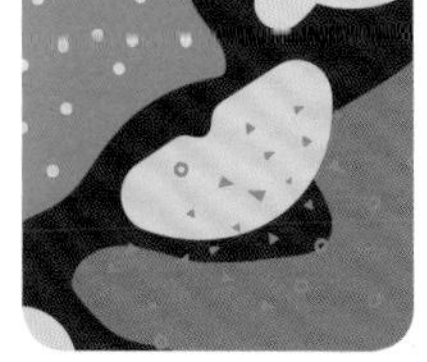

⑯

⑱

44-36-96-20	100-0-100-10	2-1-55-0	71-32-67-18	44-21-71-6
141-133-34	0-145-64	255-244-140	73-125-92	154-170-95

044
孔雀石绿
Malachite Green

94-7-68-0
0-153-116

颜色介绍

孔雀石绿如宝石般艳丽鲜明，非常引人注目。搭配低明度的黄色，可以增加整体的柔和感。搭配蓝色和紫色，可以体现梦幻的效果。

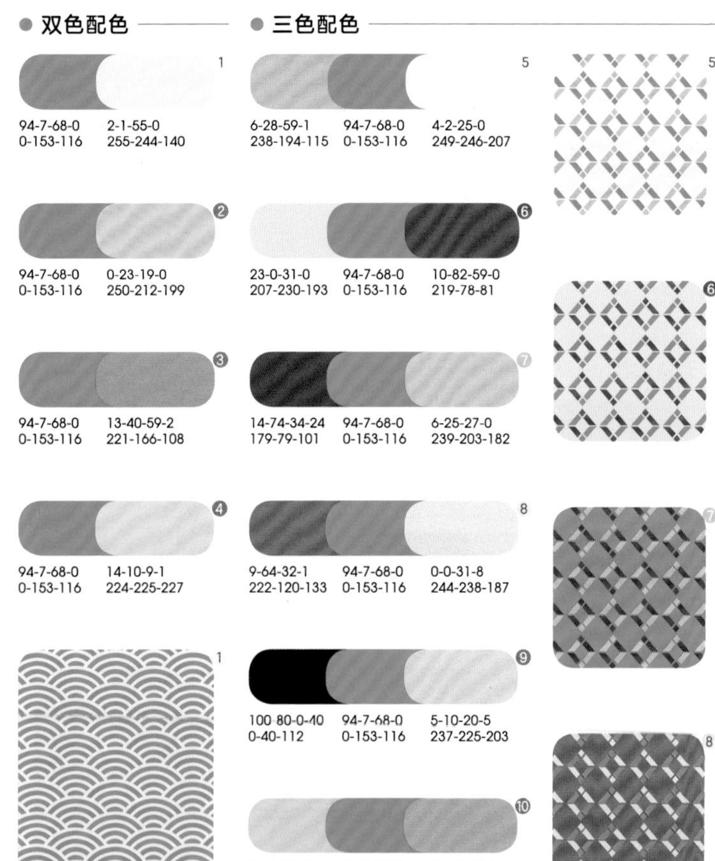

双色配色

1
94-7-68-0 0-153-116　2-1-55-0 255-244-140

2
94-7-68-0 0-153-116　0-23-19-0 250-212-199

3
94-7-68-0 0-153-116　13-40-59-2 221-166-108

4
94-7-68-0 0-153-116　14-10-9-1 224-225-227

三色配色

5
6-28-59-1 238-194-115　94-7-68-0 0-153-116　4-2-25-0 249-246-207

6
23-0-31-0 207-230-193　94-7-68-0 0-153-116　10-82-59-0 219-78-81

7
14-74-34-24 179-79-101　94-7-68-0 0-153-116　6-25-27-0 239-203-182

8
9-64-32-1 222-120-133　94-7-68-0 0-153-116　0-0-31-8 244-238-187

9
100-80-0-40 0-40-112　94-7-68-0 0-153-116　5-10-20-5 237-225-203

10
20-9-23-3 209-217-199　94-7-68-0 0-153-116　14-29-40-3 220-186-151

四色配色

⑪

11-55-47-0	94-7-68-0	2-5-20-0	14-5-47-0
223-139-119	0-153-116	252-243-214	229-229-157

⑫

57-9-25-0	94-7-68-0	4-2-25-0	6-28-59-2
112-186-193	0-153-116	249-248-208	237-192-114

⑬

23-0-48-3	94-7-68-0	36-5-32-0	4-8-25-0
205-224-154	0-153-116	175-211-186	247-236-202

⑭

3-16-10-0	94-7-68-0	66-82-27-12	4-14-68-0
246-224-222	0-153-116	105-62-115	248-219-100

五色配色

⑮

2-1-55-0	94-7-68-0	100-24-36-5	2-5-20-0	0-89-18-36
255-244-140	0-153-116	0-132-155	252-243-214	173-34-92

⑯

3-50-48-0	94-7-68-0	2-7-45-14	54-91-33-24	13-40-59-2
238-153-121	0-153-116	229-214-146	117-40-93	221-166-108

⑰

2-21-23-0	94-7-68-0	31-48-13-39	4-1-25-0	14-61-49-24
248-214-193	0-153-116	134-103-128	249-248-208	181-104-93

⑱

94-62-9-2	94-7-68-0	22-81-26-9	12-0-32-0	35-0-64-3
0-90-160	0-153-116	188-73-117	232-240-193	178-210-118

045 浓绿色

Viridian

85-20-54-6
0-142-128

颜色介绍

浓绿色给人沉着的印象，并透出清高和充实感。搭配低明度的蓝色，给人一种深邃厚重的感觉。搭配低明度的绿色，表现出舒畅悠闲的感觉。

双色配色

① 85-20-54-6 0-142-128 | 6-28-59-1 238-194-115

② 85-20-54-6 0-142-128 | 7-10-27-0 241-230-196

③ 85-20-54-6 0-142-128 | 8-31-21-0 233-191-186

④ 85-20-54-6 0-142-128 | 3-50-47-0 238-153-123

①

三色配色

⑤ 31-13-13-0 186-206-215 | 85-20-54-6 0-142-128 | 6-25-8-0 238-206-214

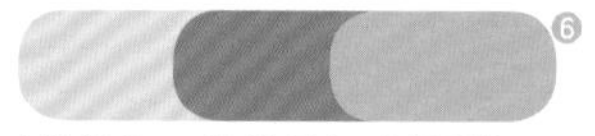

⑥ 3-20-32-0 246-214-177 | 85-20-54-6 0-142-128 | 0-40-20-0 245-178-178

⑦ 2-21-23-0 248-214-193 | 85-20-54-6 0-142-128 | 63-5-56-0 95-182-137

⑧ 17-11-29-3 216-216-187 | 85-20-54-6 0-142-128 | 10-64-11-0 221-121-160

⑨ 35-53-50-27 145-107-95 | 85-20-54-6 0-142-128 | 36-91-82-31 137-39-39

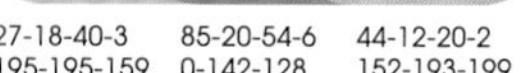

⑩ 27-18-40-3 195-195-159 | 85-20-54-6 0-142-128 | 44-12-20-2 152-193-199

四色配色

⑪

6-28-59-2 237-192-114	85-20-54-6 0-142-128	0-0-48-0 255-248-158	12-31-32-2 224-186-165

⑫

54-91-33-24 117-40-93	85-20-54-6 0-142-128	34-36-16-5 175-160-181	0-20-30-0 251-216-181

⑪

⑫

⑬

15-1-38-0 226-236-179	85-20-54-6 0-142-128	22-9-31-0 209-218-187	23-32-50-8 195-168-126

⑭

0-100-65-76 92-0-2	85-20-54-6 0-142-128	44-35-96-20 140-134-34	22-86-85-24 167-55-37

五色配色

⑮

22-86-85-8 189-64-45	85-20-54-6 0-142-128	18-9-71-4 216-211-95	3-12-35-0 249-228-178	18-32-62-5 209-174-105

⑮

16

50-4-25-0 134-199-198	85-20-54-6 0-142-128	16-4-4-0 221-235-242	35-25-0-5 171-178-215	28-0-14-0 193-228-225

⑰

50-4-25-0 134-199-198	85-20-54-6 0-142-128	59-79-73-36 96-54-52	22-86-85-8 189-64-45	90-62-33-25 6-77-112

16

⑱

3-12-35-0 249-228-178	85-20-54-6 0-142-128	0-40-20-0 245-178-178	4-2-25-0 249-246-207	22-9-31-0 209-218-187

046 竹绿色

Bamboo Green

81-12-38-2
0-158-164

颜色介绍

竹绿色清脆干练，给人一种知性和清凉的感觉。搭配蓝色和绿色，体现出自然轻松的氛围感。搭配高明度的暖色，使画面呈现出轻松活泼又不失稳重的协调感。

双色配色

❶ 81-12-38-2 0-158-164 | 8-31-21-0 233-191-186

❷ 81-12-38-2 0-158-164 | 23-7-9-0 205-223-229

❸ 81-12-38-2 0-158-164 | 0-54-31-75 98-51-52

❹ 81-12-38-2 0-158-164 | 86-94-34-26 55-36-91

❶

三色配色

❺ 2-21-23-0 248-214-193 | 81-12-38-2 0-158-164 | 63-5-56-0 95-182-137

❻ 31-13-13-0 186-206-215 | 81-12-38-2 0-158-164 | 6-25-8-0 238-206-214

❼ 48-0-12-0 136-207-225 | 81-12-38-2 0-158-164 | 6-28-59-1 238-194-115

❽ 3-20-32-0 246-214-177 | 81-12-38-2 0-158-164 | 0-40-20-0 245-178-178

❾ 28-13-33-0 195-206-179 | 81-12-38-2 0-158-164 | 51-63-24-38 104-75-106

❿ 3-50-47-0 238-153-123 | 81-12-38-2 0-158-164 | 66-75-0-18 98-67-139

❺

❻

❼

❽

四色配色

⑪

7-12-6-0 239-229-232 | 81-12-38-2 0-158-164 | 0-0-53-7 247-236-139 | 21-92-26-9 188-42-108

⑫

29-40-2-0 189-161-201 | 81-12-38-2 0-158-164 | 7-12-6-0 239-229-232 | 94-60-10-2 0-93-161

⑬

25-2-13-0 201-228-226 | 81-12-38-2 0-158-164 | 35-25-0-5 171-178-215 | 50-3-13-0 131-202-220

⑭

12-59-48-0 220-130-114 | 81-12-38-2 0-158-164 | 78-75-32-0 81-78-125 | 17-11-29-3 216-216-187

五色配色

⑮

0-68-25-0 236-114-138 | 81-12-38-2 0-158-164 | 0-25-10-0 249-210-212 | 4-2-25-0 249-246-207 | 6-32-50-0 238-188-132

⑯

15-1-38-0 226-236-179 | 81-12-38-2 0-158-164 | 28-2-81-0 200-216-74 | 25-2-13-0 201-228-227 | 28-0-50-3 194-219-150

⑰

37-0-15-0 170-218-222 | 81-12-38-2 0-158-164 | 3-12-25-0 248-230-198 | 11-43-34-0 225-165-152 | 6-28-59-2 237-192-114

⑱

54-91-33-24 117-40-93 | 81-12-38-2 0-158-164 | 34-36-16-5 175-160-181 | 10-21-4-0 231-210-225 | 9-27-39-2 231-194-156

颜色介绍

铜绿色给人一种坚实冷静的意象。同时搭配低明度的暖色和冷色，可以展现出力量。搭配高纯度的冷色，给人一种安定的感觉。

双色配色

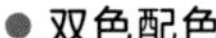

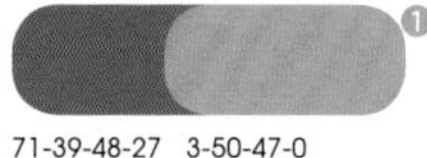

❶ 71-39-48-27 67-108-107 | 3-50-47-0 238-153-123

❷ 71-39-48-27 67-108-107 | 6-28-59-1 238-194-115

❸ 71-39-48-27 67-108-107 | 27-18-40-3 195-195-159

❹ 71-39-48-27 67-108-107 | 0-54-31-75 98-51-52

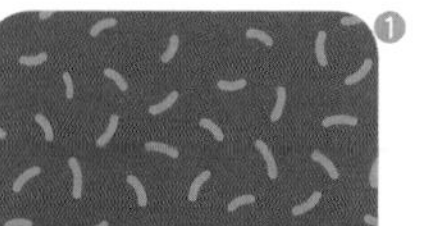

❶

三色配色

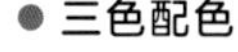

❺ 17-26-25-0 217-194-183 | 71-39-48-27 67-108-107 | 22-66-48-9 190-105-103

❻ 2-21-23-0 248-214-193 | 71-39-48-27 67-108-107 | 63-5-56-0 95-182-137

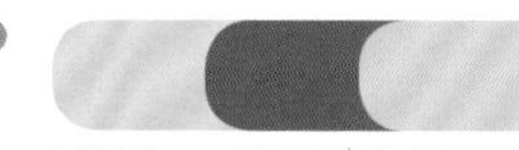

❼ 6-25-8-0 238-206-214 | 71-39-48-27 67-108-107 | 31-13-13-0 186-206-215

❽ 3-20-32-0 246-214-177 | 71-39-48-27 67-108-107 | 0-40-20-0 245-178-178

❾ 8-31-21-0 233-191-186 | 71-39-48-27 67-108-107 | 19-50-67-23 177-122-74

❿ 28-13-33-0 195-206-179 | 71-39-48-27 67-108-107 | 16-38-34-0 217-172-156

❺

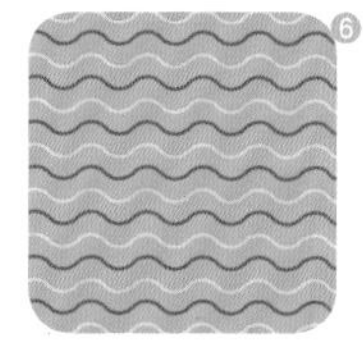

❻

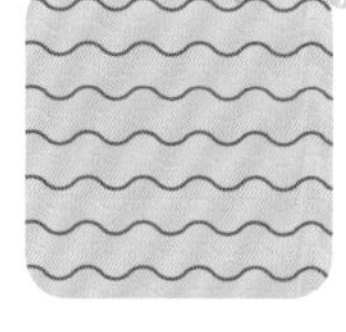

❼

❽

● 四色配色

⑪

39-29-53-11	71-39-48-27	34-53-86-26	0-70-70-70
159-158-120	67-108-107	150-107-44	107-40-14

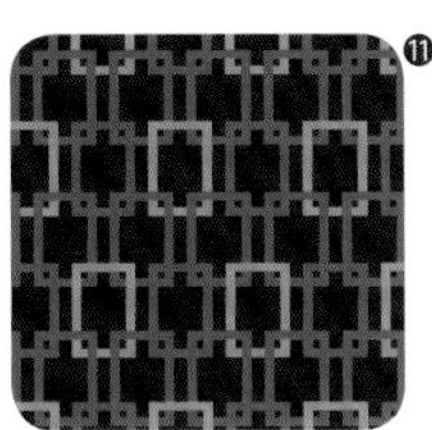

⑪

⑫

49-0-15-0	71-39-48-27	70-8-54-0	24-6-31-5
133-206-219	67-108-107	64-172-139	199-214-184

⑬

29-40-6-0	71-39-48-27	7-12-6-0	94-60-10-2
189-161-201	67-108-107	239-229-232	0-93-161

⑫

⑭

71-52-79-31	71-39-48-27	23-32-49-8	19-64-100-36
73-89-60	67-108-107	195-168-128	155-84-0

● 五色配色

⑮

13-49-71-0	71-39-48-27	20-25-45-0	4-2-25-0	6-32-50-0
222-149-80	67-108-107	212-191-147	249-246-207	238-188-132

⑮

⑯

90-16-64-4	71-39-48-27	22-9-31-0	12-46-37-2	37-45-25-43
0-144-116	67-108-107	209-218-187	221-156-142	119-99-112

⑰

54-91-33-24	71-39-48-27	34-36-16-5	3-12-35-0	39-29-53-11
117-40-93	67-108-107	175-160-181	249-228-178	159-158-120

⑯

⑱

53-81-94-41	71-39-48-27	47-36-98-22	33-65-95-24	33-34-53-10
100-49-27	67-108-107	132-129-30	153-90-29	173-156-118

颜色介绍

湖绿色给人一种知性和清凉的感觉。搭配低纯度的绿色和蓝色，能表现出安详静谧的感觉。搭配高纯度的黄色，能够增加画面的清爽感。

● 双色配色

①
90-0-40-60 0-91-93 | 6-28-59-0 239-194-116

②
90-0-40-60 0-91-93 | 4-5-2-0 247-244-247

③
90-0-40-60 0-91-93 | 63-5-56-0 95-182-137

④
90-0-40-60 0-91-93 | 29-36-53-0 192-165-123

①

● 三色配色

⑤
6-28-59-0 239-194-116 | 90-0-40-60 0-91-93 | 0-66-86-0 238-118-41

6
63-5-56-0 95-182-137 | 90-0-40-60 0-91-93 | 10-12-20-2 232-222-205

⑦
0-22-100-0 253-205-0 | 90-0-40-60 0-91-93 | 50-0-100-0 143-195-31

8
6-34-8-0 236-188-204 | 90-0-40-60 0-91-93 | 4-5-2-0 247-244-247

⑨
35-100-100-32 137-15-21 | 90-0-40-60 0-91-93 | 11-8-94-1 235-220-0

⑩
44-12-20-2 152-193-199 | 90-0-40-60 0-91-93 | 27-18-40-3 195-195-159

⑤

6

⑦

8

● 四色配色

⑪

33-9-37-28	90-0-40-60	3-0-20-0	24-0-41-3
147-168-141	0-91-93	251-250-218	202-224-169

⑪

⑫

43-66-95-22	90-0-40-60	0-50-100-40	29-36-53-0
140-88-35	0-91-93	172-106-0	192-165-123

⑬

31-26-66-11	90-0-40-60	19-50-67-23	100-0-100-10
177-167-97	0-91-93	177-122-74	0-145-64

⑫

⑭

43-66-95-22	90-0-40-60	65-35-100-20	31-26-66-11
140-88-35	0-91-93	93-122-41	177-167-97

● 五色配色

15

15-0-40-0	90-0-40-60	0-25-40-0	60-2-30-0	25-2-12-0
226-236-175	0-91-93	250-206-157	98-191-189	201-228-227

15

16

29-39-2-0	90-0-40-60	4-2-25-0	6-34-8-0	4-5-2-0
189-163-203	0-91-93	249-246-207	236-188-204	247-244-247

16

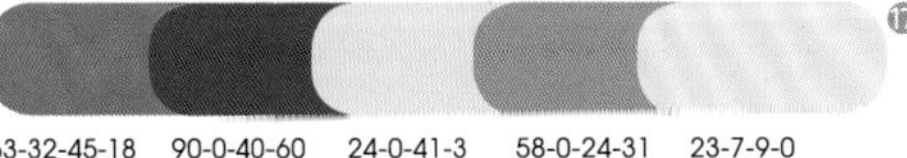

⑰

63-32-45-18	90-0-40-60	24-0-41-3	58-0-24-31	23-7-9-0
9-131-124	0-91-93	202-224-169	78-155-159	205-223-229

⑱

63-32-45-18	90-0-40-60	26-23-89-5	0-1-31-0	90-62-33-25
94-131-124	0-91-93	196-181-46	255-250-196	6-77-112

Color Scheme

06

第 6 章
蓝色系配色

蓝色非常纯净，通常让人联想到海洋、天空、湖水。纯净的蓝色是晴空的颜色，表现出晴朗、美丽、梦幻、冷静、理智与广阔。由于博大的特性，蓝色具有理智、准确的意象，因此在商业设计中，多用于强调具有科技感、代表效率的商品或企业形象。

049

水蓝色

Aqua Blue

32-5-5-0
182-218-236

颜色介绍

水蓝色给人冷静和纤细的感觉，洋溢着夏日的清凉。搭配高明度的粉色，可以让画面变得简单和可爱。搭配低纯度的黄色，可以让画面变得纯洁和通透。

双色配色

1

32-5-5-0 182-218-236 | 15-1-38-0 226-236-179

2

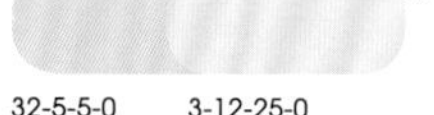

32-5-5-0 182-218-236 | 3-12-25-0 148-230-198

3

32-5-5-0 182-218-236 | 63-59-13-29 91-85-131

4

32-5-5-0 182-218-236 | 86-94-34-26 56-36-91

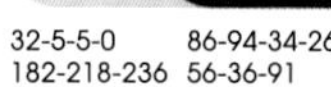

1

三色配色

5

53-8-24-0 125-191-196 | 32-5-5-0 182-218-236 | 21-0-25-0 211-233-206

6

29-40-2-0 189-161-201 | 32-5-5-0 182-218-236 | 0-36-14-0 246-187-193

7

3-20-20-0 246-216-200 | 32-5-5-0 182-218-236 | 0-75-43-0 235-97-107

8

3-39-47-0 241-176-132 | 32-5-5-0 182-218-236 | 4-1-25-0 249-248-208

9

42-0-62-2 161-205-124 | 32-5-5-0 182-218-236 | 0-10-38-5 247-226-169

10

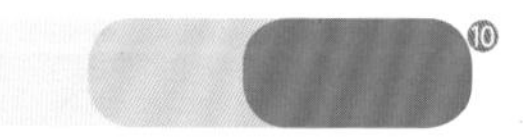

0-0-60-2 255-243-127 | 32-5-5-0 182-218-236 | 100-16-40-0 0-143-158

5

6

7

8

四色配色

⑪

74-12-11-0 0-167-211	32-5-5-0 182-218-236	9-0-30-0 239-243-197	20-74-59-32 158-72-66

⑫

70-42-13-0 85-131-179	32-5-5-0 182-218-236	0-11-16-0 253-235-216	3-50-47-0 238-153-123

⑪

⑬

51-2-31-0 131-200-188	32-5-5-0 182-218-236	0-0-35-0 255-250-188	95-16-36-4 0-143-161

⑫

⑭

3-20-32-0 246-214-177	32-5-5-0 182-218-236	3-50-47-0 238-153-123	29-39-2-0 189-163-203

五色配色

⑮

2-0-20-0 253-251-219	32-5-5-0 182-218-236	9-41-0-0 228-172-205	5-20-0-0 241-217-233	70-70-0-30 78-65-130

⑮

⑯

18-77-35-6 199-85-113	32-5-5-0 182-218-236	5-2-42-0 248-242-171	71-37-3-3 73-135-194	60-61-0-15 110-94-157

⑰

0-52-23-0 241-152-160	32-5-5-0 182-218-236	4-2-25-0 249-246-207	8-8-44-0 240-230-162	13-22-62-0 228-200-113

⑯

⑱

26-59-26-9 184-118-139	32-5-5-0 182-218-236	42-74-34-24 137-73-102	59-46-14-2 119-130-173	69-42-24-32 68-102-129

050
岩石蓝
Rock Blue

57-28-16-3
117-158-188

颜色介绍

岩石蓝给人一种清凉和平淡的感觉。搭配低纯度的绿色，体现出清爽的感觉。搭配紫色系颜色，能给画面增添一份神秘感，体现出知性的感觉。

双色配色

①
57-28-16-3 117-158-188
20-0-50-0 216-230-152

②
57-28-16-3 117-158-188
2-2-55-0 255-243-140

③
57-28-16-3 117-158-188
24-30-38-0 203-181-156

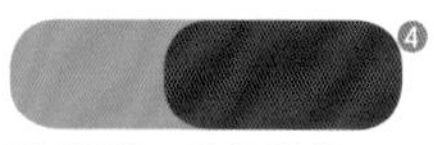

④
57-28-16-3 117-158-188
30-67-53-40 133-74-71

三色配色

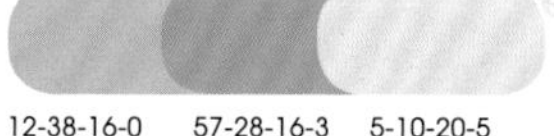

⑤
12-38-16-0 224-175-186
57-28-16-3 117-158-188
5-10-20-5 237-225-203

⑥
0-25-60-0 251-203-114
57-28-16-3 117-158-188
29-0-33-0 193-224-188

⑦
19-36-15-3 207-172-186
57-28-16-3 117-158-188
25-73-29-5 189-93-125

⑧
94-60-10-2 0-93-161
57-28-16-3 117-158-188
0-36-51-0 247-183-127

⑨
0-0-24-3 252-248-208
57-28-16-3 117-158-188
62-11-26-0 95-178-189

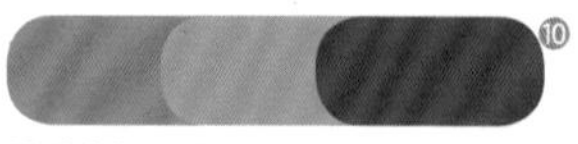

⑩
25-60-0-0 195-123-177
57-28-16-3 117-158-188
75-75-45-0 90-79-110

⑤

⑥

⑦

⑧

四色配色

⑪

6-28-59-2
237-192-114

57-28-16-3
117-158-188

8-8-18-5
232-227-208

77-4-40-0
0-172-167

12

0-50-36-39
174-111-102

57-28-16-3
117-158-188

6-28-59-1
238-194-115

14-1-38-0
228-236-179

12

⑬

40-92-82-24
141-42-44

57-28-16-3
117-158-188

12-31-32-2
224-186-165

28-44-40-13
177-140-129

⑭

36-37-41-16
158-143-129

57-28-16-3
117-158-188

30-16-14-0
189-202-210

0-50-36-39
174-111-102

五色配色

⑮

3-31-36-0
243-193-160

57-28-16-3
117-158-188

2-2-55-0
255-243-140

0-0-24-3
252-248-208

30-4-22-0
190-220-207

⑮

⑯

38-28-52-26
142-142-108

57-28-16-3
117-158-188

3-12-39-4
243-222-166

46-64-52-31
122-82-83

93-74-36-30
13-59-97

⑰

80-100-0-10
79-23-127

57-28-16-3
117-158-188

32-17-36-0
186-196-170

88-10-50-0
0-156-145

9-100-2-32
168-0-99

⑯

⑱

88-88-35-29
46-42-91

57-28-16-3
117-158-188

100-33-40-11
0-117-137

51-91-66-31
115-39-57

42-49-21-21
141-116-141

051

绿松石蓝

Turquois Blue

86-3-7-0
0-167-223

颜色介绍

绿松石蓝给人冷静自持、平安祥和的意象。搭配低纯度的冷色，表现出安静的感觉。搭配高纯度的暖色，营造出动感而轻快的氛围。

双色配色

1

86-3-7-0
0-167-223

2-21-23-0
248-214-193

2

86-3-7-0
0-167-223

6-28-59-1
238-194-115

3

86-3-7-0
0-167-223

22-93-26-9
186-38-107

4

86-3-7-0
0-167-223

83-70-0-30
46-62-131

1

三色配色

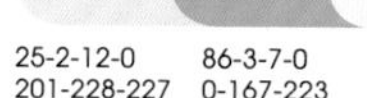

5

25-2-12-0
201-228-227

86-3-7-0
0-167-223

0-0-64-0
255-245-116

6

3-50-47-0
238-153-123

86-3-7-0
0-167-223

4-1-25-0
249-248-208

7

2-1-55-0
255-244-140

86-3-7-0
0-167-223

16-82-72-4
205-76-63

8

3-12-39-4
243-222-166

86-3-7-0
0-167-223

63-5-56-0
95-182-137

9

10-72-11-3
216-100-148

86-3-7-0
0-167-223

6-17-6-0
240-221-227

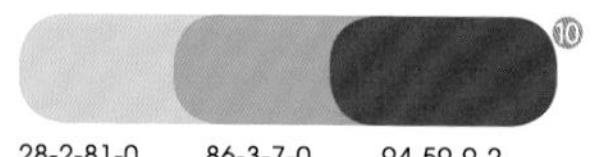

10

28-2-81-0
200-216-74

86-3-7-0
0-167-223

94-59-9-2
0-94-163

5

6

7

8

四色配色

⑪

51-2-38-0	86-3-7-0	4-1-25-0	28-2-81-0
132-199-175	0-167-223	249-248-208	200-216-74

12

73-86-8-2	86-3-7-0	38-6-16-0	15-1-38-0
97-58-139	0-167-223	168-210-215	226-236-179

⑬

4-1-25-0	86-3-7-0	6-35-6-0	2-1-55-0
249-248-208	0-167-223	236-186-205	255-244-140

⑭

33-6-10-0	86-3-7-0	60-55-0-0	4-1-25-0
181-215-226	0-167-223	119-116-181	249-248-208

⑪

12

五色配色

⑮

6-35-6-0	86-3-7-0	10-72-11-3	3-12-25-0	23-7-9-0
236-186-205	0-167-223	216-100-148	248-230-198	205-223-229

⑮

⑯

22-92-26-9	86-3-7-0	0-9-59-0	69-100-36-0	2-50-93-0
186-42-108	0-167-223	255-232-125	110-35-103	240-151-15

⑰

94-60-9-0	86-3-7-0	43-3-5-0	67-40-20-0	18-0-0-0
0-94-164	0-167-223	151-210-236	95-136-172	216-239-252

⑱

6-40-79-2	86-3-7-0	15-1-38-0	5-3-67-0	73-86-8-2
234-168-64	0-167-223	226-236-179	249-237-107	97-58-139

⑯

052 蔚蓝色 Cerulean

95-25-5-0
0-137-204

颜色介绍

蔚蓝色给人聪明、理性和干净的感觉，使人心情放松。搭配低纯度的暖色，画面更加朝气蓬勃。搭配绿色系和蓝色系颜色，让人感觉自然而平静。

双色配色

1
95-25-5-0 0-137-204 | 6-34-8-0 236-188-204

2
95-25-5-0 0-137-204 | 20-8-53-0 215-218-141

3
95-25-5-0 0-137-204 | 3-50-47-0 238-153-123

4
95-25-5-0 0-137-204 | 68-58-28-22 86-91-124

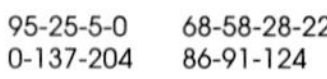

1

三色配色

5
0-14-15-2 250-227-213 | 95-25-5-0 0-137-204 | 0-36-14-0 246-187-193

6
29-40-2-0 189-161-201 | 95-25-5-0 0-137-204 | 3-2-55-0 253-242-140

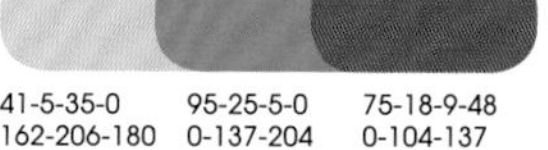

7
41-5-35-0 162-206-180 | 95-25-5-0 0-137-204 | 75-18-9-48 0-104-137

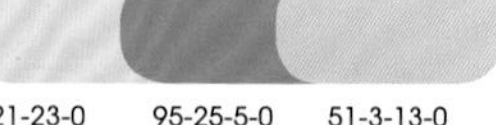

8
2-21-23-0 248-214-193 | 95-25-5-0 0-137-204 | 51-3-13-0 127-201-220

9
2-2-55-0 255-243-140 | 95-25-5-0 0-137-204 | 73-86-8-2 97-58-139

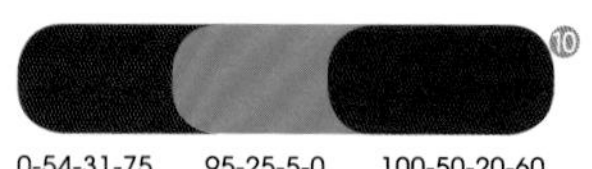

10
0-54-31-75 98-51-52 | 95-25-5-0 0-137-204 | 100-50-20-60 0-54-89

5

6

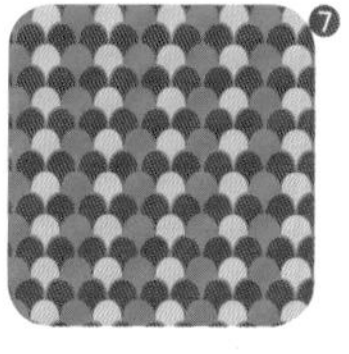

7

8

四色配色

⑪

2-1-55-0	95-25-5-0	51-3-13-0	0-28-11-6
255-244-140	0-137-204	127-201-220	239-196-200

⑪

⑫

90-62-33-25	95-25-5-0	23-7-9-0	12-74-34-1
6-77-112	0-137-204	205-223-229	216-96-120

⑫

⑬

25-2-12-0	95-25-5-0	0-0-35-0	51-2-31-0
201-228-227	0-137-204	255-250-188	131-200-188

⑭

90-38-0-32	95-25-5-0	45-23-15-4	90-62-33-25
0-96-155	0-137-204	148-174-195	6-77-112

五色配色

⑮

3-41-34-0	95-25-5-0	2-1-30-0	49-0-23-2	52-50-0-0
240-173-154	0-137-204	253-249-198	134-203-203	138-129-188

⑮

16

45-23-15-4	95-25-5-0	11-26-30-0	18-70-44-5	3-2-25-0
148-174-195	0-137-204	229-198-175	201-101-108	251-247-207

16

⑰

0-63-38-0	95-25-5-0	3-1-20-0	5-3-67-0	0-34-53-11
238-126-125	0-137-204	251-249-218	249-237-107	230-174-116

⑱

3-41-34-0	95-25-5-0	2-1-42-9	48-9-42-0	0-28-11-6
240-173-154	0-137-204	239-233-162	144-193-162	239-196-200

053
孔雀蓝
Peacock Blue

95-17-27-4
0-143-175

颜色介绍

孔雀蓝内敛干净、柔和高雅，给人一种华丽高贵的感觉。搭配高明度的暖色，使画面更加雅致。搭配低纯度的暖色和冷色，表现出庄重感。

双色配色

① 95-17-27-4 0-143-175 | 48-7-14-4 136-194-211

② 95-17-27-4 0-143-175 | 73-42-0-38 48-93-144

③ 95-17-27-4 0-143-175 | 7-74-13-14 204-88-133

④ 95-17-27-4 0-143-175 | 100-100-55-10 28-41-82

三色配色

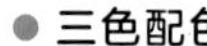

5 32-2-27-0 185-220-199 | 95-17-27-4 0-143-175 | 4-1-49-0 250-246-155

6 3-35-20-0 242-187-184 | 95-17-27-4 0-143-175 | 2-1-30-0 253-249-198

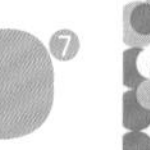

⑦ 32-2-27-0 185-220-199 | 95-17-27-4 0-143-175 | 64-5-56-0 91-181-137

⑧ 20-2-40-0 215-229-174 | 95-17-27-4 0-143-175 | 6-28-59-2 237-192-114

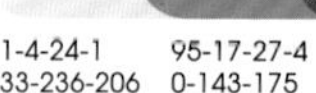

⑨ 11-4-24-1 233-236-206 | 95-17-27-4 0-143-175 | 61-65-26-12 112-91-130

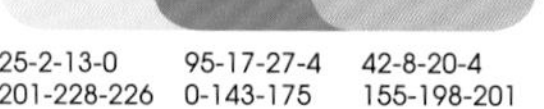

⑩ 25-2-13-0 201-228-226 | 95-17-27-4 0-143-175 | 42-8-20-4 155-198-201

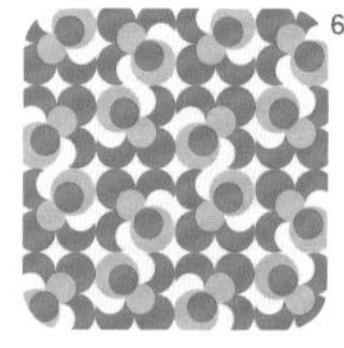

四色配色

⑪

6-38-35-0	95-17-27-4	0-0-48-0	27-0-53-3
236-177-155	0-143-175	255-248-158	197-219-143

⑪

⑫

29-39-3-0	95-17-27-4	0-25-10-0	43-9-19-2
189-163-201	0-143-175	249-210-212	154-198-204

⑫

⑬

60-55-0-0	95-17-27-4	23-7-9-0	3-7-18-0
119-116-181	0-143-175	205-223-229	249-239-216

⑭

24-17-41-0	95-17-27-4	51-43-96-33	36-91-82-31
204-202-160	0-143-175	112-105-31	137-39-39

五色配色

⑮

5-10-51-0	95-17-27-4	3-63-50-0	6-28-59-2	69-4-32-0
246-228-144	0-143-175	234-125-107	237-192-114	54-180-182

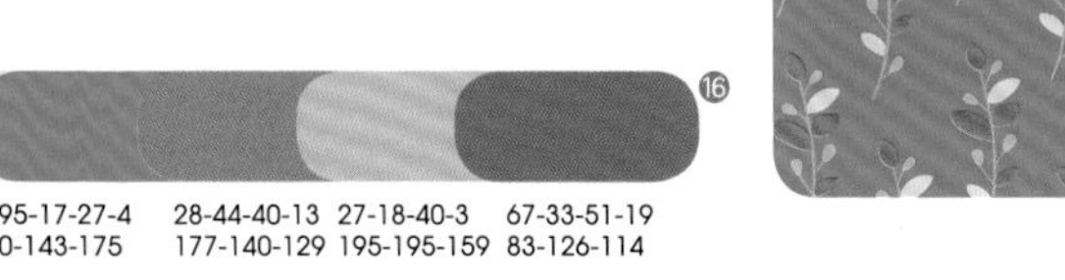

⑮

⑯

7-10-27-0	95-17-27-4	28-44-40-13	27-18-40-3	67-33-51-19
241-230-196	0-143-175	177-140-129	195-195-159	83-126-114

⑰

24-77-29-0	95-17-27-4	7-12-6-0	73-77-8-2	29-39-2-0
196-87-125	0-143-175	239-229-232	94-73-147	189-163-203

⑯

⑱

41-7-25-16	95-17-27-4	7-10-27-0	51-61-0-24	14-22-49-3
144-183-177	0-143-175	241-230-196	119-90-147	222-197-139

054 海蓝色

Marine Blue

90-33-25-11
0-122-158

颜色介绍

海蓝色沉稳不张扬，让人感觉平静安定。搭配低纯度的暖色，使画面更加朝气蓬勃。搭配高明度的蓝色，表现出清爽轻快的感觉。

● 双色配色

1

90-33-25-11 0-122-158　4-2-25-0 249-246-207

2

90-33-25-11 0-122-158　6-28-59-2 237-192-114

3

90-33-25-11 0-122-158　43-9-19-2 154-198-204

4

90-33-25-11 0-122-158　36-91-82-32 136-39-38

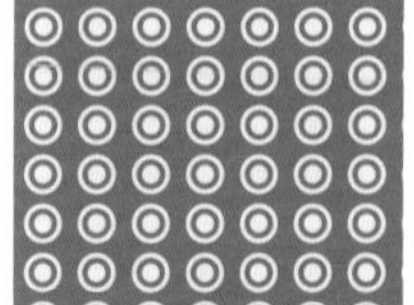

1

● 三色配色

5

20-63-54-0 205-119-102　90-33-25-11 0-122-158　48-0-29-6 134-198-187

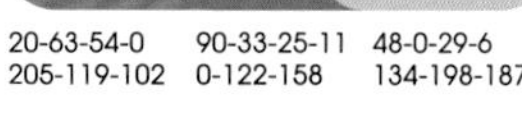

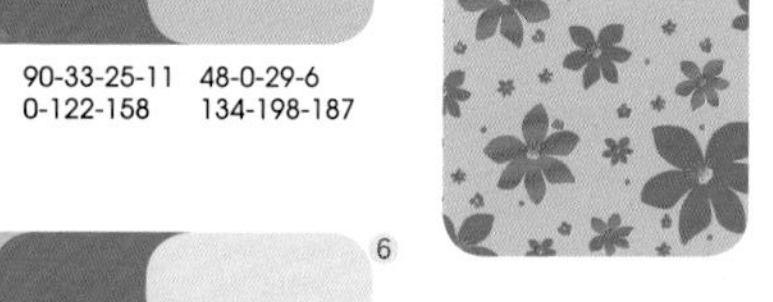

5

6

6-28-60-0 239-194-113　90-33-25-11 0-122-158　25-2-16-3 198-224-217

7

20-3-37-0 215-228-179　90-33-25-11 0-122-158　3-50-48-0 238-153-121

6

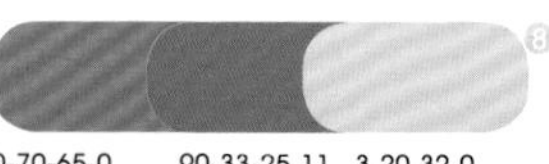

8

0-70-65-0 236-109-78　90-33-25-11 0-122-158　3-20-32-0 246-214-177

7

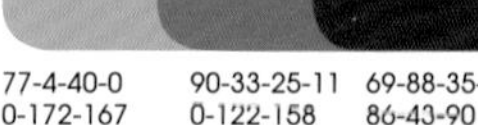

9

77-4-40-0 0-172-167　90-33-25-11 0-122-158　69-88-35-29 86-43-90

10

25-2-13-0 201-228-226　90-33-25-11 0-122-158　45-23-15-4 148-174-195

8

四色配色

⑪

0-5-20-30	90-33-25-11	10-0-10-10	27-0-10-30
201-193-170	0-122-158	220-230-222	154-181-185

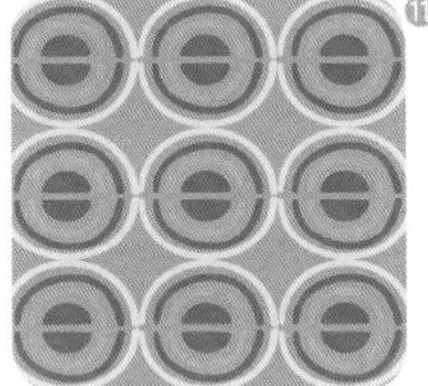

⑪

⑫

8-13-17-5	90-33-25-11	2-7-45-14	36-11-38-0
230-218-205	0-122-158	229-214-146	177-202-170

⑫

⑬

6-38-35-0	90-33-25-11	3-16-10-0	22-36-14-0
236-177-155	0-122-158	246-224-222	205-173-190

⑭

61-65-26-12	90-33-25-11	21-41-23-4	54-91-33-24
112-91-130	0-122-158	202-160-167	117-40-93

五色配色

15

3-50-47-0	90-33-25-11	17-11-29-3	77-4-40-0	6-17-6-0
238-153-123	0-122-158	216-216-187	0-172-167	240-221-227

15

⑯

20-20-36-5	90-33-25-11	45-23-15-4	3-12-25-0	21-65-15-9
206-195-163	0-122-158	148-174-195	248-230-198	191-108-146

⑰

51-2-38-0	90-33-25-11	15-1-38-0	16-27-45-0	51-3-13-0
132-199-175	0-122-158	226-236-179	220-191-145	127-201-220

⑯

⑱

72-85-29-16	90-33-25-11	12-23-52-17	35-13-31-0	90-62-33-25
90-55-108	0-122-158	203-177-119	178-200-182	6-77-112

颜色介绍

青金色给人一种知性、灵气的感觉。搭配低明度的蓝色，能为画面营造安静而清闲的氛围。搭配低纯度的暖色，塑造出平静的效果。

● 双色配色

❶ 85-44-6-0 0-119-184 | 14-52-82-0 219-142-57

❷ 85-44-6-0 0-119-184 | 11-0-24-3 230-238-206

❸ 85-44-6-0 0-119-184 | 44-12-20-2 152-193-199

❹ 85-44-6-0 0-119-184 | 73-86-8-2 97-58-139

❶

● 三色配色

❺ 3-2-55-0 253-242-140 | 85-44-6-0 0-119-184 | 51-3-13-0 127-201-220

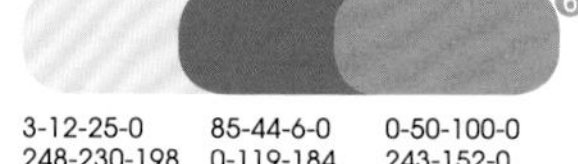

❻ 3-12-25-0 248-230-198 | 85-44-6-0 0-119-184 | 0-50-100-0 243-152-0

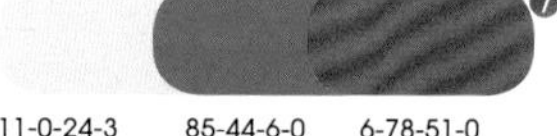

❼ 11-0-24-3 230-238-206 | 85-44-6-0 0-119-184 | 6-78-51-0 225-89-94

❽ 2-21-16-0 247-215-206 | 85-44-6-0 0-119-184 | 22-53-29-0 203-139-149

❾ 23-7-9-0 205-223-229 | 85-44-6-0 0-119-184 | 56-64-0-2 130-101-168

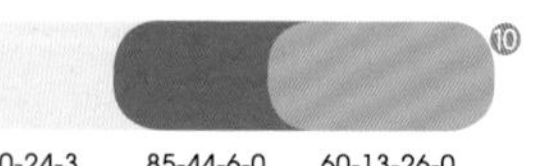

❿ 11-0-24-3 230-238-206 | 85-44-6-0 0-119-184 | 60-13-26-0 104-178-187

❺

❻

❼

❽

● 四色配色

⑪

6-78-51-0	85-44-6-0	6-28-59-2	9-7-42-53
225-89-94	0-119-184	237-192-114	141-138-99

⑫

0-25-80-0	85-44-6-0	3-0-20-0	50-3-13-0
251-201-62	0-119-184	251-250-218	131-202-220

⑬

7-12-6-0	85-44-6-0	45-23-15-4	90-60-33-24
239-229-232	0-119-184	148-174-195	0-80-115

⑭

19-50-67-23	85-44-6-0	3-12-25-0	6-28-59-2
177-122-74	0-119-184	248-230-198	237-192-114

⑪

⑫

● 五色配色

⑮

29-28-40-0	85-44-6-0	3-12-51-0	22-53-29-0	2-21-16-0
193-180-154	0-119-184	250-226-143	203-139-149	247-215-206

⑯

6-28-59-2	85-44-6-0	6-78-51-0	54-92-34-24	92-74-36-30
237-192-114	0-119-184	225-89-94	117-38-91	18-59-97

⑰

90-60-33-24	85-44-6-0	0-54-31-75	90-0-40-60	19-50-68-23
0-80-115	0-119-184	98-51-52	0-91-93	177-122-72

⑱

9-70-48-20	85-44-6-0	90-60-33-24	20-20-40-1	80-86-0-0
193-92-91	0-119-184	0-80-115	212-200-160	79-56-146

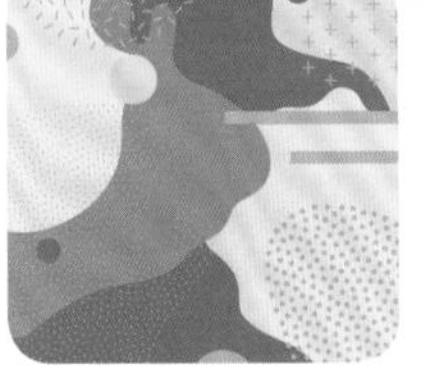

⑮

⑯

056 颜料蓝 Pigment Blue

100-60-0-0
0-91-172

颜色介绍

颜料蓝给人宁静、悠远的意象。搭配低明度的冷色，能营造神秘和幽深的氛围。搭配低纯度的蓝色，能表现出水流一般的净透感。

● 双色配色

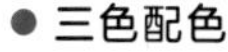

❶ 100-60-0-0 0-91-172　36-91-82-31 137-39-39

❷ 100-60-0-0 0-91-172　11-0-81-0 238-234-66

❸ 100-60-0-0 0-91-172　44-12-20-2 152-193-199

❹ 100-60-0-0 0-91-172　77-4-40-0 0-172-167

❶

● 三色配色

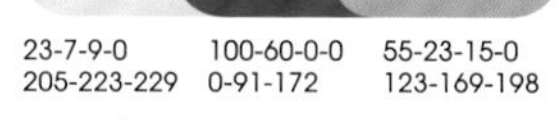

❺ 23-7-9-0 205-223-229　100-60-0-0 0-91-172　55-23-15-0 123-169-198

❺

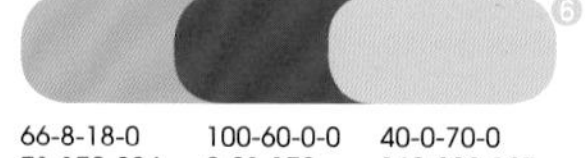

❻ 66-8-18-0 71-179-204　100-60-0-0 0-91-172　40-0-70-0 169-208-107

❻

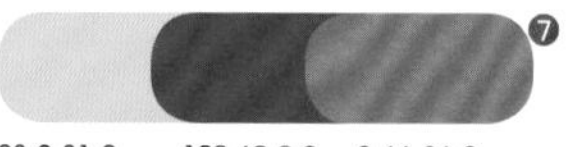

❼ 28-2-81-0 200-216-74　100-60-0-0 0-91-172　0-66-86-0 238-118-41

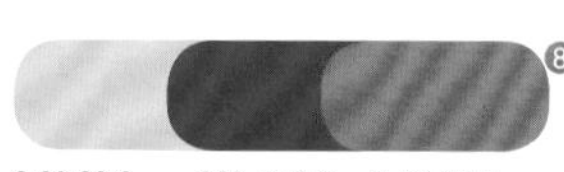

❽ 0-22-22-0 250-214-194　100-60-0-0 0-91-172　0-68-25-0 236-114-138

❼

❾ 51-3-13-0 127-201-220　100-60-0-0 0-91-172　4-11-66-0 248-225-107

❿ 3-12-51-0 250-226-143　100-60-0-0 0-91-172　69-100-36-30 87-20-82

❽

● 四色配色

⑪

100-22-100-10 0-126-62	100-60-0-0 0-91-172	16-9-41-0 223-222-167	20-50-93-7 200-137-31

⑫

8-18-87-1 238-207-40	100-60-0-0 0-91-172	24-100-11-0 192-0-120	89-94-34-26 48-36-91

⑬

95-74-36-30 0-58-97	100-60-0-0 0-91-172	23-7-9-0 205-223-229	24-17-41-0 204-202-160

⑭

43-66-95-22 140-88-35	100-60-0-0 0-91-172	50-0-100-0 143-195-31	3-2-25-0 251-247-207

⑪

⑫

● 五色配色

⑮

50-0-100-0 143-195-31	100-60-0-0 0-91-172	0-0-48-0 255-248-158	6-34-8-0 236-188-204	22-92-26-9 186-42-108

⑯

0-7-42-0 255-238-167	100-60-0-0 0-91-172	64-2-25-0 78-188-197	25-1-20-0 201-229-214	63-5-56-0 95-182-137

⑰

6-34-8-0 236-188-204	100-60-0-0 0-91-172	13-6-38-0 230-230-176	51-3-13-0 127-201-220	25-2-12-0 201-228-227

⑱

0-7-42-0 255-238-166	100-60-0-0 0-91-172	64-2-25-0 78-188-197	6-36-60-2 235-177-108	6-34-8-0 236-188-204

⑮

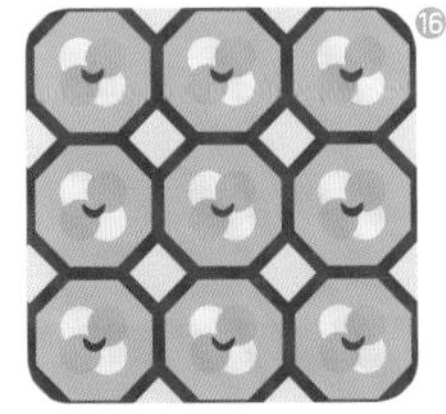

⑯

057 普鲁士蓝

Prussian Blue

69-46-27-13
85-115-144

颜色介绍

普鲁士蓝给人沉静和安心的感觉，柔和而低调。搭配低明度的色彩，可以使画面整体协调而稳重。搭配紫色和蓝色，可以增强画面的神秘感。

双色配色

① 69-46-27-13 85-115-144 ｜ 0-30-70-0 249-193-88

② 69-46-27-13 85-115-144 ｜ 3-50-5-0 237-156-188

③ 69-46-27-13 85-115-144 ｜ 44-12-72-0 159-189-99

④ 69-46-27-13 85-115-144 ｜ 60-5-17-0 96-189-209

①

三色配色

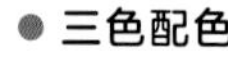

⑤ 6-34-8-0 236-188-204 ｜ 69-46-27-13 85-115-144 ｜ 29-39-2-0 189-163-203

⑤

⑥ 27-73-67-50 121-55-43 ｜ 69-46-27-13 85-115-144 ｜ 8-13-30-5 231-217-182

⑥

⑦ 61-86-63-20 109-54-70 ｜ 69-46-27-13 85-115-144 ｜ 0-46-29-38 177-119-115

⑦

⑧ 24-19-41-3 201-196-157 ｜ 69-46-27-13 85-115-144 ｜ 93-74-36-30 13-59-97

⑧

⑨ 64-19-28-43 59-115-125 ｜ 69-46-27-13 85-115-144 ｜ 20-0-10-0 212-236-234

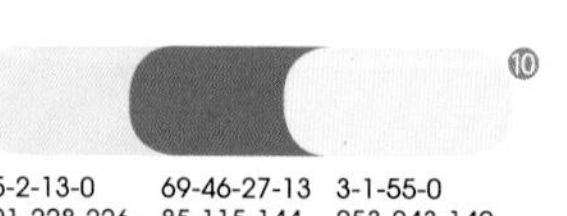

⑩ 25-2-13-0 201-228-226 ｜ 69-46-27-13 85-115-144 ｜ 3-1-55-0 253-243-140

四色配色

⑪

23-7-9-0	69-46-27-13	4-1-25-0	3-2-55-19
205-223-229	85-115-144	249-248-208	219-211-122

⑫

14-29-39-2	69-46-27-13	24-17-41-0	14-67-48-25
221-187-154	85-115-144	204-202-160	178-92-89

⑬

9-10-9-0	69-46-27-13	28-1-15-0	15-1-38-0
236-230-229	85-115-144	194-227-223	226-236-179

⑭

45-23-20-4	69-46-27-13	93-74-36-30	14-67-48-25
149-174-187	85-115-144	13-59-97	178-92-89

⑪

⑫

五色配色

⑮

59-20-23-12	69-46-27-13	4-2-25-0	22-6-75-5	52-11-41-31
102-157-173	85-115-144	249-246-207	206-210-85	102-147-128

16

36-91-82-31	69-46-27-13	20-20-36-5	69-27-54-0	3-20-20-0
137-39-39	85-115-144	206-195-163	85-150-129	246-216-200

⑰

30-16-14-0	69-46-27-13	41-64-20-9	86-94-34-26	80-100-0-7
189-202-210	85-115-144	156-103-141	55-36-91	81-24-129

⑱

53-64-9-0	69-46-27-13	34-36-16-5	17-16-0-0	0-100-0-60
138-104-161	85-115-144	175-160-181	217-214-235	126-0-67

⑮

16

058
午夜蓝
Midnight Blue

72-53-40-35
65-84-100

颜色介绍

午夜蓝给人一种稳重和古旧的感觉。搭配深褐色，可以使画面更加传统。搭配紫色，可以提升画面的格调。搭配粉色，可以增强画面的活跃性。

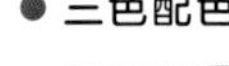

● 双色配色

1
72-53-40-35 65-84-100 | 11-0-24-3 230-238-206

2
72-53-40-35 65-84-100 | 1-33-64-18 217-165-89

3
72-53-40-35 65-84-100 | 24-0-59-0 207-225-131

4
72-53-40-35 65-84-100 | 47-81-100-0 155-76-40

1

● 三色配色

5
25-2-13-0 201-228-226 | 72-53-40-35 65-84-100 | 40-35-11-0 166-163-194

5

6
4-2-25-0 249-246-207 | 72-53-40-35 65-84-100 | 6-34-8-0 236-188-204

6

7
0-74-70-0 235-100-68 | 72-53-40-35 65-84-100 | 77-0-34-0 0-176-180

8
0-7-33-1 254-238-186 | 72-53-40-35 65-84-100 | 25-85-15-0 193-66-132

7

9
50-52-69-0 147-125-89 | 72-53-40-35 65-84-100 | 45-84-75-49 100-38-36

10
94-7-68-0 0-153-116 | 72-53-40-35 65-84-100 | 94-60-9-2 0-93-162

8

● 四色配色

⑪

10-9-14-0 234-231-221 | 72-53-40-35 65-84-100 | 29-34-37-0 192-170-154 | 50-52-69-0 147-125-89

⑪

⑫

14-22-10-9 211-193-202 | 72-53-40-35 65-84-100 | 73-42-27-0 76-129-160 | 42-74-34-61 86-38-62

⑬

23-32-50-8 195-168-126 | 72-53-40-35 65-84-100 | 34-48-50-23 153-119-102 | 70-88-35-29 84-43-90

⑫

⑭

20-48-70-2 207-146-83 | 72-53-40-35 65-84-100 | 41-32-43-12 153-152-134 | 0-50-36-39 174-111-102

● 五色配色

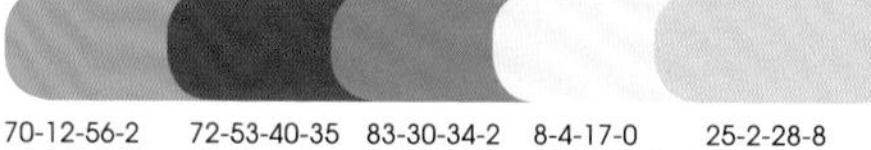

⑮

70-12-56-2 68-166-132 | 72-53-40-35 65-84-100 | 83-30-34-2 0-137-157 | 8-4-17-0 239-240-220 | 25-2-28-8 192-215-188

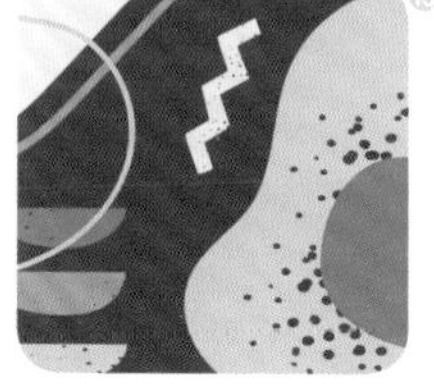

⑮

⑯

2-50-93-0 240-151-15 | 72-53-40-35 65-84-100 | 6-28-59-2 237-192-114 | 22-13-29-3 205-208-184 | 88-18-44-5 0-144-147

⑰

18-54-40-5 204-134-128 | 72-53-40-35 65-84-100 | 3-7-18-0 249-239-216 | 6-36-60-2 235-177-108 | 14-26-31-0 223-196-173

⑯

⑱

13-18-14-0 226-212-211 | 72-53-40-35 65-84-100 | 20-38-20-0 209-170-179 | 8-18-25-0 237-215-192 | 31-18-31-0 188-196-178

059
海底蓝
Undersea Blue

100-100-0-30
21-18-111

颜色介绍

海底蓝让人感觉其潜藏着丰富的感情，有着能够深入人心的力量。搭配紫色系颜色，能表现出理智的感觉。搭配高明度的黄色，能使画面更加柔和。

● 双色配色

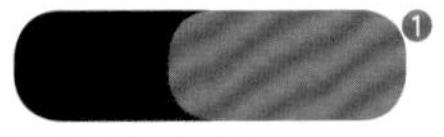

① 100-100-0-30 21-18-111 | 0-74-23-0 234-99-134

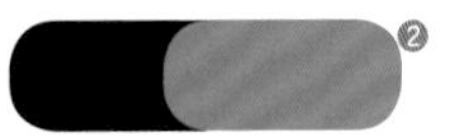

② 100-100-0-30 21-18-111 | 90-12-89-2 0-148-79

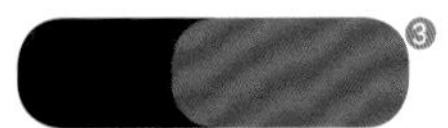

③ 100-100-0-30 21-18-111 | 16-72-81-4 207-98-53

④ 100-100-0-30 21-18-111 | 0-54-31-75 98-51-52

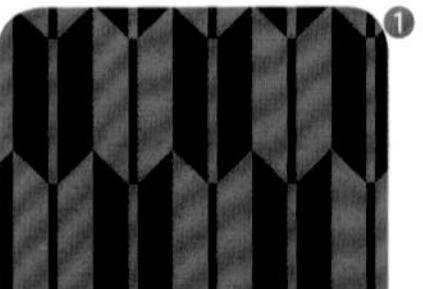

①

● 三色配色

⑤ 11-0-24-3 230-238-206 | 100-100-0-30 21-18-111 | 55-23-15-0 123-169-198

⑥ 23-7-9-0 205-223-229 | 100-100-0-30 21-18-111 | 24-100-11-0 192-0-120

⑦ 3-2-55-0 253-242-140 | 100-100-0-30 21-18-111 | 51-3-13-0 127-201-220

⑧ 14-1-38-0 228-236-179 | 100-100-0-30 21-18-111 | 10-85-90-0 218-71-37

⑨ 44-12-20-2 152-193-199 | 100-100-0-30 21-18-111 | 27-18-40-3 195-195-159

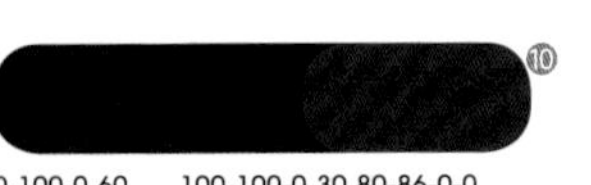

⑩ 0-100-0-60 126-0-67 | 100-100-0-30 21-18-111 | 80-86-0-0 79-56-146

⑤

⑥

⑦

⑧

● 四色配色

⑪

25-2-13-0 201-228-226	100-100-0-30 21-18-111	5-0-25-0 247-248-208	75-4-40-0 0-174-167

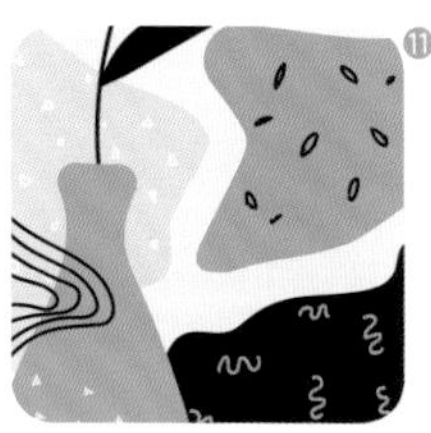

⑪

⑫

3-2-55-0 253-242-140	100-100-0-30 21-18-111	64-2-25-0 78-188-197	6-36-60-2 235-177-108

⑬

0-100-0-60 126-0-67	100-100-0-30 21-18-111	0-0-100-51 158-148-0	16-53-83-4 211-136-54

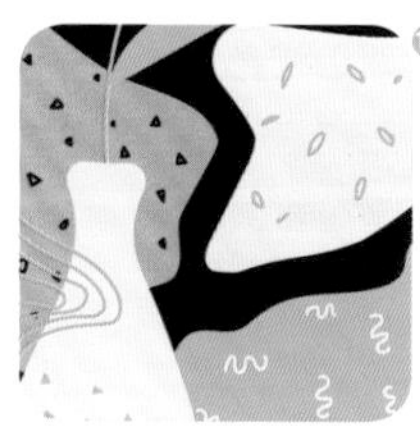

⑫

⑭

3-2-55-0 253-242-140	100-100-0-30 21-18-111	6-34-8-0 236-188-204	28-2-81-0 200-216-74

● 五色配色

15

6-34-8-0 236-188-204	100-100-0-30 21-18-111	9-83-20-0 219-73-128	64-2-25-0 78-188-197	10-12-20-2 232-222-205

15

⑯

2-50-93-0 240-151-15	100-100-0-30 21-18-111	3-2-55-0 253-242-140	11-0-24-3 230-238-206	88-18-44-5 0-144-147

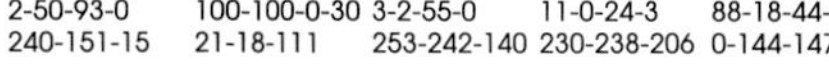

⑰

50-0-100-0 143-195-31	100-100-0-30 21-18-111	24-100-11-0 192-0-120	13-6-38-0 230-230-176	64-2-25-0 78-188-197

⑯

⑱

22-86-85-8 189-64-45	100-100-0-30 21-18-111	26-22-89-5 196-182-46	61-35-98-2 118-141-49	28-42-69-14 177-140-82

颜色介绍

海军蓝色彩浓重，给人一种威严的感觉。与高亮度的黄色搭配，给人纪律严明的感觉。搭配低明度的绿色，可以使画面有复古的效果。

● 双色配色

1
100-60-0-70 0-31-80
3-12-51-0 250-226-143

2
100-60-0-70 0-31-80
21-81-60-40 143-52-55

3
100-60-0-70 0-31-80
24-0-41-03 202-224-169

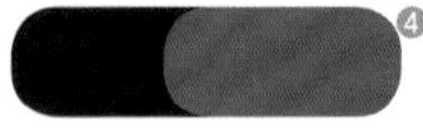

4
100-60-0-70 0-31-80
34-53-86-26 150-107-44

1

● 三色配色

5
16-72-81-4 207-98-53
100-60-0-70 0-31-80
10-12-20-2 232-222-205

6
25-2-13-0 201-228-226
100-60-0-70 0-31-80
28-2-81-0 200-216-74

7
6-24-6-0 238-208-219
100-60-0-70 0-31-80
51-3-13-0 127-201-220

8
6-28-59-2 237-192-114
100-60-0-70 0-31-80
75-79-0-0 90-69-153

9
3-12-25-0 248-230-198
100-60-0-70 0-31-80
76-2-18-0 0-177-207

10
0-54-31-75 98-51-52
100-60-0-70 0-31-80
60-65-26-12 114-91-130

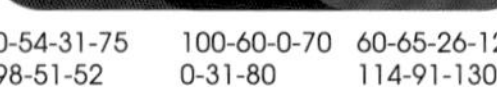

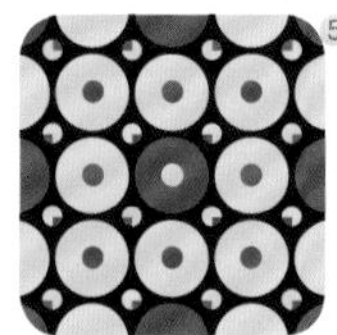

5

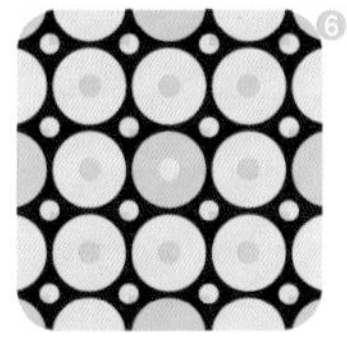

6

7

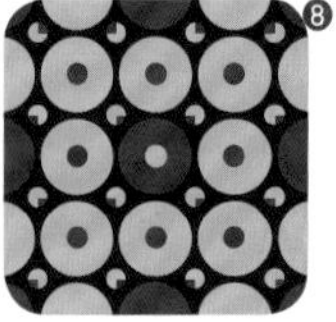

8

● 四色配色

⑪

0-7-42-0	100-60-0-70	25-2-12-0	63-5-56-0
255-238-167	0-31-80	201-228-227	95-182-137

⑫

35-100-72-12	100-60-0-70	6-34-8-0	70-60-9-2
162-23-56	0-31-80	236-188-204	94-102-163

⑬

3-1-32-0	100-60-0-70	6-17-6-0	45-23-15-4
251-247-194	0-31-80	240-221-227	148-174-195

⑭

40-82-94-44	100-60-0-70	36-25-48-5	34-53-86-26
114-46-20	0-31-80	173-174-137	150-107-44

⑪ ⑫

● 五色配色

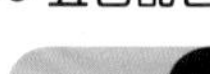

⑮

23-19-41-3	100-60-0-70	36-91-82-31	34-53-86-26	23-32-49-8
203-197-157	0-31-80	137-39-39	150-107-44	195-168-128

⑯

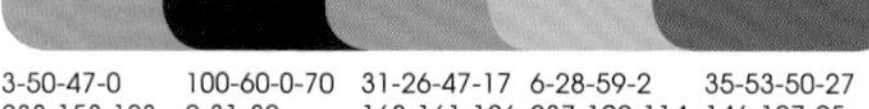

3-50-47-0	100-60-0-70	31-26-47-17	6-28-59-2	35-53-50-27
238-153-123	0-31-80	168-161-126	237-192-114	146-107-95

⑰

25-2-12-0	100-60-0-70	27-9-29-0	94-60-10-2	52-15-25-0
201-228-227	0-31-80	197-214-190	0-93-161	131-183-189

⑱

22-86-85-8	100-60-0-70	35-46-90-24	6-28-59-2	54-92-34-24
189-64-45	0-31-80	152-119-39	237-192-114	117-38-91

⑮

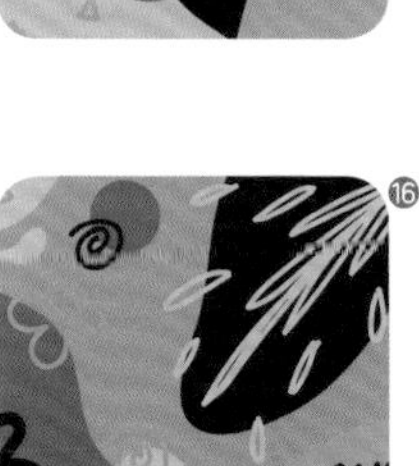

⑯

Color Scheme

07

第 7 章 紫色系配色

紫色是红色和蓝色的交汇形成的颜色，是一种高雅、富贵的色彩，与幸运和财富、贵族和华贵相关联。紫色跨越了暖色和冷色，与不同色彩搭配可以创造与众不同的情调。

061
紫丁香
Lilac

19-25-4-0
212-196-219

颜色介绍

紫丁香清纯而典雅，给人一种浪漫优美的感觉。搭配高明度的蓝色和粉色，体现出童话般的感觉。搭配柔和的橙色和象牙色，体现出愉快活泼的感觉。

双色配色

1

19-25-4-0 212-196-219　0-0-37-1 255-249-183

2

19-25-4-0 212-196-219　30-0-9-0 188-226-234

3

19-25-4-0 212-196-219　61-65-26-12 112-91-130

4

19-25-4-0 212-196-219　56-34-0-0 122-152-207

1

三色配色

5

2-2-24-3 249-244-206　19-25-4-0 212-196-219　49-21-8-2 138-176-209

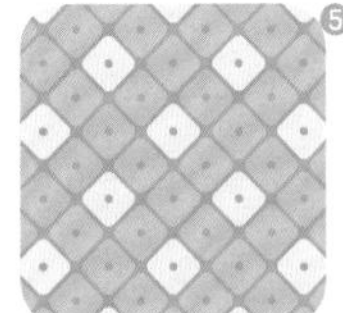

5

6

14-48-11-4 213-151-177　19-25-4-0 212-196-219　3-12-25-0 248-230-198

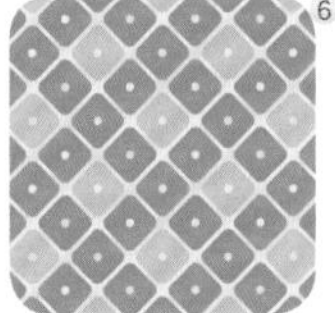

6

7

34-11-20-0 180-206-204　19-25-4-0 212-196-219　71-48-29-5 85-118-148

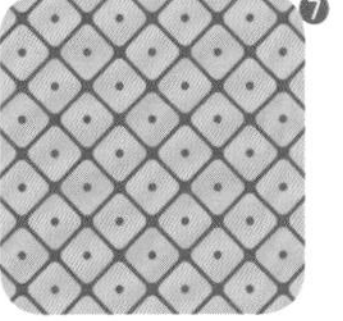

7

8

19-0-0-0 214-238-251　19-25-4-0 212-196-219　7-47-14-0 231-160-178

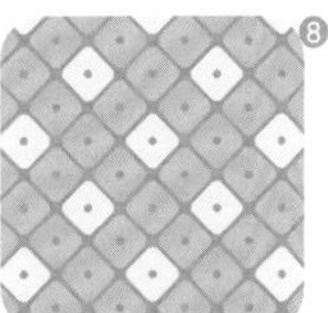

8

9

76-55-69-15 72-97-82　19-25-4-0 212-196-219　4-65-33-21 199-103-113

10

47-36-53-20 132-133-108　19-25-4-0 212-196-219　40-92-82-24 141-42-44

四色配色

⑪

13-0-60-0	19-25-4-0	5-0-18-0	48-9-12-0
232-235-128	212-196-219	246-249-222	139-196-217

⑫

54-92-34-24	19-25-4-0	60-60-0-36	15-48-11-4
117-38-91	212-196-219	90-77-132	212-151-177

⑪

⑫

⑬

6-28-59-1	19-25-4-0	44-47-44-27	3-12-25-0
238-194-115	212-196-219	130-112-107	248-230-198

⑭

90-62-33-25	19-25-4-0	55-23-15-3	86-94-34-26
6-77-112	212-196-219	121-167-195	55-36-91

五色配色

⑮

93-74-36-30	19-25-4-0	27-19-21-3	36-91-82-32	55-60-0-18
13-59-77	212-196-219	193-196-193	136-39-38	117-95-155

⑮

⑯

43-57-36-28	19-25-4-0	33-36-16-5	36-59-53-54	35-53-50-27
130-97-109	212-196-219	177-161-181	104-68-61	145-107-95

⑰

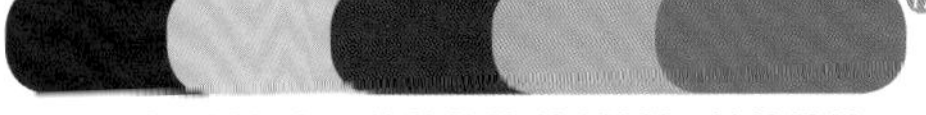

93-74-36-30	19-25-4-0	62-50-50-50	20-5-28-28	64-33-53-18
13-59-97	212-196-219	70-75-75	171-183-159	92-128-112

⑱

54-92-33-24	19-25-4-0	31-26-66-11	20-12-35-0	36-59-53-54
117-38-92	212-196-219	177-167-97	213-214-177	104-68-61

⑯

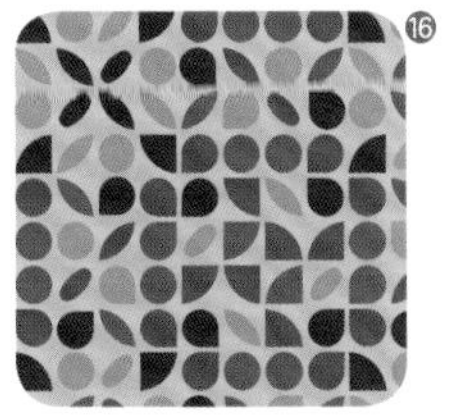

062 欧薄荷 Peppermint

31-31-8-2
184-175-202

颜色介绍

欧薄荷是一种非常温柔的紫色，可以营造一种浪漫而婉约的氛围。和暖色进行搭配，会使得画面十分温柔和细腻。和低明度的冷色或紫色搭配，会使画面更显高贵。

● 双色配色

1
31-31-8-2 184-175-202　7-17-6-0 238-220-227

2
31-31-8-2 184-175-202　69-100-36-30 87-20-82

3
31-31-8-2 184-175-202　19-36-15-3 207-172-186

4
31-31-8-2 184-175-202　88-50-45-50 0-68-81

1

● 三色配色

5
3-12-35-0 249-228-178　31-31-8-2 184-175-202　6-34-8-0 236-188-204

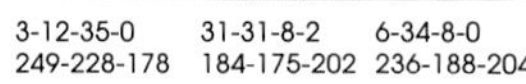

6
4-2-25-0 249-246-207　31-31-8-2 184-175-202　33-0-40-3 181-216-171

7
11-18-27-0 231-212-188　31-31-8-2 184-175-202　26-0-14-2 196-227-224

8
40-82-94-45 113-45-19　31-31-8-2 184-175-202　43-57-36-28 130-97-109

9
25-2-13-0 201-228-226　31-31-8-2 184-175-202　70-31-36-0 81-145-156

10
39-73-51-0 170-92-101　31-31-8-2 184-175-202　18-27-33-5 209-185-163

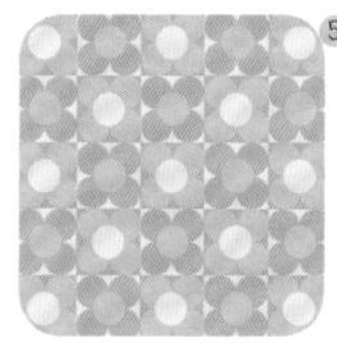

5

6

7

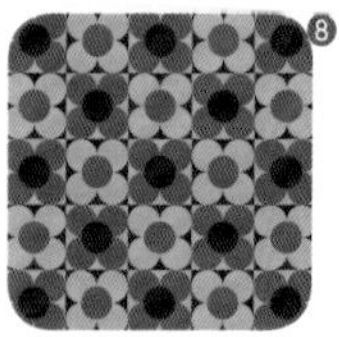

8

四色配色

⑪

78-75-0-0	31-31-8-2	7-17-6-0	54-91-33-24
80-75-157	184-175-202	238-220-227	117-40-93

⑫

40-82-94-44	31-31-8-2	25-91-12-31	6-34-8-0
114-46-20	184-175-202	151-30-101	236-188-204

⑬

0-15-10-0	31-31-8-2	51-3-13-0	14-0-13-3
252-228-223	184-175-202	127-201-220	223-237-226

⑭

25-2-13-0	31-31-8-2	71-27-30-6	15-1-37-0
201-228-226	184-175-202	68-145-163	226-236-181

五色配色

⑮

64-19-25-0	31-31-8-2	0-0-48-0	4-1-25-0	6-28-59-2
92-167-184	184-175-202	255-248-158	249-248-208	237-192-114

⑯

0-49-38-35	31-31-8-2	2-7-45-14	84-100-36-0	13-40-59-2
182-118-105	184-175-202	229-214-146	76-39-104	221-166-108

⑰

6-17-6-0	31-31-8-2	10-50-32-1	8-8-14-0	3-12-25-0
240-221-227	184-175-202	224-150-147	238-234-222	248-230-198

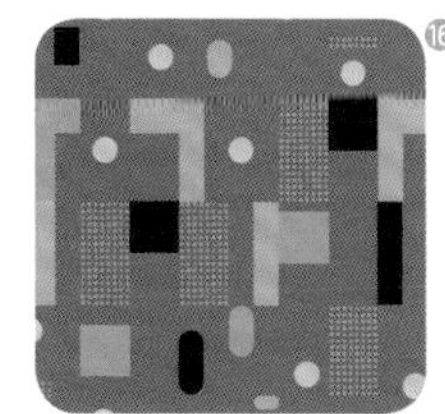

⑱

44-20-71-6	31-31-8-2	17-4-38-0	65-15-20-2	6-30-20-0
154-172-95	184-175-202	221-229-177	83-170-193	237-195-189

063 浅紫藤

Wisteria

33-25-0-0
180-185-221

颜色介绍

浅紫藤给人一种雅致的感觉。搭配低纯度的蓝色或粉色，能使画面更加淡雅。和高明度的暖色搭配，可以给画面营造温暖的氛围。

双色配色

1

33-25-0-0 180-185-221　17-0-60-0 223-231-128

2

33-25-0-0 180-185-221　2-42-34-0 241-171-153

3

33-25-0-0 180-185-221　55-60-9-2 132-109-164

4

33-25-0-0 180-185-221　86-94-34-26 55-36-91

1

三色配色

5

3-9-28-3 245-231-192　33-25-0-0 180-185-221　5-36-7-0 237-185-203

6

3-2-55-0 253-242-140　33-25-0-0 180-185-221　51-3-13-0 127-201-220

7

11-0-24-3 230-238-206　33-25-0-0 180-185-221　55-23-15-0 123-169-198

8

0-10-54-10 239-216-129　33-25-0-0 180-185-221　100-60-0-0 0-91-172

9

96-16-36-4 0-143-161　33-25-0-0 180-185-221　36-91-82-31 137-39-39

10

22-69-8-0 200-105-157　33-25-0-0 180-185-221　58-0-24-31 78-155-159

5

6

7

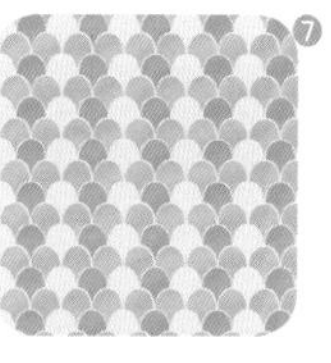

8

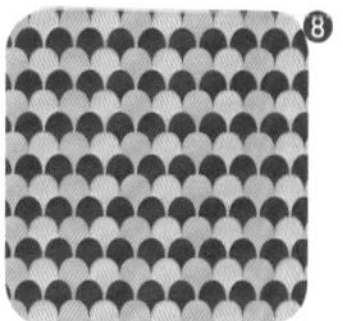

四色配色

11

67-62-0-42	33-25-0-0	15-0-0-3	0-13-25-0
71-67-122	180-185-221	219-238-248	253-230-198

12

7-0-33-0	33-25-0-0	59-30-0-13	18-0-3-0
243-244-191	180-185-221	102-143-193	216-238-247

13

28-0-12-0	33-25-0-0	5-0-24-0	14-0-55-0
193-228-229	180-185-221	247-248-210	230-235-140

14

45-9-0-0	33-25-0-0	9-41-66-11	100-74-12-30
146-199-237	180-185-221	214-156-87	0-56-119

11

12

五色配色

15

56-62-0-0	33-25-0-0	18-0-3-0	70-27-0-17	58-0-24-0
131-105-173	180-185-221	216-238-247	59-135-189	103-196-201

15

16

63-59-0-0	33-25-0-0	4-2-25-0	35-9-0-0	78-73-0-13
113-107-176	180-185-221	249-246-207	174-209-239	72-71-147

17

14-24-21-3	33-25-0-0	48-24-49-9	2-2-24-3	30-51-50-23
220-197-190	180-185-221	140-161-132	249-244-206	159-116-99

18

90-62-33-25	33-25-0-0	36-91-82-31	3-39-47-0	69-68-6-0
6-77-112	180-185-221	137-39-39	241-176-132	101-90-159

16

064
紫锦葵
Purple Mallow

42-50-7-1
161-134-180

颜色介绍

紫锦葵能让人感受到女性的柔和美感。搭配高明度的黄色，能凸显画面的温和与亮丽。和纯度较低的暖色进行搭配，可以使画面显得温馨。

双色配色

1
42-50-7-1 161-134-180
7-17-0-0 238-221-236

2
42-50-7-1 161-134-180
0-31-41-0 248-194-150

3
42-50-7-1 161-134-180
5-54-0-0 232-146-188

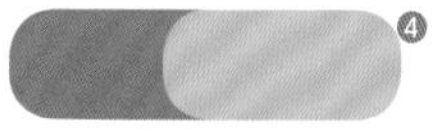

4
42-50-7-1 161-134-180
34-10-57-0 183-202-132

1

三色配色

5
11-0-24-3 230-238-206
42-50-7-1 161-134-180
55-23-15-0 123-169-198

5

6
0-28-11-6 239-196-200
42-50-7-1 161-134-180
6-17-6-0 240-221-227

6

7
3-12-25-0 248-230-198
42-50-7-1 161-134-180
22-92-26-9 186-38-107

7

8
3-14-55-0 249-222-133
42-50-7-1 161-134-180
0-25-0-0 249-211-227

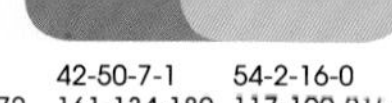

9
0-0-42-0 255-249-172
42-50-7-1 161-134-180
54-2-16-0 117-199-215

8

10
0-25-2-17 220-187-200
42-50-7-1 161-134-180
61-88-26-12 116-52-112

四色配色

⑪

14-33-2-0	42-50-7-1	7-12-6-0	10-62-11-11
221-185-213	161-134-180	239-229-232	206-117-152

⑫

0-28-61-14	42-50-7-1	3-2-25-0	22-86-85-37
227-180-101	161-134-180	251-247-207	147-46-29

⑬

75-86-35-14	42-50-7-1	5-0-0-30	90-62-33-25
85-55-104	161-134-180	193-198-201	6-77-112

⑭

36-91-82-31	42-50-7-1	69-100-36-30	86-94-34-26
137-39-39	161-134-180	87-20-82	55-36-91

⑪ ⑫

五色配色

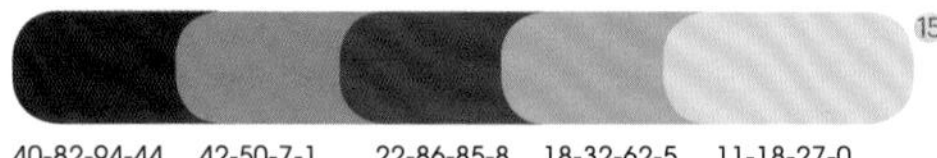

⑮

40-82-94-44	42-50-7-1	22-86-85-8	18-32-62-5	11-18-27-0
114-46-20	161-134-180	189-64-45	209-174-105	231-212-188

⑯

0-0-35-0	42-50-7-1	77-4-40-0	25-2-12-0	63-5-56-0
255-250-188	161-134-180	0-172-167	201-228-227	95-182-137

⑮

⑰

0-35-56-0	42-50-7-1	0-14-19-0	13-37-5-4	14-10-9-1
247-185-117	161-134-180	252-229-208	217-174-199	224-225-227

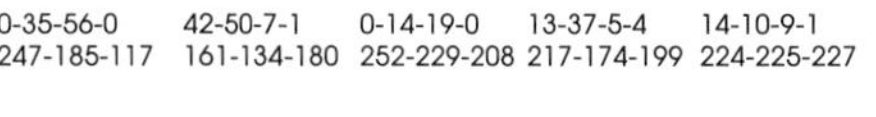

⑱

25-2-12-0	42-50-7-1	6-17-6-0	44-12-20-2	6-34-8-0
201-228-227	161-134-180	240-221-227	152-193-199	236-188-204

⑯

065
鸢尾花
Iris

49-59-4-0
147-114-173

颜色介绍

鸢尾花给人一种成熟稳重的感觉。搭配高明度的冷色，可以凸显高品位和时尚的感觉。搭配低明度的暖色，可以体现成熟的感觉。

双色配色

1
49-59-4-0 147-114-173
11-0-24-3 230-238-206

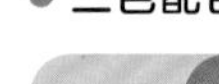

2
49-59-4-0 147-114-173
40-17-66-4 166-182-107

3
49-59-4-0 147-114-173
69-100-36-30 87-20-82

4
49-59-4-0 147-114-173
7-34-49-0 236-184-132

1

三色配色

5
2-33-23-0 244-191-181
49-59-4-0 147-114-173
14-74-34-24 179-79-101

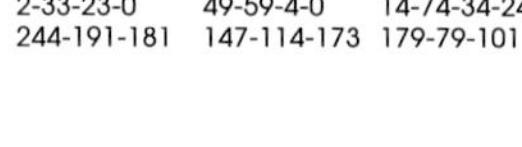

6
3-12-25-0 248-230-198
49-59-4-0 147-114-173
7-34-49-0 236-184-132

6

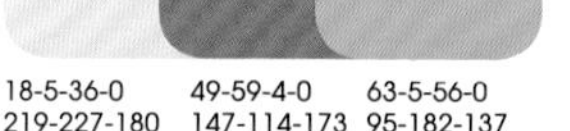

7
18-5-36-0 219-227-180
49-59-4-0 147-114-173
63-5-56-0 95-182-137

8
24-18-32-0 204-202-177
49-59-4-0 147-114-173
86-94-34-26 55-36-91

7

9
51-3-13-0 127-201-220
49-59-4-0 147-114-173
3-2-55-0 253-242-140

10
15-1-38-0 226-236-179
49-59-4-0 147-114-173
28-53-40-0 192-136-133

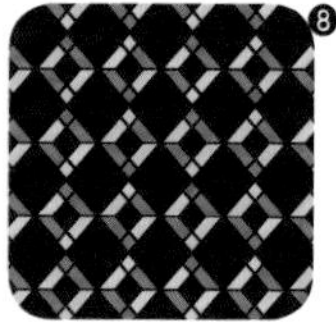

8

四色配色

11

4-2-25-0
249-246-207

49-59-4-0
147-114-173

50-3-13-0
131-202-220

25-2-13-0
201-228-226

12

6-34-8-0
236-188-204

49-59-4-0
147-114-173

54-92-34-24
117-38-91

80-75-0-0
74-75-157

13

2-40-23-0
242-177-173

49-59-4-0
147-114-173

3-16-10-0
246-224-222

3-20-32-0
246-214-177

14

10-10-15-0
234-229-218

49-59-4-0
147-114-173

42-12-20-2
157-195-200

90-33-25-11
0-122-158

五色配色

15

7-12-6-0
239-229-232

49-59-4-0
147-114-173

29-40-2-0
189-161-201

19-11-0-0
231-221-240

10-75-11-11
204-87-137

16

11-0-49-1
235-237-154

49-59-4-0
147-114-173

32-25-0-0
183-186-222

0-1-31-0
255-250-196

0-25-25-0
249-208-186

17

13-51-45-0
220-147-126

49-59-4-0
147-114-173

20-0-24-0
214-234-208

12-24-60-2
227-195-115

9-70-48-20
193-92-91

18

93-74-36-30
13-59-97

49-59-4-0
147-114-173

85-55-50-0
41-104-118

69-100-36-30
87-20-82

62-83-0-29
97-47-120

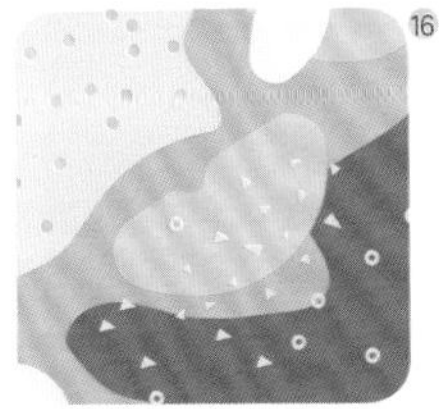

066 烟紫色

Smoky Purple

50-50-10-10
135-122-166

颜色介绍

烟紫色具有深远的、神秘的意象。搭配低纯度的粉色和黄色，可以使画面更加明朗和谐。搭配低纯度的暖色，可以营造温和、低调的氛围。

● 双色配色

1

50-50-10-10 6-34-8-0
135-122-166 236-188-204

2

50-50-10-10 7-12-6-0
135-122-166 239-229-232

3

50-50-10-10 24-17-41-0
135-122-166 204-202-160

4

50-50-10-10 54-92-34-24
135-122-166 117-38-91

1

● 三色配色

5

16-24-4-0 50-50-10-10 29-40-2-0
218-200-220 135-122-166 189-161-201

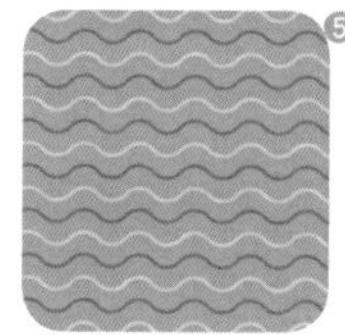

5

6

3-12-25-0 50-50-10-10 51-3-13-0
248-230-198 135-122-166 127-201-220

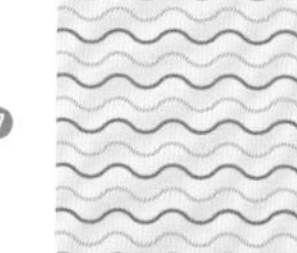

6

7

60-65-26-12 50-50-10-10 18-54-40-5
114-91-130 135-122-166 204-134-128

8

44-12-20-2 50-50-10-10 9-5-24-0
152-193-199 135-122-166 238-237-206

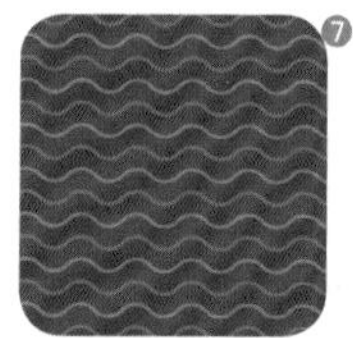

7

9

36-91-82-31 50-50-10-10 67-0-62-53
137-39-39 135-122-166 36-111-76

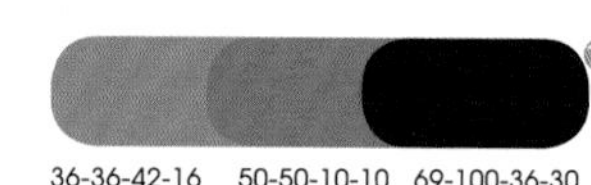

10

36-36-42-16 50-50-10-10 69-100-36-30
159-145-129 135-122-166 87-20-82

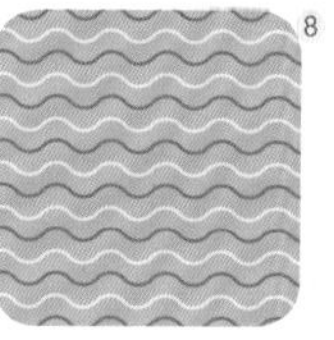

8

四色配色

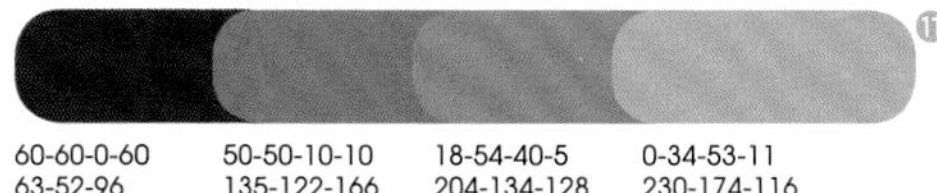

60-60-0-60	50-50-10-10	18-54-40-5	0-34-53-11
63-52-96	135-122-166	204-134-128	230-174-116

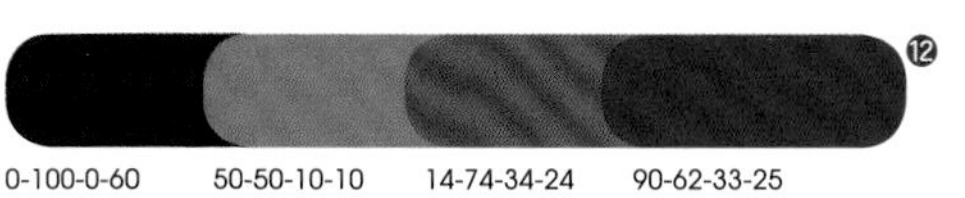

0-100-0-60	50-50-10-10	14-74-34-24	90-62-33-25
126-0-67	135-122-166	179-79-101	6-77-112

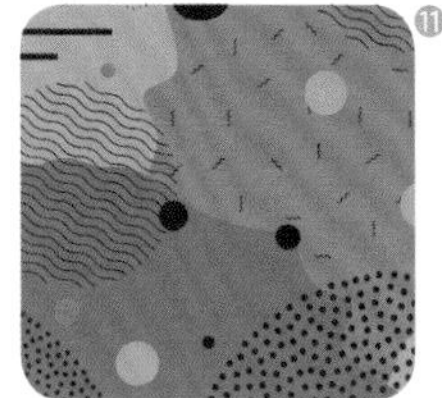

96-16-36-4	50-50-10-10	21-4-15-0	47-11-26-2
0-143-161	135-122-166	210-229-222	144-191-189

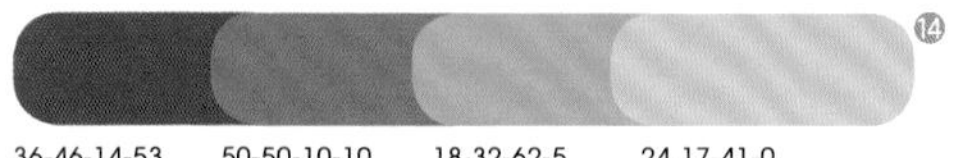

36-46-14-53	50-50-10-10	18-32-62-5	24-17-41-0
105-85-107	135-122-166	209-174-105	204-202-160

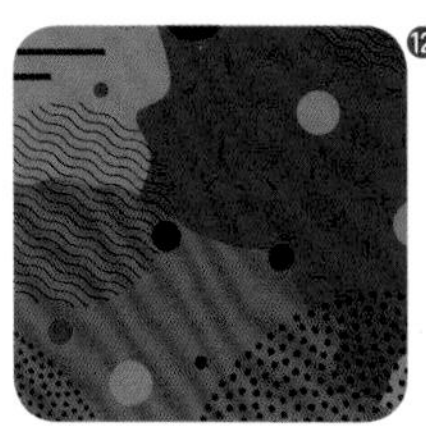

五色配色

100-90-33-13	50-50-10-10	6-34-8-0	55-23-15-3	94-60-9-2
13-49-106	135-122-166	236-188-204	121-167-195	0-93-162

22-2-26-3	50-50-10-10	51-12-20-2	3-12-25-0	6-27-18-5
206-226-199	135-122-166	131-186-198	248-230-198	231-195-190

29-47-15-0	50-50-10-10	67-13-58-0	3-2-25-0	0-50-36-39
190-148-175	135-122-166	84-169-129	251-247-207	174-111-102

45-23-15-4	50-50-10-10	7-12-6-0	29-40-2-0	27-19-21-4
148-174-195	135-122-166	239-229-232	189-161-201	192-194-192

067
蝴蝶花
Pansy

65-56-2-0
107-112-178

颜色介绍

蝴蝶花让人感觉到一种冷艳高贵的气质。搭配明度较低的粉色，可以给画面增添一份少女感。搭配低纯度的黄色，可以创造出平静的效果。

● 双色配色

1
65-56-2-0 107-112-178 17-2-19-0 220-235-217

2
65-56-2-0 107-112-178 3-2-55-0 253-242-140

3
65-56-2-0 107-112-178 29-39-2-0 189-163-203

4
65-56-2-0 107-112-178 86-94-34-26 55-36-91

1

● 三色配色

5
44-12-20-2 152-193-199 65-56-2-0 107-112-178 10-28-6-3 226-194-210

5

6
5-0-36-0 248-246-185 65-56-2-0 107-112-178 3-50-47-0 238-153-123

6

7
28-2-81-0 200-216-74 65-56-2-0 107-112-178 59-2-18-0 98-193-210

8
18-77-35-6 199-85-113 65-56-2-0 107-112-178 20-8-53-0 215-218-141

7

9
14-39-21-0 220-172-177 65-56-2-0 107-112-178 100-0-53-0 0-157-145

10
32-6-10-4 179-211-222 65-56-2-0 107-112-178 90-62-33-25 6-77-112

8

四色配色

⑪

0-10-20-0	65-56-2-0	3-50-47-0	6-28-59-2
254-236-210	107-112-178	238-153-123	237-192-114

⑫

85-90-50-16	65-56-2-0	15-10-0-0	96-38-43-31
62-49-86	107-112-178	222-226-242	0-95-110

⑬

18-32-62-5	65-56-2-0	14-1-38-0	35-53-50-27
209-174-105	107-112-178	228-236-179	145-107-95

⑭

22-66-48-9	65-56-2-0	21-27-23-4	73-85-30-16
190-105-103	107-112-178	204-185-181	88-55-108

五色配色

⑮

3-12-25-0	65-56-2-0	6-30-62-1	18-54-40-5	20-20-36-5
248-230-198	107-112-178	238-190-107	204-134-128	206-195-163

⑯

63-30-0-0	65-56-2-0	51-0-27-0	0-0-25-0	32-5-5-0
98-153-210	107-112-178	129-202-197	255-252-209	182-218-236

⑰

6-28-59-2	65-56-2-0	53-69-84-30	24-17-41-0	90-80-33-24
237-192-114	107-112-178	112-74-46	204-202-160	37-56-102

⑱

12-44-16-0	65-56-2-0	0-0-24-3	25-2-13-0	24-17-41-0
223-163-179	107-112-178	252-248-208	201-228-227	204-202-160

颜色介绍

紫罗兰给人一种冷静和理智的感觉。搭配纯度高、明度低的色彩，可以体现出特别的精致感。搭配明度低的冷色，可以使画面更有神秘感和威严感。

● 双色配色

72-70-15-4 93-85-145 | 0-54-31-75 98-51-52

72-70-15-4 93-85-145 | 9-27-39-0 233-196-157

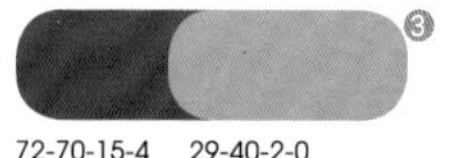

72-70-15-4 93-85-145 | 29-40-2-0 189-161-201

72-70-15-4 93-85-145 | 0-69-46-0 236-112-108

● 三色配色

11-0-24-3 230-238-206 | 72-70-15-4 93-35-145 | 30-40-2-0 187-161-201

14-1-38-0 228-236-179 | 72-70-15-4 93-85-145 | 10-100-11-0 214-0-119

44-12-20-2 152-193-199 | 72-70-15-4 93-85-145 | 10-64-11-0 221-121-160

7-5-51-0 243-234-148 | 72-70-15-4 93-85-145 | 0-50-100-0 243-152-0

86-94-34-26 55-36-91 | 72-70-15-4 93-85-145 | 29-34-37-0 192-170-154

3-2-55-0 253-242-140 | 72-70-15-4 93-85-145 | 51-3-13-0 127-201-220

四色配色

⑪

22-92-26-9	72-70-15-4	15-1-9-22	86-94-34-26
186-42-108	93-35-145	190-204-202	55-36-91

⑫

23-32-49-8	72-70-15-4	3-12-25-0	51-51-49-39
195-168-128	93-85-145	248-230-198	103-90-86

⑬

35-100-100-32	72-70-15-4	20-48-70-2	40-82-94-44
137-15-21	93-85-145	207-146-83	114-46-20

⑭

51-16-16-18	72-70-15-4	23-7-9-0	100-60-0-70
117-162-180	93-85-145	205-223-229	0-31-80

⑪ ⑫

五色配色

⑮

50-21-71-6	72-70-15-4	4-2-25-0	0-23-64-0	27-10-71-4
139-165-96	93-85-145	249-246-207	252-207-106	196-202-96

⑯

2-1-55-0	72-70-15-4	19-81-75-0	4-2-25-0	25-2-13-0
255-244-140	93-85-145	205-80-61	249-246-207	201-228-226

⑰

20-2-49-0	72-70-15-4	38-0-14-2	96-38-43-30	12-71-2-32
216-228-154	93-85-145	165-215-221	0-96-111	168-78-126

⑱

6-28-60-1	72-70-15-4	3-12-25-0	35-13-31-0	23-19-41-3
238-193-113	93-85-145	248-230-198	178-200-182	203-197-157

⑮

⑯

颜色介绍

紫茄色纯度较低，给人一种沉甸甸的收获感。搭配明度偏高的冷色，凸显高品位和时尚的感觉。搭配纯度低、明度高的橙色和粉色，使画面更加温暖和谐。

● 双色配色

①

60-60-30-25 102-89-117　35-25-0-5 171-178-215

②

60-60-30-25 102-89-117　6-30-20-0 237-195-189

③

60-60-30-25 102-89-117　19-50-67-23 177-122-74

④

60-60-30-25 102-89-117　48-43-70-2 150-139-91

①

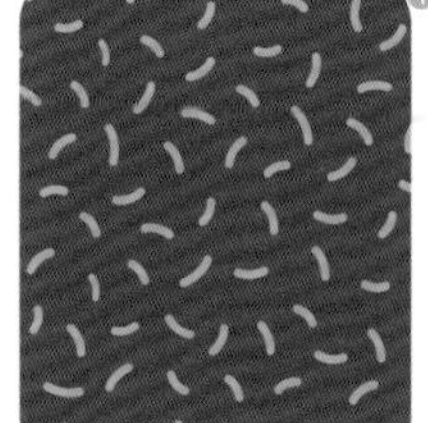

● 三色配色

⑤

19-25-4-0 212-196-219　60-60-30-25 102-89-117　48-28-0-19 125-147-188

⑥

3-20-32-0 246-214-177　60-60-30-25 102-89-117　36-55-15-20 152-111-144

⑦

23-7-9-0 205-223-229　60-60-30-25 102-89-117　20-59-31-5 200-124-136

⑧

3-12-25-0 248-230-198　60-60-30-25 102-89-117　6-28-59-2 237-192-114

⑨

0-0-39-0 255-249-179　60-60-30-25 102-89-117　6-25-8-31 186-161-169

⑩

44-12-20-2 152-193-199　60-60-30-25 102-89-117　27-18-40-3 195-195-159

⑤

⑥

⑦

⑧

四色配色

⑪

29-11-7-0	60-60-30-25	50-3-13-0	29-47-15-0
190-211-227	102-89-117	131-202-220	190-148-175

⑪

12

67-25-44-4	60-60-30-25	18-32-62-5	7-12-6-0
87-151-144	102-89-117	209-174-105	239-229-232

12

⑬

82-18-0-66	60-60-30-25	7-12-6-0	23-7-9-33
0-74-109	102-89-117	239-229-232	157-171-176

⑭

6-28-59-2	60-60-30-25	10-5-38-0	17-27-5-0
237-192-114	102-89-117	236-234-177	216-194-215

五色配色

⑮

40-82-94-44	60-60-30-25	64-32-19-1	15-1-38-0	63-5-56-0
114-46-20	102-89-117	99-149-181	226-236-179	95-182-137

⑮

⑯

5-50-95-0	60-60-30-25	58-47-100-3	32-55-95-22	40-82-94-44
235-150-5	102-89-117	128-125-44	159-109-28	114-46-20

⑰

37-91-82-31	60-60-30-25	0-20-30-0	34-36-16-5	54-92-33-24
136-39-39	102-89-117	251-216-181	175-160-181	117-38-92

⑯

⑱

54-92-33-24	60-60-30-25	9-27-39-2	34-35-86-26	0-70-70-70
117-38-92	102-89-117	231-194-156	150-107-44	107-40-14

070
极光紫
Aurora Violet

75-100-0-0
96-25-134

颜色介绍

极光紫给人一种神秘和高贵的感觉。和低纯度的紫色搭配，能营造出优雅与神圣的氛围。和高纯度的暖色搭配，能表现出华丽和刺激的感觉。

● 双色配色

1

75-100-0-0 96-25-134　0-69-100-0 237-111-0

2

75-100-0-0 96-25-134　44-11-40-2 154-192-164

3

75-100-0-0 96-25-134　29-40-2-0 189-161-201

4

75-100-0-0 96-25-134　25-2-13-0 201-228-226

1

● 三色配色

5

3-2-55-0 253-242-140　75-100-0-0 96-25-134　29-61-11-0 188-120-163

6

9-83-24-0 219-74-124　75-100-0-0 96-25-134　32-2-61-0 188-215-126

7

0-50-100-0 243-152-0　75-100-0-0 96-25-134　22-92-26-9 186-42-108

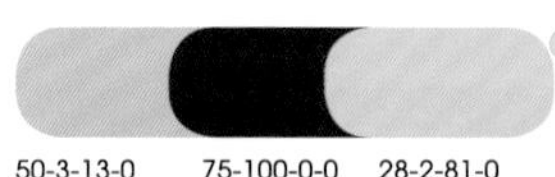

8

50-3-13-0 131-202-220　75-100-0-0 96-25-134　28-2-81-0 200-216-74

9

3-60-45-0 238-154-126　75-100-0-0 96-25-134　68-17-44-0 79-164-152

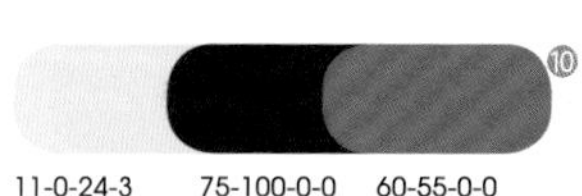

10

11-0-24-3 230-238-206　75-100-0-0 96-25-134　60-55-0-0 119-116-181

5

6

7

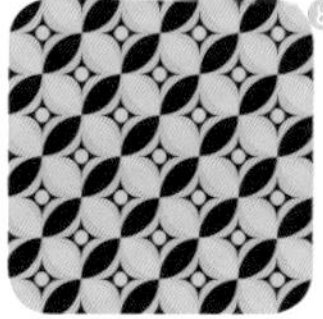

8

● 四色配色

⑪

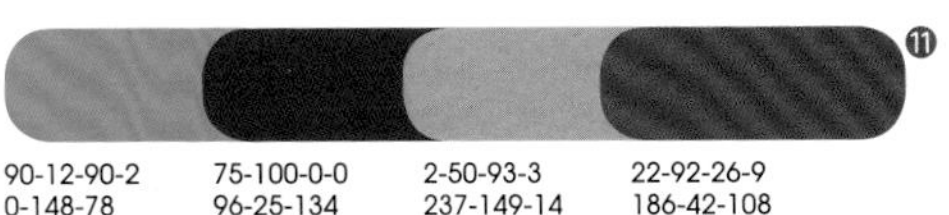

90-12-90-2	75-100-0-0	2-50-93-3	22-92-26-9
0-148-78	96-25-134	237-149-14	186-42-108

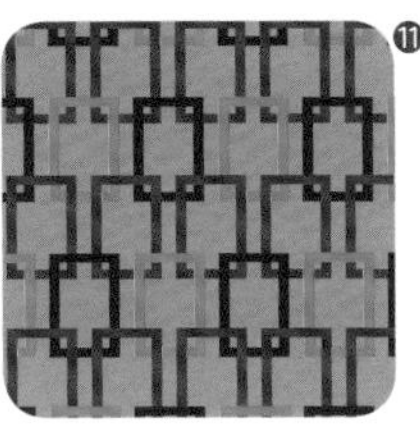

⑪

⑫

6-10-2-0	75-100-0-0	2-21-23-0	3-50-47-0
241-234-241	96-25-134	248-214-193	238-153-123

⑬

11-0-24-3	75-100-0-0	33-0-40-3	76-2-18-0
230-238-206	96-25-134	181-216-171	0-177-207

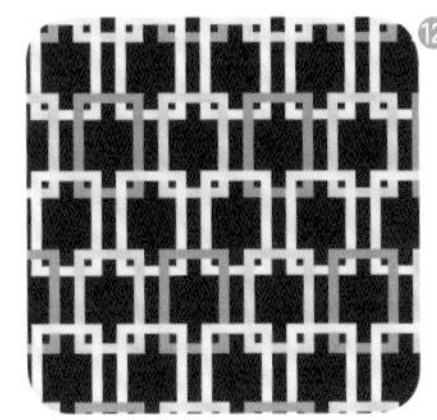

⑫

⑭

6-28-59-2	75-100-0-0	50-0-100-0	94-60-9-2
237-192-114	96-25-134	143-195-31	0-93-162

● 五色配色

⑮

22-86-85-8	75-100-0-0	6-28-59-2	63-5-56-0	11-21-94-1
189-64-45	96-25-134	237-192-114	95-182-137	232-199-0

⑮

⑯

100-37-12-31	75-100-0-0	57-18-60-32	6-35-48-21	42-100-50-24
0-95-146	96-25-134	93-133-95	203-156-115	136-15-71

⑰

0-7-42-0	75-100-0-0	60-55-0-0	25-1-20-0	63-5-56-0
255-238-167	96-25-134	119-116-181	201-229-214	95-182-137

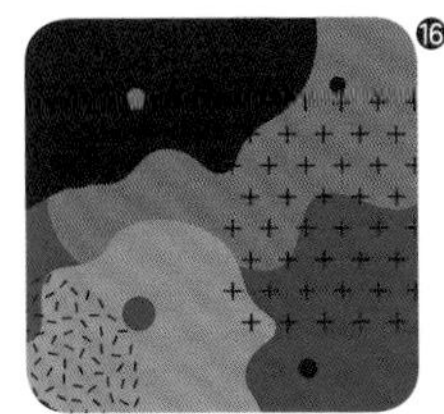

⑯

⑱

19-50-67-23	75-100-0-0	2-50-93-0	6-28-59-2	95-16-36-4
177-122-74	96-25-134	240-151-15	237-192-114	0-143-161

071
葡萄紫
Grape

80-100-0-20
73-17-118

颜色介绍

葡萄紫纯度高，给人一种健康、有活力的感觉。搭配明度偏高的暖色，使画面更加生动、有感染力。搭配纯度高的红色，使画面亮丽而丰富。搭配低明度的颜色，烘托出威严的气氛。

● 双色配色

1
80-100-0-20 73-17-118 | 22-77-73-9 189-83-62

2
80-100-0-20 73-17-118 | 16-4-4-0 221-235-242

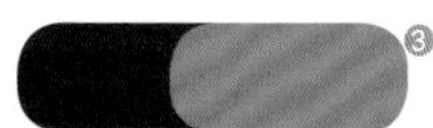

3
80-100-0-20 73-17-118 | 24-57-28-0 199-130-146

4
80-100-0-20 73-17-118 | 28-91-8-2 185-45-131

1

● 三色配色

5
43-28-2-2 155-171-212 | 80-100-0-20 73-17-118 | 9-27-39-0 233-196-157

6
6-28-59-2 237-192-114 | 80-100-0-20 73-17-118 | 6-78-51-0 225-89-94

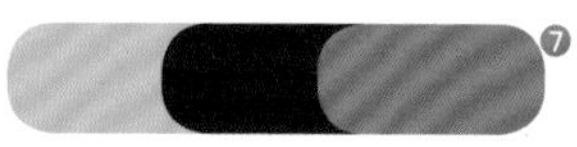

7
20-20-36-5 206-195-163 | 80-100-0-20 73-17-118 | 29-61-11-0 188-119-164

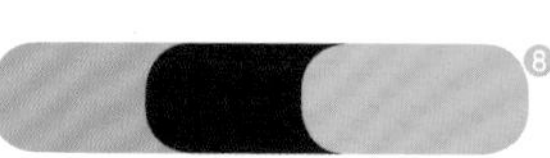

8
44-20-59-0 159-179-123 | 80-100-0-20 73-17-118 | 0-34-67-0 248-186-94

9
19-50-67-23 177-122-74 | 80-100-0-20 73-17-118 | 24-17-41-3 201-199-158

10
18-3-13-0 217-233-227 | 80-100-0-20 73-17-118 | 96-16-36-4 0-143-161

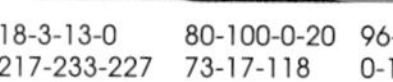

5

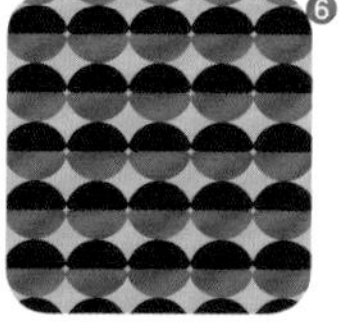

6

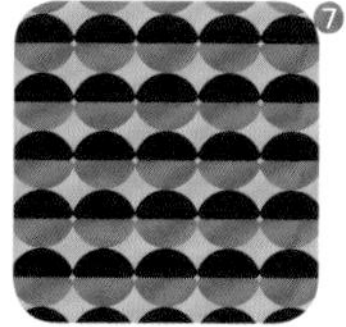

7

8

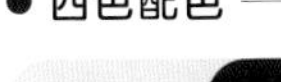

● 四色配色

11

15-1-38-0	80-100-0-20	58-0-24-31	25-2-12-0
226-236-179	73-17-118	78-155-159	201-228-227

12

22-77-73-9	80-100-0-20	9-27-39-2	44-47-44-27
189-83-62	73-17-118	231-194-156	130-112-107

13

29-40-2-0	80-100-0-20	7-12-6-0	94-60-10-2
189-161-201	73-17-118	239-229-232	0-93-161

14

0-50-67-23	80-100-0-20	6-17-6-0	6-28-59-2
204-129-71	73-17-118	240-221-227	237-192-114

● 五色配色

15

54-92-33-24	80-100-0-20	27-20-60-4	63-5-56-0	39-73-51-0
117-38-92	73-17-118	195-188-117	95-182-137	170-92-101

15

16

0-100-0-60	80-100-0-20	6-28-59-2	36-91-82-31	92-74-36-30
126-0-67	73-17-118	237-192-114	137-39-39	19-59-97

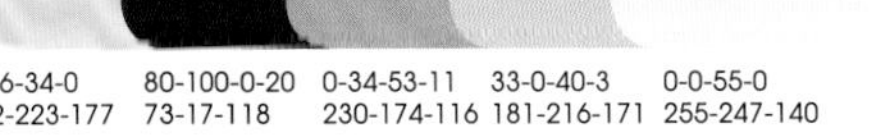

17

0-16-34-0	80-100-0-20	0-34-53-11	33-0-40-3	0-0-55-0
252-223-177	73-17-118	230-174-116	181-216-171	255-247-140

18

0-62-51-0	80-100-0-20	35-46-90-24	9-27-39-2	35-53-50-27
238-128-106	73-17-118	152-119-39	231-194-156	145-107-95

16

颜色介绍

紫水晶给人一种深邃的感觉。搭配低纯度的蓝色或紫色，表现出冷静的气质。搭配高明度的绿色或橙色，表现出个性而古怪的感觉。

● 双色配色

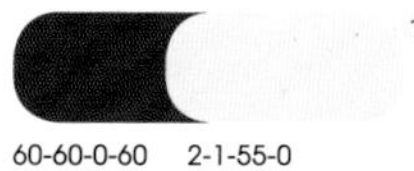

1

60-60-0-60 63-52-96 | 2-1-55-0 255-244-140

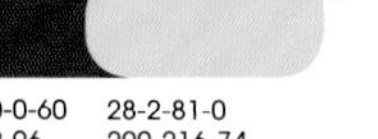

2

60-60-0-60 63-52-96 | 28-2-81-0 200-216-74

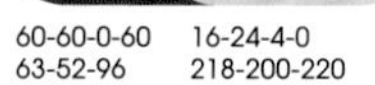

3

60-60-0-60 63-52-96 | 16-24-4-0 218-200-220

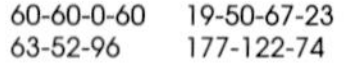

4

60-60-0-60 63-52-96 | 19-50-67-23 177-122-74

1

● 三色配色

5

10-12-20-2 232-222-205 | 60-60-0-60 63-52-96 | 63-5-56-0 95-182-137

5

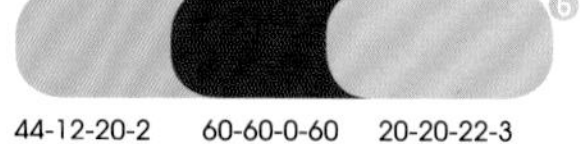

6

44-12-20-2 152-193-199 | 60-60-0-60 63-52-96 | 20-20-22-3 208-199-191

6

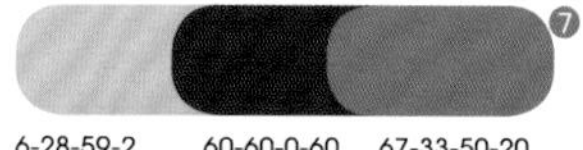

7

6-28-59-2 237-192-114 | 60-60-0-60 63-52-96 | 67-33-50-20 82-125-114

7

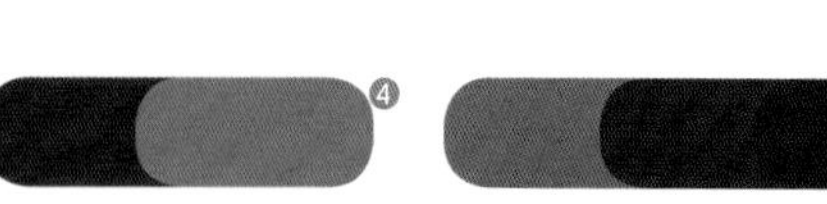

8

0-50-36-39 174-111-102 | 60-60-0-60 63-52-96 | 0-54-31-75 98-51-52

8

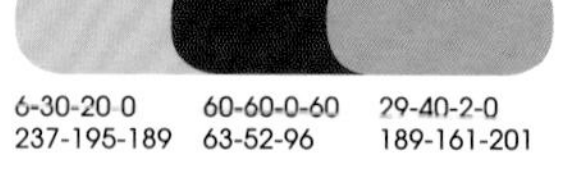

9

6-30-20-0 237-195-189 | 60-60-0-60 63-52-96 | 29-40-2-0 189-161-201

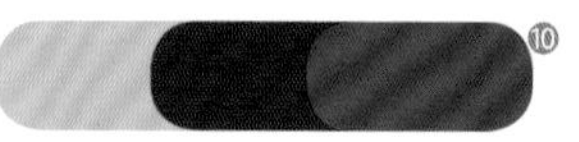

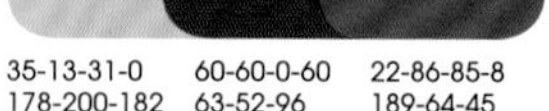

10

35-13-31-0 178-200-182 | 60-60-0-60 63-52-96 | 22-86-85-8 189-64-45

● 四色配色

⑪

0-0-35-0	60-60-0-60	76-2-19-0	25-2-12-0
255-250-188	63-52-96	0-177-206	201-228-227

⑫

28-44-40-13	60-60-0-60	20-20-22-3	67-33-51-19
177-140-129	63-52-96	208-199-191	83-126-114

⑬

36-91-82-31	60-60-0-60	60-65-26-12	29-40-2-0
137-39-39	63-52-96	114-91-130	189-161-201

⑭

20-5-5-0	60-60-0-60	58-28-34-7	82-33-52-40
212-229-239	63-52-96	114-152-156	0-96-92

● 五色配色

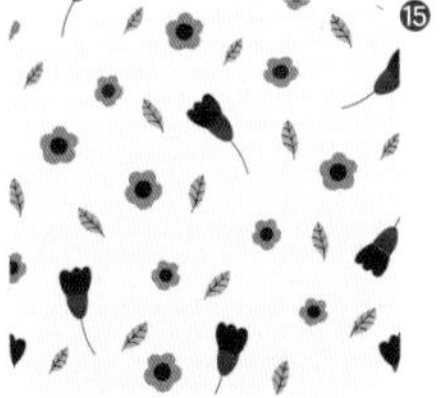

⑮

58-0-24-31	60-60-0-60	5-0-36-0	6-36-60-2	22-92-26-9
78-155-159	63-52-96	248-246-185	235-177-108	186-42-108

⑯

22-92-26-0	60-60-0-60	7-12-6-0	73-86-8-2	29-39-2-0
197-45-114	63-52-96	239-229-232	97-58-139	189-163-203

⑰

24-17-41-0	60-60-0-60	51-43-96-33	36-91-82-31	73-86-8-2
204-202-160	63-52-96	112-105-31	137-39-39	97-58-139

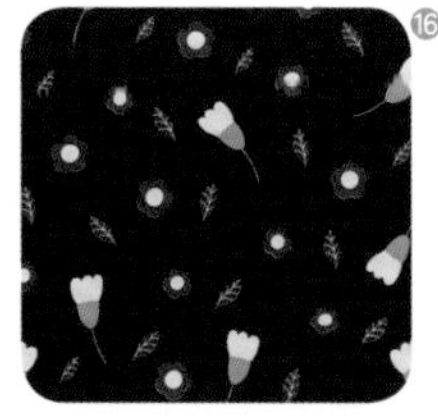

⑱

31-26-66-11	60-60-0-60	19-50-67-23	90-0-40-60	71-32-67-18
177-167-97	63-52-96	177-122-74	0-91-93	73-125-92

Color Scheme

08

第 8 章
无色彩系配色

无色彩系指黑、白、灰三种色系组成的颜色色调。黑白灰系色调具有强大的表现力，并有着不可阻挡的魅力，不仅能用于信息的传达，还能起到调节、补充、增强画面视觉效果的作用。合理地进行色调搭配和布局可以避免颜色产生压抑感，从而彰显不同的年代感和视觉审美效果。

073
贝色
Seashell

9-10-11-0
236-230-225

颜色介绍

贝色有洁净、正义等简单质朴的意象，让人感受到温暖、柔软、怀旧。搭配低纯度的暖色，可以使画面有一种温馨柔和的感觉。

双色配色

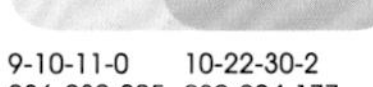

❶
9-10-11-0 236-230-225
10-22-30-2 230-204-177

❷
9-10-11-0 236-230-225
31-10-25-15 169-189-178

❸
9-10-11-0 236-230-225
24-36-16-8 191-163-178

❹
9-10-11-0 236-230-225
25-10-13-0 200-216-219

❶

三色配色

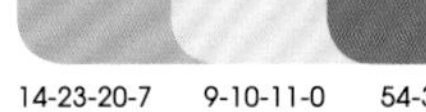

❺
14-23-20-7 214-194-187
9-10-11-0 236-230-225
54-34-48-19 116-133-118

❻
17-36-24-15 194-159-158
9-10-11-0 236-230-225
48-68-42-26 124-80-96

❼
16-22-38-5 214-195-158
9-10-11-0 236-230-225
70-36-29-15 74-126-147

❽
28-43-15-2 190-155-178
9-10-11-0 236-230-225
53-43-13-20 117-121-157

❾
33-44-53-20 159-129-102
9-10-11-0 236-230-225
53-42-54-3 107-109-93

❿
20-28-28-20 182-163-153
9-10-11-0 236-230-225
55-65-31-30 107-79-107

❺

❻

❼

❽

四色配色

⑪

16-12-7-5 214-215-222 | 9-10-11-0 236-230-225 | 29-36-14-4 186-165-185 | 65-43-10-6 98-127-176

⑫

70-47-69-34 70-92-71 | 9-10-11-0 236-230-225 | 43-57-36-28 130-97-109 | 57-53-55-65 60-55-50

⑪

⑫

⑬

36-37-42-16 159-143-128 | 9-10-11-0 236-230-225 | 25-21-34-0 202-196-171 | 64-38-37-15 95-126-135

⑭

13-36-19-1 222-178-183 | 9-10-11-0 236-230-225 | 21-27-11-0 208-190-205 | 52-71-25-18 126-80-120

五色配色

⑮

22-42-48-22 175-135-109 | 9-10-11-0 236-230-225 | 24-20-26-4 199-195-182 | 35-31-21-25 147-143-153 | 42-56-45-32 127-94-95

⑯

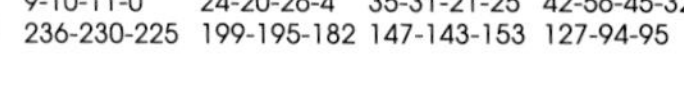

39-15-22-15 151-176-177 | 9-10-11-0 236-230-225 | 18-12-15-9 204-206-203 | 24-15-31-12 188-191-168 | 61-39-62-7 112-133-104

⑮

⑰

16-31-34-8 212-179-158 | 9-10-11-0 236-230-225 | 10-11-25-2 232-223-196 | 31-26-66-0 190-180-104 | 56-37-19-16 113-132-160

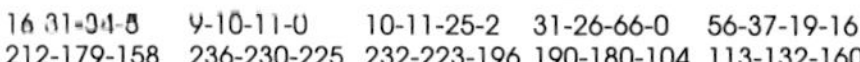

⑯

⑱

41-29-48-0 166-169-138 | 9-10-11-0 236-230-225 | 45-28-24-7 147-163-173 | 51-38-42-24 118-124-119 | 63-40-55-48 68-87-76

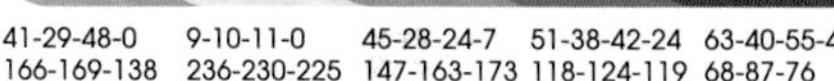

074 月光银

Moonlight Silver

5-0-0-30
193-198-201

颜色介绍

月光银是一种美丽的色彩，象征月亮的光芒。和低纯度的粉色搭配，可以让人感受到女性的柔美感。和冷色搭配，能突出时尚感。

双色配色

❶ 5-0-0-30 193-198-201 | 67-33-50-20 82-125-114

❷ 5-0-0-30 193-198-201 | 6-30-20-0 237-195-189

❸ 5-0-0-30 193-198-201 | 2-1-55-0 255-244-140

❹ 5-0-0-30 193-198-201 | 80-86-0-0 79-56-146

❶

三色配色

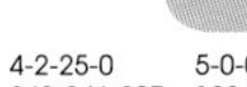

❺ 4-2-25-0 249-246-207 | 5-0-0-30 193-198-201 | 24-0-41-3 202-224-169

❻ 2-21-23-0 248-214-193 | 5-0-0-30 193-198-201 | 30-48-9-0 187-145-182

❼ 15-1-38-0 226-236-179 | 5-0-0-30 193-198-201 | 55-23-25-3 121-167-195

❽ 12-82-14-11 200-70-127 | 5-0-0-30 193-198-201 | 70-88-35-29 84-43-90

❾ 22-86-85-8 189-64-45 | 5-0-0-30 193-198-201 | 86-19-40-6 0-143-151

❿ 20-8-53-0 215-218-141 | 5-0-0-30 193-198-201 | 80-100-0-10 79-23-127

❺

❻

❼

❽

四色配色

⑪

18-54-40-5	5-0-0-30	63-5-56-0	73-86-8-2
204-134-128	193-198-201	95-182-137	97-58-139

12

51-2-31-0	5-0-0-30	0-0-35-0	25-2-12-0
131-200-188	193-198-201	255-250-188	201-228-227

⑬

3-50-47-0	5-0-0-30	4-2-25-0	9-100-100-32
237-153-123	193-198-201	249-246-207	169-0-9

⑭

37-37-29-0	5-0-0-30	47-40-0-18	15-9-24-0
174-161-164	193-198-201	131-131-177	224-225-201

⑪

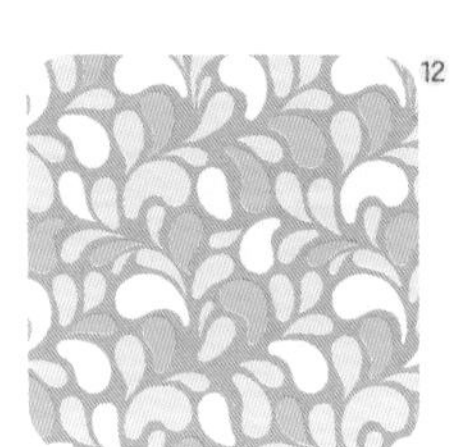

12

五色配色

⑮

78-34-41-15	5-0-0-30	2-21-23-0	4-2-25-0	0-100-0-60
40-123-132	193-198-201	248-214-193	249-246-207	126-0-67

⑯

3-50-47-0	5-0-0-30	29-39-2-0	3-20-32-0	0-48-14-0
238-153-123	193-198-201	189-163-203	246-214-177	242-161-178

⑰

73-85-29-16	5-0-0-30	18-54-40-5	18-32-62-5	54-91-33-24
88-55-109	193-198-201	204-134-128	209-174-105	117-40-93

⑱

9-100-100-32	5-0-0-30	80-100-0-10	24-17-41-0	86-94-34-26
169-0-9	193-198-201	79-23-127	204-202-160	55-36-91

⑮

⑯

075 珍珠灰 Pearl Grey

38-30-29-0
172-172-171

颜色介绍

珍珠灰的明度适中，给人一种中规中矩、冷静敏锐的意象。和暖色搭配，可以增强画面的精致感。和冷色搭配，可以凸显高贵典雅的气质。

● 双色配色

1
38-30-29-0 172-172-171
9-5-11-4 231-233-225

2
38-30-29-0 172-172-171
12-21-26-8 217-196-178

3
38-30-29-0 172-172-171
49-63-18-23 125-90-129

4
38-30-29-0 172-172-171
46-70-42-42 108-63-80

1

● 三色配色

5
13-43-39-5 215-158-139
38-30-29-0 172-172-171
14-10-9-1 224-225-227

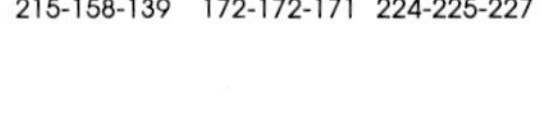

6
11-9-25-8 221-217-190
38-30-29-0 172-172-171
46-17-38-0 151-184-165

7
36-45-51-26 146-119-99
38-30-29-0 172-172-171
14-31-20-14 202-171-171

8
75-61-36-13 76-91-121
38-30-29-0 172-172-171
48-52-53-38 109-91-82

9
61-43-52-23 101-113-103
38-30-29-0 172-172-171
90-0-40-60 0-91-93

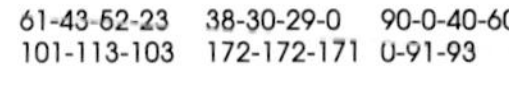

10
36-12-23-9 165-191-187
38-30-29-0 172-172-171
58-34-25-20 104-130-149

5

6

7

8

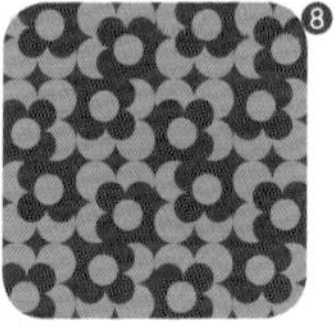

四色配色

⑪

40-75-65-44	38-30-29-0	13-10-20-1	85-62-36-30
114-56-52	172-172-171	227-225-207	35-74-104

⑪

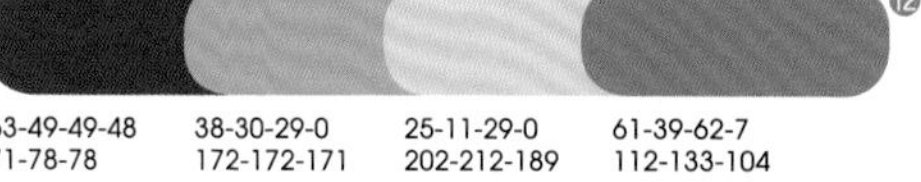

⑫

63-49-49-48	38-30-29-0	25-11-29-0	61-39-62-7
71-78-78	172-172-171	202-212-189	112-133-104

⑬

16-18-5-0	38-30-29-0	14-32-37-5	73-85-29-16
219-211-225	172-172-171	216-179-152	88-55-109

⑫

⑭

70-47-69-34	38-30-29-0	61-65-26-12	57-53-55-65
70-92-71	172-172-171	112-91-130	60-55-50

五色配色

⑮

14-10-9-1	38-30-29-0	45-23-20-4	64-30-32-19	92-74-36-32
224-225-227	172-172-171	149-174-187	87-132-143	18-58-95

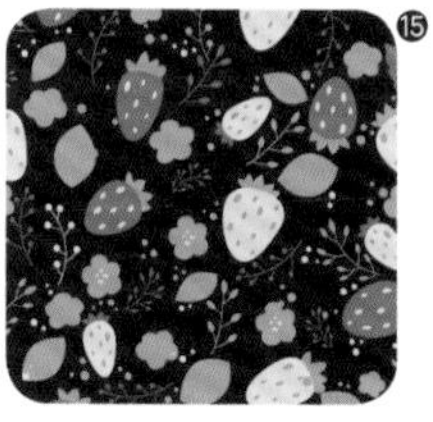

⑮

⑯

40-57-36-16	38-30-29-0	16-9-23-5	44-21-71-6	63-49-49-48
151-109-121	172-172-171	215-218-197	154-170-95	71-78-78

⑰

26-53-40-6	38-30-29-0	63-32-45-9	25-21-34-0	64-38-37-15
189-132-128	172-172-171	101-140-133	202-196-171	95-126-135

⑯

⑱

55-23-20-9	38-30-29-0	31-14-11-0	14-10-9-1	31-26-49-3
117-160-179	172-172-171	186-204-217	224-225-227	186-178-136

颜色介绍

星空灰表现出沉着安静的意象。和明度偏高的灰色搭配，能表现出和谐平静的感觉。和明度低的紫色进行组合，能表现出高雅别致的格调。

双色配色

❶

60-50-45-0 121-124-128
68-52-33-34 74-88-110

❷

60-50-45-0 121-124-128
20-22-33-20 183-171-150

❸

60-50-45-0 121-124-128
48-52-53-38 109-91-82

❹

60-50-45-0 121-124-128
36-27-18-7 168-171-184

❶

三色配色

❺

12-10-12-9 217-215-211
60-50-45-0 121-124-128
25-38-24-11 185-155-161

❺

❻

40-25-41-20 145-153-133
60-50-45-0 121-124-128
13-16-21-12 209-199-186

❻

❼

19-15-34-6 207-203-170
60-50-45-0 121-124-128
29-44-21-14 173-139-155

❼

❽

20-18-18-4 207-202-199
60-50-45-0 121-124-128
49-27-24-15 129-152-163

❽

❾

22-25-12-9 194-183-194
60-50-45-0 121-124-128
15-25-20-7 212-189-185

❿

59-36-63-42 83-100-74
60-50-45-0 121-124-128
36-58-55-47 115-77-67

四色配色

⑪

40-64-56-44 114-71-66 | 60-50-45-0 121-124-128 | 27-19-20-4 192-194-193 | 85-62-36-30 35-74-104

⑫

14-20-13-0 224-208-210 | 60-50-45-0 121-124-128 | 20-34-33-24 175-148-136 | 33-9-14-8 172-200-206

⑬

70-47-69-34 70-92-71 | 60-50-45-0 121-124-128 | 57-53-55-65 60-55-50 | 43-57-36-28 130-97-109

⑭

90-62-33-25 6-77-112 | 60-50-45-0 121-124-128 | 45-23-20-4 149-174-187 | 14-10-9-1 224-225-227

五色配色

⑮

28-40-40-8 184-152-137 | 60-50-45-0 121-124-128 | 10-8-13-3 230-229-220 | 14-20-31-0 225-206-178 | 26-52-48-40 140-97-85

⑯

50-21-33-18 123-155-151 | 60-50-45-0 121-124-128 | 14-7-9-9 213-218-218 | 24-15-31-12 188-191-168 | 61-39-62-7 112-133-104

⑰

71-52-79-31 73-89-60 | 60-50-45-0 121-124-128 | 23-28-42-13 188-169-138 | 11-31-34-5 222-183-159 | 11-28-22-27 186-159-153

⑱

46-57-34-8 147-114-131 | 60-50-45-0 121-124-128 | 59-71-59-35 96-65-69 | 28-21-42-22 166-164-133 | 65-61-36-25 92-85-109

⑯

颜色介绍

板岩灰给人一种中性复古的感觉。搭配低纯度的绿色和黄色，可以营造自然的氛围。搭配低明度的冷色，给人和谐、有品位的感觉。

● 双色配色

①
59-45-45-30 96-104-104　21-41-23-4 202-160-167

②
59-45-45-30 96-104-104　3-7-18-0 249-239-216

③
59-45-45-30 96-104-104　31-31-8-2 184-175-202

④
59-45-45-30 96-104-104　41-39-49-17 148-136-115

①

● 三色配色

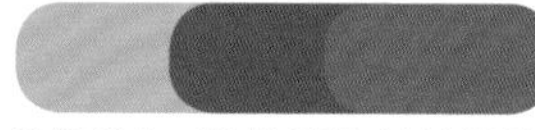
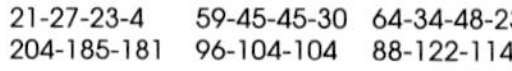

⑤
21-27-23-4 204-185-181　59-45-45-30 96-104-104　64-34-48-23 88-122-114

⑥
13-9-31-6 220-218-181　59-45-45-30 96-104-104　42-100-70-5 158-29-63

⑦
10-5-14-0 235-237-224　59-45-45-30 96-104-104　59-20-23-12 102-157-173

⑧
19-24-4-0 212-198-220　59-45-45-30 96-104-104　19-36-15-3 207-172-186

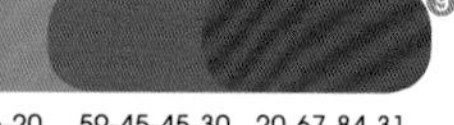

⑨
28-40-36-20 167-139-131　59-45-45-30 96-104-104　20-67-84-31 161-85-37

⑩
10-3-15-8 223-229-214　59-45-45-30 96-104-104　22-9-36-4 205-212-173

⑤

⑥

⑦

⑧

● 四色配色

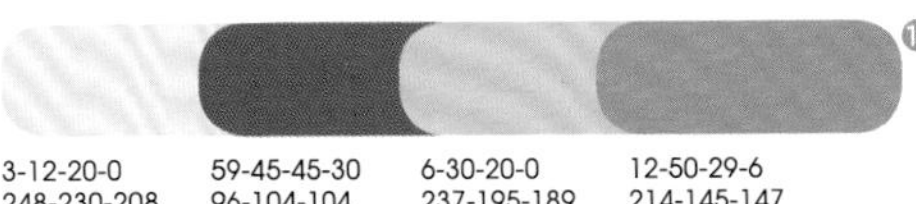

⑪

3-12-20-0 248-230-208 | 59-45-45-30 96-104-104 | 6-30-20-0 237-195-189 | 12-50-29-6 214-145-147

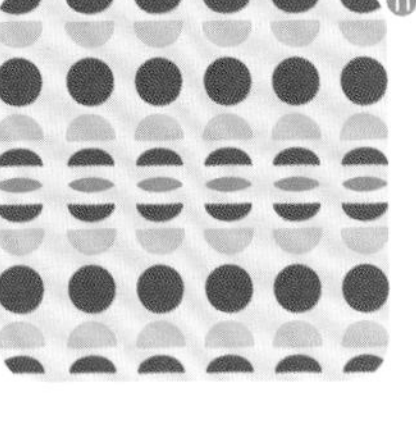

⑪

⑫

25-2-13-0 201-228-226 | 59-45-45-30 96-104-104 | 50-3-13-0 131-202-220 | 58-28-24-7 112-153-171

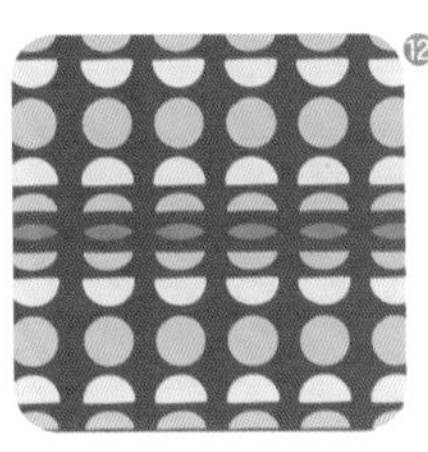

⑫

⑬

28-0-27-0 195-226-201 | 59-45-45-30 96-104-104 | 27-18-40-3 195-195-159 | 44-21-71-6 154-170-95

⑭

34-48-50-23 153-119-102 | 59-45-45-30 96-104-104 | 88-48-50-38 0-81-90 | 93-74-36-30 13-59-97

● 五色配色

⑮

14-74-34-24 179-79-101 | 59-45-45-30 96-104-104 | 19-29-17-3 209-185-191 | 21-11-20-0 210-217-206 | 48-16-37-0 145-184-167

⑮

⑯

28-44-40-13 177-140-129 | 59-45-45-30 96-104-104 | 61-78-58-0 125-78-91 | 67-82-94-44 76-44-29 | 45-42-71-33 121-110-67

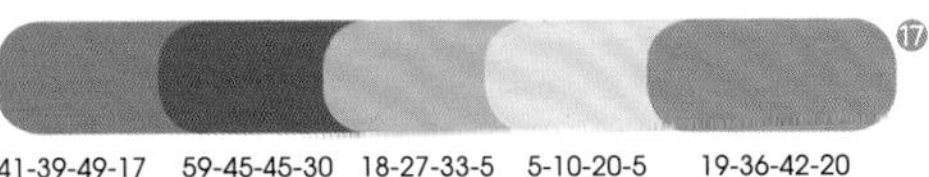

⑰

41-39-49-17 148-136-115 | 59-45-45-30 96-104-104 | 18-27-33-5 209-185-163 | 5-10-20-5 237-225-203 | 19-36-42-20 183-150-125

⑯

⑱

45-23-15-4 148-174-195 | 59-45-45-30 96-104-104 | 18-54-40-5 204-134-128 | 32-9-17-0 184-211-211 | 61-88-26-12 116-52-112

颜色介绍

暗夜色的明度非常低，接近黑色，给人一种厚重的感觉。搭配低纯度的紫色，能表现出一种神秘的感觉。搭配低纯度的暖色，可以让画面更加生动温暖。

● 双色配色

75-72-62-25 74-68-75　26-35-42-14 180-155-132

② 75-72-62-25 74-68-75　36-37-19-7 168-155-173

③ 75-72-62-25 74-68-75　37-25-47-16 157-160-128

④ 75-72-62-25 74-68-75　66-51-29-40 72-84-108

● 三色配色

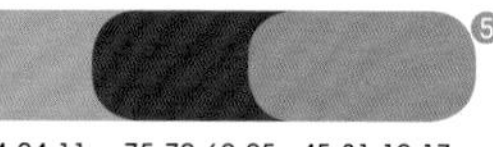

⑤ 21-34-24-11 193-165-165　75-72-62-25 74-68-75　45-31-19-17 137-147-165

⑥ 25-33-30-19 175-153-147　75-72-62-25 74-68-75　31-65-53-42 129-74-70

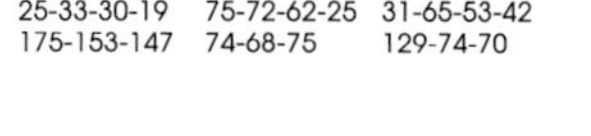

⑦ 10-14-20-5 226-215-199　75-72-62-25 74-68-75　30-45-70-25 158-122-71

⑧ 14-10-16-12 208-208-199　75-72-62-25 74-68-75　48-25-36-14 133-155-148

⑨ 24-26-29-6 195-182-170　75-72-62-25 74-68-75　54-64-35-20 119-89-113

⑩ 43-31-24-17 141-148-158　75-72-62-25 74-68-75　45-48-44-31 123-105-102

● 四色配色

⑪

14-10-9-1	75-72-62-25	31-26-49-3	34-48-50-23
224-225-227	74-68-75	186-178-136	153-119-102

⑪

⑫

13-31-32-15	75-72-62-25	47-56-36-14	75-68-36-30
202-169-151	74-68-75	139-110-124	68-69-100

⑬

15-14-20-1	75-72-62-25	45-23-20-4	92-74-36-32
222-216-203	74-68-75	149-174-187	18-58-95

⑫

⑭

36-21-44-12	75-72-62-25	51-38-42-24	63-49-49-48
164-172-140	74-68-75	118-124-119	71-78-78

● 五色配色

⑮

20-20-36-5	75-72-62-25	20-67-84-31	10-15-15-4	34-30-24-7
206-195-163	74-68-75	161-85-37	227-215-208	173-168-172

⑮

⑯

20-65-40-24	75-72-62-25	20-25-17-5	15-11-15-5	40-25-37-5
171-95-101	74-68-75	204-189-192	217-216-210	162-172-156

⑰

64-38-37-15	75-72-62-25	25-21-34-12	57-32-41-16	42-54-60-25
95-126-135	74-68-75	186-181-158	111-137-132	136-104-83

⑯

⑱

45-25-18-6	75-72-62-25	27-14-18-6	28-50-40-9	61-72-36-23
147-169-186	74-68-75	189-200-199	182-134-128	104-72-103

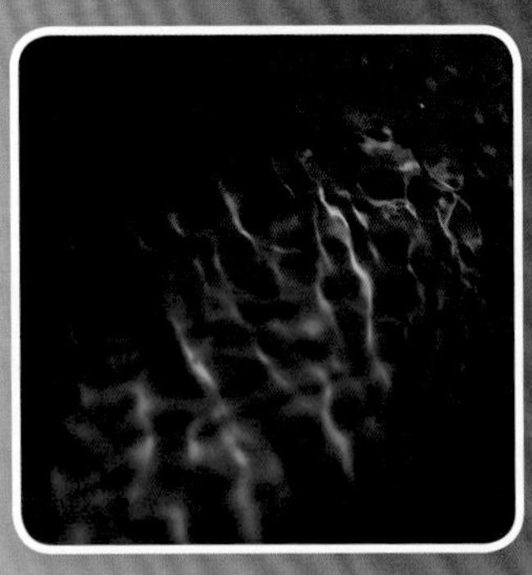

09

第 9 章 意象配色

意象配色是指配合色彩心理学层面，运用好这种搭配方法，可以让色彩准确地传达出人的心理感觉和感情。意象配色注重设计者激情的释放，突破了传统的配色方式，能最大限度地表达设计者对色彩的主观理解和感受。

079

强烈

Powerful

意象介绍

高纯度、强烈的色彩能够给人们带来视觉上的强大冲击。亮橘红使人联想到火焰与激情，有一股蓄势待发的能量。

1 亮橘红 3-91-100-0 228-53-16

2 海蓝色 92-65-39-1 0-88-123

3 忍冬黄 7-38-87-0 235-172-41

4 樱黛橙 0-32-42-0 248-192-147

5 香草黄 3-11-27-0 249-232-196

6 砂糖橘 0-65-91-0 238-119-28

7 秋叶棕 38-67-73-0 173-104-74

8 戈亚红 40-100-100-6 161-31-36

双色配色

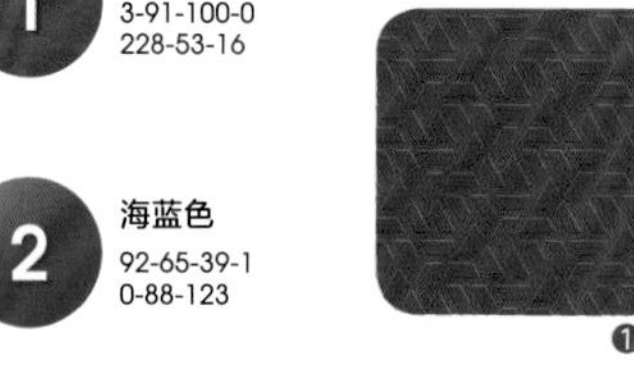

12　13　15

三色配色

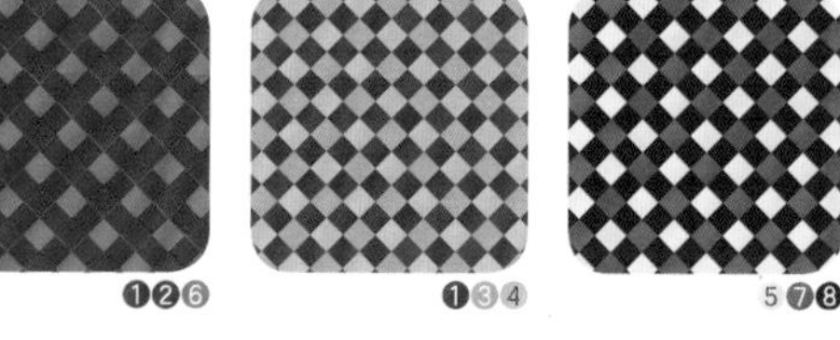

126　134　578

四色配色

1246　1347　2578

五色配色

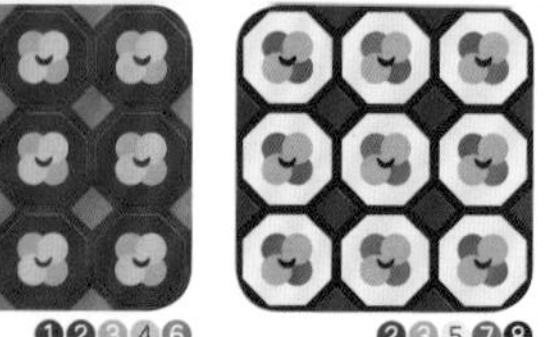

12346　23578　13567

意象介绍

富足是富裕与充实的意思。深桃红与蓝色搭配，会显得成熟稳重，而与橙色或者黄色搭配，则能够彰显一种华贵的气质。

1 深桃红
24-94-38-0
194-41-100

2 亮橙黄
4-38-85-0
251-180-38

3 粉玫瑰
9-69-16-0
222-109-147

4 深夜蓝
92-83-30-0
43-64-121

5 云雾色
8-12-9-0
238-228-226

6 奶橙色
9-70-80-0
223-106-54

7 深墨绿
75-66-61-18
76-82-84

8 鸡蛋黄
4-6-45-0
249-236-160

● 双色配色

❶❷

❶❹

❶❼

● 三色配色

❶❷5

❶❹❻

❶❼8

● 四色配色

❶❷❸5

❶❹❻8

❶❻❼8

● 五色配色

❶❷❸❺8

❶❹5❻8

❶❷5❼8

081 温柔 Tender

意象介绍

温柔通常指性情温和柔软。玫瑰粉婉约柔和，让人感觉如同沐浴在春天的阳光里，温暖而舒适。

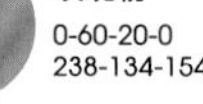

1 玫瑰粉
0-60-20-0
238-134-154

2 大洋蓝
20-5-0-0
211-230-246

3 花瓣粉
0-20-0-0
250-220-233

4 叶子紫
15-35-0-0
218-180-212

5 果肉黄
0-5-20-0
255-245-215

6 雨滴蓝
50-20-0-0
134-179-224

7 黎明橙
0-30-40-0
248-196-153

8 蓝灰缎
50-35-20-15
128-140-162

● 双色配色

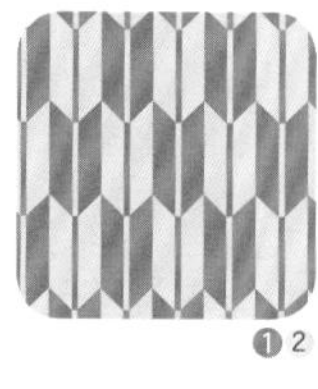
1 2

1 3

1 4

● 三色配色

1 2 5

1 3 6

1 4 7

● 四色配色

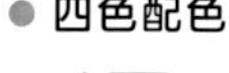

1 2 5 8

1 3 6 8

1 4 7 8

● 五色配色

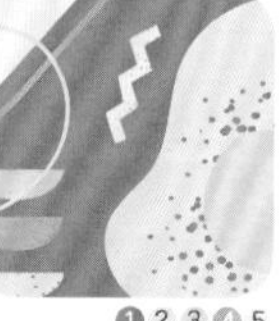
1 2 3 4 5

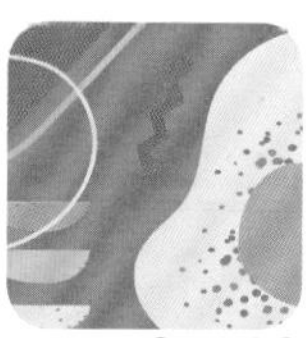
1 2 6 7 8

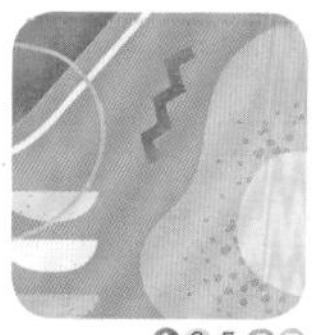
1 3 5 6 7

082

浪漫

Romantic

意象介绍

浪漫充满幻想，富有诗情画意。樱织粉的浪漫气质代表了女性的娴雅和多愁善感，常用于表现温馨、雅致、平淡的意境。

1 樱织粉
0-20-10-0
250-219-218

2 紫绒花
25-25-0-0
199-192-223

3 晨光黄
0-0-50-0
255-247-153

4 桃花红
0-70-0-0
235-110-165

5 香草蓝
25-0-0-0
199-232-250

6 道奇蓝
75-50-0-0
71-116-185

7 梨花白
0-0-20-0
255-252-219

8 兰花色
30-65-0-0
185-110-170

双色配色

1 2　　1 3　　1 4

三色配色

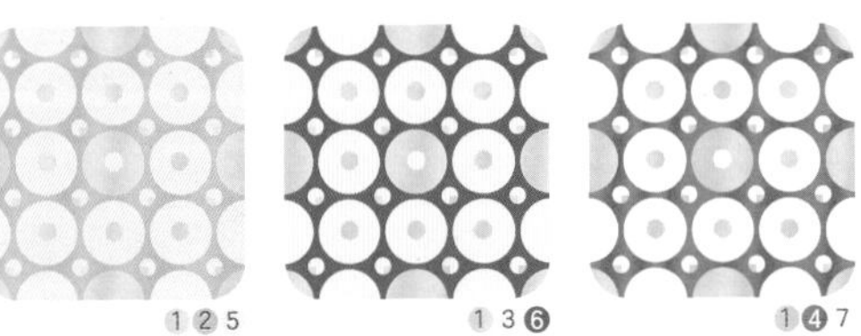

1 2 5　　1 3 6　　1 4 7

四色配色

1 2 5 8

1 3 6 8

1 4 7 8

五色配色

1 2 3 4 5　　1 2 6 7 8　　1 3 5 6 7

083
多情
Sentimental

意象介绍

多情指的是感性、重感情、感情丰富。蔷薇色代表蔷薇的芬芳、娇艳与柔情，是情感永不褪色的象征，拥有十足的魅力。

1 蔷薇色 0-95-35-0 230-27-100

2 薄卵色 0-10-25-0 254-235-200

3 马卡龙粉 0-45-10-0 243-168-187

4 果冻橙 0-30-65-0 249-193-100

5 女郎粉 0-75-20-0 234-96-136

6 冰蓝色 30-0-5-0 187-226-241

7 白藤紫 30-35-0-0 187-170-210

8 星河紫 75-60-0-0 79-100-174

● 双色配色

1 2

1 3

1 4

● 三色配色

1 2 5

1 3 6

1 4 7

● 四色配色

1 2 5 8

1 3 6 8

1 4 7 8

● 五色配色

1 2 3 4 5

1 2 6 7 8

1 3 5 6 7

084

运动

Moving

意象介绍

运动给人带来精力充沛的状态和健康的心态，明快的果汁黄就经常用于表现运动的意象。

1 果汁黄
0-20-100-0
253-208-0

2 蜜桃粉
0-50-35-0
242-155-143

3 蝶恋花紫
70-75-0-0
101-77-157

4 雨露绿叶
60-0-70-0
107-188-110

5 雪山白
10-10-0-0
233-230-243

6 温柔紫粉
10-45-0-0
225-163-199

7 鱼肚黄
0-5-35-0
255-243-184

8 彩灯红
0-75-0-0
234-96-158

双色配色

12

13

14

三色配色

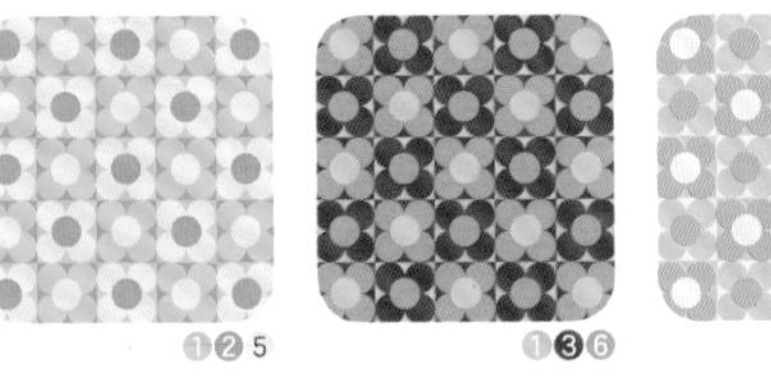

125

136

147

四色配色

1258

1368

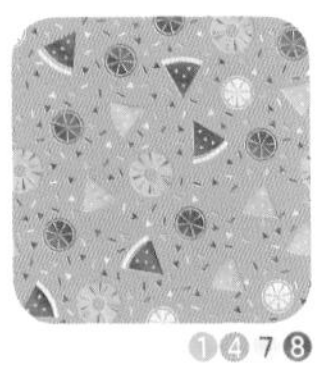

1478

五色配色

12345

12678

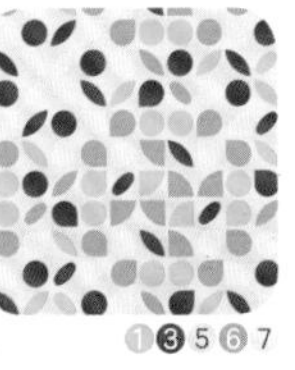

13567

085
萌芽
Germination

意象介绍

萌芽指草木初生发芽，也预示事物的开端。新芽绿是一种奋进向上的颜色，用来表现萌芽这个意象能够给人带来轻快感。

1 新芽绿
20-15-80-0
216-204-72

2 芝士黄
0-10-50-0
255-232-147

3 小松橙
0-40-100-15
222-155-0

4 面纱绿
33-15-95-40
133-137-10

5 芳草绿
50-0-85-0
142-197-74

6 菠萝蜜
0-25-95-10
236-187-0

7 马卡龙绿
20-0-60-0
217-228-128

8 丁子茶
0-40-100-50
154-106-0

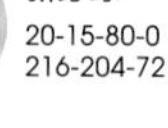

双色配色

1 2

1 3

1 4

三色配色

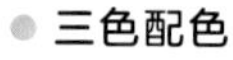

1 2 5

1 3 6

1 4 7

四色配色

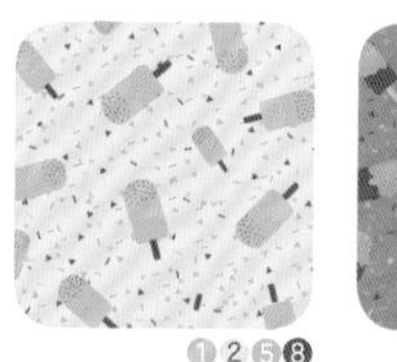
1 2 5 8

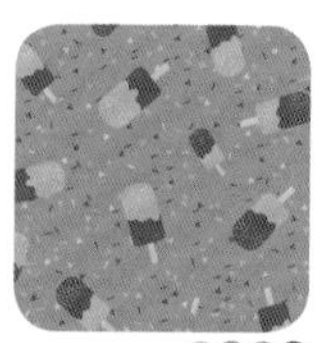
1 3 6 8

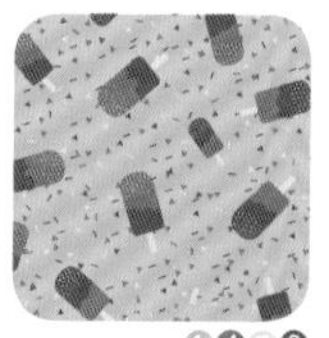
1 4 7 8

五色配色

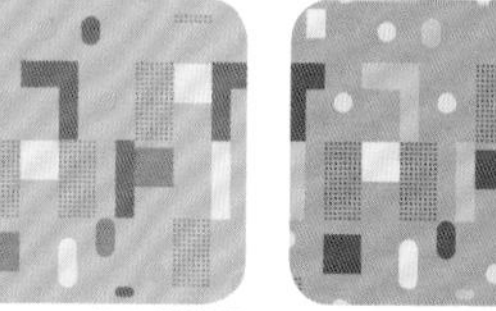
1 2 3 4 5

1 2 6 7 8

1 3 5 6 7

086

青涩

Young

意象介绍

苹果绿带着些许青涩和稚嫩，可以给人带来温和而舒适的感受，仿佛有着苹果的酸甜味道。

1 苹果绿
45-0-95-0
157-201-42

2 浅梦粉
0-45-15-0
243-168-180

3 泡泡粉
0-25-20-0
249-208-195

4 长春花
0-70-0-30
186-85-132

5 浅紫素纤
10-15-0-0
232-222-237

6 春意绿
40-0-50-0
167-211-152

7 斑比诺蓝
35-25-0-0
176-184-221

8 永固浅紫
50-65-0-0
145-102-169

双色配色

12

13

14

三色配色

125

136

147

四色配色

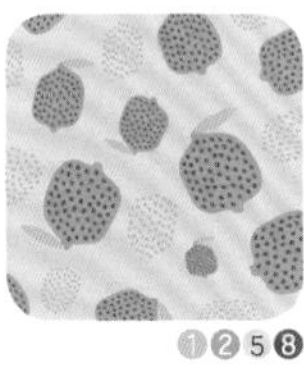

1258

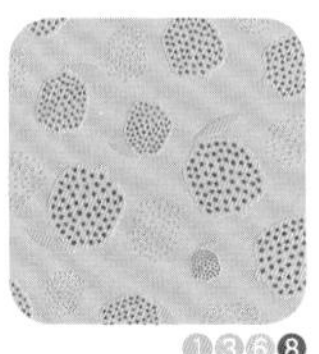

1368

1478

五色配色

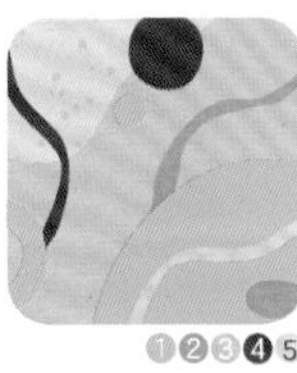

12345

12678

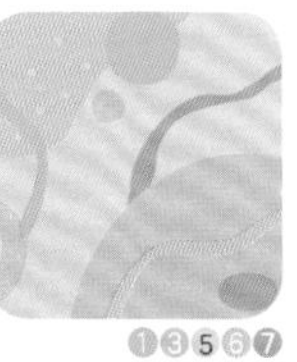

13567

087
新鲜
Fresh

意象介绍

翡翠绿常用来表现新鲜的意象。翡翠的颜色通透无垢，充满希望的鲜明色彩给人以积极的鼓励。

1 翡翠绿
75-0-75-0
19-174-103

2 春风绿
20-0-55-0
216-229-141

3 天蓝色
50-0-0-0
126-206-244

4 奶油绿
45-0-35-0
150-208-182

5 摩尔绿
30-0-80-0
195-217-78

6 绿瓷色
65-0-40-5
75-182-165

7 淡雅绿
20-0-25-0
214-234-206

8 海藻绿
100-30-55-0
0-128-126

● 双色配色

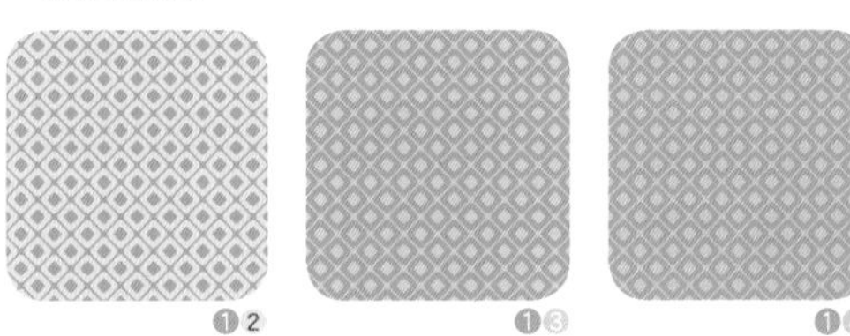

1 2　1 3　1 4

● 三色配色

1 2 5　1 3 6　1 4 7

● 四色配色

1 2 5 8　1 3 6 8　1 4 7 8

● 五色配色

1 2 3 4 5　1 2 6 7 8　1 3 5 6 7

088

初春

Spring

意象介绍

初春雨露的滋润，为万物带来新生的机会。夏日绿如同涉世未深的新生儿，清新又自然。

1 夏日绿
25-0-90-0
207-220-40

2 乳黄
0-5-40-0
255-242-173

3 浅麦尖黄
0-10-80-0
255-227-63

4 粉色芭蕾
0-20-15-0
251-218-209

5 水青色
10-0-25-0
236-243-207

6 罗勒橙
0-20-70-0
253-211-92

7 水嫩黄绿
15-0-60-0
228-233-128

8 青草绿
50-0-85-0
142-197-74

双色配色

1 2　　1 3　　1 4

三色配色

1 2 5　　1 3 6　　1 4 7

四色配色

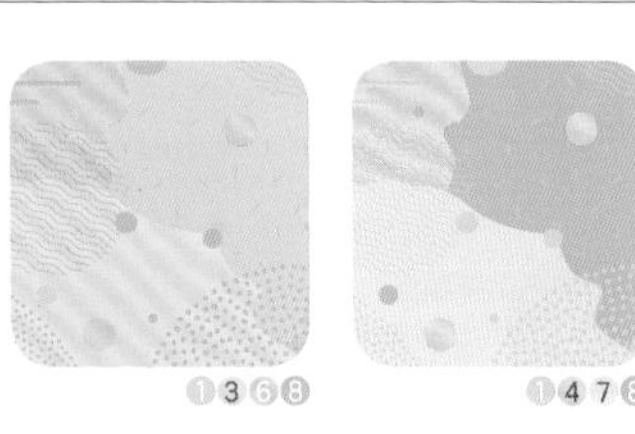

1 2 5 8　　1 3 6 8　　1 4 7 8

五色配色

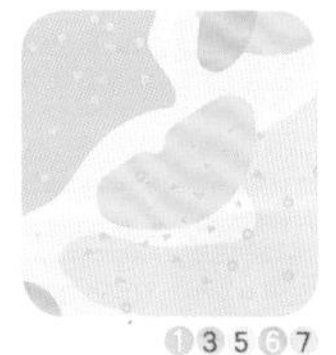

1 2 3 4 5　　1 2 6 7 8　　1 3 5 6 7

089

苦涩

Bitter

意象介绍

猕猴桃绿是绿色系中明度和纯度都偏低的颜色，它带着一点清苦和传统。

1 猕猴桃绿
45-40-100-50
99-90-6

2 薄雾灰
15-20-15-10
208-194-194

3 梧桐灰绿
25-10-40-50
126-133-105

4 阿格斯棕
30-35-50-40
135-118-92

5 布朗尼灰
15-25-30-15
200-178-159

6 干花色
15-45-40-50
136-97-86

7 斯里灰
15-15-35-20
193-185-152

8 藻井蓝
60-55-30-50
74-70-91

● 双色配色

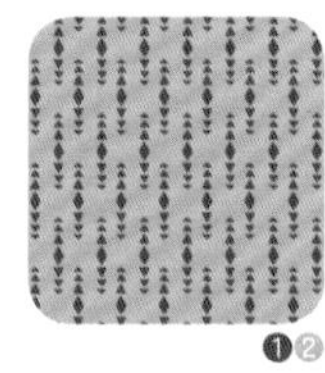
❶❷

❶❸

❶❹

● 三色配色

❶❷❺

❶❸❻

❶❹❼

● 四色配色

❶❷❺❽

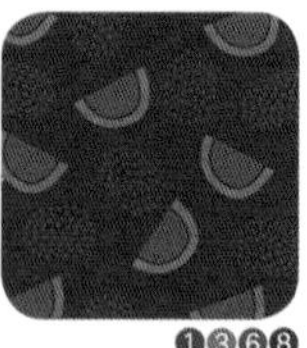
❶❸❻❽

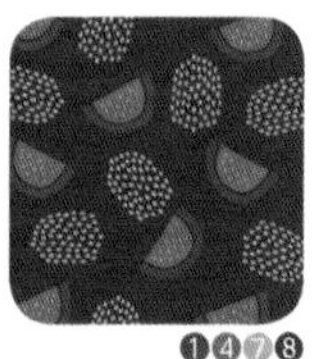
❶❹❼❽

● 五色配色

❶❷❸❹❺

❶❷❻❼❽

❶❸❺❻❼

090 森林 Forest

意象介绍

森林绿可用来表现森林的意象。它给人以抚慰，令人舒适，让人们有充沛的精力和昂扬的心态去迎接各种挑战。

1 森林绿 70-20-70-30 60-125-82

2 花粉橙 0-20-40-5 244-209-157

3 亮黄绿 15-0-70-0 229-232-101

4 明正橘 0-50-60-10 227-144-93

5 淡荷色 20-0-35-0 215-232-186

6 翠竹绿 35-0-70-30 143-169-83

7 海棠红 5-85-25-20 195-57-105

8 春绿色 60-5-55-10 99-173-130

● 双色配色

1 2　　1 3　　1 4

● 三色配色

1 2 5　　1 3 6　　1 4 7

● 四色配色

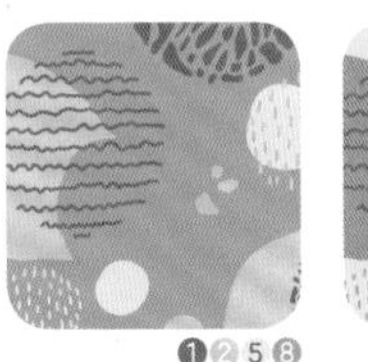

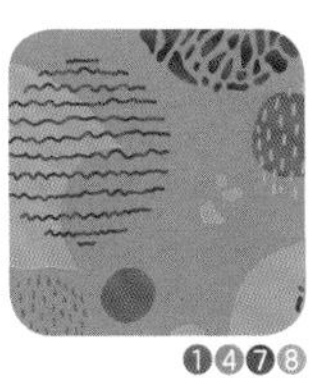

1 2 5 8　　1 3 6 8　　1 4 7 8

● 五色配色

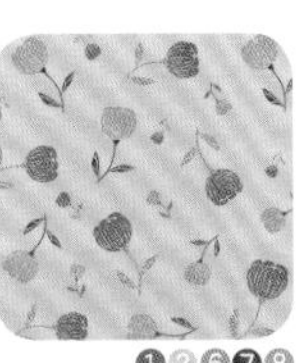

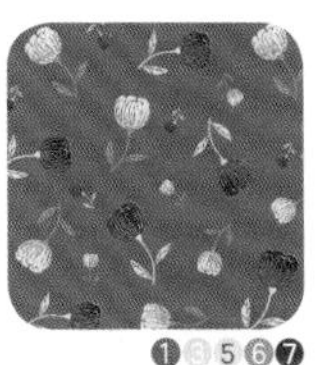

1 2 3 4 5　　1 2 6 7 8　　1 3 5 6 7

091 浓厚 Dense

意象介绍

宝石绿这一色彩能够给人充实感和厚重感，并能表现出高贵、典雅的气质，彰显非凡的魅力。

1 宝石绿
100-30-60-0
0-128-119

2 南瓜肉橙
0-35-50-0
247-185-129

3 浅黛绿
35-0-65-0
181-214-118

4 西瓜红
0-70-50-0
236-109-101

5 金橘色
0-35-80-5
240-177-59

6 冰绿色
60-0-50-10
96-179-142

7 晚霞橙
0-65-80-10
223-113-50

8 烈火红
10-100-85-30
171-0-29

● 双色配色

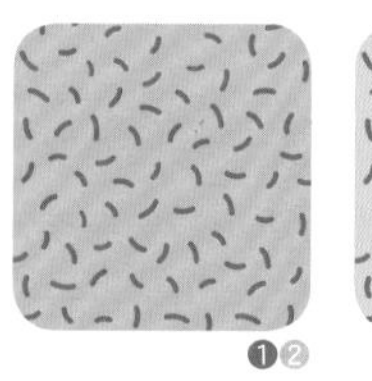

❶❷

❶❸

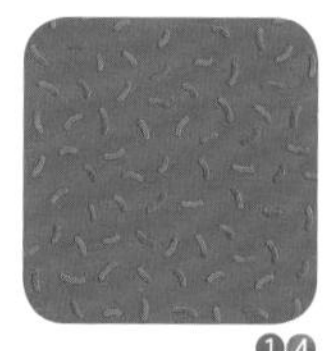

❶❹

● 三色配色

❶❷❺

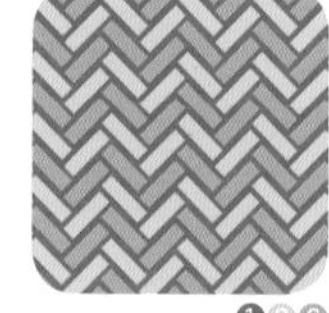

❶❸❻

❶❹❼

● 四色配色

❶❷❺❽

❶❸❻❽

❶❹❼❽

● 五色配色

❶❷❸❹❺

❶❷❻❼❽

❶❸❺❻❼

092

生机

Pullulate

意象介绍

生机代表稚嫩的幼苗，充满希望，拥有理想和期盼。茶白色能表现生机勃勃的意象。

1 茶白色
28-0-25-0
195-226-205

2 荧光粉
0-40-0-0
244-180-208

3 富春纺黄
0-0-25-0
255-252-209

4 若竹绿
75-0-70-0
14-174-113

5 珍珠粉白
5-15-0-0
242-226-238

6 黄叶绿
10-0-65-0
239-237-114

7 青柠色
50-0-80-0
141-197-86

8 繁花桃红
0-65-0-10
222-114-162

双色配色

1 2　　1 3　　1 4

三色配色

1 2 5　　1 3 6　　1 4 7

四色配色

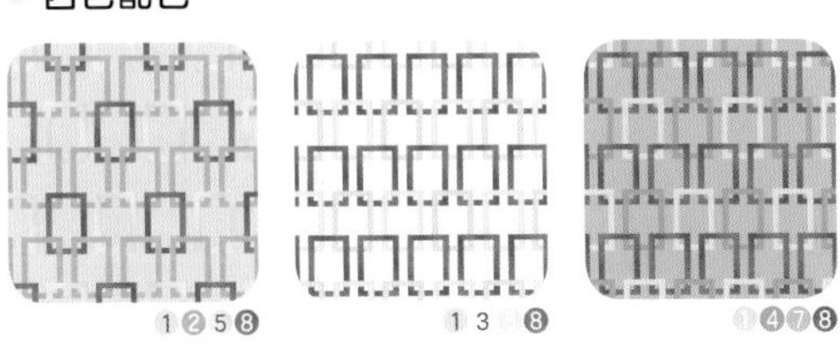

1 2 5 8　　1 3 6 8　　1 4 7 8

五色配色

1 2 3 4 5　　1 2 6 7 8　　1 3 5 6 7

093

清爽
Refreshing

意象介绍

淡而薄的天青色是一种温馨的颜色，如同在明媚阳光里洒下的温暖种子，根植于柔软的心田，给人以抚慰。

1 天青色
15-0-5-0
224-241-244

2 冰露粉
0-25-0-0
249-211-227

3 薄荷绿
50-0-50-0
137-201-151

4 玛丽蓝
55-5-0-0
110-195-238

5 精灵果绿
30-0-30-0
190-223-194

6 通透紫
15-20-0-0
221-209-231

7 碧蓝绿
45-0-20-0
147-210-211

8 天晴绿
70-0-35-0
43-183-179

双色配色

1 2

1 3

1 4

三色配色

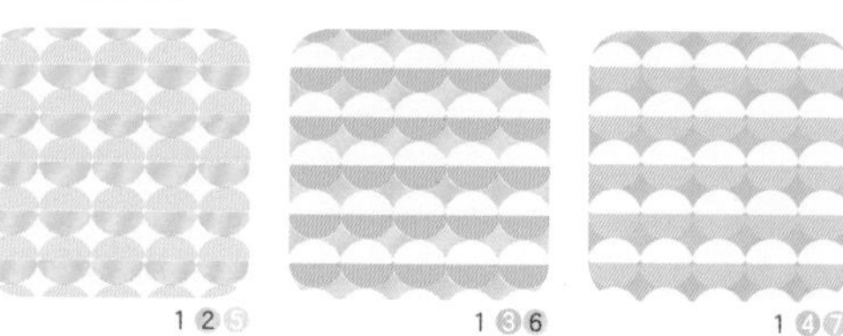
1 2 5　　1 3 6　　1 4 7

四色配色

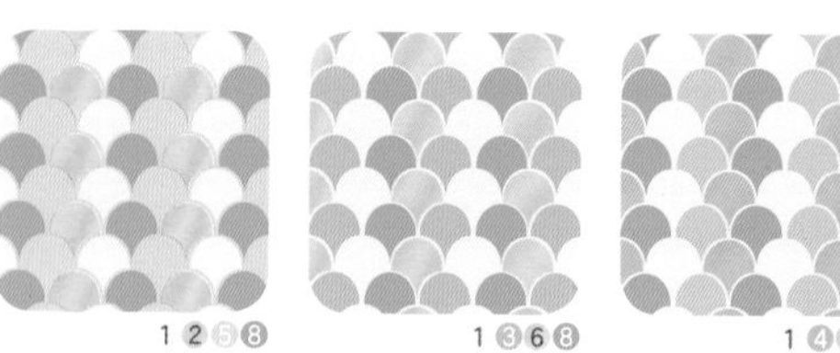
1 2 5 8　　1 3 6 8　　1 4 7 8

五色配色

1 2 3 4 5

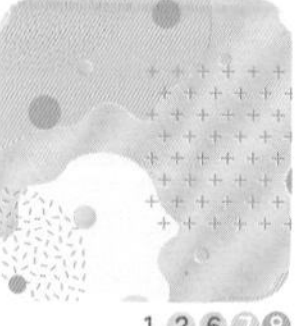
1 2 6 7 8

1 3 5 6 7

094 怀念 Missing

意象介绍

经历了时间的冲刷之后，怀念过去的时光，褪色的回忆一一浮现。仙人掌绿没有明艳的色彩，有的只是淡淡的惆怅和些许温暖的感觉。

1 仙人掌绿
55-7-45-12
112-174-146

2 小鸠黄
0-4-35-0
255-244-185

3 碧泉青
30-0-15-0
188-225-223

4 叶尖青
15-0-30-0
226-238-197

5 果绿色
45-0-75-0
155-203-96

6 田野黄
5-10-70-15
222-203-87

7 浅绿野
35-0-55-0
180-215-141

8 祖母绿
85-0-45-0
0-168-160

双色配色

1 2　1 3　1 4

三色配色

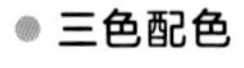

1 2 5　1 3 6　1 4 7

四色配色

1 2 5 8　1 3 6 8　1 4 7 8

五色配色

1 2 3 4 5　1 2 6 7 8　1 3 5 6 7

095

纯净

Purity

意象介绍

平静如水、清澈通透，在炎热的仲夏，澄澈的水色给人带来一丝凉意，让人心神平和。

1 水色
55-0-18-0
113-199-212

2 雪莲蓝
30-0-0-0
186-227-249

3 奶盐绿
45-0-45-0
151-206-162

4 湖蓝
85-25-5-0
0-143-205

5 锰蓝色
55-0-0-0
107-200-242

6 沁水绿
35-0-30-0
177-219-194

7 云朵蓝
60-20-0-0
101-170-221

8 幽静绿
90-0-60-0
0-163-132

双色配色

1 2　　1 3　　1 4

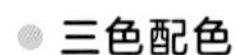

三色配色

1 2 5　　1 3 6　　1 4 7

四色配色

1 2 5 8　　1 3 6 8　　1 4 7 8

五色配色

1 2 3 4 5　　1 2 6 7 8　　1 3 5 6 7

096

经典

Classic

意象介绍

经典指具有典范性的、权威性的、经久不衰的著作。正青色是具有典范意味的色彩，沉稳又冷静。

1 正青色
95-60-0-0
0-93-172

2 云天蓝
25-0-10-0
200-231-233

3 蜻蜓蓝
60-25-0-0
105-163-216

4 玉兰紫
20-40-0-0
207-167-205

5 铁线莲紫
55-40-0-0
127-144-200

6 靛蓝色
80-10-10-15
0-149-193

7 佩斯利紫
80-80-0-0
77-67-152

8 甜菜根红
25-90-0-0
191-47-139

● 双色配色

1 2　　1 3　　1 4

● 三色配色

1 2 5　　1 3 6　　1 4 7

● 四色配色

1 2 5 8　　1 3 6 8　　1 4 7 8

● 五色配色

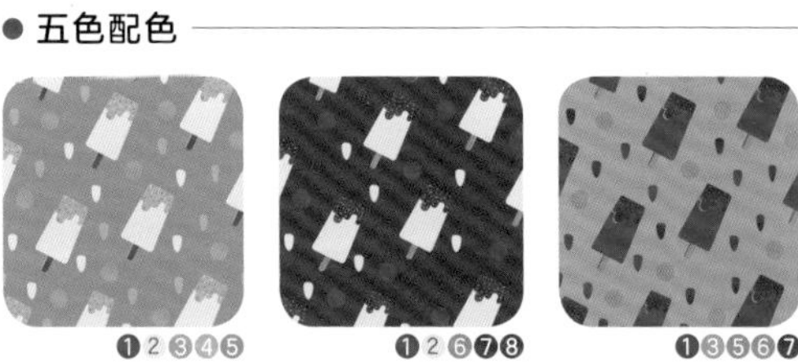

1 2 3 4 5　　1 2 6 7 8　　1 3 5 6 7

097

冷静

Calm

意象介绍

石青蓝令人镇定，拥有真诚和从容的气质，理智而冷静的色相让人情绪缓和，让心境更加安宁。

1 石青蓝
100-35-10-0
0-123-187

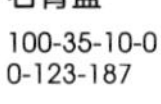

2 紫芽蕾
45-25-0-0
150-175-219

3 薄荷蓝
55-0-15-0
112-199-218

4 丝絮浅蓝
30-0-5-0
200-231-242

5 水洗蓝
60-0-0-0
84-195-241

6 海天色
100-15-0-5
0-142-213

7 幻彩蓝
40-0-10-0
161-216-230

8 紫色妖姬
75-80-0-0
90-67-152

● 双色配色

1 2

1 3

1 4

● 三色配色

1 2 5

1 3 6

1 4 7

● 四色配色

1 2 5 8

1 3 6 8

1 4 7 8

● 五色配色

1 2 3 4 5

1 2 6 7 8

1 3 5 6 7

098 知性 Intellectual

意象介绍

尼罗蓝柔和的色彩如同知性的女性，有着不张扬、不夺目的个性，拥有独特的内涵和魅力。

1 尼罗蓝 65-15-20-2 83-170-193

2 多肉绿 40-0-20-0 162-215-212

3 初恋粉 5-25-0-0 240-207-227

4 雪花膏 15-15-10-0 222-216-221

5 灰纽扣 30-25-10-25 156-155-173

6 西洋粉 10-45-10-0 226-163-186

7 旷谷灰 20-25-10-10 197-183-196

8 水粉紫红 15-65-0-5 206-113-166

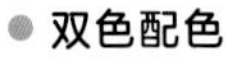

● 双色配色

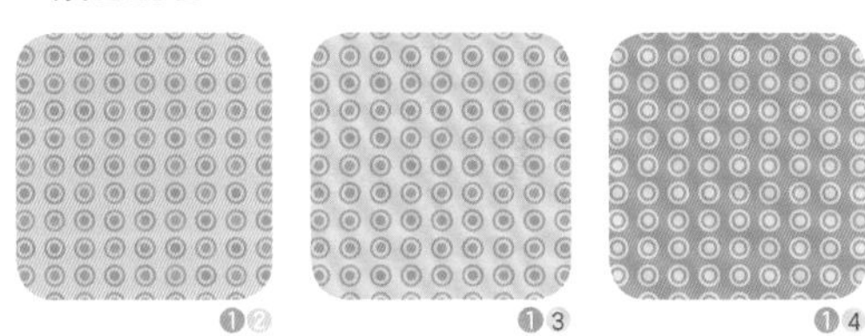

1 2　1 3　1 4

● 三色配色

1 2 5　1 3 6　1 4 7

● 四色配色

1 2 5 8　1 3 6 8　1 4 7 8

● 五色配色

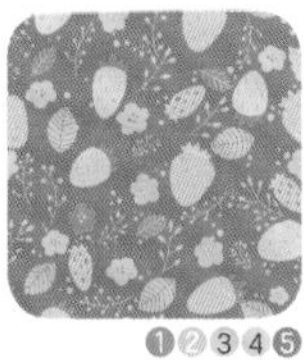

1 2 3 4 5

1 2 6 7 8

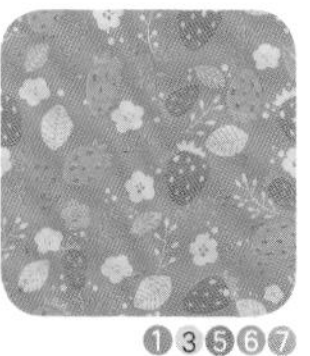

1 3 5 6 7

099

内敛
Introverted

意象介绍

内敛指含蓄，耐人寻味。新桥蓝像清澈的流水，意境悠远而自然，给人洗练、清幽的感觉。

1 新桥蓝
80-10-20-0
0-164-197

2 浅桃粉
0-25-18-0
249-208-198

3 郁金香橙
0-60-55-0
239-132-101

4 沙茶黄
0-25-80-10
235-189-58

5 清凉蓝
45-0-15-0
146-210-220

6 暮光橙
0-20-45-0
252-214-151

7 珊瑚红
0-75-55-10
220-90-84

8 枫糖橙
0-80-100-20
203-72-0

● 双色配色

①② ①③ ①④

● 三色配色

①②⑤ ①③⑥ ①④⑦

● 四色配色

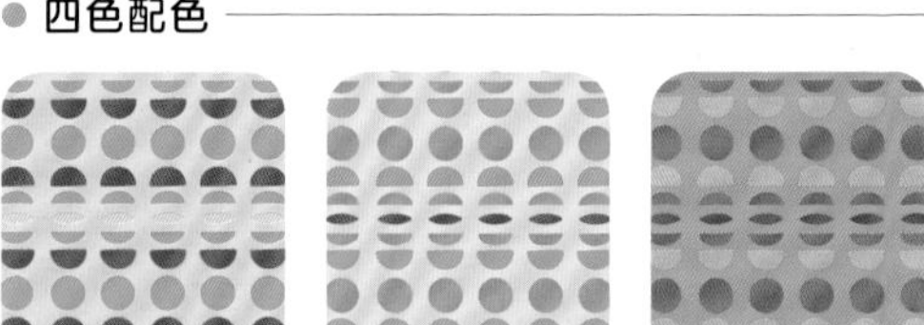

①②⑤⑧ ①③⑥⑧ ①④⑦⑧

● 五色配色

①②③④⑤ ①②⑥⑦⑧ ①③⑤⑥⑦

100

正式

Formal

意象介绍

群青具有一种深远和悠长的意味，显得既镇定庄重，又富有理智，是一种较为正式的色彩。

1 群青
100-80-0-0
0-64-152

2 柔嫩蓝
25-0-3-0
199-232-246

3 欧曼黄
0-20-80-0
253-210-62

4 青萌绿
60-0-85-0
109-187-79

5 浅草绿
10-0-50-10
223-224-143

6 勿忘草蓝
50-15-0-0
132-186-229

7 柳绿
25-0-80-15
186-200-69

8 露草蓝
70-10-5-0
38-173-223

● 双色配色

1 2

1 3

1 4

● 三色配色

1 2 5

1 3 6

1 4 7

● 四色配色

1 2 5 8

1 3 6 8

1 4 7 8

● 五色配色

1 2 3 4 5

1 2 6 7 8

1 3 5 6 7

101 淡雅 Elegant

意象介绍

虹膜紫优雅婉约，是紫色系中较为淡雅的色彩，是女性的独立和知性气质的体现。

1 虹膜紫
50-60-5-0
145-112-170

2 花叶黄
0-10-70-5
248-222-92

3 木槿紫
15-40-0-0
217-170-205

4 浅觅蓝
20-10-0-0
211-222-241

5 彩霞橙
0-35-70-0
248-184-86

6 薄紫
35-35-0-0
176-167-209

7 奶粉黄
0-5-25-0
255-244-205

8 紫菀
30-55-0-0
186-131-183

● 双色配色

1 2　1 3　1 4

● 三色配色

1 2 5　1 3 6　1 4 7

● 四色配色

1 2 5 8　1 3 6 8　1 4 7 8

● 五色配色

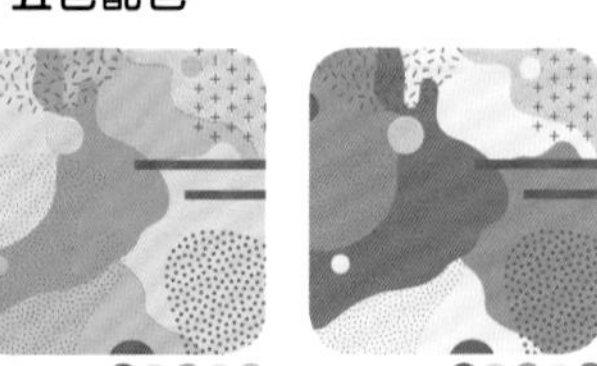

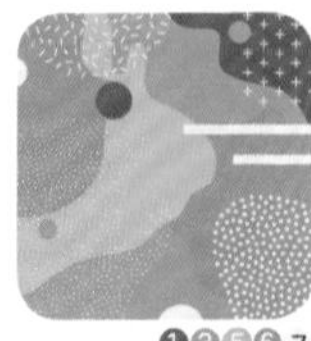

1 2 3 4 5　1 2 6 7 8　1 3 5 6 7

102

魅力

Charm

意象介绍

香水草紫如花一般散发出浓郁的芬芳，具有雍容典雅的华贵气息，魅力独特。

1 香水草紫
65-100-20-10
111-24-110

2 藤紫色
35-45-0-0
176-148-196

3 荻花紫
15-55-0-0
214-139-185

4 青紫色
20-20-0-0
210-204-230

5 沙土橙
0-20-20-10
235-204-188

6 粉荷花
5-25-3-0
240-207-223

7 半紫色
55-60-0-0
133-109-175

8 菖蒲紫
55-100-15-0
137-22-121

双色配色

12

13

14

三色配色

125

136

147

四色配色

1258

1368

1478

五色配色

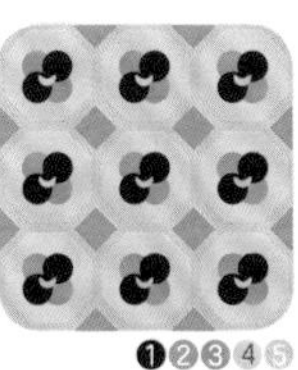

12345

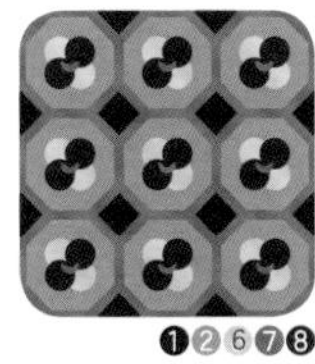

12678

13567

103

伤感

Melancholy

意象介绍

闪蝶紫低纯度的色调给人淡雅、柔和的感觉，蕴含一股浅浅的幽思，仿佛天生带着一丝伤感。

1 闪蝶紫
30-30-5-0
188-179-209

2 燕麦色
5-10-15-0
244-233-219

3 紫绀
45-35-15-40
109-113-134

4 青霜灰
10-5-10-10
220-223-217

5 通草紫
30-45-15-25
156-125-148

6 胡桃灰
20-30-25-20
182-160-156

7 黄琇灰
15-20-30-5
216-200-175

8 紫砂色
40-45-15-35
125-108-134

双色配色

1 2

1 3

1 4

三色配色

1 2 5

1 3 6

1 4 7

四色配色

1 2 5 8

1 3 6 8

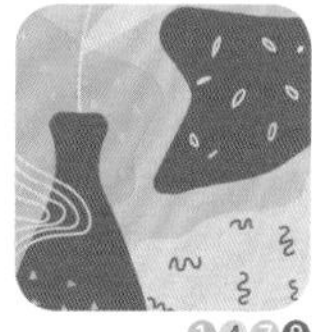

1 4 7 8

五色配色

1 2 3 4 5

1 2 6 7 8

1 3 5 6 7

104 智慧 Wisdom

意象介绍

中等明度的神秘紫优雅而智慧，给人一种亲切和善的感觉，是典雅和风尚的体现。

1 神秘紫
60-75-0-0
124-80-157

2 山茶粉
0-55-10-0
240-146-174

3 浅紫莲
15-18-0-0
221-212-233

4 海棠粉
0-80-15-0
233-83-137

5 蜜糖粉
0-30-20-0
248-198-189

6 绣球紫
25-55-0-0
196-134-184

7 甚三红
0-75-55-0
235-97-90

8 牡丹红
0-90-95-35
175-38-7

● 双色配色

①②

①③

①④

● 三色配色

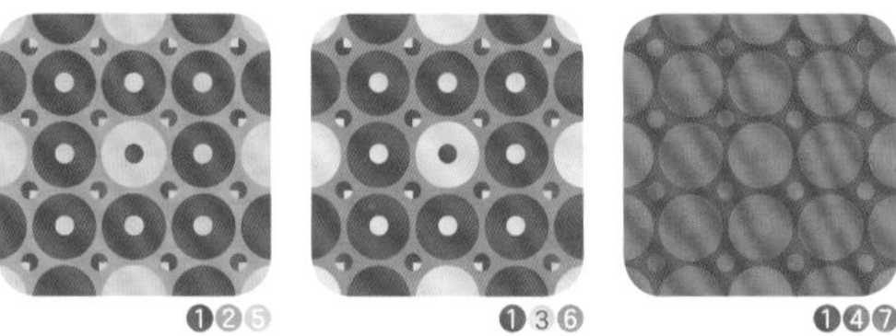

①②⑤　①③⑥　①④⑦

● 四色配色

①②⑤⑧

①③⑥⑧

①④⑦⑧

● 五色配色

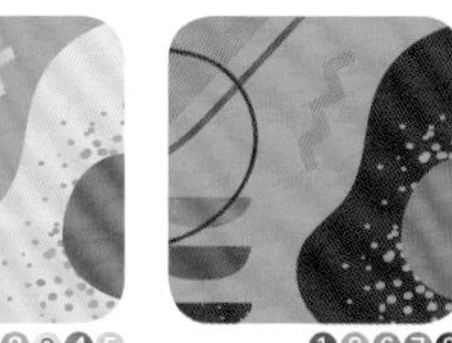

①②③④⑤　①②⑥⑦⑧

①③⑤⑥⑦

105

情怀

Feelings

意象介绍

古代紫柔和的色调中带着淡淡的慵懒，却又透着女性的朦胧与温柔，亲和的性质让人感受到一种特别的情怀。

1 **古代紫**
4-30-0-20
208-171-191

2 **春蓝灰**
20-10-5-10
198-207-219

3 **蕙兰灰**
10-20-10-5
225-206-210

4 **绿豆灰**
20-10-25-10
199-205-186

5 **鸠羽灰**
15-35-30-25
182-148-138

6 **鸭卵灰**
10-5-10-0
235-238-232

7 **黛西灰**
25-30-25-15
180-164-162

8 **暗绿灰**
30-20-30-35
142-146-135

双色配色

1 2

1 3

1 4

三色配色

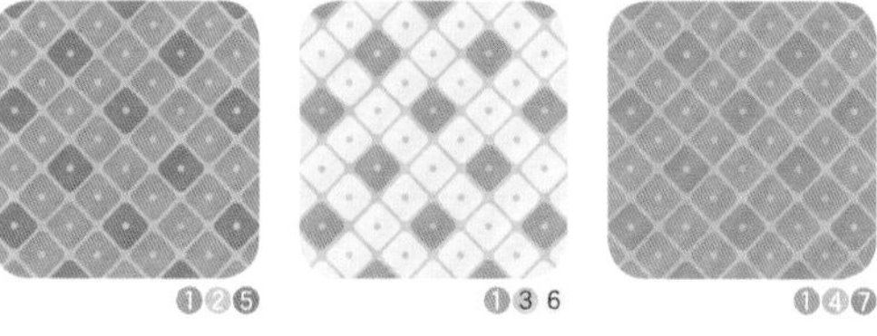
1 2 5　　1 3 6　　1 4 7

四色配色

1 2 5 8

1 3 6 8

1 4 7 8

五色配色

1 2 3 4 5

1 2 6 7 8

1 3 5 6 7

106

规律

Law

意象介绍

青蟹灰不仅给人理智而规律的感觉，又具备深沉而和谐的色彩气质，这使之成为智慧与稳重的化身。

1 青蟹灰
25-5-25-60
107-119-108

2 鸡蛋壳
0-10-15-5
246-230-213

3 幼鹿棕
0-20-35-35
188-162-130

4 红朱鹭
0-30-10-30
195-158-164

5 枯叶绿
35-10-35-20
154-177-154

6 杏黄灰
5-25-35-10
226-191-157

7 春树绿
60-25-55-0
115-159-128

8 冰露棕
0-35-45-55
144-107-79

● 双色配色

1 2　　1 3　　1 4

● 三色配色

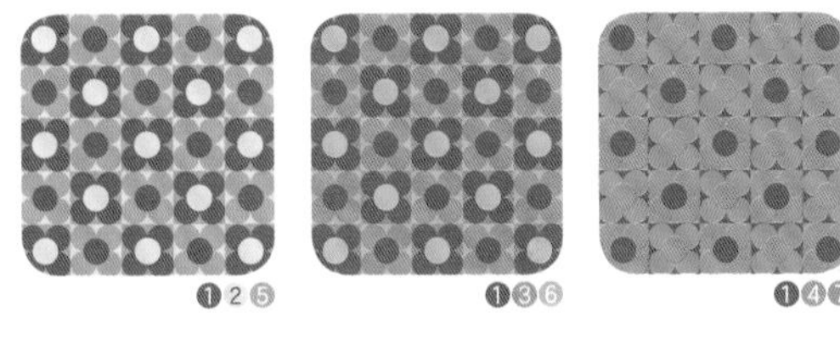

1 2 5　　1 3 6　　1 4 7

● 四色配色

1 2 5 8　　1 3 6 8　　1 4 7 8

● 五色配色

1 2 3 4 5　　1 2 6 7 8　　1 3 5 6 7

107

纯洁

Clean

意象介绍

絮白色是一种高明度、低纯度的色彩，比白色更柔美、更温馨，给人纯洁干净的感觉。

1 絮白色
3-5-5-0
249-245-242

2 雪花蓝
15-0-5-10
209-226-229

3 绸缎灰
0-10-15-15
228-214-198

4 落樱粉
0-15-10-10
236-214-209

5 浅山葵绿
10-5-25-10
220-221-191

6 月光灰
10-15-5-5
225-215-223

7 黄天鹅毛
0-5-15-5
247-238-218

8 粉白纱
0-10-5-5
246-231-230

○ 双色配色

1 2

1 3

1 4

○ 三色配色

1 2 5

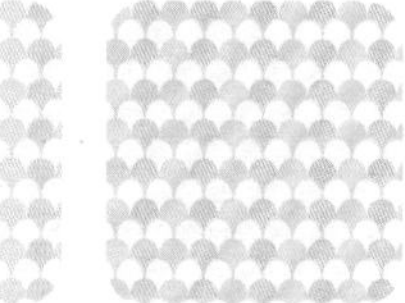

1 3 6

1 4 7

○ 四色配色

1 2 5 8

1 3 6 8

1 4 7 8

○ 五色配色

1 2 3 4 5

1 2 6 7 8

1 3 5 6 7

108 沉默 Silent

意象介绍

墨黑色具有神秘和高贵的气质，令人敬畏。墨黑色明度低，给人一种严肃沉默的感觉，显得颇有深度。

1 墨黑色
80-75-70-50
45-45-48

2 毛发灰
15-5-15-40
158-165-158

3 海蓝灰
35-10-20-10
166-193-192

4 暖风灰
5-5-20-40
174-171-153

5 墨绿灰
50-30-50-25
119-133-110

6 冰原蓝
50-10-25-25
112-159-161

7 可丽灰
5-5-15-20
212-209-194

8 古典绿
70-35-50-50
48-87-82

● 双色配色

12

13

14

● 三色配色

125

136

147

● 四色配色

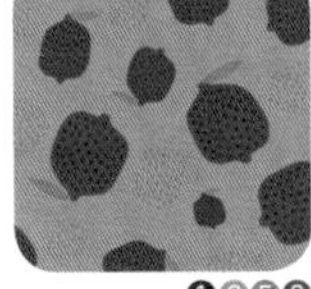

1258

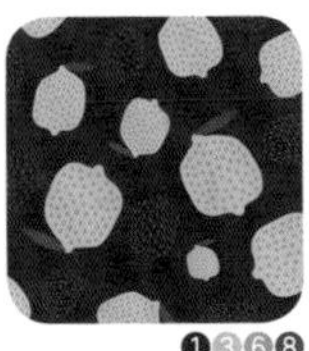

1368

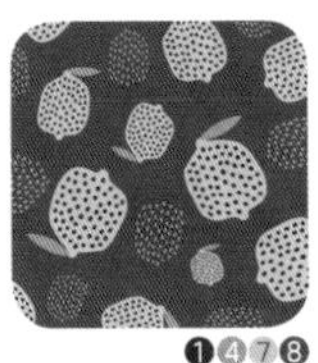

1478

● 五色配色

12345

12678

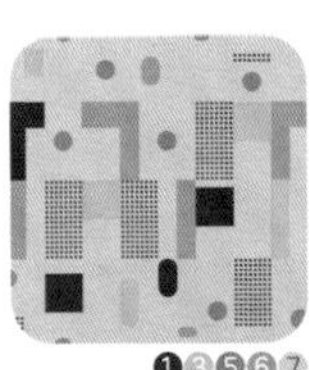

13567

109

清新

Fresh

意象介绍

清新绿温和婉约，当人们疲惫时，这种颜色会使人获得一种视觉和心理上的满足，是用于体现宁静和安逸的最佳色彩。

1 清新绿
59-0-99-0
113-186-45

2 奇异果绿
30-2-80-0
195-215-78

3 菊花黄
0-0-55-0
255-247-140

4 冰露蓝
50-5-10-0
131-199-224

5 冰淇淋绿
30-0-25-0
190-224-204

6 豆花绿
10-0-30-0
237-242-197

7 希尔紫
15-25-5-0
220-199-218

8 紫薯色
30-40-0-5
182-156-197

双色配色

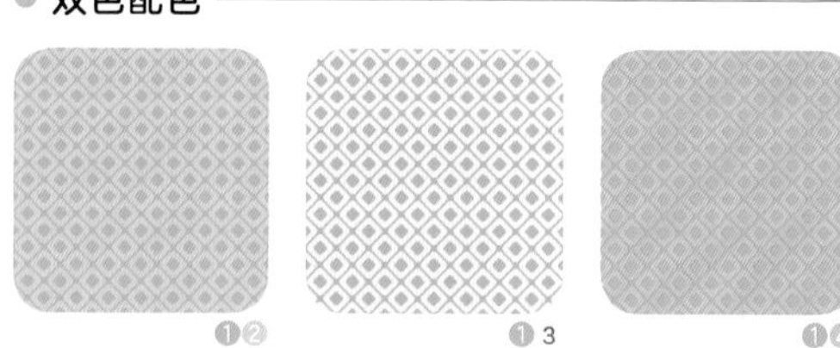

1 2　　1 3　　1 4

三色配色

1 2 5　　1 3 6　　1 4 7

四色配色

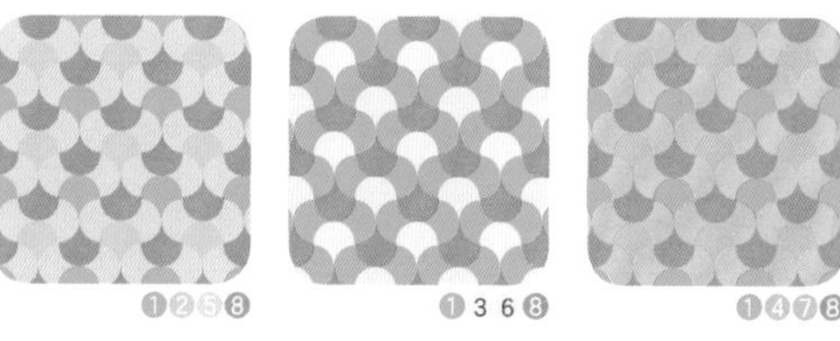

1 2 5 8　　1 3 6 8　　1 4 7 8

五色配色

1 2 3 4 5　　1 2 6 7 8　　1 5 6 7

110

梦幻

Dream

意象介绍

梦幻的柔软紫，通过浅淡的色彩保持清澈的感觉，柔和淡雅，充满了童话般的感觉。

1 柔软紫
30-25-0-0
187-188-222

2 温柔粉
0-45-12-0
243-168-184

3 浅黄白
0-0-30-0
255-251-199

4 蔓藤紫
40-40-0-0
165-154-202

5 暮雪蓝
30-10-0-0
187-212-239

6 白胡椒
8-9-3-0
238-234-240

7 浅光粉
6-17-6-0
240-221-227

8 素纤蓝
30-3-0-0
187-223-246

双色配色

❶❷

❶ 3

❶❹

三色配色

❶❷ 5

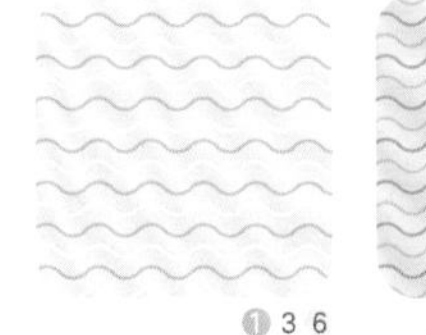

❶ 3 6

❶❹ 7

四色配色

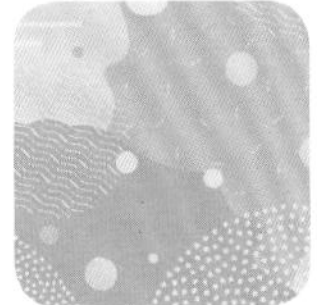

❶❷ 5 8

❶ 3 6 8

❶❹ 7 8

五色配色

❶❷ 3 ❹ 5

❶❷ 6 7 8

❶ 3 5 6 7

111

朦胧

Obscure

意象介绍

宁静中带着一丝忧郁的色彩，会让人渐渐产生朦胧的韵味与泰然的感觉，欲语又止，思绪茫然。

1 黄瓜瓤
10-5-30-0
236-235-194

2 云水蓝
28-0-10-0
193-228-233

3 婴儿白
2-5-13-2
249-242-226

4 浅新绿
25-1-19-0
201-229-216

5 黄苹果肉
0-3-30-0
255-247-197

6 浅天蓝
30-10-2-0
187-212-237

7 豆橙
3-11-19-0
248-232-210

8 果粉紫
16-25-4-0
218-198-219

双色配色

1 2　1 3

1 4

三色配色

1 2 5　1 3 6

1 4 7

四色配色

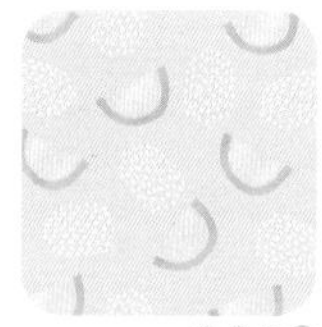

1 2 5 8

1 3 6 8

1 4 7 8

五色配色

1 2 3 4 5

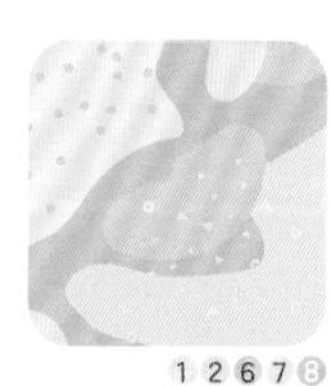

1 2 6 7 8

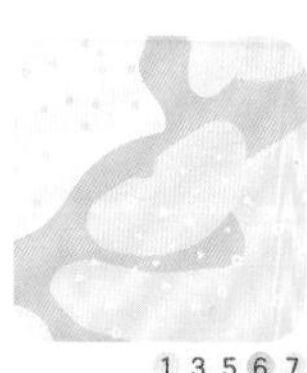

1 3 5 6 7

112

纯真

Pure

意象介绍

乐园橙给人一种纯洁诚实、天真无邪的感觉，与高明度的暖色和冷色搭配可以营造一种童真的氛围。

1 乐园橙
0-40-35-0
245-177-153

2 饼干黄
2-0-30-0
253-249-198

3 马赛蓝
35-0-10-0
175-221-231

4 奶提紫
20-20-0-0
210-204-230

5 桃珍珠
10-30-0-0
229-194-219

6 大麦黄
10-10-30-0
235-227-189

7 晴野蓝
62-5-25-0
90-186-195

8 樱桃红
0-80-50-0
234-84-93

双色配色

1 2　　1 3　　1 4

三色配色

1 2 5　　1 3 6　　1 4 7

四色配色

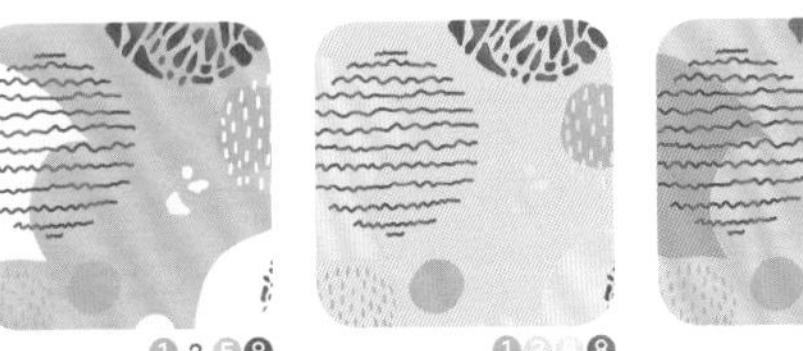

1 2 5 8　　1 3 6 8　　1 4 7 8

五色配色

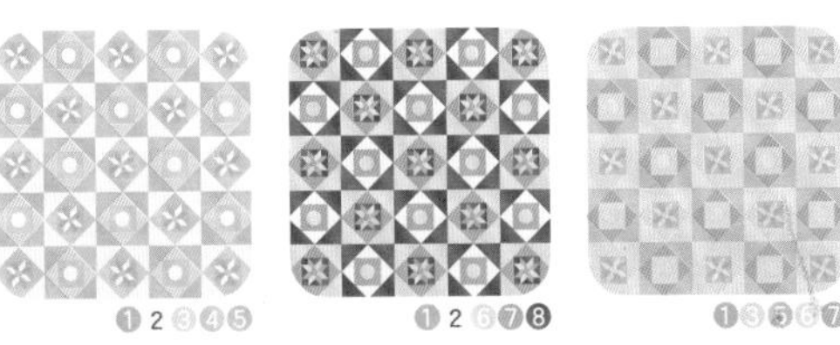

1 2 3 4 5　　1 2 6 7 8　　1 3 5 6 7

意象介绍

优美的木槿粉有一种美好、美妙的感觉，给人一种柔中带刚、浪漫的风情，赏心悦目，能营造柔和雅致的氛围。

1 木槿粉
10-30-0-0
229-194-219

2 一斤染红
3-45-12-0
238-167-184

3 十祥锦橙
0-25-30-5
242-201-172

4 樱紫色
35-38-0-0
176-161-205

5 粉红彩
0-15-8-0
252-229-226

6 浅茄紫
30-55-5-0
186-131-178

7 碧泉绿
28-2-25-0
195-224-203

8 鼠紫色
45-45-0-20
134-123-169

双色配色

1 2

1 3

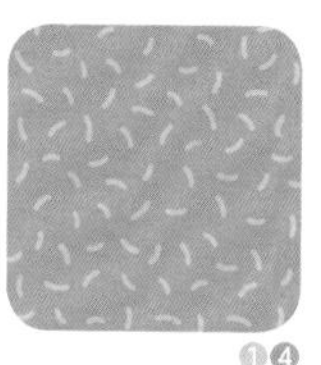
1 4

三色配色

1 2 5

1 3 6

1 4 7

四色配色

1 2 5 8

1 3 6 8

1 4 7 8

五色配色

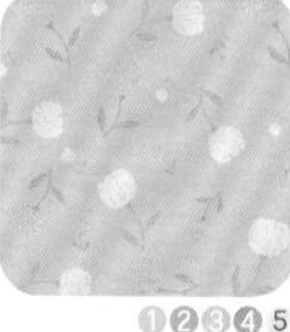
1 2 3 4 5

1 2 6 7 8

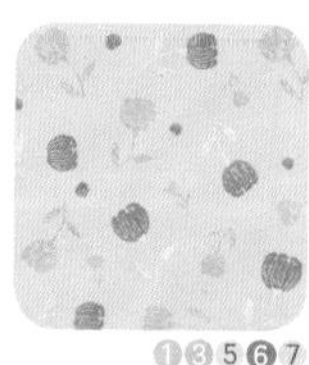
1 3 5 6 7

意象介绍

傍晚太阳在天空中小憩，缠绕着一缕清闲恬适的韵味，反映一种慵懒、倦怠的心绪。

1 斯里黄
5-20-40-8
231-201-154

2 淡荷彩
10-0-30-3
233-238-194

3 湖滨蓝
45-5-10-15
132-185-203

4 金鱼草橙
0-40-39-0
245-176-146

5 海索灰
40-30-10-10
155-161-188

6 玉橙色
3-25-30-5
237-199-172

7 珠宝灰
8-35-15-25
192-153-160

8 胡桃棕
20-30-20-35
158-139-142

双色配色

1 2

1 3

1 4

三色配色

1 2 5

1 3 6

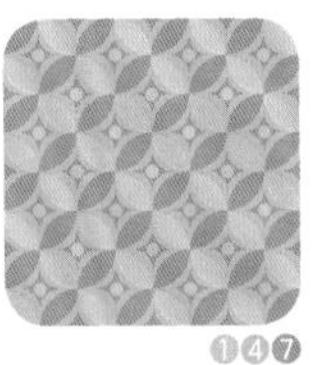
1 4 7

四色配色

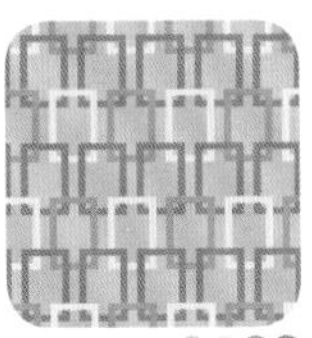
1 2 5 8

1 3 6 8

1 4 7 8

五色配色

1 2 3 4 5

1 2 6 7 8

1 3 5 6 7

115

自然

Natural

意象介绍

葱绿色中糅合了自然的气息，令人感觉到愉快、明亮而新鲜，仿佛画面中有明媚的阳光，充满夏天的气息。

1 葱绿色
35-5-85-0
183-205-66

2 浅芽绿
10-2-30-0
236-240-196

3 槐黄
8-5-92-0
243-228-0

4 丝瓜花黄
0-35-95-8
236-173-0

5 菠菜绿
68-22-100-6
90-149-49

6 水嫩绿
25-0-37-8
193-216-172

7 枯叶黄
7-10-85-50
151-138-22

8 樊黄色
20-40-80-0
211-162-67

双色配色

1 2

1 3

1 4

三色配色

1 2 5

1 3 6

1 4 7

四色配色

1 2 5 8

1 3 6 8

1 4 7 8

五色配色

1 2 3 4 5

1 2 6 7 8

1 3 5 6 7

116

体贴

Considerate

意象介绍

黄槿花明亮又温暖，给人一种充满关怀的感觉，让画面饱含贴心与慈爱。

1 黄槿花
10-30-75-0
232-186-78

2 绿玉薄荷
80-8-60-0
0-163-129

3 阳光橙
5-50-83-0
235-150-52

4 白叶青
20-0-20-0
213-234-216

5 春绿
25-2-40-0
203-225-173

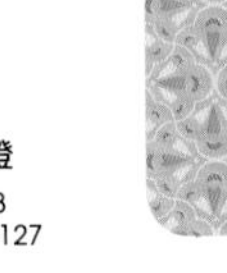

6 浅松皮橙
0-30-50-8
236-185-127

7 韩红花
0-75-60-0
235-97-83

8 鹊蓝灰
33-5-10-40
127-154-163

双色配色

1 2

1 3

1 4

三色配色

1 2 5

1 3 6

1 4 7

四色配色

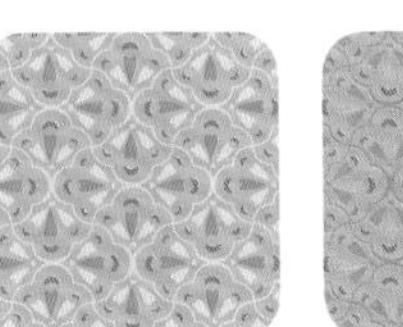

1 2 5 8

1 3 6 8

1 4 7 8

五色配色

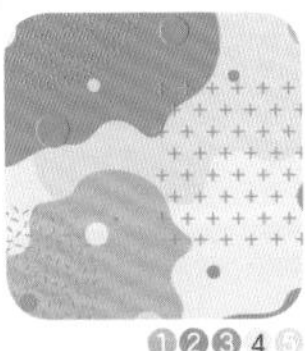

1 2 3 4 5

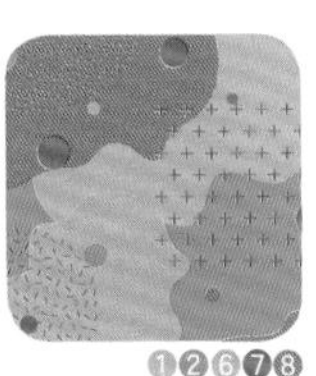

1 2 6 7 8

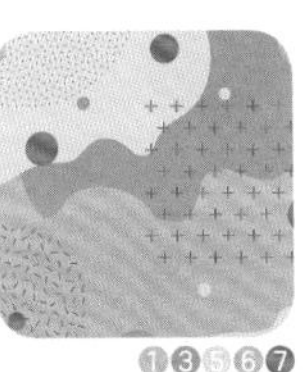

1 3 5 6 7

117

清朗

Gentle

意象介绍

清朗爽快的色彩如流淌的月光，淡雅而柔和，让人仿佛置身于梦幻世界。

1 浅薄青
25-0-37-8
193-216-172

2 丹东黄
0-5-50-0
255-240-150

3 软青玉
60-0-50-0
102-191-151

4 清凉蓝天
60-20-4-0
103-169-216

5 深海绿
90-0-40-0
0-165-168

6 苏打蓝
45-0-3-0
144-211-241

7 赛船蓝
100-70-0-0
0-78-162

8 彗星蓝
80-40-0-0
24-127-196

双色配色

1 2

1 3

1 4

三色配色

1 2 5

1 3 6

1 4 7

四色配色

1 2 5 8

1 3 6 8

1 4 7 8

五色配色

1 2 3 4 5

1 2 6 7 8

1 3 5 6 7

意象介绍

绚丽是指耀眼而华丽，色彩的绚丽感与色彩组合有关，运用色相对比的配色具有华丽感，其中以互补色组合最为华丽。

杏橙色
0-70-70-0
237-109-70

凤仙粉
2-15-8-0
249-227-226

橙皮色
0-35-95-5
241-176-0

青苹果
55-5-100-0
128-185-39

波斯紫
30-30-0-8
178-170-205

春日黄
0-7-23-0
255-241-207

极光黄
0-15-100-0
255-217-0

藕紫色
37-58-0-0
172-122-179

● 双色配色

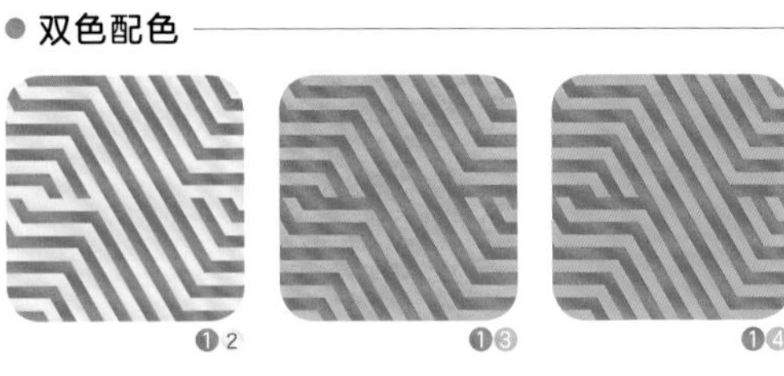

● 三色配色

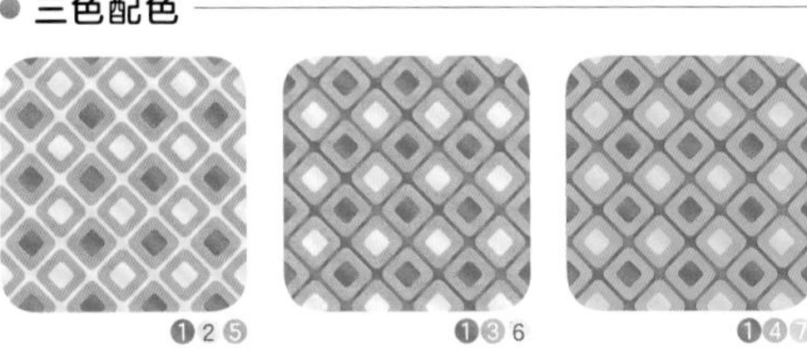

● 四色配色

● 五色配色

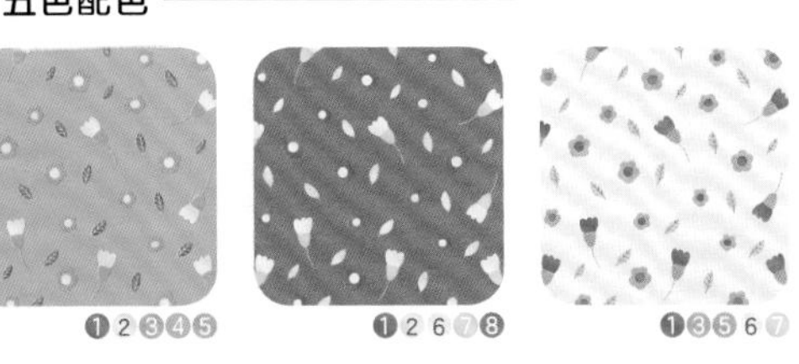

119 欢乐 Happy

意象介绍

色彩的欢乐与流行取决于刺激视觉的程度。在色相方面，红、橙、黄色具有欢乐与流行感，偏暖的色系容易使人感到欢乐。

1 池瑄花 8-75-5-0 222-94-153

2 亮草黄 0-15-75-0 255-219-79

3 红梅粉 5-35-8-0 238-187-203

4 萱草橙 0-53-100-0 242-145-0

5 桃红海棠 0-100-0-0 228-0-127

6 裸橘色 0-75-77-0 235-97-56

7 气球紫 70-85-5-0 104-60-143

8 萤火虫黄 0-40-90-0 246-172-25

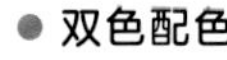

双色配色

1 2

1 3

1 4

三色配色

1 2 5

1 3 6

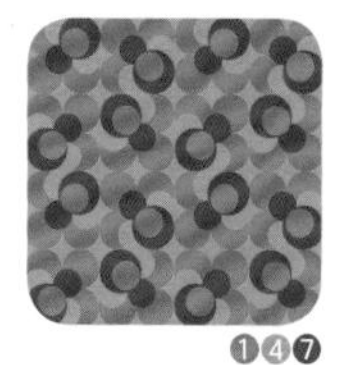

1 4 7

四色配色

1 2 5 8

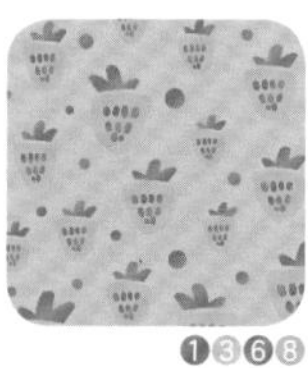

1 3 6 8

1 4 7 8

五色配色

1 2 3 4 5

1 2 6 7 8

1 3 5 6 7

120 热情 Enthusiasm

意象介绍

车厘子红给人大胆热烈的色彩意象，如同热情浪漫的女郎。特别是与明亮的黄色搭配可以展现出夺目的色彩效果。

1 车厘子红
10-100-68-10
202-2-56

2 芒果黄
0-15-80-0
255-219-63

3 诺雅粉
0-30-10-0
247-200-206

4 炫目橙
0-75-80-5
228-94-49

5 金秋橙
0-53-95-0
242-146-0

6 嫣红色
3-80-50-0
230-84-94

7 松柏绿
100-10-70-20
0-129-98

8 紫棠色
70-90-0-30
84-33-115

● 双色配色

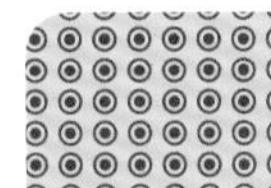

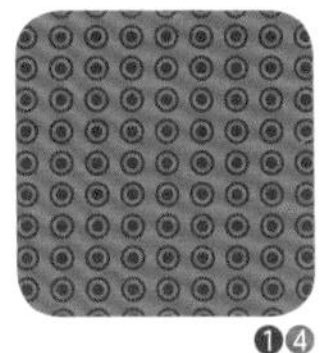

❶❷ ❶❸ ❶❹

● 三色配色

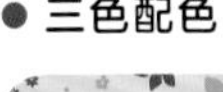

❶❷❺ ❶❸❻ ❶❹❼

● 四色配色

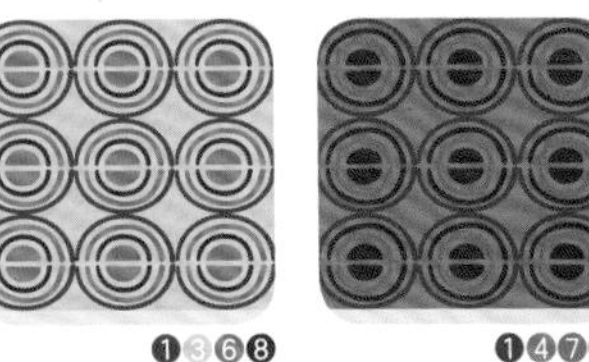

❶❷❺❽ ❶❸❻❽ ❶❹❼❽

● 五色配色

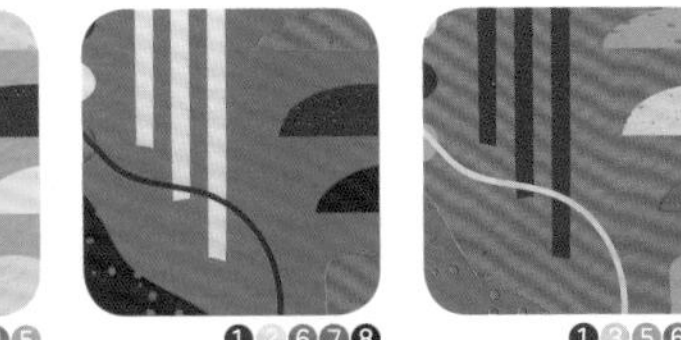

❶❷❸❹❺ ❶❷❻❼❽ ❶❸❺❻❼

121

娴静

Demure

意象介绍

宁静紫饱和度低，给人一种柔和文雅、美丽娴静的感觉，常用于女性向配色。

1 宁静紫
35-40-3-0
177-157-199

2 花叶橙
0-25-55-0
251-204-126

3 紫薇粉
0-50-10-0
241-157-181

4 青紫色
30-20-0-0
187-196-228

5 桃浆红
5-33-10-0
238-191-202

6 紫桔梗
70-60-0-0
95-103-174

7 樱粉少女
10-75-5-0
218-94-153

8 波兰紫
33-55-5-0
181-130-178

双色配色

❶❷ ❶❸ ❶❹

三色配色

❶❷❺ ❶❸❻ ❶❹❼

四色配色

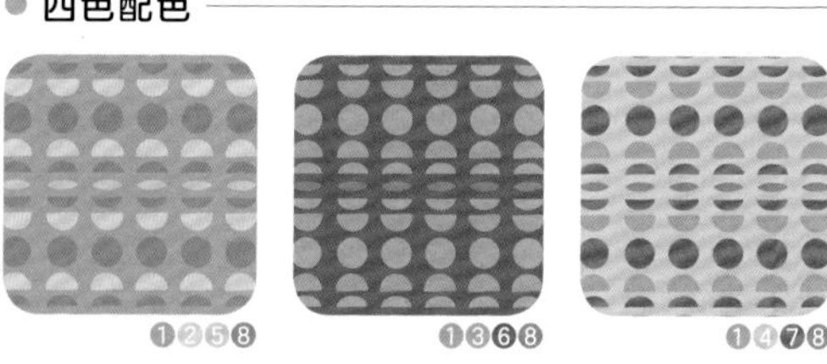

❶❷❺❽ ❶❸❻❽ ❶❹❼❽

五色配色

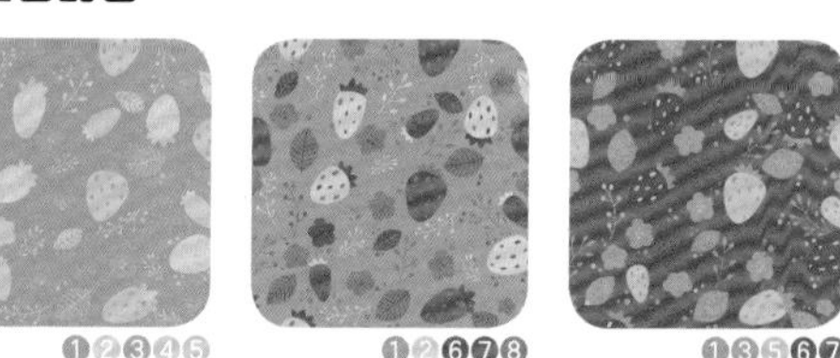

❶❷❸❹❺ ❶❷❻❼❽ ❶❸❺❻❼

122

豪华

Luxury

意象介绍

琵琶黄能够让人感觉到豪华的质感，经常用于华丽的画面。

1 琵琶黄
0-35-95-0
248-181-0

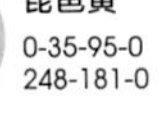

2 青莲红
30-100-20-0
183-1-113

3 谷黄彩
0-5-78-0
255-236-71

4 红樱桃派
30-95-70-10
173-39-60

5 黛螺紫
68-75-0-0
106-78-157

6 霓虹粉
0-85-5-0
231-66-141

7 妃橙色
0-75-80-0
235-97-51

8 苦茶绿
20-30-100-20
185-155-0

双色配色

①②

①③

①④

三色配色

①②⑤

①③⑥

①④⑦

四色配色

①②⑤⑧

①③⑥⑧

①④⑦⑧

五色配色

①②③④⑤

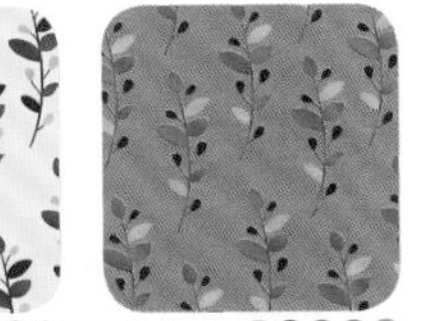

①②⑥⑦⑧

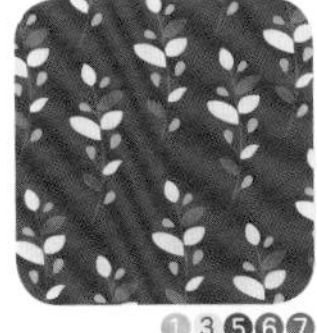

①③⑤⑥⑦

123

成熟

Mature

意象介绍

鸡冠花红柔美中带有幽雅，拥有成熟的风韵，较强的视觉冲击力造成色彩反差，带来了丰富感。

1 鸡冠花红
10-100-50-30
170-0-62

2 暖柿橙
0-60-100-0
240-131-0

3 普洱绿
30-32-75-40
136-120-56

4 墨水蓝
85-70-20-30
41-64-114

5 醇香橙
3-25-55-0
246-202-126

6 欧曼橙
20-75-83-10
191-87-48

7 干麦黄
0-35-95-18
218-160-0

8 绯夜红
30-95-55-60
100-0-37

● 双色配色

● 三色配色

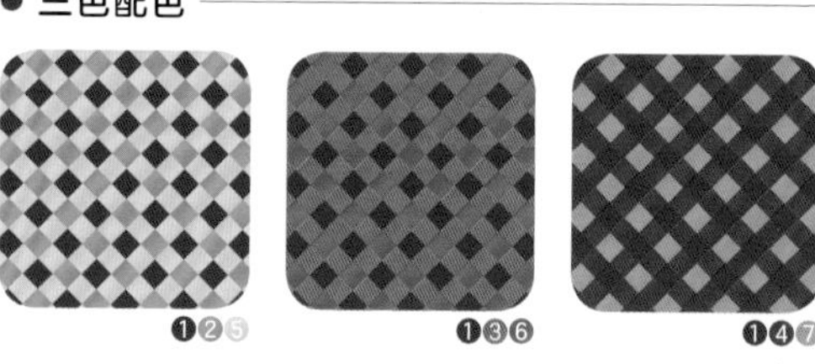

● 四色配色

● 五色配色

124

混乱

Confusion

意象介绍

混乱指的是一种没有秩序和条理的状态，低明度、低纯度的土橄榄色带给人一种混乱的感觉。

1 土橄榄色
0-8-30-50
158-148-120

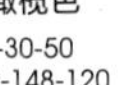

2 曙色橙
5-55-70-10
219-132-73

3 静夜蓝
90-80-0-30
33-48-123

4 土红色
20-90-100-20
175-48-20

5 宇宙蓝
85-60-10-60
5-46-90

6 焦棕色
0-80-90-65
117-31-0

7 温莎蓝
78-60-0-0
69-99-173

8 魅力橙
0-75-77-5
228-94-54

双色配色

❶❷

❶❸

❶❹

三色配色

❶❷❺

❶❸❻

❶❹❼

四色配色

❶❷❺❽

❶❸❻❽

❶❹❼❽

五色配色

❶❷❸❹❺

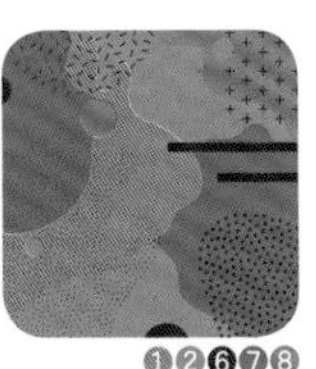

❶❷❻❼❽

❶❸❺❻❼

125
强力
Strong

意象介绍

深邃蓝给人一种坚忍有毅力的感觉，使画面更显恢宏、庄重，适合搭配红色、蓝色等暗色。

1 深邃蓝
100-90-38-50
0-26-69

2 干藤黄
20-30-100-20
185-155-0

3 绿野仙踪
90-50-75-40
0-77-61

4 法鲁红
5-80-90-65
113-31-0

5 圣水红
30-100-70-10
173-21-58

6 玛雅灰
10-25-60-30
183-155-91

7 驼色沙砾
50-70-70-10
139-88-74

8 闪电紫
80-90-30-30
64-39-93

● 双色配色

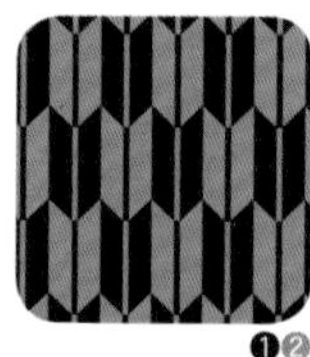
❶❷

❶❸

❶❹

● 三色配色

❶❷❺

❶❸❻

❶❹❼

● 四色配色

❶❷❺❽

❶❸❻❽

❶❹❼❽

● 五色配色

❶❷❸❹❺

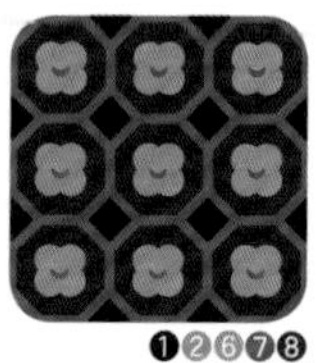
❶❷❻❼❽

❶❸❺❻❼

126

古典
Classical

意象介绍

古典紫给人一种古朴、传统又典雅的感觉，通常与明度低的色彩进行搭配，使画面更加稳重。

1 古典紫
50-90-20-50
93-20-78

2 黄松皮
0-45-75-30
193-128-54

3 千岁青
90-60-70-20
15-83-77

4 朱砂粉
33-78-46-0
180-84-103

5 榛壳色
0-65-50-80
86-30-22

6 陶土黄
10-20-60-30
184-162-93

7 泥土棕
10-50-55-60
122-77-54

8 昏暗绿
60-45-70-28
98-105-73

双色配色

❶❷

❶❸

❶❹

三色配色

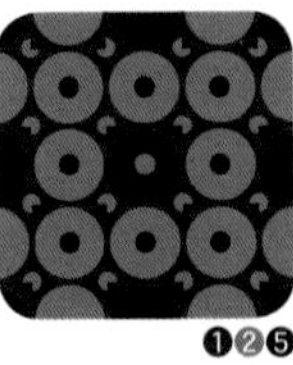
❶❷❺

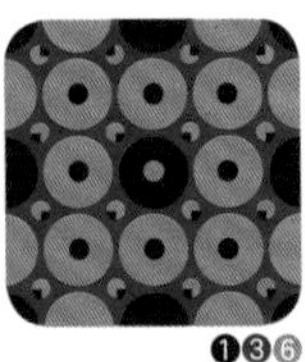
❶❸❻

❶❹❼

四色配色

❶❷❺❽

❶❸❻❽

❶❹❼❽

五色配色

❶❷❸❹❺

❶❷❻❼❽

❶❸❺❻❼

127

庄严

Solemn

意象介绍

低明度的琉璃蓝给人一种端庄而威严的感觉，与低明度的紫色系、红色系搭配，用于表现庄严神圣的画面。

1 琉璃蓝
100-80-40-0
0-68-113

2 清浅灰
10-20-30-10
218-196-170

3 玛莎蓝
100-40-20-0
0-118-169

4 昏黄色
15-40-80-0
220-165-65

5 千草蓝
75-20-0-0
0-157-218

6 毅红
30-95-70-10
173-39-60

7 铁绀紫
80-90-30-25
67-42-97

8 深绒蓝
100-60-0-30
0-71-139

● 双色配色

❶❷　❶❸　❶❹

● 三色配色

❶❷❺

❶❸❻

❶❹❼

● 四色配色

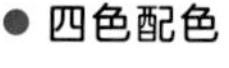

❶❷❺❽　❶❸❻❽　❶❹❼❽

● 五色配色

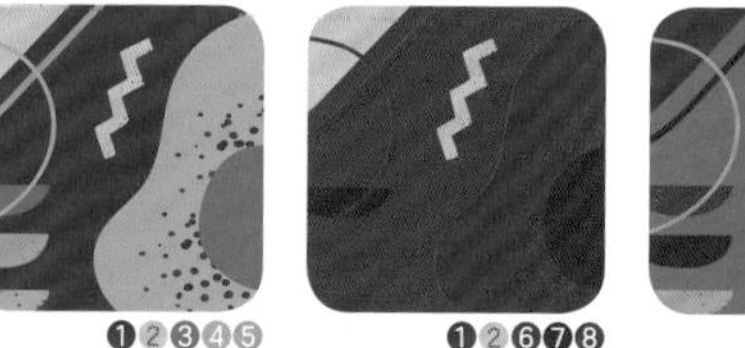

❶❷❸❹❺　❶❷❻❼❽　❶❸❺❻❼

128

幽玄

Secluded

意象介绍

幽静紫给人一种神秘而不可知的感觉，与低明度的蓝色搭配可以给画面赋予典雅的氛围。

1 幽静紫
70-90-0-35
79-29-109

2 奇遇蓝
54-20-0-0
122-175-223

3 蓓蕾紫
50-40-0-0
141-147-200

4 幻想蓝
80-36-0-0
1-132-200

5 钴蓝色
95-80-40-4
23-67-111

6 紫露色
60-82-0-0
125-66-150

7 馨香深蓝
90-90-38-50
28-26-68

8 景泰蓝
92-75-10-0
28-74-148

● 双色配色

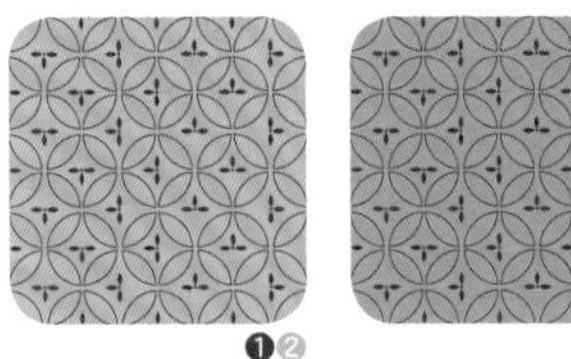

❶❷ ❶❸

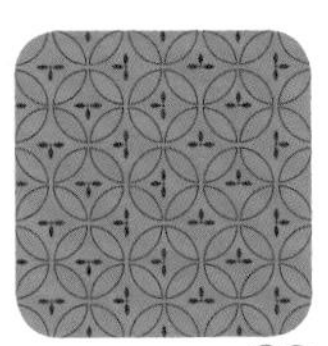

❶❹

● 三色配色

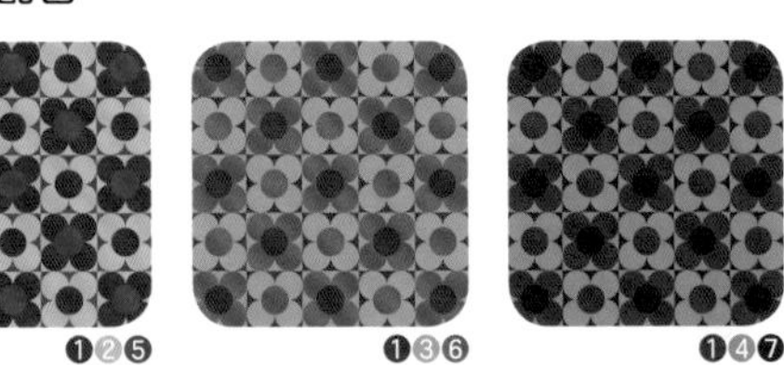

❶❷❺ ❶❸❻ ❶❹❼

● 四色配色

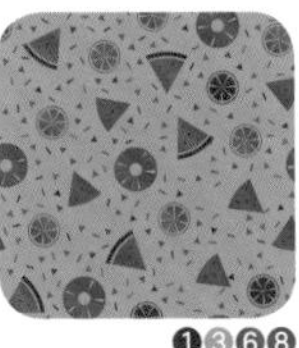

❶❷❺❽ ❶❸❻❽ ❶❹❼❽

● 五色配色

❶❷❸❹❺

❶❷❻❼❽

❶❸❺❻❼

129

幽静

Quiet

意象介绍

雅粉灰有着幽静沉郁的韵味，和低纯度的色彩搭配可以表现幽静朦胧的意境。

1 雅粉灰
8-30-0-50
146-122-138

2 潮灰绿
25-0-30-50
125-143-123

3 摩奇灰
10-30-30-10
216-179-161

4 泥泞棕
30-45-50-70
84-62-49

5 绸缎绿
25-0-40-8
193-216-166

6 寒夜蓝
93-90-38-50
20-26-69

7 唐纳滋灰
0-18-35-50
157-137-108

8 瓷釉蓝
100-80-40-6
0-65-110

● 双色配色

❶❷

❶❸

❶❹

● 三色配色

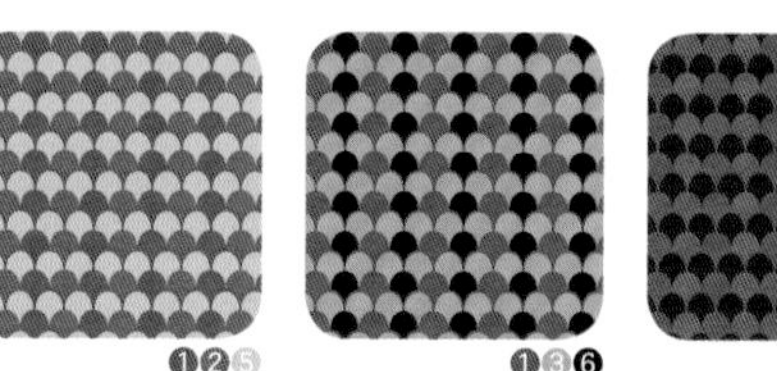

❶❷❺　❶❸❻　❶❹❼

● 四色配色

❶❷❺❽

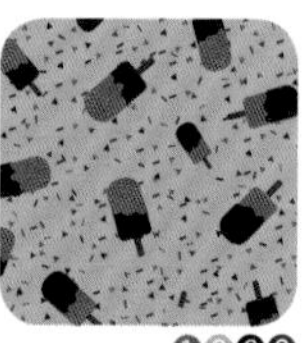

❶❸❻❽

❶❹❼❽

● 五色配色

❶❷❸❹❺

❶❷❻❼❽

❶❸❺❻❼

130

静谧

Still

意象介绍

蓝露草有一种忧伤的韵味，像是尘封在记忆里的往事。搭配低明度的蓝色系可增强画面的冷淡感。

1 蓝露草
78-30-15-5
19-138-182

2 黄昏蓝
45-5-6-15
132-185-209

3 庄严绿
60-20-40-30
85-133-126

4 海神蓝
75-25-10-50
2-95-128

5 绅士灰
33-2-10-40
127-158-165

6 蓬莱蓝
34-10-0-0
177-209-238

7 龙胆蓝
100-80-40-2
0-67-112

8 契木蓝
80-40-30-24
29-106-133

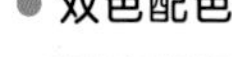

● 双色配色

1 2

1 3

1 4

● 三色配色

1 2 5

1 3 6

1 4 7

● 四色配色

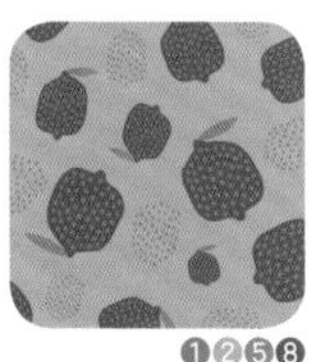

1 2 5 8

1 3 6 8

1 4 7 8

● 五色配色

1 2 3 4 5

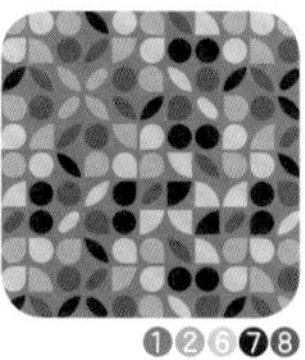

1 2 6 7 8

1 3 5 6 7

131

怀旧

Nostalgia

意象介绍

干草色给人一种怀旧且幽雅的韵味，与低明度的棕色和灰色搭配，仿佛给画面增加了一丝忧愁感。

1 干草色
30-45-70-20
165-128-75

2 慵懒黄
5-20-40-8
231-201-154

3 焦糖色
32-70-75-20
159-86-58

4 古董白
2-5-13-2
249-242-226

5 红土色
25-85-80-30
154-52-40

6 驼绒灰
10-20-30-10
218-196-170

7 亚麻棕
10-50-55-60
122-77-54

8 阿格斯灰
10-10-10-80
81-78-77

双色配色

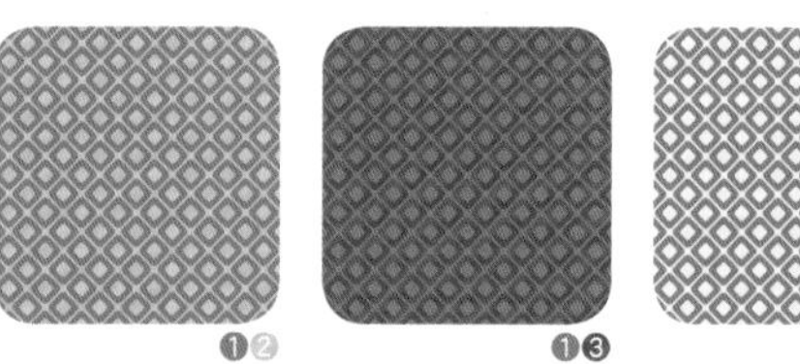

1 2　　1 3　　1 4

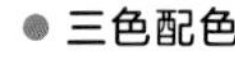

三色配色

1 2 5　　1 3 6　　1 4 7

四色配色

1 2 5 8　　1 3 6 8　　1 4 7 8

五色配色

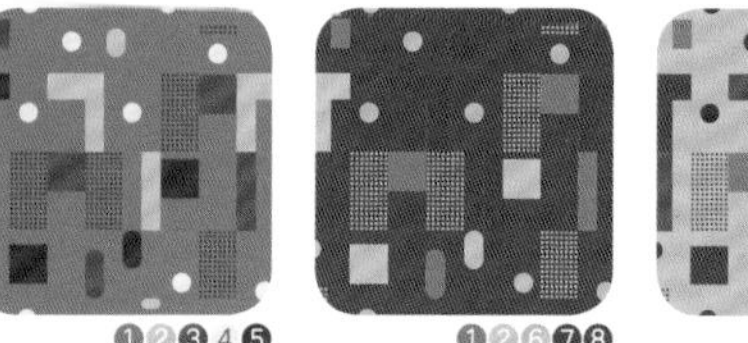

1 2 3 4 5　　1 2 6 7 8　　1 3 5 6 7

132

枯萎

Withered

意象介绍

枯绿灰如同枯萎的树叶，色彩虽不如盛放时鲜艳，却另有一种残缺的美感。和低纯度的黄色搭配能给画面增添荒凉感。

1 枯绿灰
25-5-30-45
134-149-129

2 伊莫拉黄
5-20-45-12
224-195-140

3 蜡白色
2-5-10-5
244-238-227

4 黄土棕
30-45-53-10
178-140-110

5 花影灰
5-5-30-50
153-149-121

6 西湖绿
30-10-30-10
178-197-176

7 乌纱绿
60-20-40-35
81-126-120

8 梦魇灰
0-15-40-70
113-98-70

双色配色

1 2

1 3

1 4

三色配色

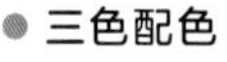

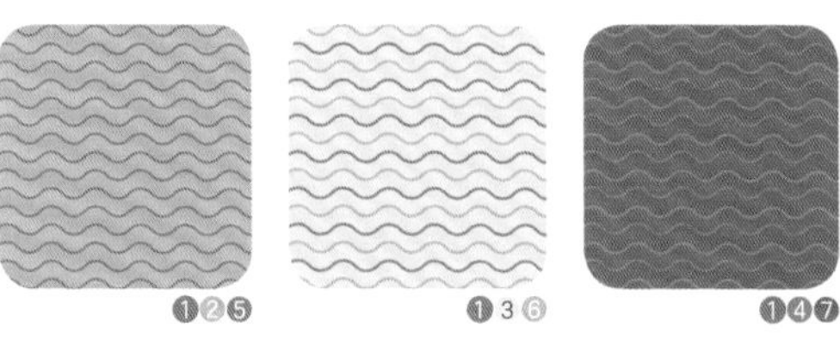

1 2 5

1 3 6

1 4 7

四色配色

1 2 5 8

1 3 6 8

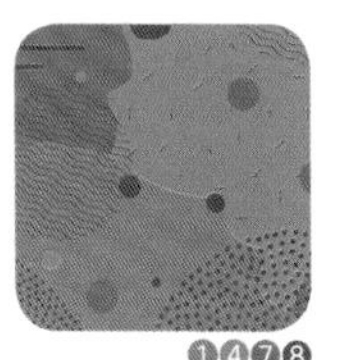

1 4 7 8

五色配色

1 2 3 4 5

1 2 6 7 8

1 3 5 6 7

133

青春

Youth

意象介绍

青春指春天草木茂盛呈青葱色，也指少年美好的时光、珍贵的年华。苗绿色给人一种自然、悠然的感觉。

1 苗绿色
50-0-100-0
143-195-31

2 樱草黄
8-0-74-0
243-237-88

3 白玫瑰
4-2-25-0
249-246-207

4 斯里橙
5-30-60-2
238-189-111

5 金鱼粉
2-30-30-0
245-196-172

6 氧气蓝
37-0-15-0
170-218-222

7 缅甸红
0-64-55-0
238-123-98

8 活力蓝
77-5-40-0
0-171-166

双色配色

1 2

1 3

1 4

三色配色

1 2 5

1 3 4

1 4 7

四色配色

1 2 5 8

1 3 6 8

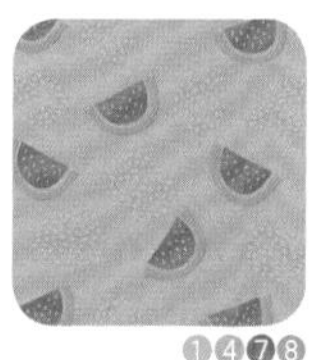

1 4 7 8

五色配色

1 2 3 4 5

1 2 6 7 8

1 3 5 6 7

134

沉稳
Composure

意象介绍

沉稳指的是深沉而稳重，知止而后有定，定而后能静，静而后能安，安而后能虑，虑而后能得。新警蓝给人一种波澜不惊的感觉。

1 新警蓝
100-80-0-40
0-40-112

2 蓝涟漪
55-23-15-0
123-169-198

3 粉相宜
5-35-3-0
237-187-210

4 水光绿
35-0-40-0
179-217-173

5 初夏黄
2-5-50-0
254-239-150

6 米绿色
25-1-20-0
201-229-214

7 青烟绿
65-2-35-0
77-186-179

8 明斯克紫
60-55-0-0
119-116-181

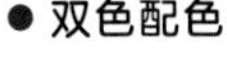

双色配色

1 2

1 3

1 4

三色配色

1 2 5

1 3 6

1 4 7

四色配色

1 2 5 8

1 4 6 8

1 4 7 8

五色配色

1 2 3 4 5

1 2 6 7 8

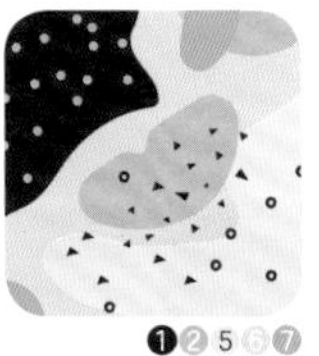

1 2 5 6 7

135 高贵 Noble

意象介绍

高贵是指高雅不俗、珍贵。宫廷紫具有知性神秘的气质，搭配低纯度的红色系，营造出华丽的氛围。

1 宫廷紫 0-100-0-60 126-0-67

2 嫣然粉 0-25-25-0 249-208-186

3 绛石棕 20-50-67-25 173-119-72

4 土橡木黄 20-50-93-7 200-137-31

5 朗姆灰 22-42-26-31 160-126-130

6 法式黄 5-28-60-0 241-195-113

7 麦米黄 3-12-35-0 249-228-178

8 深红棕 0-70-70-70 107-40-14

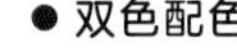

● 双色配色

❶②

❶❸

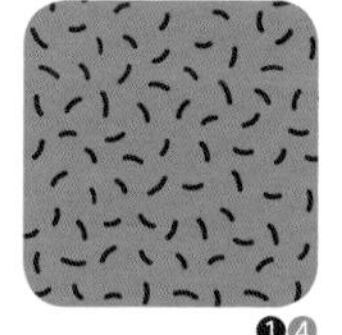

❶❹

● 三色配色

❶②❺

❶❸⑥

❶❹⑦

● 四色配色

❶②❺❽

❶❸⑥❽

❶❹⑦❽

● 五色配色

❶②❸❹❺

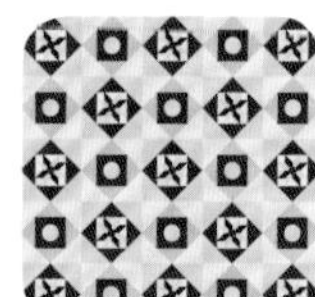

❶②⑥⑦❽

❶❸❺⑥⑦

136 厚重 Thick

意象介绍

厚重指丰富而贵重、敦厚而扎实。低明度的红鸢色给人一种沉稳的感觉，与低纯度的绿色系搭配可以体现传统感。

1 红鸢色
0-55-30-75
98-50-52

2 乳褐色
10-11-25-0
234-226-198

3 落花生
6-29-60-20
206-166-98

4 青橄榄
45-32-71-26
130-131-76

5 栗梅色
10-75-67-50
138-55-40

6 黄松叶
20-50-67-20
180-125-76

7 橘绿色
25-17-40-0
202-202-162

8 深芽绿
30-25-65-10
180-171-100

● 双色配色

12　13　14

● 三色配色

125　136　147

● 四色配色

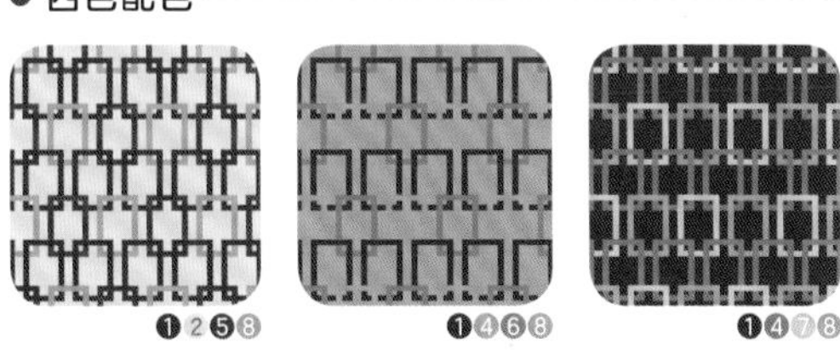

1258　1468　1478

● 五色配色

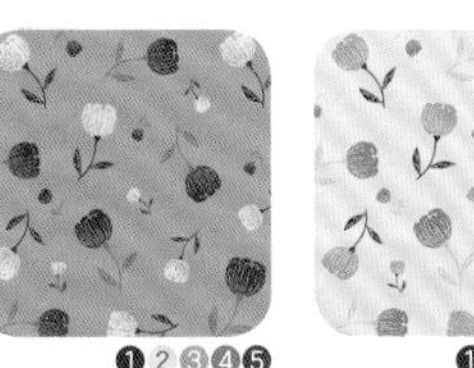

12345　12678　13567

137

平静

Serene

意象介绍

平静指的是没有动荡，心情平和安静。温婉的皮粉色色调温和，如土地般深沉，能包容任何色彩。

1 温婉皮粉
10-30-30-5
223-186-166

2 浅织黄
5-2-25-0
247-245-207

3 霞粉橙
3-50-45-0
238-154-126

4 瑶柱红
24-70-50-5
192-100-100

5 山吹黄
5-28-60-0
241-195-113

6 白嫩青
10-2-10-0
235-243-235

7 老竹绿
63-30-45-15
95-136-129

8 薄粉白
2-20-25-0
248-216-191

双色配色

❶2

❶❸

❶❹

三色配色

❶2❺

❶❸6

❶❹❼

四色配色

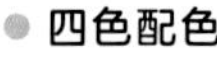

❶2❺8

❶❸6 8

❶❹❼8

五色配色

❶2❸❹❺

❶2 6❼8

❶❸❺6❼

138

柔软

Soft

意象介绍

柔软指的是不坚硬。柔软紫是一种极具亲和力的颜色，常常给人以亲近柔和的感受。

1 柔软紫
15-20-5-10
207-195-210

2 灰暗紫
25-35-10-35
149-130-149

3 深铜色
10-35-35-45
153-120-105

4 郁金紫
40-40-0-45
110-102-137

5 水泥灰
25-20-20-25
166-165-164

6 波斯白绿
15-5-15-5
217-226-215

7 柔静蓝
10-5-0-10
219-224-233

8 狼毛灰
20-15-25-20
183-183-168

双色配色

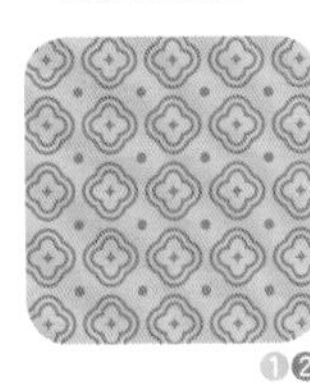

①②

①③

①④

三色配色

①②⑤

①③⑥

①④⑦

四色配色

①②⑤⑧

①③⑥⑧

①④⑦⑧

五色配色

①②③④⑤

①②⑥⑦⑧

①③⑤⑥⑦

139

华丽

Gorgeous

意象介绍

牡丹在中国自古就是华丽与富贵的象征，牡丹粉娇艳，是一种华贵典雅而富有表现力的色彩。

1 牡丹粉 10-100-20-0 215-0-111

2 浅黛粉 0-20-20-0 251-218-200

3 灵韵黄 0-35-80-0 248-183-61

4 巫紫红 10-100-0-55 127-0-74

5 金丝菊 0-45-85-20 211-141-37

6 蛋奶橙 0-20-40-0 252-215-161

7 咖啡色 0-70-100-60 128-52-0

8 俏皮粉 0-65-50-0 237-121-105

双色配色

❶❷

❶❸

❶❹

三色配色

❶❷❺ ❶❸❻ ❶❹❼

四色配色

❶❷❺❽

❶❸❻❽

❶❹❼❽

五色配色

❶❷❸❹❺

❶❷❻❼❽

❶❸❺❻❼

140

充实

Enrich

意象介绍

充实指的是丰富与充足。鲜亮明快的橘碧彩，如同阳光一样灿烂明媚，给人一种热情奔放的感觉。

1 橘碧彩
0-48-95-0
244-156-0

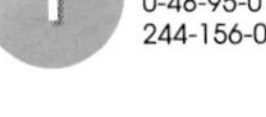

2 蜂蜜黄
0-5-60-0
255-238-125

3 新竹绿
40-0-65-0
168-209-118

4 蓝光粉
0-50-0-0
241-158-194

5 胡姬蓝
45-20-0-0
149-183-225

6 柔嫩绿
15-0-35-0
226-237-186

7 鲜蓝紫
75-65-0-0
83-92-168

8 宝石桃红
0-85-25-0
232-68-120

双色配色

1 2

1 3

1 4

三色配色

1 2 5

1 3 6

1 4 7

四色配色

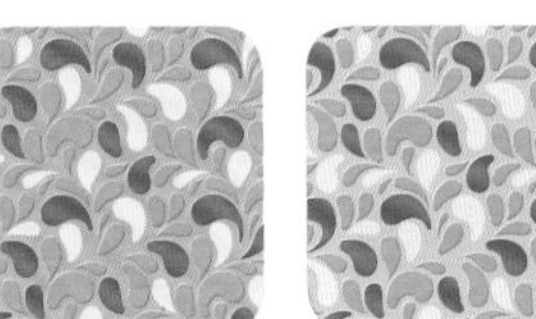

1 2 5 8

1 3 6 8

1 4 7 8

五色配色

1 2 3 4 5

1 2 6 7 8

1 3 5 6 7

141 传统 Tradition

意象介绍

传统指的是世代相传，稳定与沉淀。赭石色带有厚实、正统的意象，与低明度的色彩搭配使画面更加朴实无华。

1 赭石色
20-70-90-30
162-80-28

2 暖灰色
20-30-40-0
211-183-153

3 禽羽绿灰
40-15-40-60
87-103-87

4 部落灰
35-35-50-0
180-164-130

5 棕咖灰
30-45-45-15
171-135-118

6 浅米绿
10-5-15-10
220-222-209

7 流灰蓝
35-15-25-15
160-179-173

8 色拉黄
5-5-25-5
239-233-198

双色配色

❶❷

❶❸

❶❹

三色配色

❶❷❺

❶❸6

❶❹❼

四色配色

❶❷❺8

❶❸68

❶❹❼8

五色配色

❶❷❸❹❺

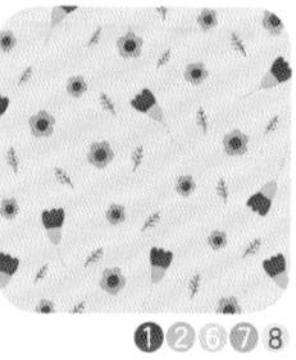
❶❷❻❼8

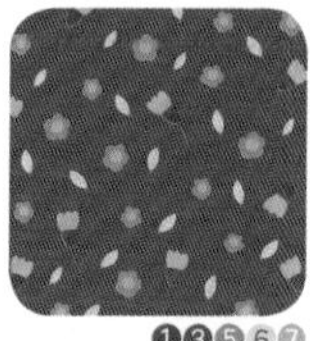
❶❸❺6❼

142 昂扬 High-spirited

意象介绍

昂扬指的是情绪高涨。酡红色给人一种积极向上的感觉，与低纯度的绿色搭配可以使画面色调更加平衡。

1 酡红色
5-75-65-10
214-90-71

2 柳绿色
50-10-50-15
126-170-132

3 赤白橙
4-25-30-5
236-199-172

4 荷茎绿
35-0-50-0
180-216-152

5 桃黄色
0-25-50-10
234-192-128

6 深琥珀
0-50-90-30
192-119-16

7 绿琉璃
67-20-70-30
70-127-82

8 象牙红
10-80-75-25
182-67-47

● 双色配色

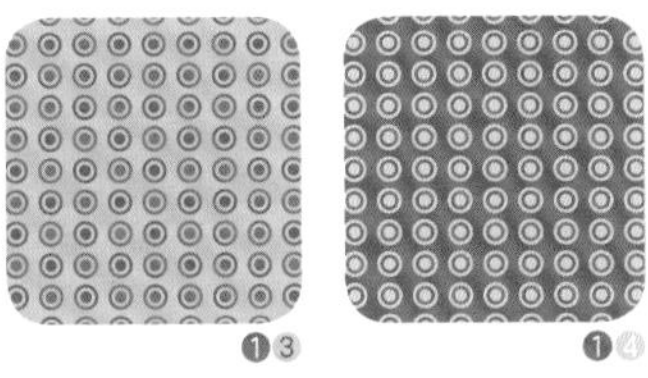

①② ①③ ①④

● 三色配色

①②⑤ ①③⑥ ①④⑦

● 四色配色

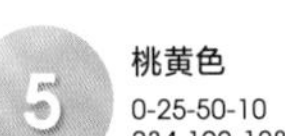

①②⑤⑧ ①③⑥⑧ ①④⑦⑧

● 五色配色

①②③④⑤ ①②⑥⑦⑧ ①③⑤⑥⑦

143 浓郁 Rich

意象介绍

浓郁指的是浓厚、厚重。胭脂褐色给人的感觉平稳而坚实，表现了勤勤恳恳、安静而质朴的感觉。

1 胭脂褐色 35-90-80-30 140-42-42

2 枇杷茶色 0-50-67-20 210-132-74

3 慧心灰 10-12-20-2 232-222-205

4 果粒橙 3-50-90-0 239-151-30

5 蒸蛋黄 0-0-35-0 255-250-188

6 奶茶色 5-28-60-0 241-195-113

7 静夜深蓝 92-75-35-30 21-58-98

8 日落红 22-85-85-5 193-68-46

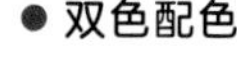

双色配色

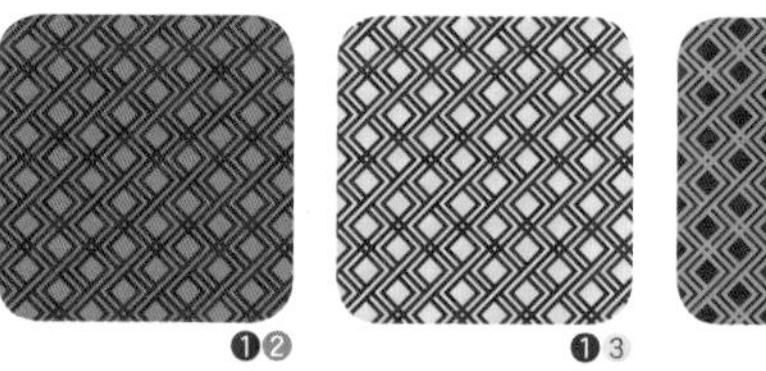

1 2　　1 3　　1 4

三色配色

1 2 5　　1 3 6　　1 4 7

四色配色

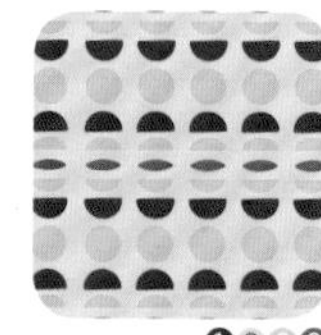

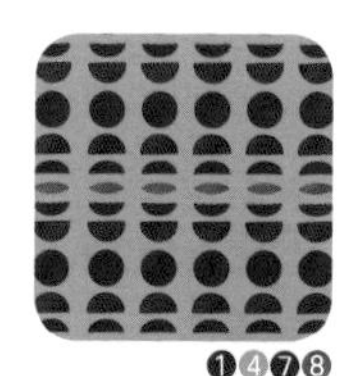

1 2 5 8　　1 3 6 8　　1 4 7 8

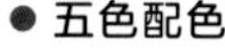

五色配色

1 2 3 4 5　　1 2 6 7 8　　1 3 5 6 7

144

滋补
Nourishing

意象介绍

滋补是指补养、温补。低纯度的草药棕给人一种温润的感觉，和暖色搭配，表现低调的品格和悠然自得的感觉。

1 草药棕
35-50-50-23
151-115-100

2 芦黄
10-18-35-0
233-212-173

3 湖光黄
5-25-63-0
242-200-108

4 水粉紫
22-35-15-0
205-175-190

5 黄丹橙
3-50-50-0
238-153-118

6 结霜绿
18-5-25-0
218-229-202

7 竟蘋黄
0-1-31-0
255-249-196

8 麦田棕
18-27-35-5
209-185-160

● 双色配色

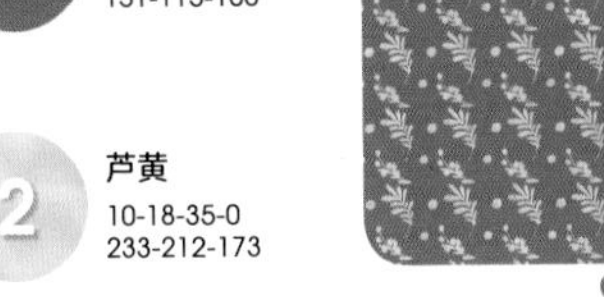

1 2

1 3

1 4

● 三色配色

1 2 5

1 3 6

1 4 7

● 四色配色

1 2 5 8

1 3 6 8

1 4 7 8

● 五色配色

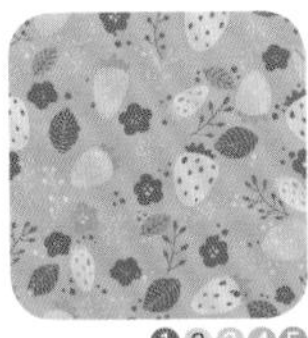

1 2 3 4 5

1 2 6 7 8

1 3 5 6 7

145 温暖 Warm

意象介绍

温暖指的是暖和、暖心。浅粉紫薇让人联想到亲情、温暖和包容，让人容易亲近并产生共鸣。

1 浅粉紫薇 6-25-8-0 238-206-214

2 冰蓝灰 35-20-9-8 168-182-203

3 复活紫 15-37-10-5 212-171-190

4 白橡棕 28-45-40-10 181-141-131

5 沙青蓝 90-62-35-25 7-77-110

6 甘石白 3-5-20-0 250-243-214

7 黛赭色 20-67-85-30 163-85-36

8 淡藕粉 2-20-23-0 248-216-194

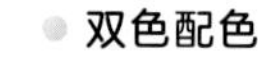

双色配色

1 2

1 3

1 4

三色配色

1 2 5

1 3 6

1 4 7

四色配色

1 2 5 8

1 3 6 8

1 4 7 8

五色配色

1 2 3 4 5

1 2 6 7 8

1 3 5 6 7

146

格调

Style

意象介绍

玄棕色浑浊厚重，给人一种高品位、高格调的感觉，与低纯度的色彩搭配，营造出沉稳、知性的氛围。

1 玄棕色 35-60-53-55 104-65-59

2 浅宛褐 20-27-35-5 205-184-160

3 梅茶色 43-15-45-15 144-170-138

4 栗子皮 45-47-45-30 124-108-102

5 浅秀黄 5-10-32-0 245-231-186

6 卡其绿 20-5-30-25 176-187-160

7 水黄青 4-5-25-0 248-241-204

8 素鼠绿 60-45-53-40 84-92-84

● 双色配色

1 2

1 3

1 4

● 三色配色

1 2 5

1 3 6

1 4 7

● 四色配色

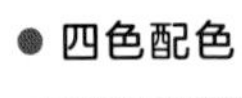

1 2 5 8

1 3 6 8

1 4 7 8

● 五色配色

1 2 3 4 5

1 2 6 7 8

1 3 5 6 7

147 风韵 Graceful Bearing

意象介绍

风韵指的是风姿、韵味。红碧紫给人一种风韵的感觉，好似女性优美的姿态神情，搭配黄色系，可以表现出高雅文静的效果。

1 红碧紫
60-55-5-0
120-116-176

2 谷丰黄
0-0-20-3
252-248-215

3 葛霜紫
15-22-5-0
221-205-221

4 黄秋香
3-50-55-0
238-153-118

5 石粉色
3-15-10-0
247-226-223

6 赤金橙
6-35-60-0
237-181-109

7 湘色橙
2-10-25-0
251-234-200

8 肉梅红
15-40-25-3
215-166-167

双色配色

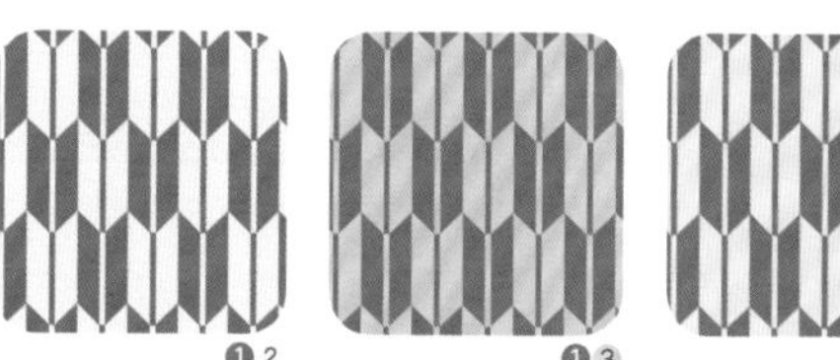

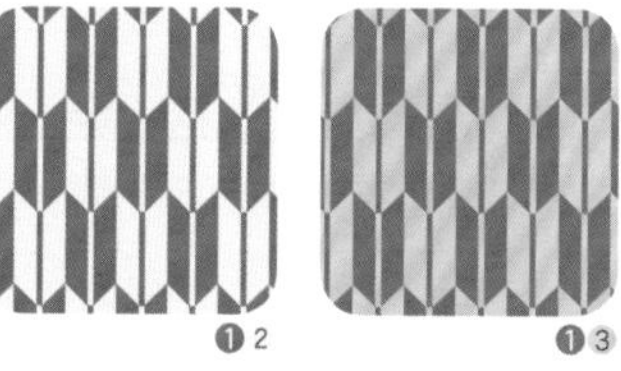

1 2　1 3　1 4

三色配色

1 2 5

1 3 6

1 4 7

四色配色

1 2 5 8

1 3 6 8

1 4 7 8

五色配色

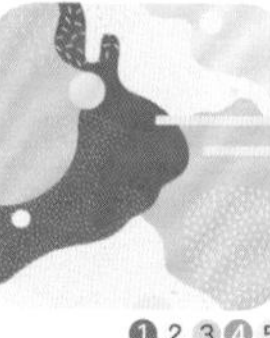

1 2 3 4 5

1 2 6 7 8

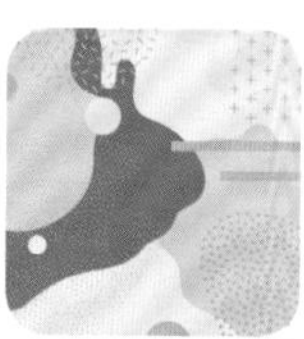

1 3 5 6 7

148 华美 Gorgeous

意象介绍

华美指的是美丽而光彩。茜红色给人一种张扬、魅力四射的华美感，具有让人无法抗拒的感染力。

1 茜红色
20-77-45-5
197-85-101

2 青紫灰
12-20-5-0
227-211-224

3 蟹肚黄
0-3-35-0
255-246-186

4 浅中红
0-50-15-0
241-157-174

5 蜜糖橙
3-20-35-0
246-214-171

6 深毛紫
65-50-15-0
105-122-169

7 菁紫色
30-40-2-0
187-161-201

8 洗朱橙
3-50-50-0
238-153-118

● 双色配色

1 2

1 3

1 4

● 三色配色

1 2 5

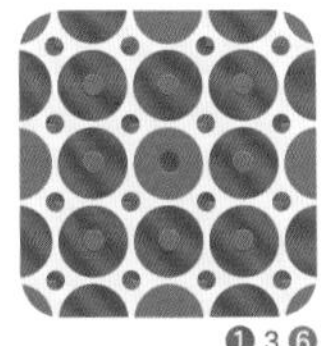

1 3 6

1 4 7

● 四色配色

1 2 5 8

1 3 6 8

1 4 7 8

● 五色配色

1 2 3 4 5

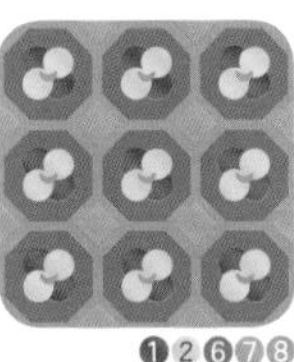

1 2 6 7 8

1 3 5 6 7

149

香浓

Fragrant

意象介绍

香浓指的是浓厚、香醇。低纯度的可可棕给人一种巧克力般香浓丝滑的感觉，和暖色系搭配，可以使画面更加温暖。

1 可可棕
0-50-35-40
172-109-102

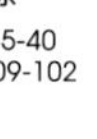

2 肉红色
3-40-25-0
240-176-170

3 海蝓黄
5-28-60-0
241-195-113

4 米灰色
10-18-25-0
233-213-192

5 桃红牵牛
27-70-30-0
191-102-130

6 绯红橙
20-80-85-10
191-77-44

7 胭脂红
38-90-80-25
142-45-45

8 子矶粉
3-20-15-0
246-216-208

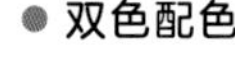

● 双色配色

1 2

1 3

1 4

● 三色配色

1 2 5

1 3 6

1 4 7

● 四色配色

1 2 5 8

1 3 6 8

1 4 7 8

● 五色配色

1 2 3 4 5

1 2 6 7 8

1 3 5 6 7

意象介绍

清淡指的是清新淡雅。清茶色有着清淡沉稳的气质，与低明度的暖色调进行搭配，能表现出悠闲的感觉。

1 清茶色
35-13-30-0
178-201-184

2 松粉黄
5-12-25-0
244-228-198

3 赤巧叶
5-28-60-5
234-189-110

4 茶汤色
20-20-40-0
213-201-160

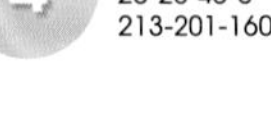

5 葛褐色
25-30-50-10
189-168-125

6 深蓝缥
80-40-35-5
39-123-146

7 雾棕色
20-50-70-20
181-124-71

8 露青色
10-0-20-15
212-220-196

双色配色

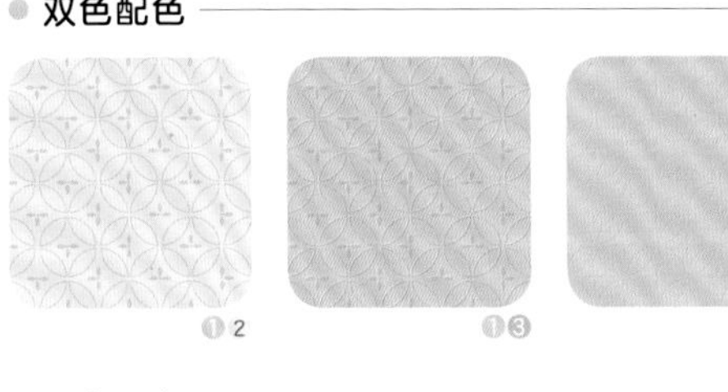

12　13　14

三色配色

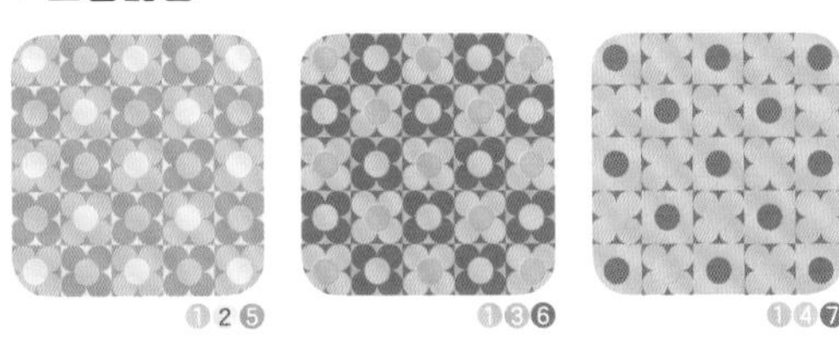

125　136　147

四色配色

1258　1368　1478

五色配色

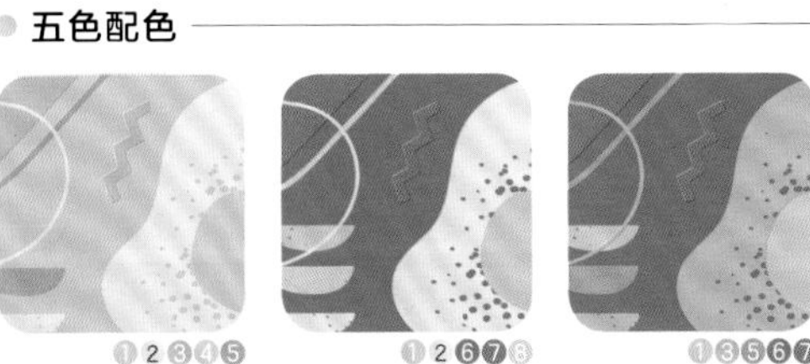

12345　12678　13567

151

开朗

Optimistic

意象介绍

开朗指的是开阔明朗。黄杨桃让人联想到植物茁壮成长的活力，和绿色系搭配给人一种清爽宜人的感觉。

1 黄杨桃 5-0-50-0 248-243-153

2 浅青草 5-0-25-0 247-248-208

3 浅苔藓 40-17-65-5 164-181-108

4 沉黄绿 50-18-95-0 145-174-48

5 唐茶褐 20-50-93-7 200-137-31

6 浅抹茶 20-0-50-0 216-230-152

7 深铜褐 40-60-90-40 121-81-30

8 千岁绿 65-35-100-20 93-122-41

双色配色

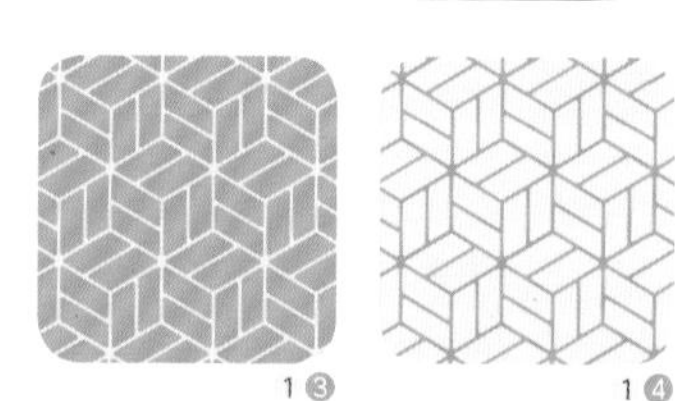

1 2　1 3　1 4

三色配色

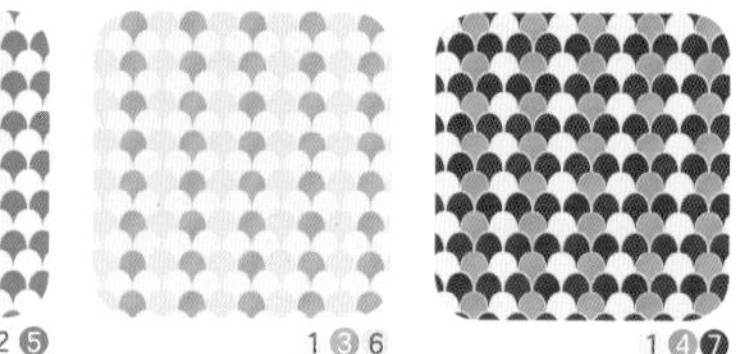

1 2 5　1 3 6　1 4 7

四色配色

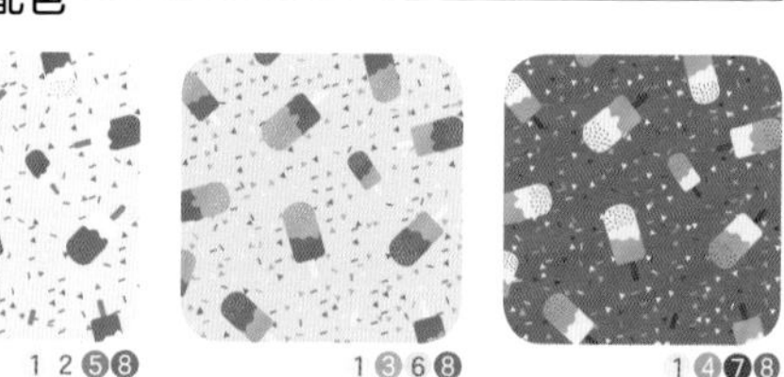

1 2 5 8　1 3 6 8　1 4 7 8

五色配色

1 2 3 4 5　1 2 6 7 8　1 3 5 6 7

152

可靠

Reliable

意象介绍

可靠指的是可以信赖和依靠。绿黑色的浓厚仿佛是在岁月流逝中沉淀下来的，给人一种可靠坚定的感觉。

1 绿黑色
60-45-53-40
84-92-84

2 咖啡褐
15-30-45-15
199-168-129

3 巷绿色
20-5-30-30
168-179-153

4 卡特褐
20-50-70-5
202-140-81

5 亮琇黄
3-15-35-0
248-223-176

6 黎棕色
45-65-95-20
138-90-37

7 深樱桃
10-100-80-60
117-0-8

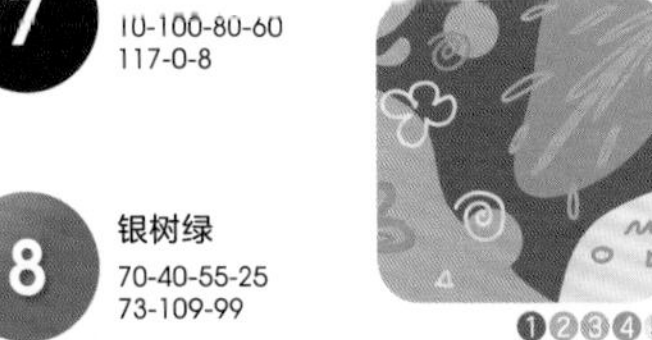

8 银树绿
70-40-55-25
73-109-99

● 双色配色

1 2

1 3

1 4

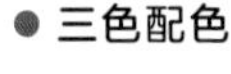

● 三色配色

1 2 5

1 3 6

1 4 7

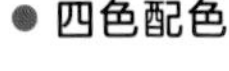

● 四色配色

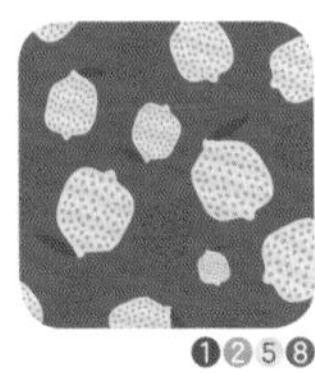

1 2 5 8

1 3 6 8

1 4 7 8

● 五色配色

1 2 3 4 5

1 2 6 7 8

1 3 5 6 7

153

明亮

Bright

意象介绍

明亮指的是明净、亮堂。玉草黄给人一种清亮的感觉，搭配绿色系，可以表现出清新可爱的气质。

1 玉草黄 5-15-65-0 245-217-108

2 青瓷绿 50-0-40-0 135-202-172

3 青豆白 5-3-20-0 246-244-216

4 钻石冰蓝 45-5-15-0 148-204-216

5 深锰蓝 95-10-30-0 0-153-179

6 杜若蓝 95-60-10-0 0-93-162

7 白玉色 15-0-40-0 226-236-175

8 黄芥末 5-0-55-20 214-210-122

双色配色

1 2

1 3

1 4

三色配色

1 2 5

1 3 6

1 4 7

四色配色

1 2 5 8

1 3 6 8

1 4 7 8

五色配色

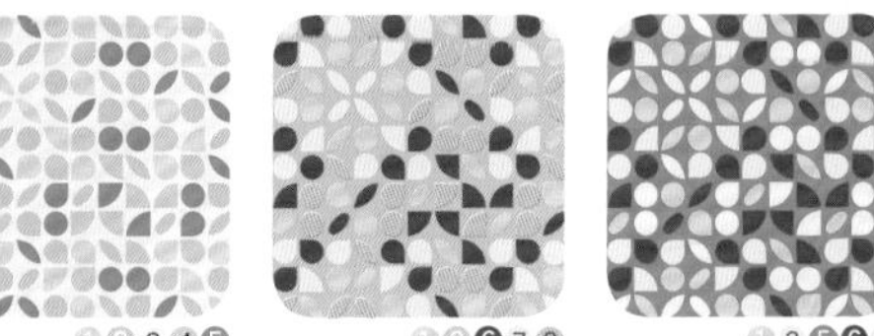

1 2 3 4 5

1 2 6 7 8

1 3 5 6 7

154

柔和

Tenderness

意象介绍

柔和指的是温和而不强烈。蝶舞紫色相略微偏灰，给人留下柔和而平静的印象，搭配蓝色系，能营造出温柔的氛围。

1 蝶舞紫
18-25-5-0
214-197-217

2 薄纱黄
5-10-30-2
242-229-188

3 紫晶色
55-67-20-10
127-91-137

4 斯栗橙
3-25-40-0
245-204-157

5 水鸭绿
45-0-25-0
148-209-202

6 韵橙色
5-40-70-0
238-171-85

7 叶脉蓝
25-0-15-0
201-230-224

8 午后蓝
65-12-20-0
81-175-198

双色配色

1 2

1 3

1 4

三色配色

1 2 5

1 3 6

1 4 7

四色配色

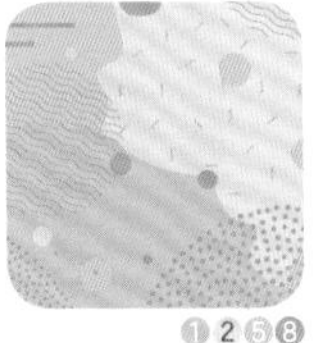

1 2 5 8

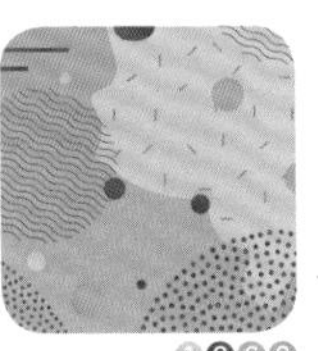

1 3 6 8

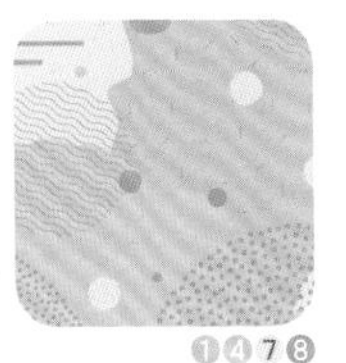

1 4 7 8

五色配色

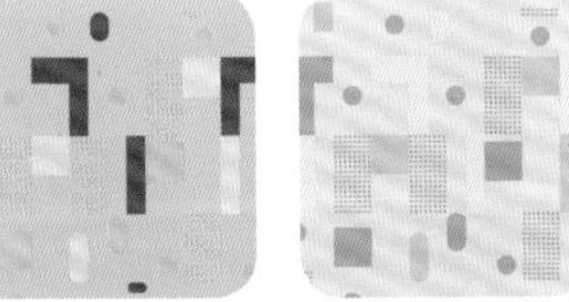

1 2 3 4 5

1 2 6 7 8

1 3 5 6 7

155 正派 Decent

意象介绍

低明度的群星蓝让人感到沉静和严肃，和低纯度的红色搭配，使画面有一种规范、正派的感觉。

1 群星蓝
95-73-45-30
0-60-89

2 辣椒红
43-83-74-6
155-69-64

3 欧美蓝
60-36-31-0
117-145-161

4 谷仓红
35-70-45-50
111-58-67

5 硅藻灰
26-20-33-0
199-197-173

6 冰莓蓝
48-14-12-0
139-188-212

7 吐司棕
10-25-50-15
209-179-124

8 青花蓝
68-40-20-20
79-117-150

● 双色配色

12

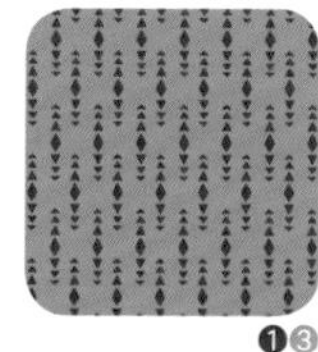
13

14

● 三色配色

125

136

147

● 四色配色

1258

1368

1478

● 五色配色

12345

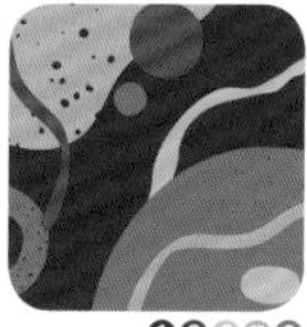
12678

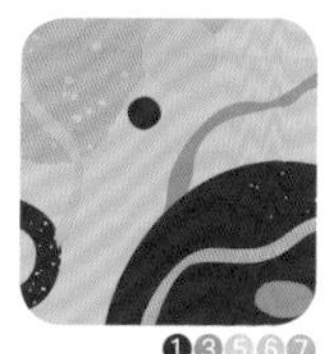
13567

156

温馨

Cozy

意象介绍

温馨指的是温暖、体贴，出自韩愈的《芍药歌》：“温馨熟美鲜香起，似笑无言习君子”。暖粉色搭配蓝色有种体贴感。

1 暖粉色
5-35-10-0
238-187-200

2 怡然蓝
35-5-10-0
175-215-227

3 茵徽橙
1-15-16-0
250-227-213

4 浅觅黄
5-10-50-0
246-228-147

5 童年蓝
95-30-5-0
0-131-199

6 山川橙
3-50-47-0
238-153-123

7 石英蓝
50-5-15-0
132-199-215

8 梨花粉白
5-15-5-0
242-225-231

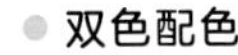

双色配色

①②

①3

①④

三色配色

①②⑤

①3⑥

①4⑦

四色配色

①②⑤8

①3⑥8

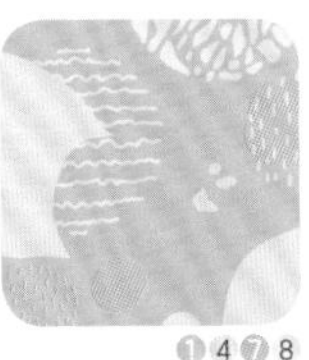

①4⑦8

五色配色

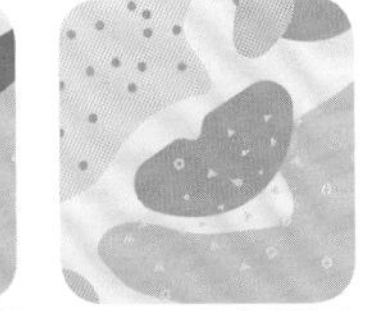

①②34⑤

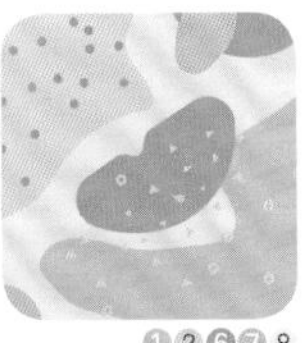

①②⑥⑦8

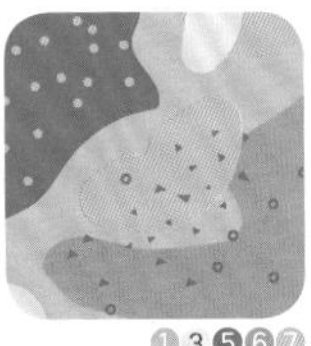

①3⑤⑥⑦

157

优雅
Grace

意象介绍

优雅指的是优美雅致。低纯度的晨雾紫给人一种朦胧的美感，和暖色系搭配使画面给人的感觉更加柔软温和。

1 晨雾紫
20-35-10-0
209-177-198

2 散光黄
5-3-25-0
246-244-206

3 肉粉色
4-36-26-0
240-184-173

4 玫瑰酱
35-90-35-0
176-54-107

5 雾霾蓝
30-10-5-0
188-212-231

6 奇遇紫
55-55-0-0
132-118-181

7 醉橙色
0-50-45-0
242-155-126

8 云粉色
5-15-10-0
243-225-222

双色配色

1 2

1 3

1 4

三色配色

1 2 5

1 3 6

1 4 7

四色配色

1 2 5 8

1 3 6 8

1 4 7 8

五色配色

1 2 3 4 5

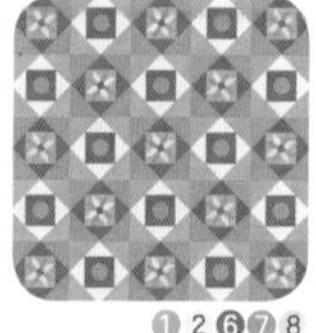
1 2 6 7 8

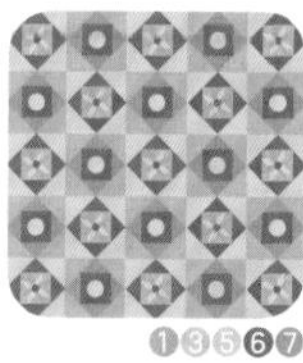
1 3 5 6 7

158

稚嫩

Immature

意象介绍

稚嫩指的是幼小而娇嫩。童年黄给人一种奶甜的感觉，和绿色系搭配，让画面显得活泼。

1 童年黄 0-25-65-0 251-203-103

2 盎然绿 25-10-70-5 199-203-98

3 摩奇红 20-80-75-0 203-82-62

4 菜花白 5-0-25-0 247-248-208

5 猪肝红 35-95-80-30 140-30-40

6 嫩芽黄 0-5-55-0 255-239-138

7 果皮紫 70-65-15-5 95-93-149

8 龙井绿 50-20-70-5 140-168-99

双色配色

1 2　1 3　1 4

三色配色

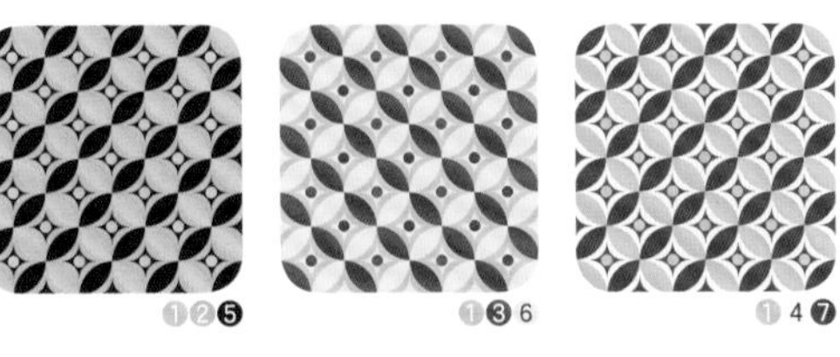

1 2 5　1 3 6　1 4 7

四色配色

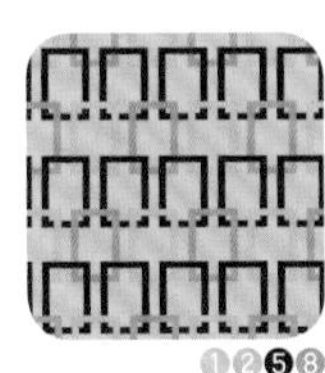
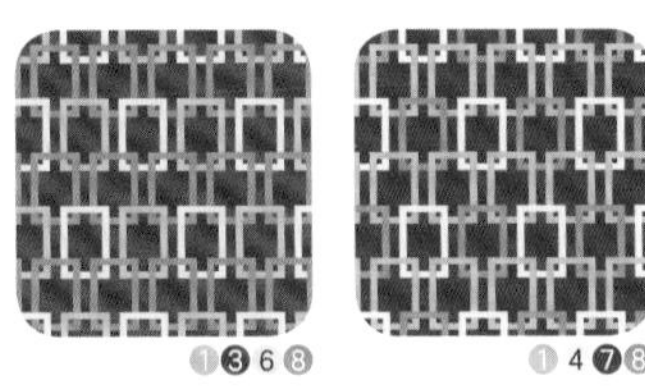

1 2 5 8　1 3 6 8　1 4 7 8

五色配色

1 2 3 4 5　1 2 6 7 8　1 3 5 6 7

159 漂泊 Drift

意象介绍

漂泊指的是随波浮动或停泊。低明度的夜南灰让人有一种沉寂感，与低纯度的暖色搭配，可以使画面更加温和。

1 夜南灰 55-49-31-0 133-128-149

2 灰尘色 25-20-20-5 195-193-191

3 蜡黄色 5-10-25-0 245-232-200

4 出水芙蓉 10-35-10-0 228-183-199

5 巴罗蓝 45-25-15-5 148-170-192

6 铃木橙 5-25-20-5 233-199-189

7 庞贝白 5-10-5-0 244-234-236

8 针织紫 30-40-0-0 187-161-203

● 双色配色

1 2　1 3　1 4

● 三色配色

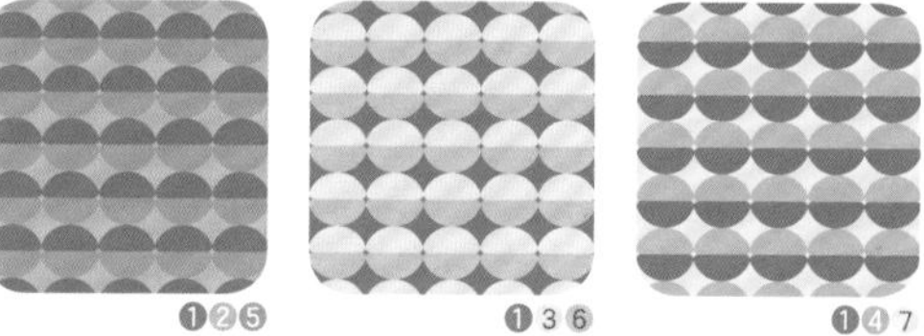

1 2 5　1 3 6　1 4 7

● 四色配色

1 2 5 8　1 3 6 8　1 4 7 8

● 五色配色

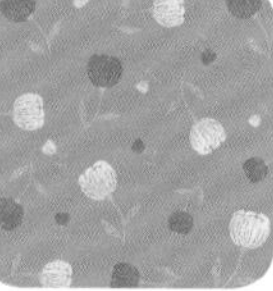

1 2 3 4 5　1 2 6 7 8　1 3 5 6 7

160

伶俐

Clever

意象介绍

伶俐指的是聪明而灵活。朝阳橙给人一种灵活、灵巧的感觉，和暖色系搭配，可以给画面营造欢乐的氛围。

1 朝阳橙 5-30-50-0 240-192-133

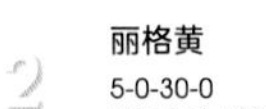

2 丽格黄 5-0-30-0 247-247-198

3 蜜蜡粉 0-25-10-0 249-210-212

4 丰润白 7-12-6-0 239-229-232

5 精灵紫 35-30-10-0 177-175-201

6 荆棘灰 65-50-30-0 107-122-149

7 粉花蕾 10-45-20-0 226-162-172

8 淡雅橙 0-20-30-0 251-216-181

双色配色

1 2

1 3

1 4

三色配色

1 2 5

1 3 6

1 4 7

四色配色

1 2 5 8

1 3 6 8

1 4 7 8

五色配色

1 2 3 4 5

1 2 6 7 8

1 3 5 6 7

161 温和 Mild

意象介绍

温和指的是温柔平和。浅紫莲给人一种心旷神怡的感觉，和低明度的紫色搭配可加强画面的深邃感。

1 浅紫莲 20-25-5-0 210-195-217

2 洗橙色 5-14-25-0 244-224-196

3 赦橙色 5-30-60-0 241-191-112

4 雾霾灰 5-0-0-30 193-198-201

5 蓝紫色 50-30-0-20 119-142-184

6 透明蓝 15-0-10-0 224-240-235

7 红消鼠灰 55-50-35-25 110-105-118

8 水貂紫 35-25-0-5 171-178-215

双色配色

1 2　1 3　1 4

三色配色

1 2 5　1 3 6　1 4 7

四色配色

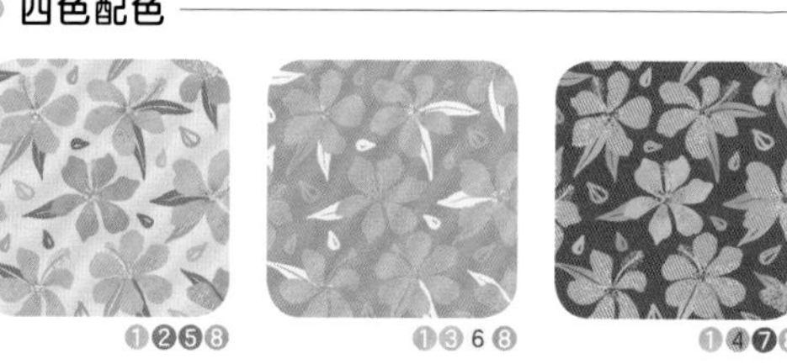

1 2 5 8　1 3 6 8　1 4 7 8

五色配色

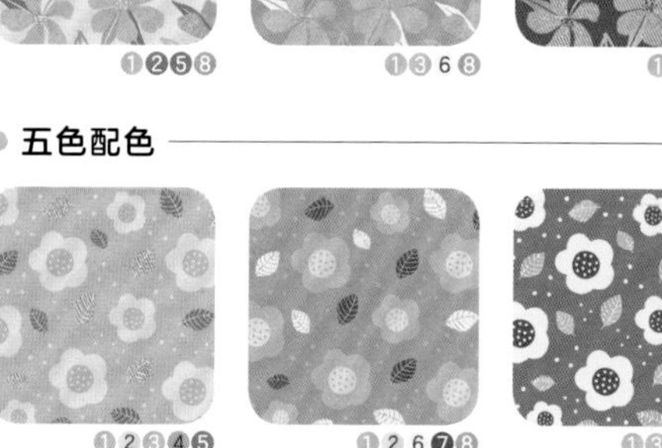

1 2 3 4 5　1 2 6 7 8　1 3 5 6 7

162 时尚 Fashion

意象介绍

时尚指的是符合潮流的。高纯度的炫彩紫有一种迷人的感觉，和暖色系搭配可以增强画面的活跃感。

炫彩紫
60-60-0-35
91-78-133

粉水晶
5-20-5-0
241-216-225

荷粉色
5-35-20-0
238-185-184

远州橙
0-15-25-0
252-226-196

石板紫
35-30-0-5
171-170-209

媒竹橙
0-25-45-0
250-205-147

茶褶色
10-45-45-0
227-160-131

绒桃红
20-90-25-10
188-48-109

● 双色配色

● 三色配色

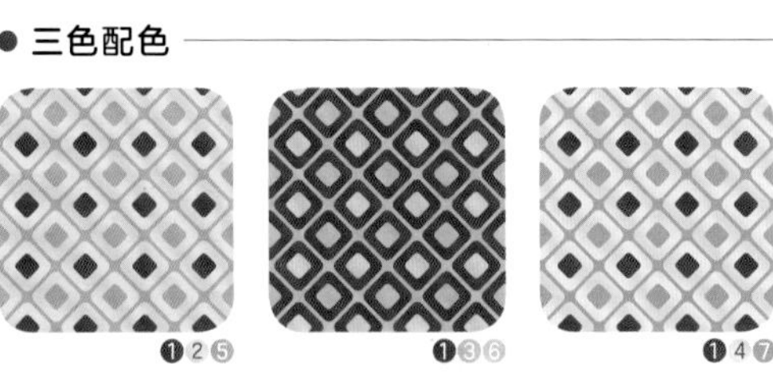

● 四色配色

● 五色配色

163

依赖

Rely on

意象介绍

低纯度的豆沙粉有种温柔可靠的感觉，容易让人产生依赖感，搭配暖色系可以使画面显得更加温馨。

1 豆沙粉
28-51-27-0
192-141-154

2 番茄黄
5-30-60-0
241-191-112

3 绯白色
10-10-20-0
234-228-209

4 紫铁灰
50-55-40-35
109-90-98

5 风纤粉
15-30-20-0
220-189-188

6 肉橙灰
10-30-35-5
224-185-158

7 栗仁色
37-49-44-0
174-138-129

8 塔克棕
40-80-95-45
113-48-18

双色配色

12

13

14

三色配色

125

136

147

四色配色

1258

1368

1478

五色配色

12345

12678

13567

164

模糊

Vague

意象介绍

模糊指的是朦胧不清。低明度的稀灰色让人有种云里雾里的感觉，搭配低纯度的红色系使画面意境更加缥缈。

1 稀灰色
20-25-20-5
205-188-187

2 百草露灰
50-40-40-25
119-121-119

3 寒烟粉
20-40-25-5
203-161-164

4 露楚绿
65-35-50-25
84-118-108

5 粉扇贝
30-55-35-0
188-131-138

6 谷丰绿
50-15-35-0
139-183-171

7 月白色
5-10-20-0
244-232-209

8 深阎灰
40-40-35-10
157-143-142

双色配色

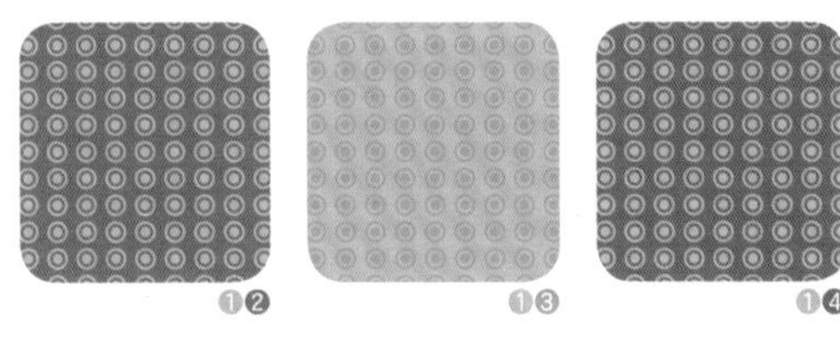

12　13　14

三色配色

125　136　147

四色配色

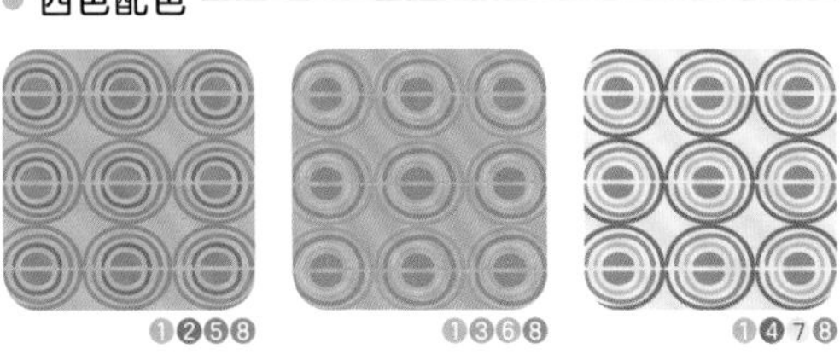

1258　1368　1478

五色配色

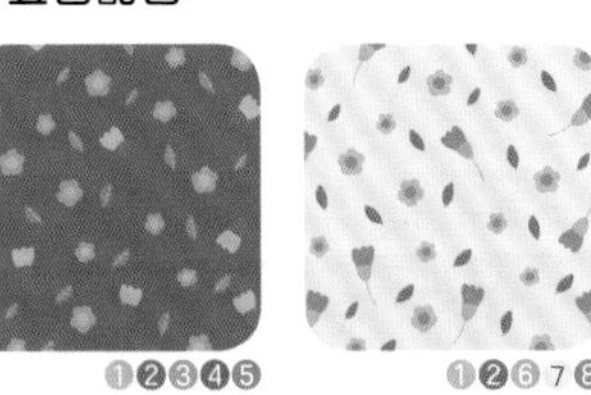

12345　12678

13567

165

敬爱

Respect

意象介绍

敬爱指的是尊敬热爱。衣橱棕给人一种可靠的稳定感，和低明度的冷色系搭配使画面显得更加冷静。

1 衣橱棕 20-35-40-20 182-151-129

2 晨间白 5-10-20-5 237-225-203

3 梅雨棕 40-40-50-15 152-137-114

4 云淡青 20-10-20-0 213-220-207

5 岩绿灰 65-35-55-15 93-128-110

6 燕尾棕 65-80-95-45 77-46-27

7 维也纳灰 60-45-45-30 94-103-104

8 鼹鼠棕 20-25-35-5 205-187-261

双色配色

①② ①③ ①④

三色配色

①②⑤ ①③⑥ ①④⑦

四色配色

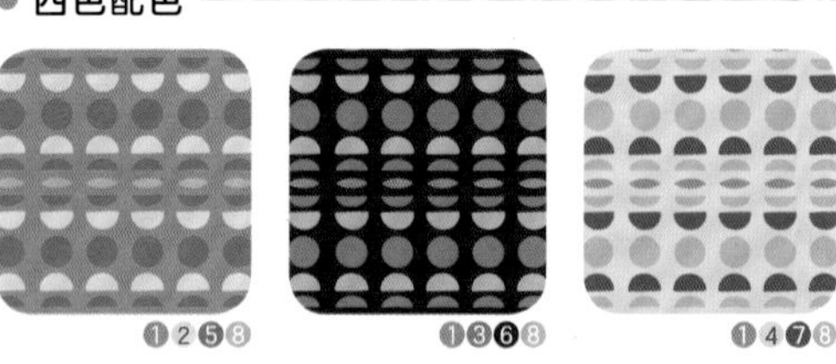

①②⑤⑧ ①③⑥⑧ ①④⑦⑧

五色配色

①②③④⑤ ①②⑥⑦⑧ ①③⑤⑥⑦

166 枯萎 Withered

意象介绍

枯萎指的是干枯萎缩。低纯度的枯萎绿给人一种岁月流逝的感觉，搭配低明度的绿色系，有种秋天的凋零感。

1 枯萎绿
25-20-50-20
175-169-122

2 海滩色
15-20-25-0
222-206-189

3 枯竹叶
25-35-50-40
142-120-92

4 白盐色
10-10-10-0
234-229-227

5 岩石棕
20-50-65-25
173-119-75

6 成熟棕
25-30-50-15
182-161-121

7 丝絮褐
25-35-40-15
181-154-134

8 百香茗绿
65-55-100-15
102-101-43

双色配色

1 2

1 3

1 4

三色配色

1 2 5

1 3 6

1 4 7

四色配色

1 2 5 8

1 3 6 8

1 4 7 8

五色配色

1 2 3 4 5

1 2 6 7 8

1 3 5 6 7

167

神秘

Mysterious

意象介绍

神秘指的是高深莫测的。低明度的幻影紫给人一种神秘感，和低明度的红色系搭配可以使画面显得更加成熟。

1 幻影紫 70-75-30-15 92-71-115

2 神谷灰 30-35-35-15 171-152-142

3 爱兰紫 40-40-15-5 162-150-177

4 玛丽灰 45-55-35-30 124-97-109

5 藕粉灰 15-20-20-0 222-207-198

6 丝竹红 40-70-50-45 113-62-68

7 裸绒灰 25-30-20-15 180-164-169

8 幽灵紫 60-65-25-50 76-58-89

● 双色配色

①② ①③ ①④

● 三色配色

①②⑤ ①③⑥ ①④⑦

● 四色配色

①②⑤⑧ ①③⑥⑧ ①④⑦⑧

● 五色配色

①②③④⑤ ①②⑥⑦⑧ ①③⑤⑥⑦

168

往昔

Past

意象介绍

往昔指的是从前、过去。雀茶棕有一种岁月沉淀的感觉，和低纯度的棕色系搭配可以使画面更加和谐。

1 雀茶棕
25-50-50-40
141-100-83

2 约克灰
25-30-30-10
188-170-160

3 纸棕色
50-50-45-0
146-129-127

4 冰沙橙
10-30-40-5
224-184-149

5 芦苇黄
15-20-30-0
223-206-180

6 砂灰色
15-20-20-5
216-201-193

7 蒙白色
10-10-15-5
227-222-212

8 布朗尼棕
30-40-40-10
178-149-135

双色配色

12

13

14

三色配色

125

136

147

四色配色

1258

1368

1478

五色配色

12345

12678

13567

169

初生

Primary

意象介绍

初生即初现。果青绿给人一种青果的芳香感，和绿色系搭配使画面更加自然新鲜。

1 果青绿
20-2-60-0
216-226-128

2 细雪青
25-0-20-0
202-230-215

3 梦中绿
60-0-30-0
97-193-190

4 乳青色
8-0-30-0
241-244-198

5 青干草
30-0-50-5
187-214-148

6 丹东蓝
30-0-0-0
186-227-249

7 富春绿
55-0-45-0
119-196-161

8 织浅紫
15-10-0-0
222-226-242

双色配色

1 2

1 3

1 4

三色配色

1 2 5

1 3 6

1 4 7

四色配色

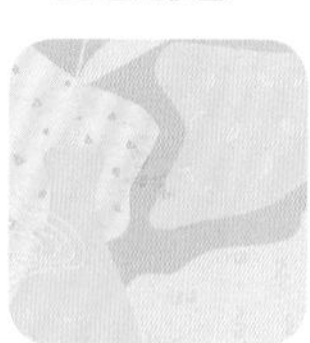

1 2 5 8

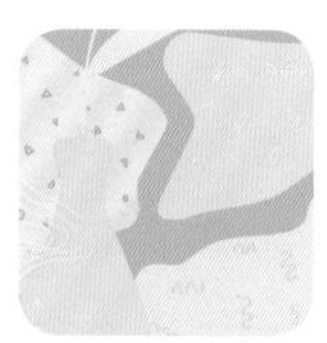

1 3 6 8

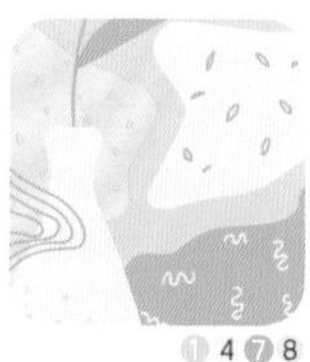

1 4 7 8

五色配色

1 2 3 4 5

1 2 6 7 8

1 3 5 6 7

170

朝气

Vigour

意象介绍

朝气指的是有精气神、奋发向上。菜叶绿给人一种新鲜感，充满了年轻的朝气的同时，又非常清爽大方。

1 菜叶绿
70-5-80-0
69-173-92

2 青黄花菜
31-5-85-0
193-209-64

3 软蓝色
45-0-0-0
143-211-245

4 锦绣蓝
70-10-10-0
45-173-215

5 湾塘绿
50-0-64-0
139-199-122

6 青玉绿
60-0-42-0
100-191-167

7 深海峡蓝
100-35-10-0
0-123-187

8 菀蓝色
90-0-40-0
0-165-168

双色配色

①②

①③

①④

三色配色

①②⑤

①③⑥

①④⑦

四色配色

①②⑤⑧

①③⑥⑧

①④⑦⑧

五色配色

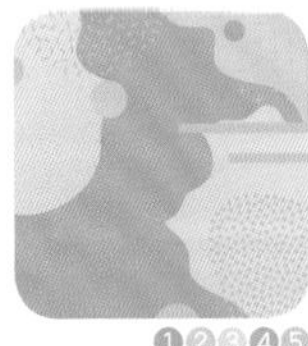

①②③④⑤

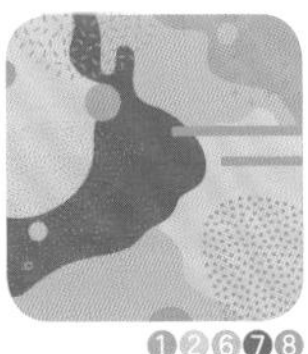

①②⑥⑦⑧

①③⑤⑥⑦

171

明快

Lively

意象介绍

明快指的是明朗畅快。高明度的明快黄给人一种透亮的感觉，和暖色系搭配有种童话般的甜美感。

1 明快黄
0-5-52-0
255-240-145

2 嫩花橙
0-25-25-0
249-208-186

3 青阳蓝
21-0-0-0
209-236-251

4 饼干色
0-10-26-0
254-235-198

5 七彩粉
0-27-0-0
248-207-225

6 萨基紫
20-20-3-0
210-204-226

7 闲淡蓝
20-10-3-0
211-221-237

8 夏日黄
0-0-37-0
255-250-183

双色配色

1 2

1 3

1 4

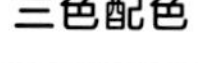

三色配色

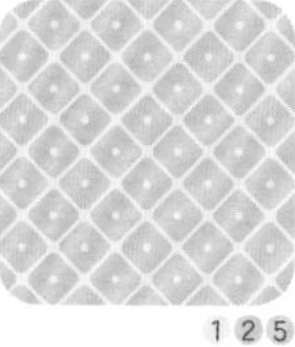

1 2 5

1 3 6

1 4 7

四色配色

1 2 5 8

1 3 6 8

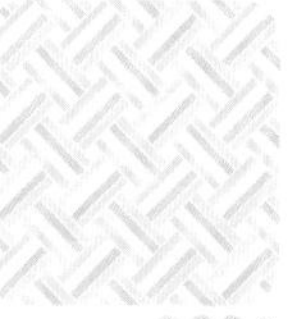

1 4 7 8

五色配色

1 2 3 4 5

1 2 6 7 8

1 3 5 6 7

172

自在

Unrestrained

意象介绍

自在指的是自由、无拘束。低纯度的自由蓝有种天空般的遥远感。

1 自由蓝
25-0-10-0
200-231-233

2 和煦黄
8-10-30-0
239-228-190

3 薄荷叶绿
20-0-50-0
216-230-152

4 豆蔻青
29-0-28-0
192-225-198

5 雪白色
5-0-0-8
233-239-242

6 浅青色
15-0-25-0
225-238-207

7 浅乳黄
5-0-25-0
247-248-208

8 莲梦青
18-0-15-0
218-237-225

双色配色

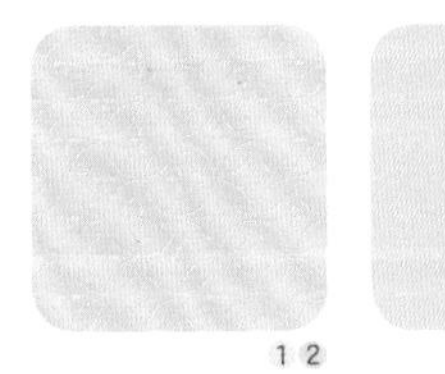

1 2

1 3

1 4

三色配色

1 2 5

1 3 6

1 4 7

四色配色

1 2 5 8

1 3 6 8

1 4 7 8

五色配色

1 2 3 4 5

1 2 6 7 8

1 3 5 6 7

173

流行

Popular

意象介绍

流行指的是广泛传播、盛行。清透的海上蓝让人联想到夏日的海滩，有种清风拂面的感觉，搭配低纯度的蓝色系使画面更清爽。

1 海上蓝
65-35-0-0
95-144-204

2 运河蓝
25-5-0-0
199-225-245

3 空谷蓝
40-10-5-0
162-203-229

4 蓝白烟
10-0-0-0
234-246-253

5 恺绿色
30-0-20-0
189-225-214

6 馨磬绿
70-0-25-0
33-184-197

7 忧伤紫
20-15-0-0
210-213-236

8 蓝桂色
38-0-10-0
166-218-230

● 双色配色

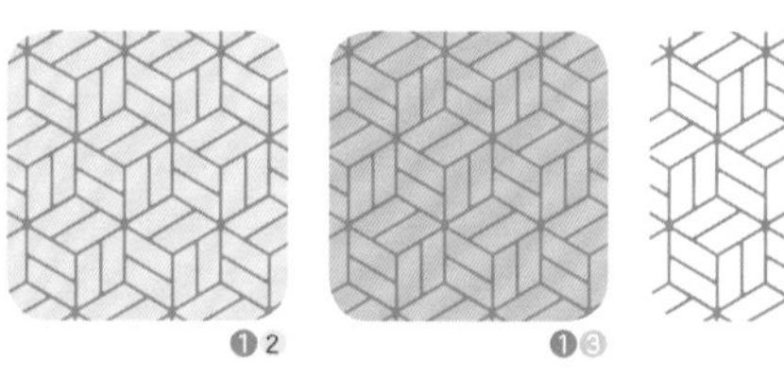

❶2　❶❸　❶4

● 三色配色

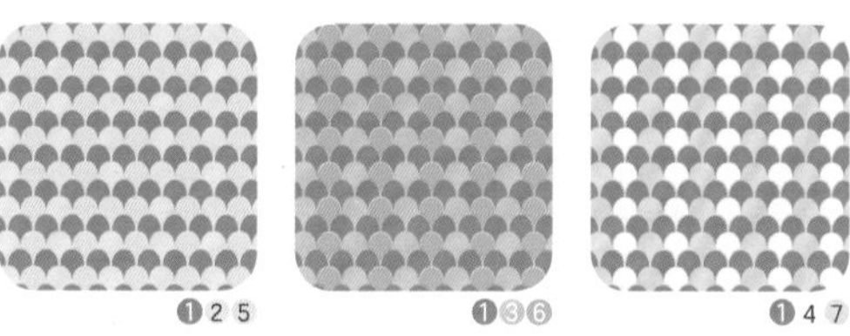

❶2 5　❶❸❻　❶4 7

● 四色配色

❶2 5 8　❶❸❻8　❶4 7 8

● 五色配色

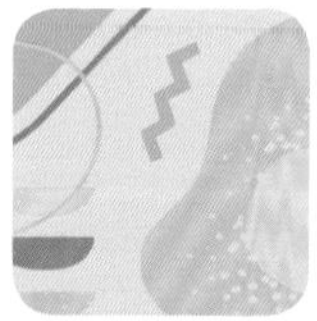

❶2❸4 5　❶2❻7 8　❶❸5 6 7

174

放松

Relax

意象介绍

沁透绿使人联想到林间溪流、湖泊等环境，让人感到放松，搭配蓝色系使画面显得凉爽、惬意。

1 沁透绿
60-0-35-0
98-192-180

2 倾情绿
100-10-35-0
0-150-170

3 苏打蓝
30-5-0-0
187-220-244

4 青苔蓝
75-0-0-10
0-169-223

5 蕙馨蓝
45-0-10-0
145-210-229

6 飞舞绿
60-0-60-0
105-189-131

7 甜瓜绿
30-0-40-0
191-222-174

8 深翠绿
90-30-50-30
0-106-107

双色配色

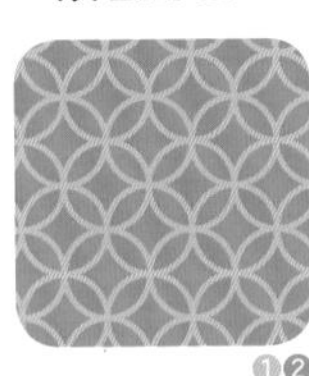

①②

①③

①④

三色配色

①②⑤

①③⑥

①④⑦

四色配色

①②⑤⑧

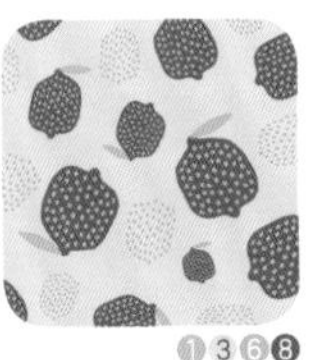

①③⑥⑧

①④⑦⑧

五色配色

①②③④⑤

①②⑥⑦⑧

①③⑤⑥⑦

175

冷淡

Apathy

意象介绍

低纯度的蔷薇紫给人一种清心冷淡的感觉，搭配低纯度的紫色系和红色系可以塑造一种梦幻的氛围感。

1 蔷薇紫
30-15-0-0
187-204-233

2 挪威粉
0-35-0-0
246-191-215

3 温馨蓝
28-0-0-0
192-229-249

4 醇香紫
10-20-0-0
231-213-232

5 海玉蓝
15-5-0-0
223-234-248

6 郁金香紫
30-45-0-0
187-151-197

7 可捏紫
25-25-0-0
199-192-223

8 日不落紫
10-25-0-0
230-203-226

双色配色

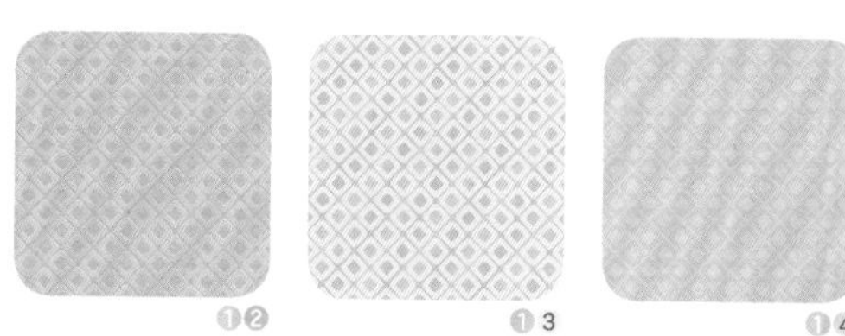

1 2　　1 3　　1 4

三色配色

1 2 5　　1 3 6　　1 4 7

四色配色

1 2 5 8　　1 3 6 8　　1 4 7 8

五色配色

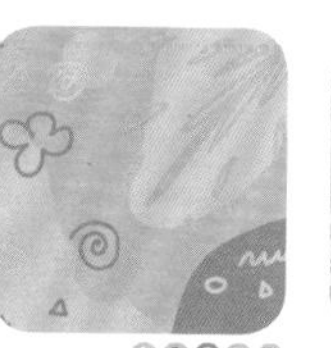

1 2 3 4 5　　1 2 6 7 8　　1 3 5 6 7

176

爽快

Cheerfulness

意象介绍

爽快指的是率直、直截了当。果油绿给人一种果子的清新与芬芳，搭配绿色系，可以使画面更加畅快。

1 果油绿
40-0-40-0
165-212-173

2 嫩姜黄
0-0-40-0
255-249-177

3 印象灰
0-0-0-15
230-230-230

4 秀场绿
20-0-40-0
215-231-175

5 铅丹蓝
30-0-10-0
188-226-232

6 茜绿色
70-10-60-0
69-169-127

7 浓郁绿
80-20-40-0
0-151-156

8 枫暖绿
40-0-55-0
167-210-141

双色配色

1 2　　1 3　　1 4

三色配色

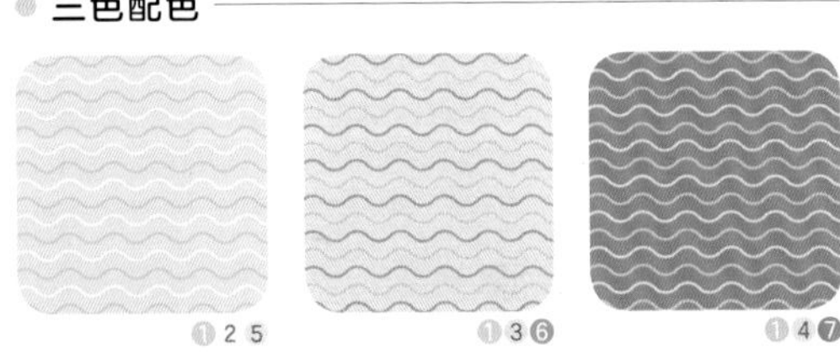

1 2 5　　1 3 6　　1 4 7

四色配色

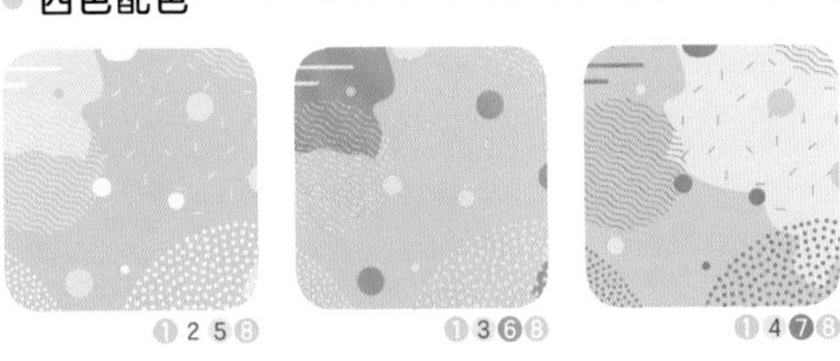

1 2 5 8　　1 3 6 8　　1 4 7 8

五色配色

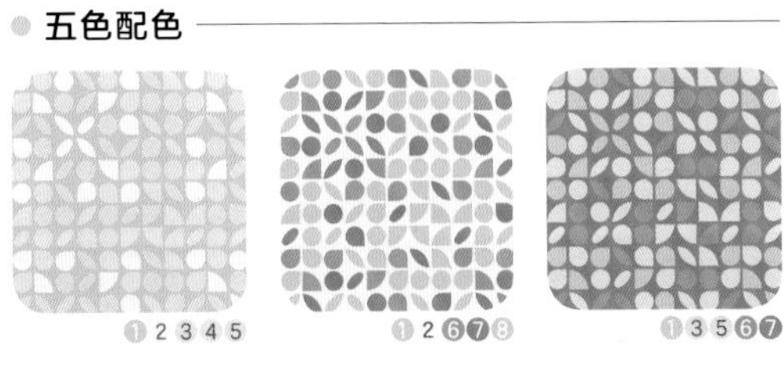

1 2 3 4 5　　1 2 6 7 8　　1 3 5 6 7

177

尖端

Sophisticated

意象介绍

高纯度的海岩蓝给人一种睿智的感觉。搭配粉色和紫色，使画面更加优雅脱俗。

1 海岩蓝
90-55-0-0
0-101-178

2 云霓蓝
60-0-0-0
84-195-241

3 黛西紫
50-30-0-0
138-163-212

4 锦衣蓝
80-0-25-0
0-174-196

5 极地蓝
26-0-0-0
197-231-250

6 香影紫
10-32-0-0
228-190-217

7 慕斯蓝
60-20-5-0
103-169-215

8 夜曲紫
80-80-5-0
77-67-148

● 双色配色

1 2

1 3

1 4

● 三色配色

1 2 5

1 3 6

1 4 7

● 四色配色

1 2 5 8

1 3 6 8

1 4 7 8

● 五色配色

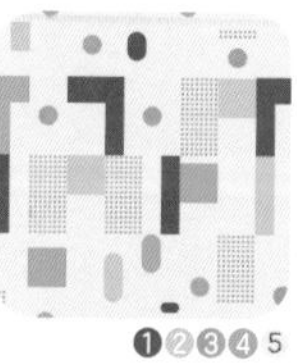

1 2 3 4 5

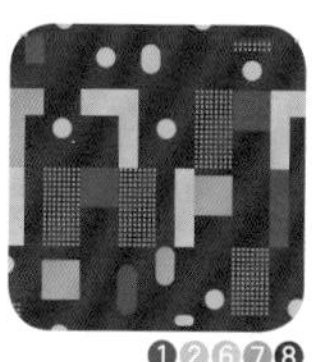

1 2 6 7 8

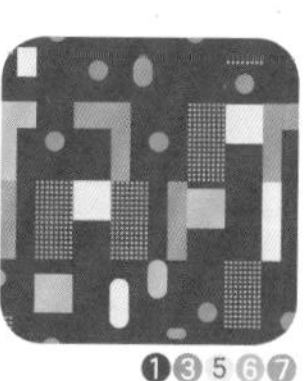

1 3 5 6 7

178

含蓄
Implicit

意象介绍

含蓄指的是含而不露、耐人寻味。低纯度的巷烨橙给人一种柔软而单薄的感觉，搭配紫色和绿色，使画面更加温柔。

1 巷烨橙
0-20-15-0
251-218-209

2 花影绿
15-0-15-0
224-240-226

3 涅浅紫
15-15-0-0
221-217-236

4 工业黄
0-6-20-0
255-243-214

5 灰泥紫
10-15-5-0
232-221-230

6 乡间橙
5-20-20-0
242-214-199

7 芈石绿
10-0-20-0
236-244-217

8 糖娜粉
5-15-10-0
243-225-222

双色配色

1 2　1 3　1 4

三色配色

1 2 5

1 3 6

1 4 7

四色配色

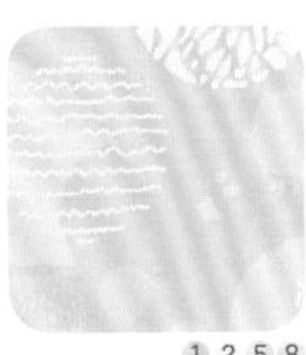

1 2 5 8

1 3 6 8

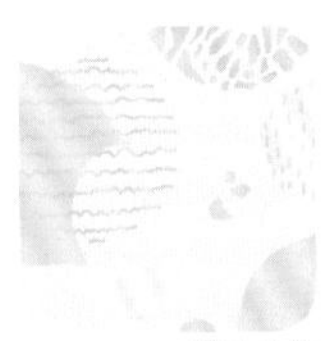

1 4 7 8

五色配色

1 2 3 4 5

1 2 6 7 8

1 3 5 6 7

179

安定

Stable

意象介绍

安定指的是平静、稳定。清透的樱星蓝给人一种夏日的舒适感，搭配绿色系，使画面更加凉爽。

1 樱星蓝
50-0-15-0
130-205-219

2 湘灰绿
12-0-30-0
232-240-197

3 明月绿
32-0-25-0
185-222-204

4 棒棒灰
0-0-0-10
239-239-239

5 石末绿
25-0-35-0
203-228-185

6 灯芯白
5-0-10-0
246-250-237

7 城市蓝
35-0-15-0
175-220-222

8 穗绿色
20-0-20-0
213-234-216

双色配色

1 2

1 3

1 4

三色配色

1 2 5

1 3 6

1 4 7

四色配色

1 2 5 8

1 3 6 8

1 4 7 8

五色配色

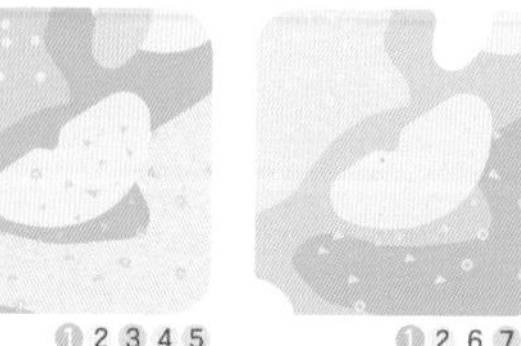

1 2 3 4 5

1 2 6 7 8

1 3 5 6 7

180 高级 Senior

意象介绍

高纯度的未来紫给人一种未来科技的高级感，搭配黄色系和蓝色系，使画面更加有质感。

1 未来紫
72-60-0-0
89-102-174

2 瓷釉紫
50-32-0-0
138-160-210

3 松露白
5-0-0-10
230-235-238

4 夜曲蓝
80-20-0-0
0-153-217

5 达克黄
0-5-30-0
255-243-195

6 风度蓝
35-0-0-0
173-222-248

7 元紫色
25-20-0-0
199-200-229

8 芭比蓝
95-35-10-0
0-125-188

● 双色配色

● 三色配色

● 四色配色

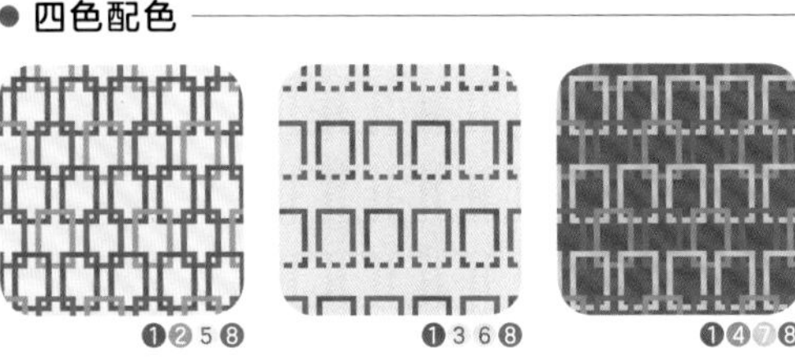

● 五色配色

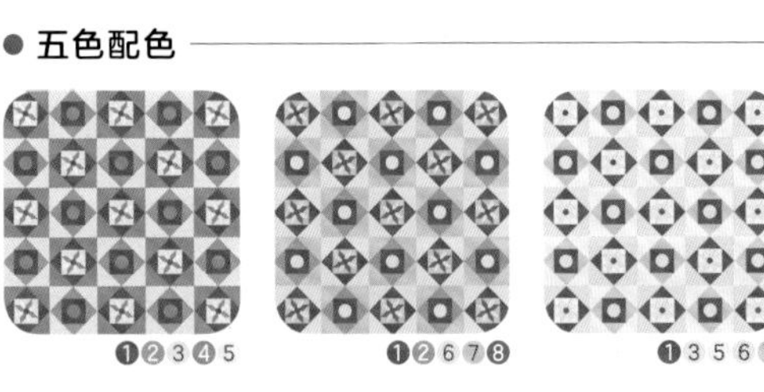

181 静寂 Quiescence

意象介绍

静寂指的是沉寂无声。低明度的黑橡蓝让人联想到寂静的黑夜，搭配高明度的蓝色系和绿色系，可以使画面更加简洁。

黑橡蓝
92-75-40-0
32-76-116

洗台蓝
40-0-5-0
160-216-239

石磨蓝
100-35-10-30
0-98-151

安卡蓝
50-0-15-0
130-205-219

元庆绿
25-0-25-0
202-229-205

斯托青
15-0-10-0
224-240-235

诺韦绿
16-0-30-0
223-237-196

8 梦蕊黄
0-8-20-0
254-239-212

● 双色配色

● 三色配色

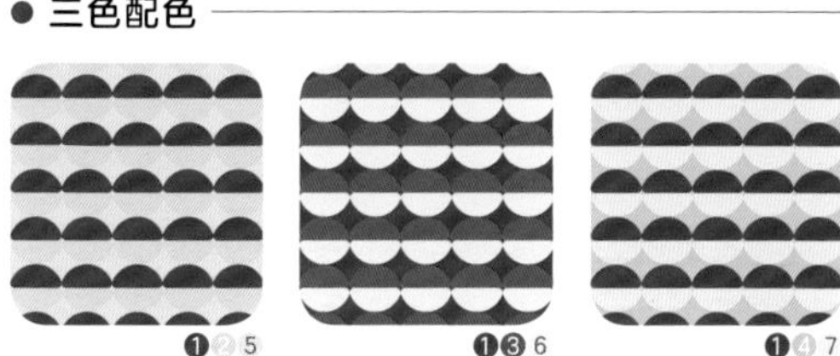

● 四色配色

● 五色配色

182

迷人

Charming

意象介绍

迷人指的是使人迷恋、陶醉。莹星粉有着让人眼前一亮的甜美感，搭配紫色系可以使画面更加娇美。

1 莹星粉 4-40-12-0 238-176-189

2 悠久橙 0-15-10-0 252-228-223

3 布利紫 45-45-0-15 139-128-176

4 魅影紫 70-55-0-0 92-111-180

5 皂紫色 35-40-0-0 176-157-203

6 玻璃蓝 50-25-0-0 136-171-218

7 云岭紫 15-25-0-0 220-199-225

8 茵星蓝 60-20-0-5 98-165-215

双色配色

1 2

1 3

1 4

三色配色

1 2 5

1 3 6

1 4 7

四色配色

1 2 5 8

1 3 6 8

1 4 7 8

五色配色

1 2 3 4 5

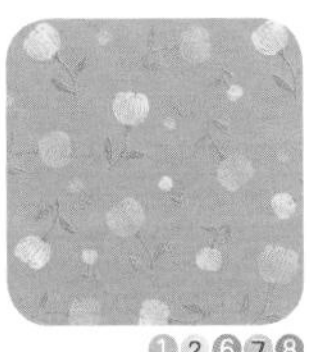
1 2 6 7 8

1 3 5 6 7

183

纤细

Slender

意象介绍

纤细指的是纤柔、细小。陶器绿给人一种淡雅朴实的感觉，搭配低明度的绿色，可以增强画面的田园感。

1 陶器绿 17-0-30-0 221-236-196

2 暮灰绿 45-10-25-10 141-184-182

3 巷映绿 30-0-50-0 192-221-152

4 奶灰绿 50-20-50-0 142-175-140

5 浮晓绿 80-10-60-0 0-161-128

6 里海绿 28-0-20-0 194-227-214

7 星宇绿 60-20-55-30 88-132-104

8 幻漾绿灰 55-25-40-0 127-165-155

双色配色

12

13

14

三色配色

125

136

147

四色配色

1258

1368

1478

五色配色

12345

12678

13567

184 聪敏 Intelligent

意象介绍

聪敏指的是聪明而敏捷。高明度的灵气橙给人一种明亮向上的感觉，搭配橙色让人联想到明媚的阳光。

1 灵气橙
0-25-60-0
251-203-114

2 倩丽橙
0-10-30-0
254-235-190

3 悠幽黄
5-10-50-0
246-228-147

4 飘烟橙
10-35-40-0
229-181-149

5 乌木棕
30-45-50-0
190-149-123

6 暮橙粉
0-50-40-0
242-155-135

7 布莱棕
37-80-80-0
174-80-60

8 优格橙
0-35-35-0
247-187-158

双色配色

12　13　14

三色配色

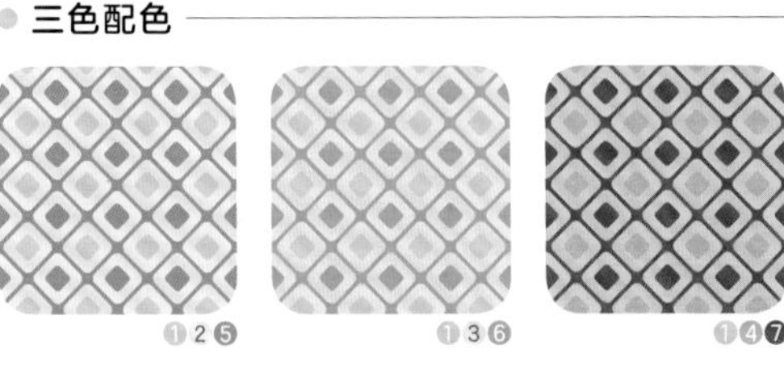

125　136　147

四色配色

1258　1368　1478

五色配色

12345　12678　13567

185

稳重

Steady

意象介绍

稳重指的是沉着而有分寸。沙青色给人一种理性正直的感觉，搭配紫色系，可以使画面更有张弛感。

1 沙青色
70-45-0-0
85-126-192

2 寒雨蓝
40-20-0-0
163-188-226

3 雾喷蓝
100-50-0-0
0-104-183

4 月牙紫
70-70-0-0
99-86-163

5 夏夜蓝
45-50-0-0
155-133-189

6 魔宇蓝
100-50-0-50
0-64-119

7 陌路紫
25-50-0-0
196-144-191

8 紫涛戈
90-90-0-0
53-49-143

● 双色配色

❶❷

❶❸

❶❹

● 三色配色

❶❷❺

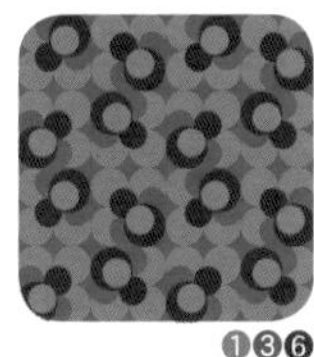

❶❸❻

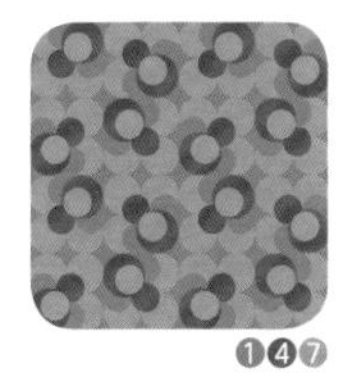

❶❹❼

● 四色配色

❶❷❺❽

❶❸❻❽

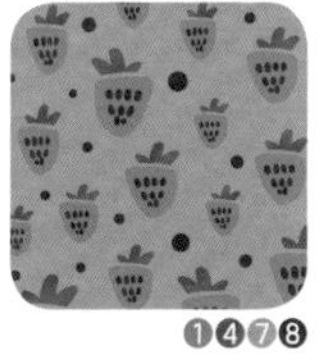

❶❹❼❽

● 五色配色

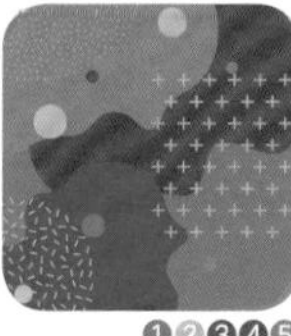

❶❷❸❹❺

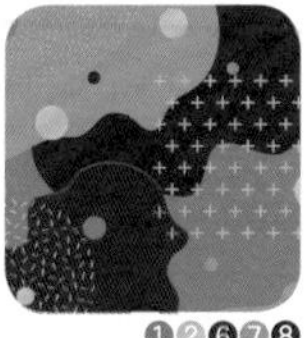

❶❷❻❼❽

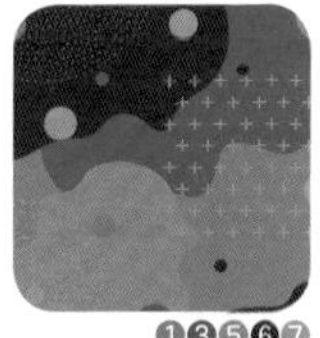

❶❸❺❻❼

186

童话

Fairy Tale

意象介绍

童话指的是一种具有浓厚幻想色彩的故事。梦妮粉给人一种梦幻的感觉，搭配黄色系和橙色系，使画面更有童话感。

1 梦妮粉 10-50-0-0 224-152-192

2 白纱粉 0-20-5-0 250-220-226

3 浅杏黄 0-25-70-0 251-202-90

4 西柚红 0-70-45-0 236-109-109

5 冰菊黄 0-8-60-0 255-233-123

6 粉茶橙 0-35-38-0 247-187-152

7 冰霜粉 0-32-20-0 247-194-187

8 百合粉 0-55-12-0 240-146-172

双色配色

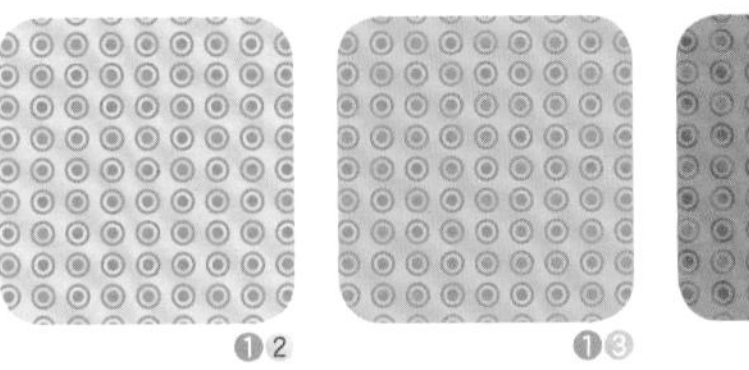

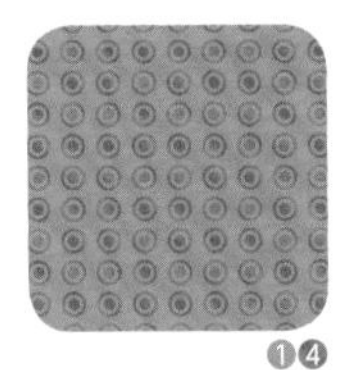

1 2　　1 3　　1 4

三色配色

1 2 5　　1 3 6　　1 4 7

四色配色

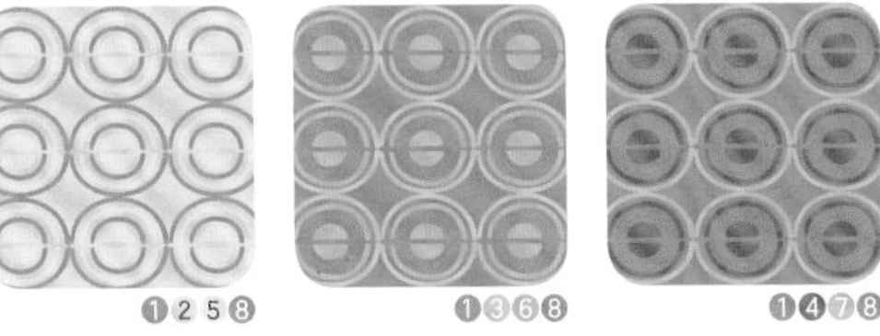

1 2 5 8　　1 3 6 8　　1 4 7 8

五色配色

1 2 3 4 5　　1 2 6 7 8　　1 3 5 6 7

187

褪色

Fade

意象介绍

褪色指的是颜色或痕迹慢慢变淡或消失。低纯度的象灰色给人一种经过长时间磨炼后褪去浮华的感觉。

1 象灰色
20-30-20-30
166-146-149

2 霉绿色
25-0-30-55
116-133-114

3 傍晚灰
20-0-0-60
112-127-135

4 流系绿灰
45-20-35-0
154-181-168

5 深米绿
30-10-30-5
185-203-182

6 奶黄绿
20-10-50-0
215-215-147

7 午后绿
20-5-15-0
213-228-221

8 薄墨绿
10-0-30-50
147-151-123

● 双色配色

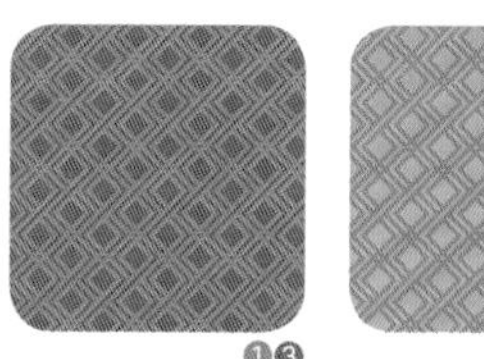

12　13　14

● 三色配色

125　136　147

● 四色配色

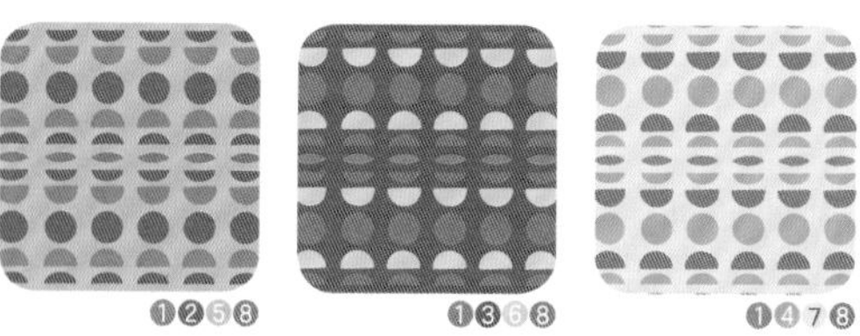

1258　1368　1478

● 五色配色

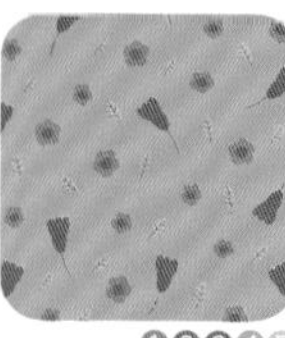

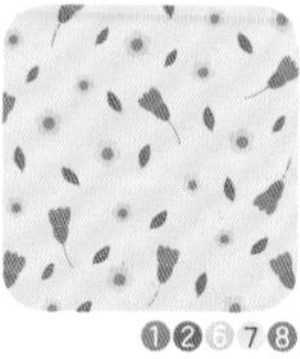

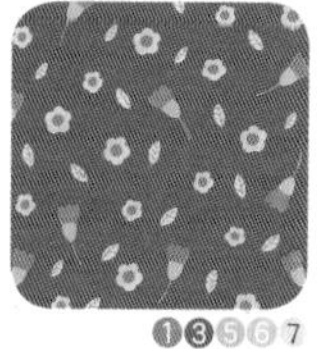

12345　12678　13567

188

神圣

Sacred

意象介绍

神圣指的是极其崇高、庄严。清波蓝给人一种纯粹的感觉，搭配紫色系和橙色系，使画面更加生机勃勃。

1 清波蓝
45-0-5-0
144-211-237

2 波斯菊紫
20-25-0-0
209-196-224

3 迷雾紫
24-51-0-0
198-143-189

4 可丽蓝
70-50-0-20
77-102-162

5 柔静紫
50-40-5-0
141-147-195

6 浅嫣橙
4-25-25-0
243-205-186

7 月桂黄
2-9-30-0
252-235-190

8 珊瑚紫
45-55-0-0
155-124-182

双色配色

①②

①③

①④

三色配色

①②⑤

①③⑥

①④⑦

四色配色

①②⑤⑧

①③⑥⑧

①④⑦⑧

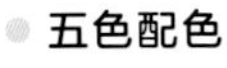

五色配色

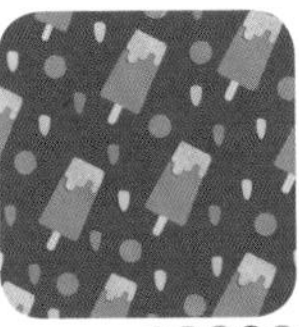

①②③④⑤

①②⑥⑦⑧

①③⑤⑥⑦

189

庄重

Dignified

意象介绍

庄重指的是严肃端正、不轻浮。低明度的庄严蓝有一种沉着稳重的感觉，搭配高明度的蓝色使画面显得更加冷静。

1 庄严蓝 80-70-30-30 56-65-105

2 石楠灰 40-15-0-60 85-105-126

3 箬本蓝 75-35-35-0 62-137-154

4 革烨蓝 80-55-45-20 53-92-108

5 醇桦紫 60-40-10-0 115-140-187

6 竹青灰 50-10-10-45 86-130-148

7 鹿草蓝 30-8-0-0 187-216-241

8 深忧绿 60-20-35-30 85-133-133

● 双色配色

❶❷

❶❸

❶❹

● 三色配色

❶❷❺

❶❸❻

❶❹❼

● 四色配色

❶❷❺❽

❶❸❻❽

❶❹❼❽

● 五色配色

❶❷❸❹❺

❶❷❻❼❽

❶❸❺❻❼

190

雅致

Testeful

意象介绍

雅致指的是美观而不落俗套。树影绿给人一种雅致的感觉，和绿色系搭配使画面更加高雅别致。

1 树影绿
62-0-40-0
92-190-170

2 普雅绿
30-5-55-0
193-214-138

3 绀岩绿
55-5-50-10
114-178-140

4 莫蓝灰
45-15-20-0
151-190-198

5 藓沉绿
70-5-40-10
49-166-157

6 暮歌蓝
25-0-8-0
200-231-237

7 婆娑绿
70-15-65-20
63-142-100

8 石青绿
35-10-45-0
180-203-157

双色配色

①②

①③

①④

三色配色

①②⑤

①③6

①④⑦

四色配色

①②⑤⑧

①③6⑧

①④⑦⑧

五色配色

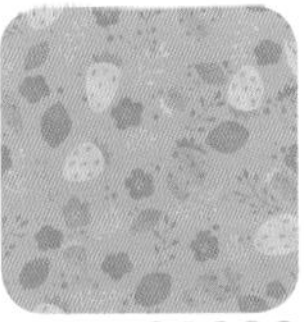

①②③④⑤

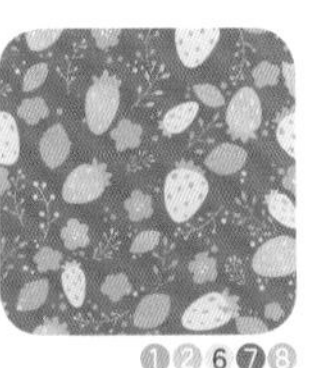

①②6⑦⑧

①③⑤6⑦

191

灿烂
Splendid

意象介绍

灿烂指的是光彩鲜明耀眼。橙银杏色彩绚丽，与红色系搭配有一种春光灿烂的感觉。

1 橙银杏
0-40-80-0
246-173-60

2 鲑鱼橙
0-60-70-0
240-132-74

3 阳光绿
25-0-80-0
206-221-76

4 欲望红
0-75-50-0
235-97-97

5 野花橙
0-30-50-0
249-195-133

6 钴黄色
0-15-95-0
255-217-0

7 深霓绿
70-0-80-0
65-178-93

8 芙蓉橙
0-70-100-0
237-108-0

双色配色

①② ①③ ①④

三色配色

①②⑤ ①③⑥ ①④⑦

四色配色

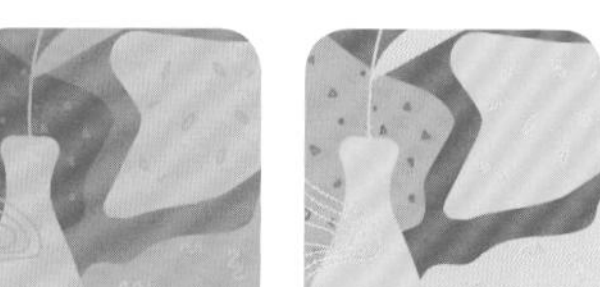

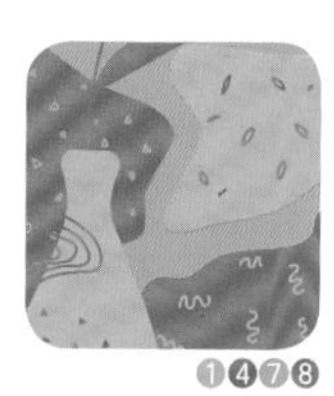

①②⑤⑧ ①③⑥⑧ ①④⑦⑧

五色配色

①②③④⑤ ①②⑥⑦⑧ ①③⑤⑥⑦

192

遥远

Distant

意象介绍

遥远指的是距离长远、时间久远。低明度的紫皂灰给人一种眺目远望的渺茫的感觉，搭配黄色系的颜色能使画面显得更加和煦。

1 紫皂灰
20-40-20-0
208-166-177

2 元粉色
10-25-5-0
230-203-219

3 莲黄茵
5-10-36-0
245-230-178

4 承德棕
20-40-50-0
210-164-126

5 虾黄色
10-25-55-0
233-197-126

6 松棕色
20-50-55-0
208-145-110

7 欧曼粉
0-28-25-0
248-202-183

8 藤紫灰
10-35-15-25
189-152-159

双色配色

①②　①③　①④

三色配色

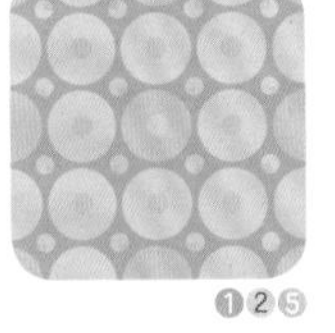

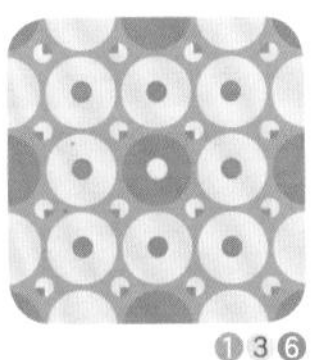

①②⑤　①③⑥　①④⑦

四色配色

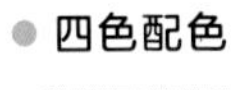

①②⑤⑧　①③⑥⑧　①④⑦⑧

五色配色

①②③④⑤　①②⑥⑦⑧　①③⑤⑥⑦

193

坚实

Solid

意象介绍

坚实指的是坚固结实。低纯度的殿棕色给人一种坚如磐石的感觉，搭配红色系使画面更加厚重。

1 殿棕色
30-70-55-60
101-48-47

2 绒毛灰
27-36-65-0
197-165-100

3 解放棕
50-65-100-0
149-103-41

4 深沙橙
15-50-65-0
217-147-92

5 柳红色
35-90-85-15
160-51-45

6 深瓦灰
10-10-10-80
81-78-77

7 相思灰
17-21-40-0
219-201-159

8 雄橙色
30-70-80-0
187-101-61

● 双色配色

①②

①③

①④

● 三色配色

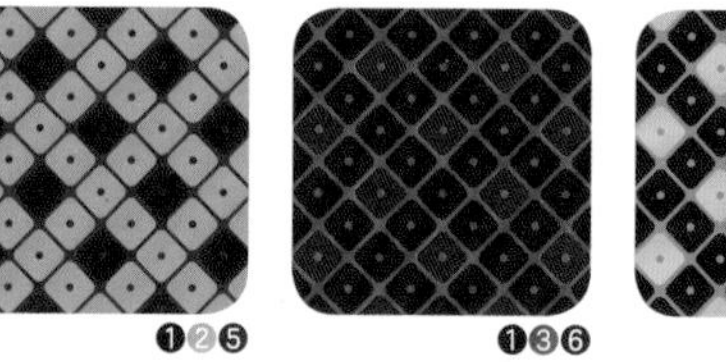

①②⑤　①③⑥　①④⑦

● 四色配色

①②⑤⑧　①③⑥⑧　①④⑦⑧

● 五色配色

①②③④⑤

①②⑥⑦⑧

①③⑤⑥⑦

194 归隐 Seclusion

意象介绍

归隐指的是回到民间或故乡隐居。低明度的海松绿给人一种不管世间杂事的脱俗感，与黄色系搭配使画面更加灵动。

1 海松绿
80-60-100-0
71-99-55

2 素黄绿
35-35-100-0
182-160-20

3 水草棕
30-40-50-70
84-67-51

4 鸳鸯绿
60-45-70-25
101-108-76

5 利休绿
40-40-85-45
113-100-37

6 选金黄
19-27-84-0
216-185-58

7 虫奥绿
83-59-85-31
44-77-54

8 梅新茶
56-41-90-0
132-137-61

● 双色配色

❶❷

❶❸

❶❹

● 三色配色

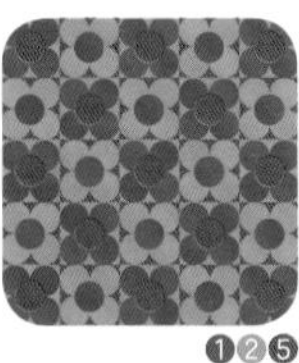

❶❷❺

❶❸❻

❶❹❼

● 四色配色

❶❷❺❽

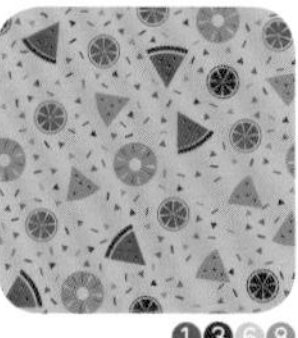

❶❸❻❽

❶❹❼❽

● 五色配色

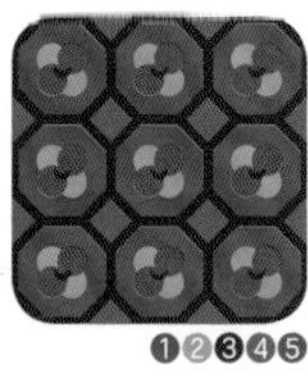

❶❷❸❹❺

❶❷❻❼❽

❶❸❺❻❼

195

阳刚

Manly

意象介绍

阳刚指的是男性所具有的坚毅、刚强、雄伟等气质和性格特征。高纯度的铭皇橙搭配高明度的黄色给人一种刚强有力的感觉。

1 铭皇橙
0-56-100-0
241-139-0

2 谐黄色
0-10-50-0
255-232-147

3 洗橙黄
0-40-95-0
246-172-0

4 沙土白
1-6-15-0
253-243-223

5 芳香橙
0-40-40-0
245-176-144

6 裸粉色
3-23-31-0
246-210-177

7 菁蒲橙
0-30-75-0
249-193-75

8 绯黄色
6-22-89-0
243-202-30

● 双色配色

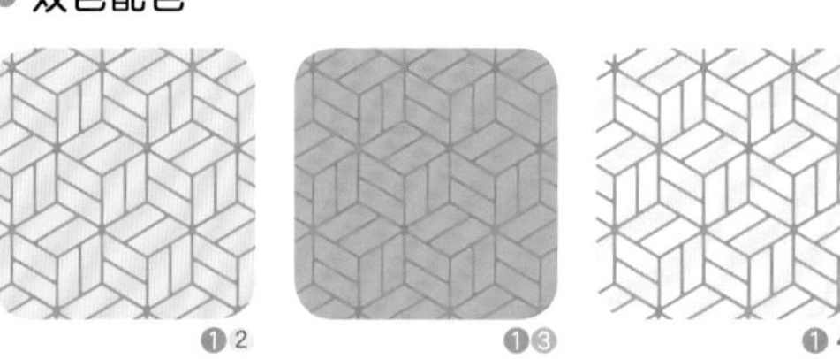

1 2　　1 3　　1 4

● 三色配色

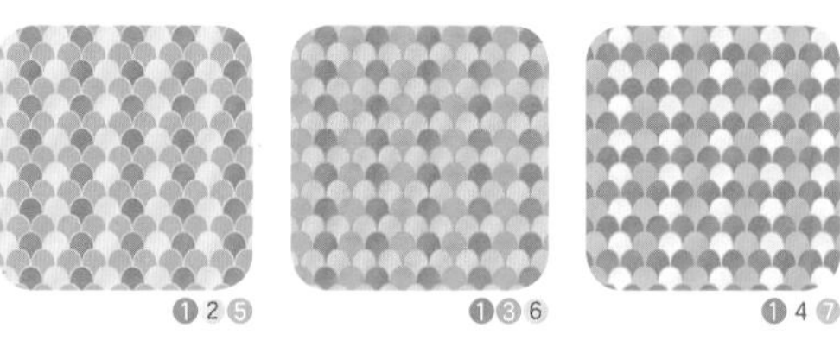

1 2 5　　1 3 6　　1 4 7

● 四色配色

1 2 5 8　　1 3 6 8　　1 4 7 8

● 五色配色

1 2 3 4 5　　1 2 6 7 8　　1 3 5 6 7

196

威严

Prestige

意象介绍

威严指的是有威力而又严肃的样子。低明度的绀蓝黑搭配高明度的蓝色和紫色，给人一种肃穆森严的感觉。

1 绀蓝黑 95-90-60-20 31-48-75

2 花浅蓝 40-0-0-20 137-188-214

3 萃紫色 12-20-0-0 227-211-231

4 深海昌蓝 100-60-30-20 0-80-122

5 碧玉紫 30-42-0-0 187-157-201

6 豆蓝色 62-34-13-0 107-149-188

7 松柏蓝灰 45-20-15-0 151-183-202

8 苍蓝灰 65-40-25-5 99-133-161

● 双色配色

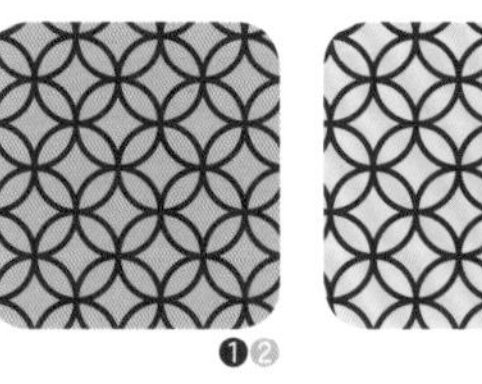

1 2　1 3

1 4

● 三色配色

1 2 5

1 3 6

1 4 7

● 四色配色

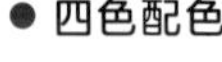

1 2 5 8

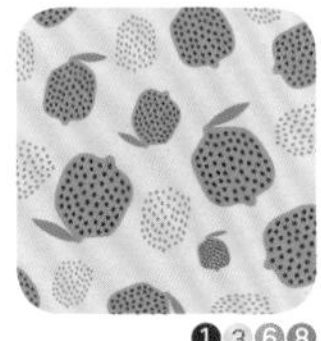

1 3 6 8

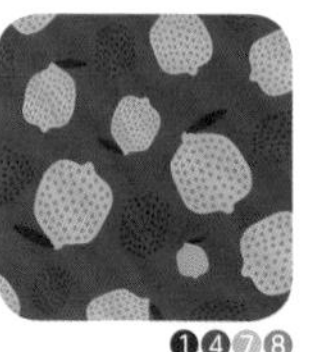

1 4 7 8

● 五色配色

1 2 3 4 5

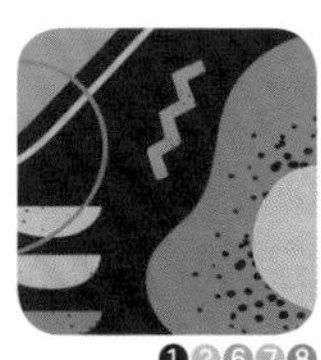

1 2 6 7 8

1 3 5 6 7

197 深邃 Deep

意象介绍

深邃指的是深奥、不易理解的。低明度的暗灰色搭配低明度的橙色和蓝色给人一种深沉的感觉。

1 暗灰色
10-10-10-80
81-78-77

2 土巷色
35-40-65-0
180-154-100

3 织锦橙
20-55-65-10
194-126-84

4 荒原红
35-80-90-30
141-61-33

5 深茂棕
65-75-90-30
92-63-42

6 茄子红
60-80-70-15
115-67-68

7 鬓蓝色
99-82-57-29
0-52-75

8 棕烨色
49-61-71-4
147-108-80

● 双色配色

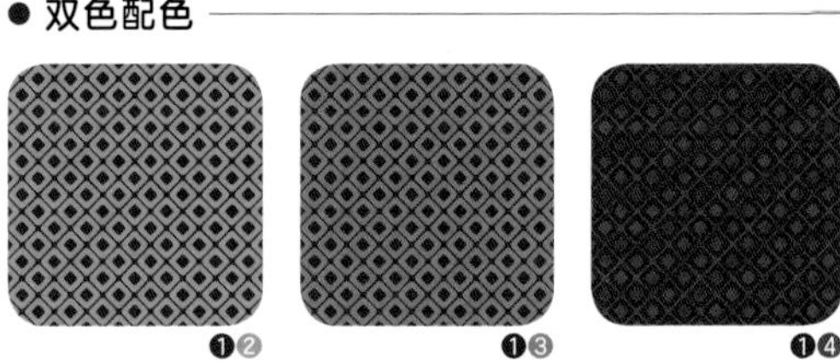

●● ●● ●●

● 三色配色

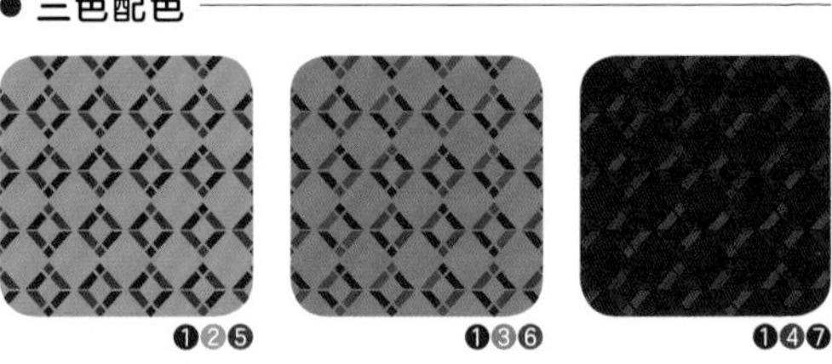

● 四色配色

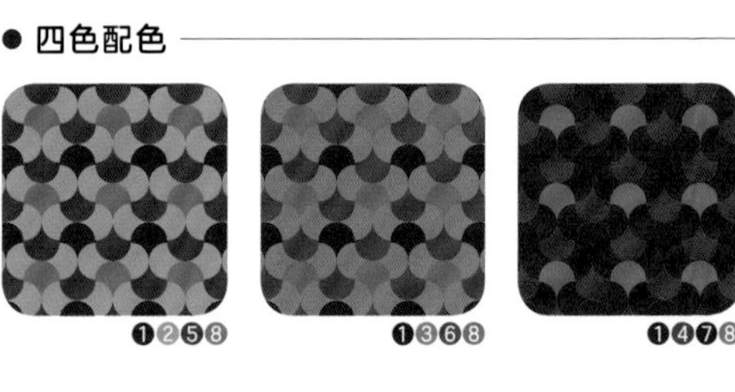

● 五色配色

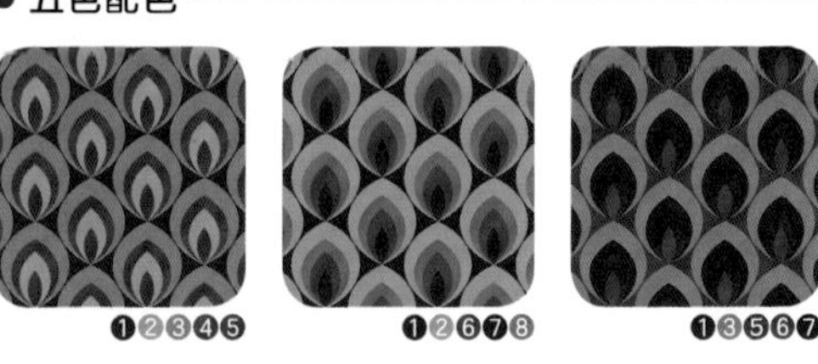

198 田园 Countryside

意象介绍

田园指的是风光自然的乡村田野。田园绿搭配黄色和绿色，仿佛描绘出了一幅村民在田地里悠闲劳作的画面。

田园绿
20-20-70-0
214-197-96

桧绿色
71-42-71-1
90-128-94

鸢茶色
50-25-70-0
145-166-100

梅竹绿
72-48-92-7
88-114-60

消灰绿
56-38-52-0
131-144-125

古陶绿
42-31-80-0
166-162-76

黄海松
28-42-89-0
196-154-49

重芽绿
60-50-90-0
124-122-61

双色配色

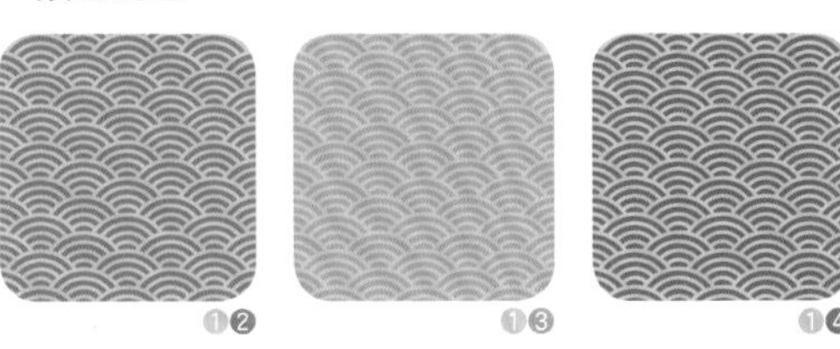

三色配色

四色配色

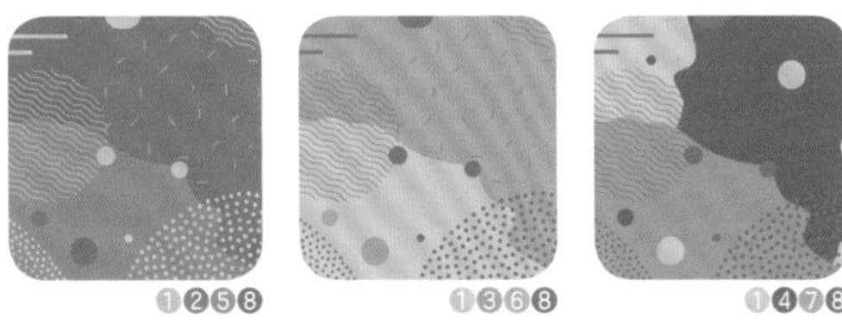

五色配色

意象介绍

娇美指的是娇艳美丽。甜蜜粉搭配紫色和黄色，可以增强画面的少女感，使画面更加秀美。

1 甜蜜粉 10-70-10-0 220-106-154

2 丁紫色 50-50-15-0 144-130-170

3 白煎橙 0-20-32-0 251-216-177

4 浅米紫 12-30-0-0 225-192-219

5 帛黄 0-10-55-0 255-231-135

6 姹粉色 0-35-10-0 246-190-200

7 橙伞菇 4-36-40-0 241-182-147

8 梅辛黄 10-30-65-0 232-187-102

● 双色配色

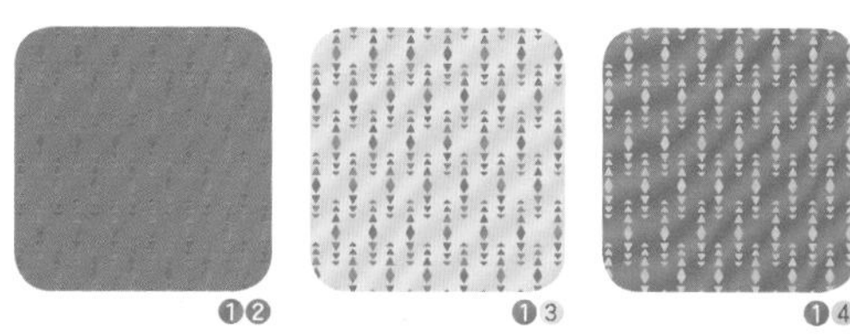

1 2　　1 3　　1 4

● 三色配色

1 2 5　　1 3 6　　1 4 7

● 四色配色

1 2 5 8

1 3 6 8

1 4 7 8

● 五色配色

1 2 3 4 5

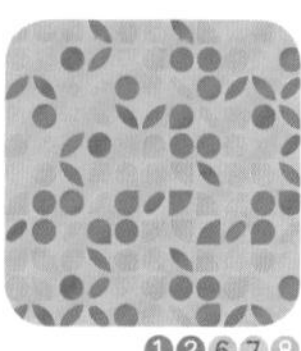

1 2 6 7 8

1 3 5 6 7

意象介绍

戏剧指的是通过演员表演故事来反映社会生活中的各种冲突的艺术，在画面中运用对比色可以增添戏剧效果。

1 若鸢橙
0-65-65-35
178-89-58

2 山茶叶
72-53-73-10
86-105-81

3 土黛黄
20-60-100-20
180-106-7

4 栗紫色
70-60-20-0
96-104-152

5 花灰叶
27-26-50-0
198-184-135

6 帛坊绿
70-35-55-0
87-139-123

7 涬蘙黄
0-40-75-30
194-136-55

8 茜紫色
70-60-25-20
84-89-127

双色配色

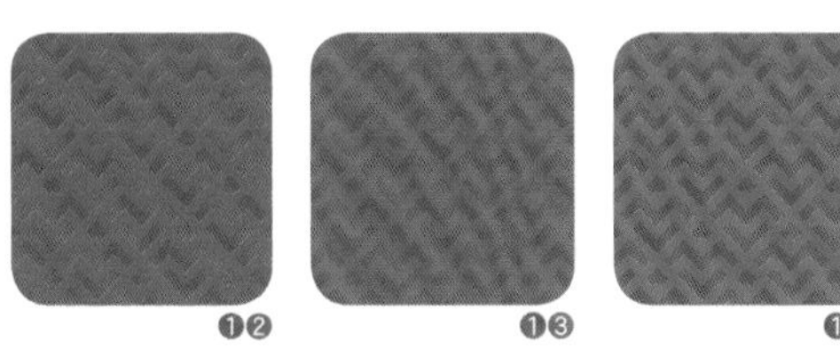

①② ①③ ①④

三色配色

①②⑤ ①③⑥ ①④⑦

四色配色

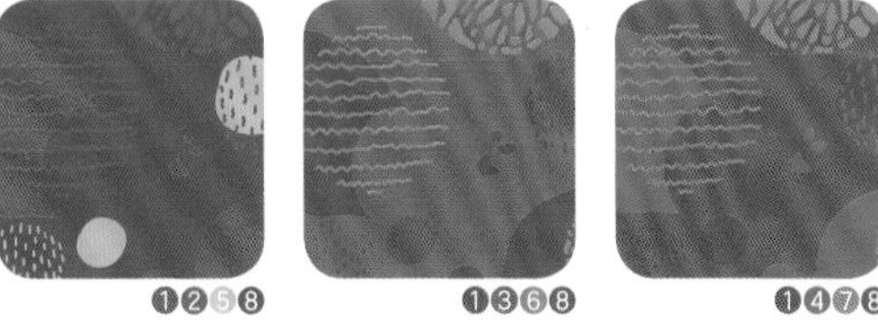

①②⑤⑧ ①③⑥⑧ ①④⑦⑧

五色配色

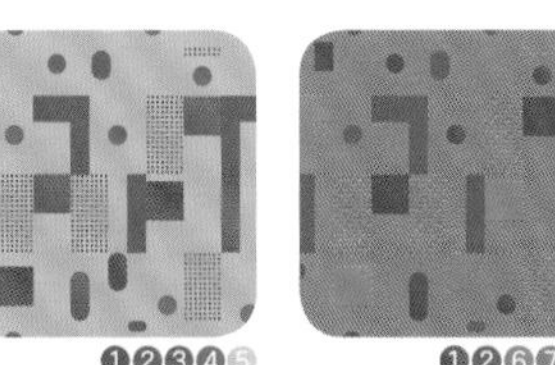

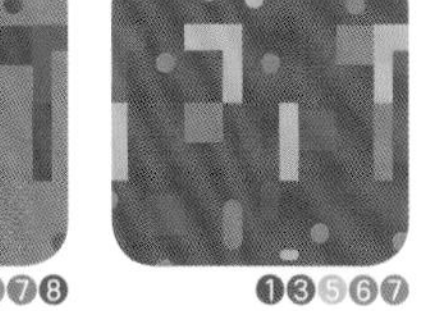

①②③④⑤ ①②⑥⑦⑧ ①③⑤⑥⑦

201

清澈

Clear

意象介绍

清澈指的是清而透明。清澈绿给人一种透亮舒畅的感觉，搭配黄色和粉色使画面更加纯真澄清。

1 清澈绿
40-0-90-0
170-206-54

2 奶青色
18-0-30-0
219-235-196

3 辛黄色
5-17-88-0
244-211-32

4 肉甜橙
0-15-35-0
253-225-176

5 金汤黄
6-7-73-0
245-228-88

6 馆桃粉
5-65-5-0
229-120-167

7 莉花黄
0-5-45-0
255-241-162

8 铅黄色
0-35-90-0
248-182-22

双色配色

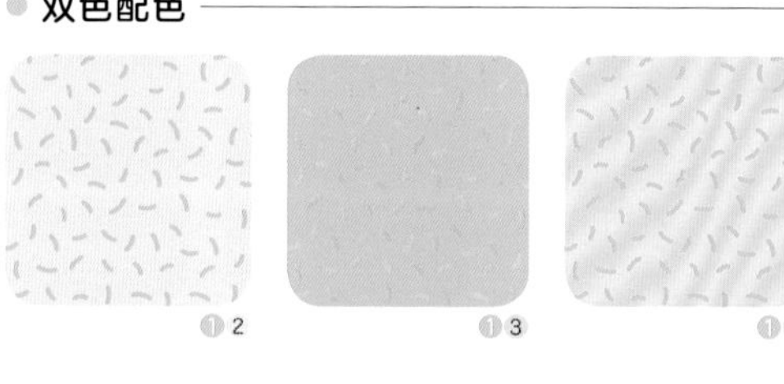

1 2　　1 3　　1 4

三色配色

1 2 5　　1 3 6　　1 4 7

四色配色

1 2 5 8　　1 3 6 8　　1 4 7 8

五色配色

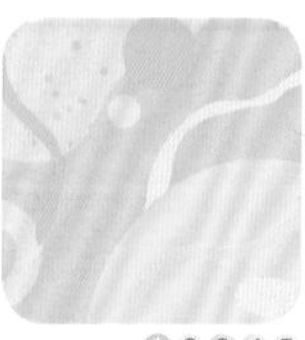

1 2 3 4 5　　1 2 6 7 8　　1 3 5 6 7

202 诱惑 Seduction

意象介绍

诱惑指的是可以引起人的欲念和渴求的意象。黛螺红搭配粉色和黄色，可以增强画面的诱惑感，让人沉迷。

1 黛螺红
5-100-50-30
176-0-62

2 晨沙黄
0-45-100-0
245-162-0

3 素舒粉
22-71-8-0
199-100-155

4 属蜀橙
20-85-100-20
176-60-19

5 沃土褐
40-85-100-40
120-44-16

6 橙桧皮
0-75-100-0
235-97-0

7 赦红色
0-100-50-0
229-0-79

8 红紫枫
41-100-28-0
164-18-107

● 双色配色

❶❷ ❶❸ ❶❹

● 三色配色

❶❷❺ ❶❸❻ ❶❹❼

● 四色配色

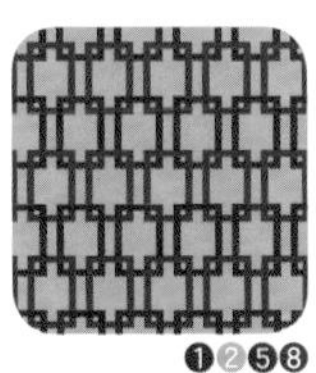

❶❷❺❽

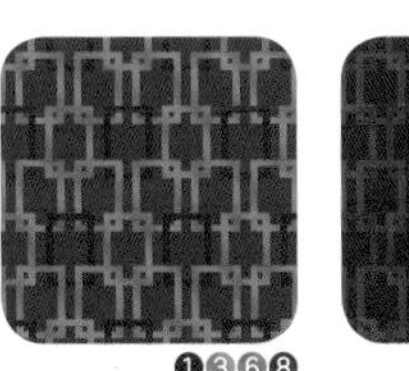

❶❸❻❽

❶❹❼❽

● 五色配色

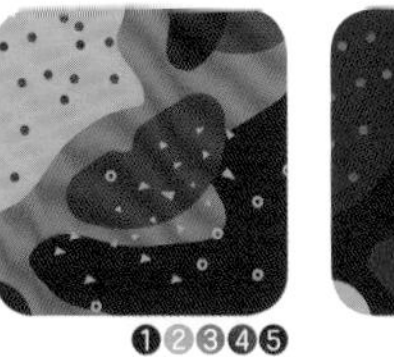

❶❷❸❹❺

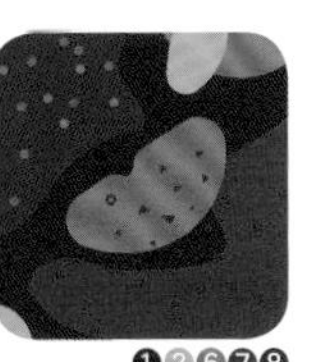

❶❷❻❼❽

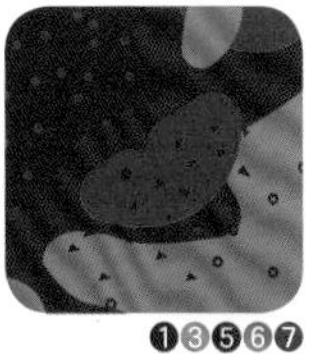

❶❸❺❻❼

203

平衡

Balance

意象介绍

平衡指的是对立的各方在数量或作用上相等或相抵。低纯度的盏蓝色搭配低纯度的粉色和黄色可以增强画面的平衡感。

1 盏蓝色
60-35-15-0
113-148-185

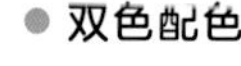

● 双色配色

2 小松粉
0-35-5-0
246-190-208

①② ①③ ①④

3 艾橙色
0-15-15-10
236-213-201

● 三色配色

4 夜童紫
60-50-10-0
118-124-176

①②⑤ ①③⑥ ①④⑦

5 璞于橙
0-35-40-0
247-186-149

● 四色配色

6 暗谷紫
75-60-10-0
80-101-163

①②⑤⑧ ①③⑥⑧ ①④⑦⑧

7 老海红
5-70-50-0
229-108-102

● 五色配色

8 伽罗蓝
100-95-35-0
26-48-109

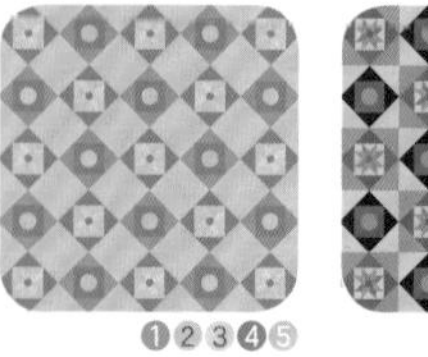

①②③④⑤ ①②⑥⑦⑧ ①③⑤⑥⑦

204

童年

Childhood

意象介绍

童年往往代表着无忧无虑的幸福时光。幼黄色搭配粉色和绿色，可以让人联想到童年时甜甜的糖果。

幼黄色
0-12-50-0
255-228-146

硫紫红
25-70-0-0
194-101-164

土青绿
55-0-100-0
127-190-38

黄昏粉
10-50-5-0
224-152-187

5

乳粉色
0-25-5-0
249-210-220

木兰红
0-80-35-0
233-84-113

黄光绿
30-0-70-0
194-218-105

8

银黄色
0-5-80-0
255-236-63

双色配色

1 2　　1 3　　1 4

三色配色

1 2 5　　1 3 6　　1 4 7

四色配色

1 2 5 8　　1 3 6 8　　1 4 7 8

五色配色

1 2 3 4 5　　1 2 6 7 8　　1 3 5 6 7

205

考究

Exquisite

意象介绍

考究即讲究。低明度的考古绿搭配低明度的红色和橙色给人一种精致讲究的感觉。

1 考古绿
60-50-70-40
86-86-62

2 丁子黄
37-61-100-0
175-115-32

3 童鹤红
10-95-50-30
171-20-65

4 煎绿灰
60-45-70-20
106-113-79

5 葵叶绿
50-44-100-0
148-136-39

6 鸭蛋黄
0-65-75-15
215-108-56

7 铇红色
30-100-75-45
124-0-32

8 桑茶棕
70-90-90-35
80-40-38

双色配色

①② ①③ ①④

三色配色

①②⑤ ①③⑥ ①④⑦

四色配色

①②⑤⑧ ①③⑥⑧ ①④⑦⑧

五色配色

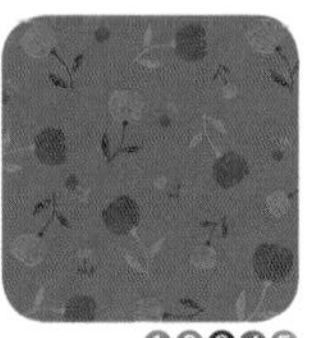

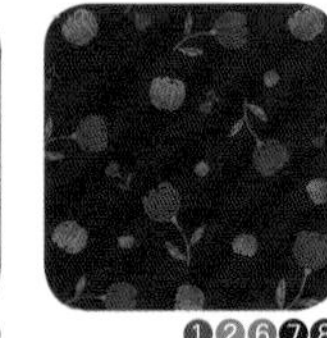

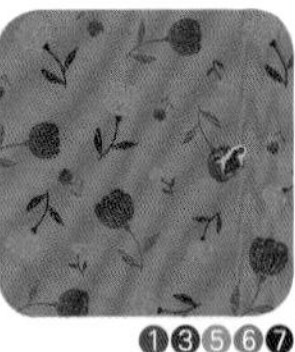

①②③④⑤ ①②⑥⑦⑧ ①③⑤⑥⑦

206

陈旧

Obsolete

意象介绍

陈旧指的是旧的、过时的。低明度的深鳄蓝搭配低纯度的蓝色使画面有种陈旧感。

1 深鳄蓝
85-70-20-25
44-67-120

2 草蓝灰
50-30-30-0
141-162-168

3 黎玄蓝
80-65-45-4
68-90-115

4 选金绿
60-20-35-0
109-168-167

5 水草蓝
40-15-15-0
164-195-208

6 蓝墨绿
60-20-30-35
79-127-133

7 桑染蓝
80-60-30-20
55-86-122

8 藏蓝黑
100-94-56-23
18-41-75

● 双色配色

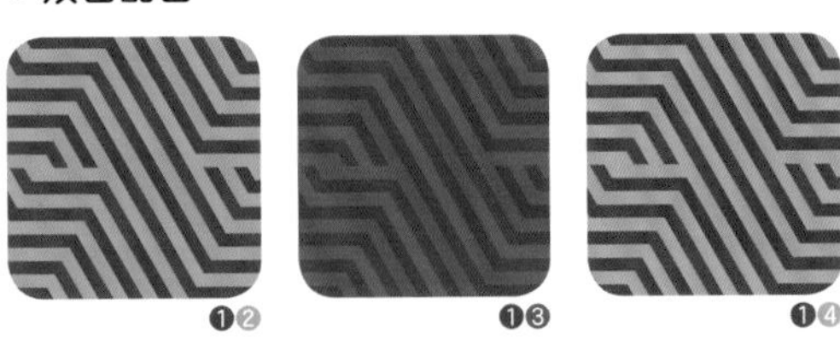

❶❷ ❶❸ ❶❹

● 三色配色

❶❷❺ ❶❸❻ ❶❹❼

● 四色配色

❶❷❺❽ ❶❸❻❽ ❶❹❼❽

● 五色配色

❶❷❸❹❺ ❶❷❻❼❽ ❶❸❺❻❼

207

敏捷

Agile

意象介绍

敏捷指的是动作或反应迅速又灵敏。鹿鸣橙搭配高纯度的橙色和紫色使画面更加灵动。

1 鹿鸣橙 0-40-55-0 246-175-116

2 琇春橙 2-16-30-0 250-223-184

3 钢合橙 0-75-95-0 235-97-18

4 荷金紫 65-80-10-0 115-71-143

5 裹柳紫 35-40-5-0 177-157-197

6 露茶紫 85-90-0-0 68-49-143

7 海淞紫 27-31-2-0 195-180-213

8 火星橙 0-85-100-0 233-71-9

双色配色

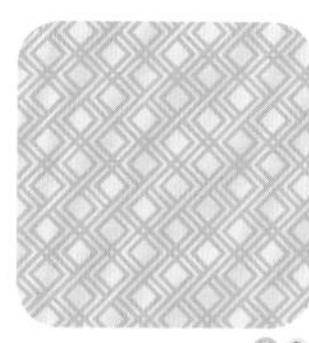

1 2

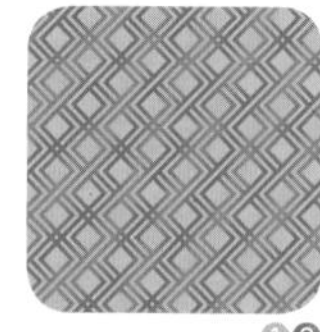

1 3

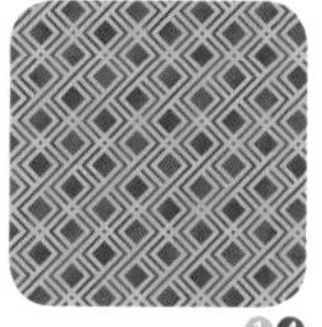

1 4

三色配色

1 2 5

1 3 6

1 4 7

四色配色

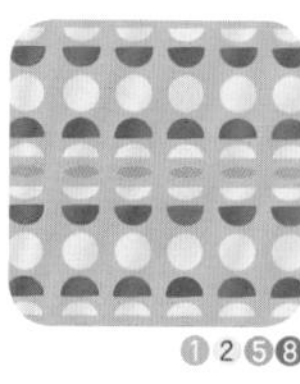

1 2 5 8

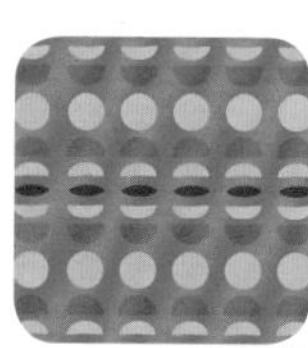

1 3 6 8

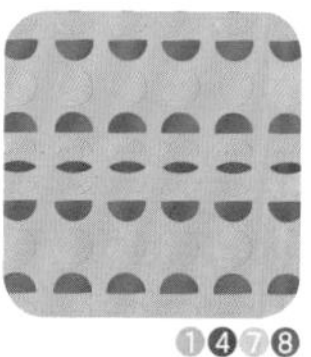

1 4 7 8

五色配色

1 2 3 4 5

1 2 6 7 8

1 3 5 6 7

208

风趣

Funny

意象介绍

风趣指的是幽默或诙谐。苗黄色搭配高纯度的蓝色和红色可以增强对比度，使画面诙谐有趣。

1 苗黄色
6-41-84-0
237-167-51

2 淞皮绿
77-11-70-0
20-162-109

3 赤朽橙
7-66-85-0
227-117-46

4 长琴红
0-100-65-0
230-0-62

5 彩州橙
10-85-95-5
212-69-27

6 夜竹蓝
100-55-0-0
0-98-177

7 崇傲蓝
100-50-0-45
0-69-126

8 鹿燃红
10-100-80-30
171-0-34

双色配色

①②

①③

①④

三色配色

①②⑤

①③⑥

①④⑦

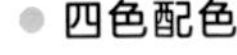

四色配色

①②⑤⑧

①③⑥⑧

①④⑦⑧

五色配色

①②③④⑤

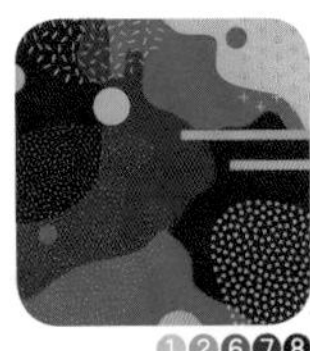
①②⑥⑦⑧

①③⑤⑥⑦

209 甜美 Sweet

意象介绍

甜美是指香甜可口的味道。甜筒粉让人联想到美好的冰淇淋，搭配蓝色可增强画面的愉悦感。

1 甜筒粉
5-60-20-0
231-132-154

2 爽冰蓝
45-5-0-0
145-205-241

3 乌金蓝
65-45-15-40
71-91-126

4 照世蓝
60-35-10-0
112-148-192

5 薄香粉
0-30-5-0
247-200-214

6 祥云蓝
67-26-5-0
81-156-207

7 松粉紫
16-25-2-0
219-198-222

8 汝紫色
47-32-4-0
147-163-206

● 双色配色

12

13

14

● 三色配色

125

136

147

● 四色配色

1258

1368

1478

● 五色配色

12345

12678

13567

210

素净

Plain

意象介绍

素净指的是颜色朴素、不鲜艳刺目。素净绿搭配低纯度的黄色和绿色，使画面更加朴素。

1 素净绿 56-18-61-0 124-171-121

2 山吹绿 25-0-55-0 205-225-141

3 丹冬绿 50-0-70-0 140-198-109

4 浮土绿 30-35-80-0 192-164-71

5 纤春绿 37-18-70-0 177-187-100

6 肖针黄 6-0-55-0 247-242-140

7 璐露绿 10-0-40-0 237-241-176

8 咔特绿 70-35-90-0 91-137-68

双色配色

1 2

1 3

1 4

三色配色

1 2 5

1 3 6

1 4 7

四色配色

1 2 5 8

1 3 6 8

1 4 7 8

五色配色

1 2 3 4 5

1 2 6 7 8

1 3 5 6 7

211 质朴 Plain

意象介绍

质朴指的是一种自然状态，形容一个人天真自然、心无杂念。低明度的赤赦棕搭配低明度的蓝色，使画面更加淳朴。

1 赤赦棕
50-70-70-10
139-88-74

2 洗露灰
56-46-31-0
130-133-152

3 陶土棕
46-49-59-0
155-133-106

4 焉知蓝
90-80-40-10
44-64-106

5 榴棕色
37-61-71-0
174-115-80

6 普罗灰
66-51-27-0
104-119-151

7 荒原褐
5-85-95-70
102-16-0

8 深卯蓝
70-70-20-70
39-27-63

● 双色配色

❶❷

❶❸

❶❹

● 三色配色

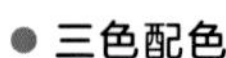

❶❷❺　❶❸❻

❶❹❼

● 四色配色

❶❷❺❽

❶❸❻❽

❶❹❼❽

● 五色配色

❶❷❸❹❺

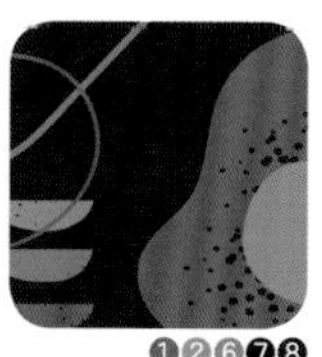
❶❷❻❼❽

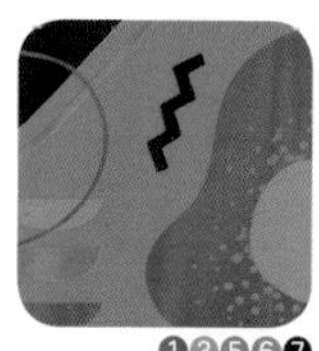
❶❸❺❻❼

212 保守 Conservative

意象介绍

保守指的是保持原状、不求改进。低明度的岩脂棕搭配低纯度的棕色和绿色，可以给画面增添一丝稳健的感觉。

1 岩脂棕
10-25-60-30
183-155-91

2 素坊灰
20-20-30-0
212-202-180

3 隐珠灰
0-0-0-30
201-202-202

4 易宏灰
55-53-50-0
134-121-118

5 仪征绿
60-40-50-0
119-139-127

6 兴牧棕
30-35-40-0
190-168-148

7 沉沙棕
0-20-35-50
157-134-107

8 牵掸绿
55-45-80-25
112-110-61

● 双色配色

①② ①③ ①④

● 三色配色

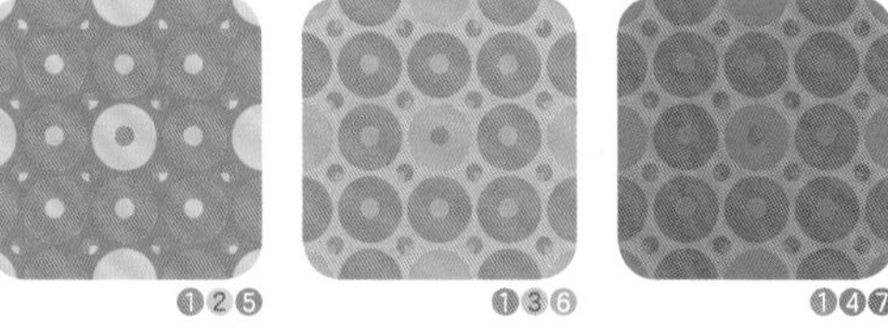

①②⑤ ①③⑥ ①④⑦

● 四色配色

①②⑤⑧ ①③⑥⑧ ①④⑦⑧

● 五色配色

①②③④⑤ ①②⑥⑦⑧ ①③⑤⑥⑦

213

透明

Transparent

意象介绍

透明指的是物体能透过光线的。高明度的透亮蓝给人非常透彻的感觉，搭配黄色和橙色使画面更加敞亮。

1 透亮蓝
30-0-15-0
188-225-223

2 梨树黄
5-10-45-0
246-229-158

3 素辛绿
46-20-45-0
153-177-148

4 清慈橙
10-41-75-0
229-167-75

5 仓烨橙
0-45-45-0
244-165-131

6 霞菘绿
45-10-30-10
142-184-174

7 珲韵黄
9-22-69-0
236-202-94

8 浅霞绿
30-10-30-0
190-210-187

双色配色

1 2

1 3

1 4

三色配色

1 2 5

1 3 6

1 4 7

四色配色

1 2 5 8

1 3 6 8

1 4 7 8

五色配色

1 2 3 4 5

1 2 6 7 8

1 3 5 6 7

214

活力

Vitality

意象介绍

活力指的是旺盛的生命力。花茜橙给人一种充满青春的活力感，搭配棕色系可以使画面更加刚劲有力。

1 花茜橙
5-40-65-0
238-172-96

2 碧白石
0-10-15-0
253-237-219

3 崔辛棕
40-50-70-0
169-134-87

4 榴绀棕
10-50-55-55
132-84-60

5 瑄棕色
30-45-55-10
178-139-107

6 絮土黄
25-55-80-0
199-132-64

7 蒿油棕
25-45-60-0
200-151-105

8 瑜昭棕
10-50-65-75
91-53-22

双色配色

1 2

1 3

1 4

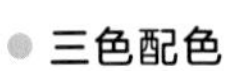

三色配色

1 2 5

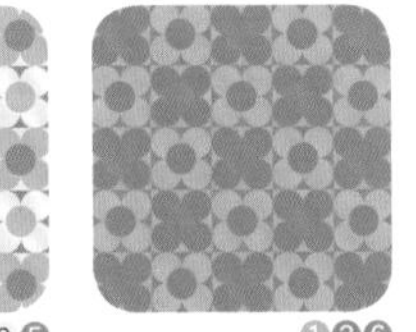

1 3 6

1 4 7

四色配色

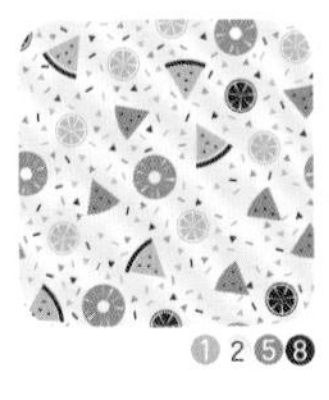

1 2 5 8

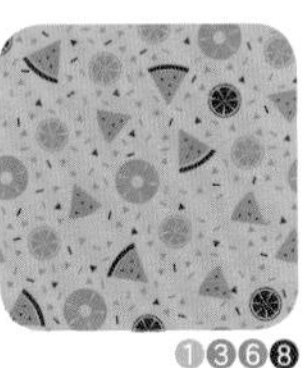

1 3 6 8

1 4 7 8

五色配色

1 2 3 4 5

1 2 6 7 8

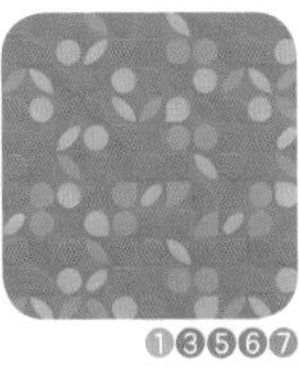

1 3 5 6 7

215 亲昵 Intimate

意象介绍

亲昵指的是特别亲密。赤野红给人一种充满热情的感觉，搭配低纯度的绿色使画面更加温暖。

1 赤野红
15-80-55-0
211-82-88

2 博翠绿
45-0-40-0
151-207-172

3 沉香粉
0-30-0-0
247-201-221

4 积冰青
25-0-18-0
201-230-218

5 水基粉
0-60-25-0
238-133-147

6 茜天绿
40-10-30-0
165-200-186

7 琮碧紫
30-75-25-0
185-90-131

8 菘露绿
60-20-35-35
80-127-126

双色配色

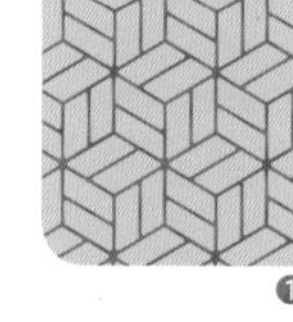

1 2

1 3

1 4

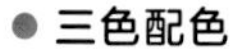

三色配色

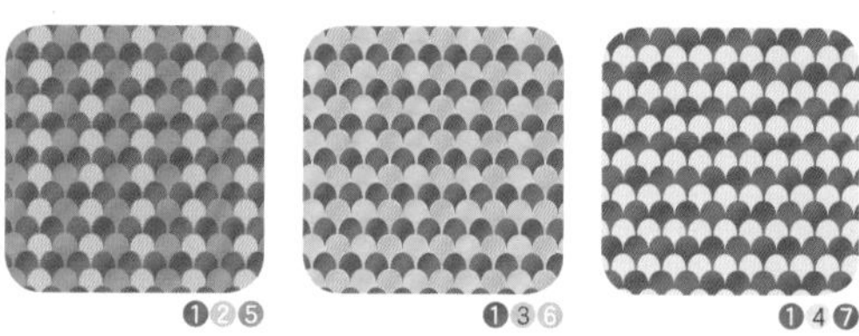

1 2 5　　1 3 6　　1 4 7

四色配色

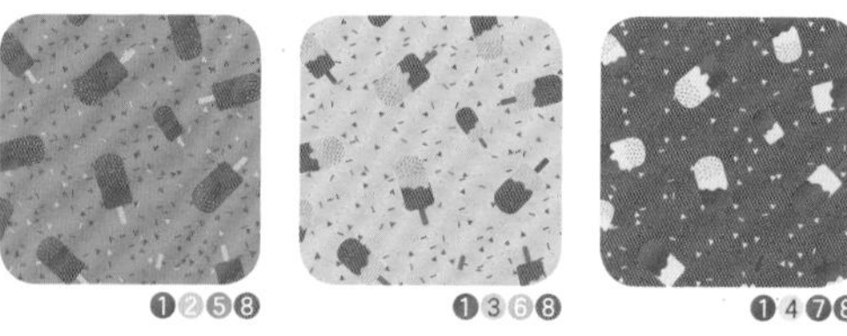

1 2 5 8　　1 3 6 8　　1 4 7 8

五色配色

1 2 3 4 5

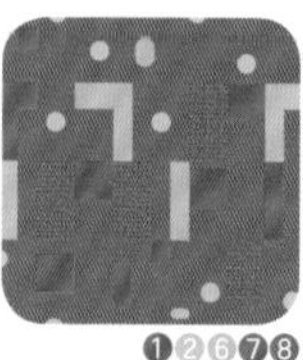

1 2 6 7 8

1 3 5 6 7

216 高雅 Elegance

意象介绍

高雅指的是高尚且雅致。尚雅紫给人一种雅致的感觉，搭配紫色系使画面有种别样的情趣。

1 尚雅紫
50-50-0-0
143-130-188

2 银狐灰
0-0-0-20
220-221-221

3 湖碧紫
70-70-25-0
101-88-137

4 露烨灰
40-30-10-15
149-155-181

5 烟廖紫
30-30-0-0
187-179-216

6 媪清紫
48-30-0-0
143-165-213

7 夋蓝紫
70-50-0-10
83-111-175

8 芦蒲紫
80-90-0-0
81-49-143

双色配色

①②

①③

①④

三色配色

①②⑤

①③⑥

①④⑦

四色配色

①②⑤⑧

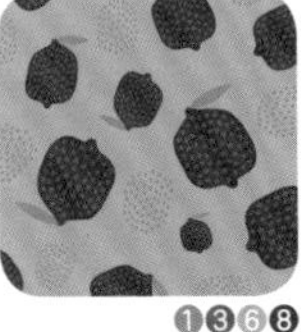

①③⑥⑧

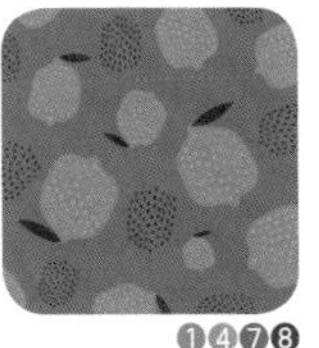

①④⑦⑧

五色配色

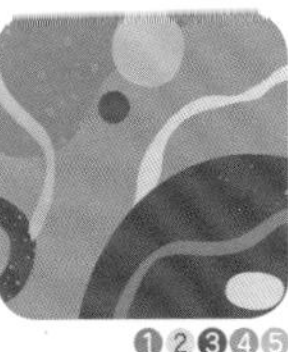

①②③④⑤

①②⑥⑦⑧

①③⑤⑥⑦

217

炙热

Hot

意象介绍

炙热指的是像火焰一样热烈的意象。高纯度的旭日橙给人一种心潮澎湃的感觉，搭配高明度的橙色和黄色，使画面如阳光般温暖。

1 旭日橙 0-80-80-0 234-85-50

2 柏茵橙 0-35-65-0 248-184-98

3 研宵白 0-5-15-0 255-245-224

4 柿婵红 0-60-90-0 240-131-30

5 夙娇橙 0-20-25-0 251-217-191

6 脂漾橙 4-36-56-0 240-180-117

7 暮末黄 0-15-70-0 254-220-94

8 栗沧橙 10-70-75-0 221-107-63

● 双色配色

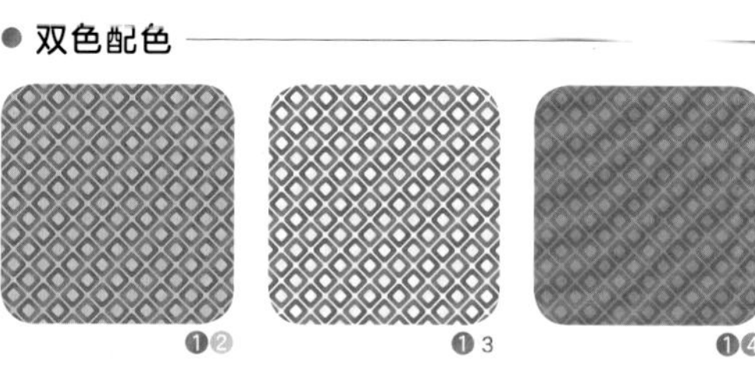

1 2　　1 3　　1 4

● 三色配色

1 2 5　　1 3 6　　1 4 7

● 四色配色

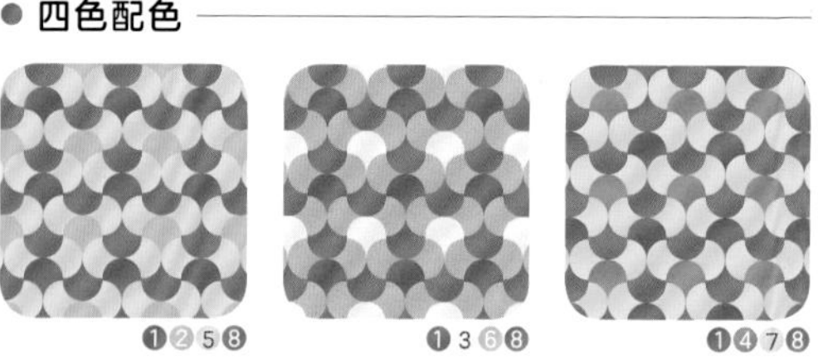

1 2 5 8　　1 3 6 8　　1 4 7 8

● 五色配色

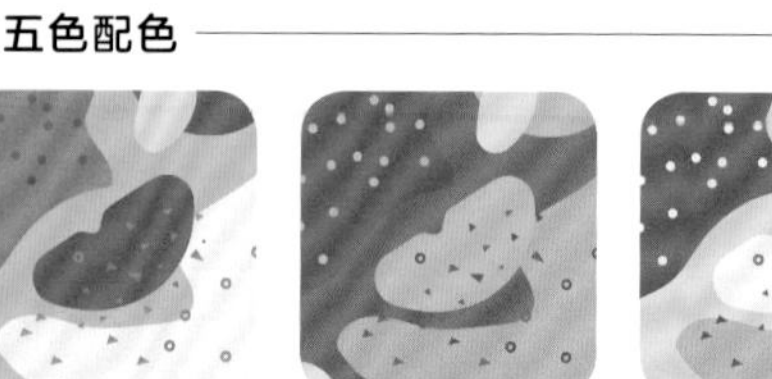

1 2 3 4 5　　1 2 6 7 8　　1 3 5 6 7

218 宁静 Serenity

意象介绍

宁静是指环境或心十分安静，没有一点儿声音。静思蓝搭配低纯度的蓝色使画面更加安谧。

1 静思蓝
100-60-0-25
0-75-145

2 毅燕蓝
60-10-20-0
100-182-200

3 琉白蓝
35-0-5-0
174-221-240

4 喏玄蓝
75-20-10-50
0-99-131

5 韵透蓝
100-30-10-0
0-129-192

6 露殿蓝
65-0-20-0
69-189-207

7 浅水蓝
45-5-10-0
147-204-225

8 璃夜蓝
85-60-0-60
5-46-96

● 双色配色

1 2

1 3

1 4

● 三色配色

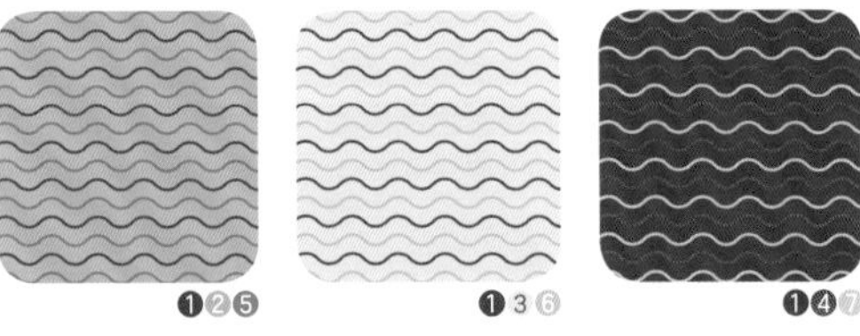

1 2 5　　1 3 6　　1 4 7

● 四色配色

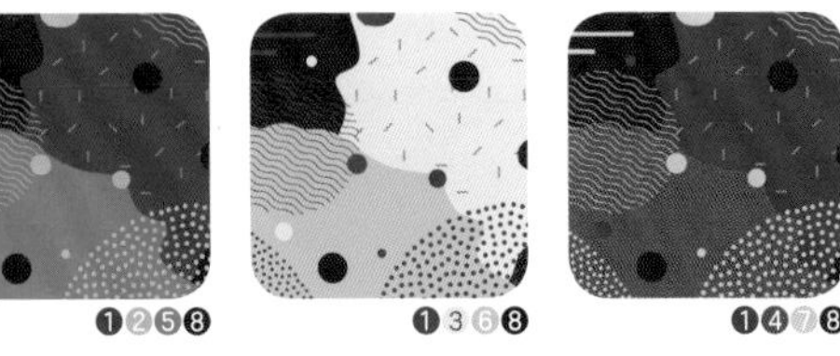

1 2 5 8　　1 3 6 8　　1 4 7 8

● 五色配色

1 2 3 4 5

1 2 6 7 8

1 3 5 6 7

219 谨慎 Cautious

意象介绍

谨慎指的是十分小心仔细的意象。低明度的迷欧蓝给人一种冷静、严谨的感觉，搭配低纯度的灰色使画面更加稳重。

1 迷欧蓝 65-45-30-0 105-129-154

2 因浅蓝 40-15-10-10 153-183-203

3 普禄灰 50-35-35-20 124-133-135

4 雪土灰 45-35-40-0 156-157-148

5 朦哗灰 5-0-0-20 212-217-220

6 菁灰蓝 55-35-25-0 129-151-171

7 蕙叙黑 70-60-60-15 89-93-90

8 庚萃蓝 75-65-50-5 84-91-107

● 双色配色

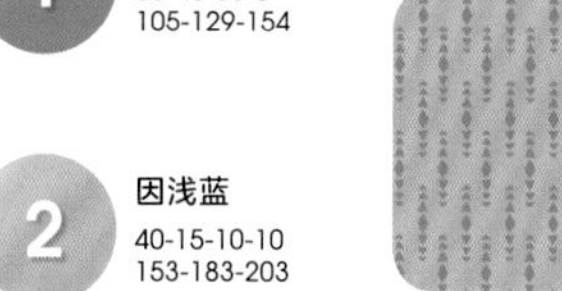

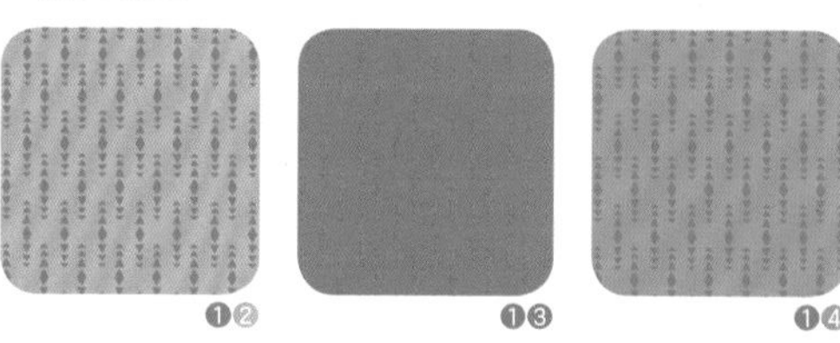

①② ①③ ①④

● 三色配色

①②⑤ ①③⑥ ①④⑦

● 四色配色

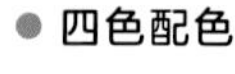

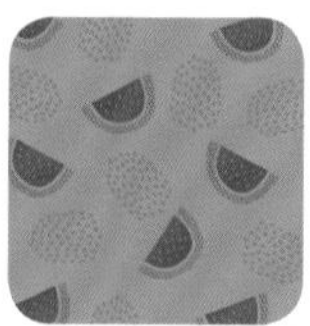

①②⑤⑧ ①③⑥⑧ ①④⑦⑧

● 五色配色

①②③④⑤ ①②⑥⑦⑧ ①③⑤⑥⑦

意象介绍

古朴指的是质朴又有古代气息的风格。古素棕给人一种原始的朴素感，搭配低纯度的棕色使画面更加有古韵。

1 古素棕 40-65-80-0 169-107-65

2 绛鸢灰 25-25-45-0 202-188-147

3 黎雀灰 35-25-35-0 179-181-165

4 帛巷棕 50-50-70-20 128-110-76

5 宸菘棕 50-70-100-45 99-60-17

6 绯棕红 40-70-70-50 105-57-43

7 唐酯绿 45-30-55-0 157-164-125

8 绿铜色 60-60-90-30 99-84-44

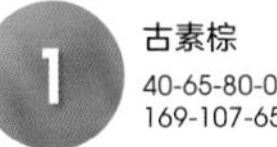

双色配色

12 13 14

三色配色

125 136 147

四色配色

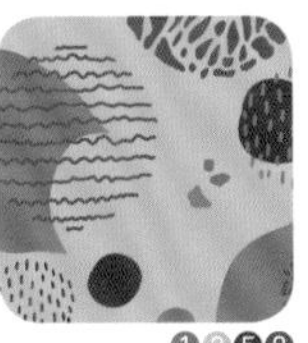

1258 1368 1478

五色配色

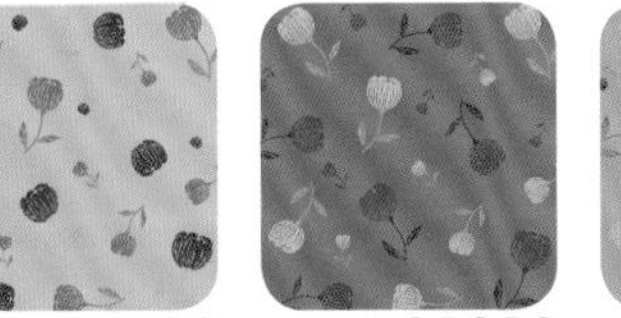

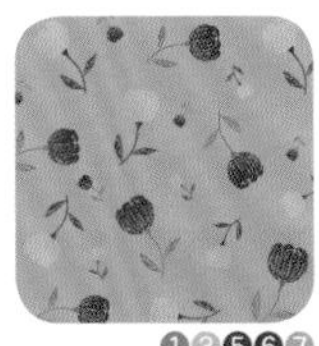

12345 12678 13567

221
凉爽
Cool

意象介绍

凉爽指的是如雨后清风拂面般清凉爽快的感觉。塘澄绿搭配粉色和紫色使画面有种夏天玩水时的童真与畅快。

1 塘澄绿
65-0-35-0
76-187-180

2 可洋紫
40-45-0-0
166-145-196

3 苏倩黄
0-25-75-0
251-202-77

4 梅帛紫
70-85-0-5
101-57-143

5 鹤妃粉
0-42-0-0
243-176-205

6 水霓红
0-80-0-0
232-82-152

7 品杜绿
95-0-40-0
0-161-168

8 芸滨紫
80-90-30-35
60-35-88

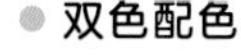

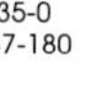

双色配色

①②

①③

①④

三色配色

①②⑤

①③⑥

①④⑦

四色配色

①②⑤⑧

①③⑥⑧

①④⑦⑧

五色配色

①②③④⑤

①②⑥⑦⑧

①③⑤⑥⑦

222

欲望

Desire

意象介绍

欲望指的是想取得某种东西或想达到某种目的的要求。荷洋红如同红宝石般晶莹亮眼，搭配橙色使画面更有诱惑力。

1 荷洋红 0-95-60-30 182-19-54

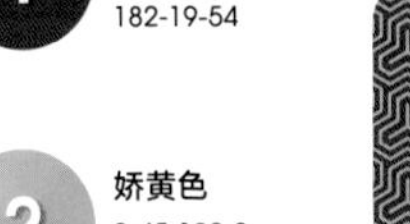

2 娇黄色 0-45-100-0 245-162-0

3 莞碧黄 0-8-30-0 255-238-192

4 天龙橙 10-65-80-0 223-117-57

5 朱旦橙 0-80-100-10 220-79-3

6 砂栎橙 0-55-85-0 241-142-44

7 蒿瑜橙 0-80-70-5 227-82-63

8 素薰棕 45-80-55-60 84-32-44

● 双色配色

❶❷ ❶3 ❶❹

● 三色配色

❶❷❺ ❶3❻ ❶❹❼

● 四色配色

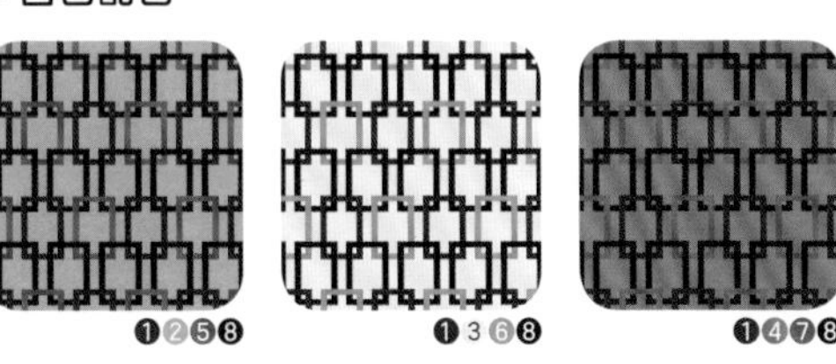

❶❷❺❽ ❶3❻❽ ❶❹❼❽

● 五色配色

❶❷3❹❺ ❶❷❻❼❽ ❶3❺❻❼

223 亲切 Kind

意象介绍

亲切指的是热情又体贴的关心。温光黄像一盏油灯散发出温暖的光，搭配棕色和绿色使画面更加柔和。

1 温光黄
0-35-75-0
248-183-74

2 朱梓绿
5-10-90-40
174-158-1

3 苔皮黄
0-40-75-30
194-136-55

4 板胡棕
55-60-90-0
137-109-57

5 烟墨绿
20-20-70-0
214-197-96

6 伍炳棕
20-60-100-50
130-74-0

7 混沌黑
75-75-70-40
63-54-55

8 黎铜绿
45-45-90-0
159-138-55

● 双色配色

①②

①③

①④

● 三色配色

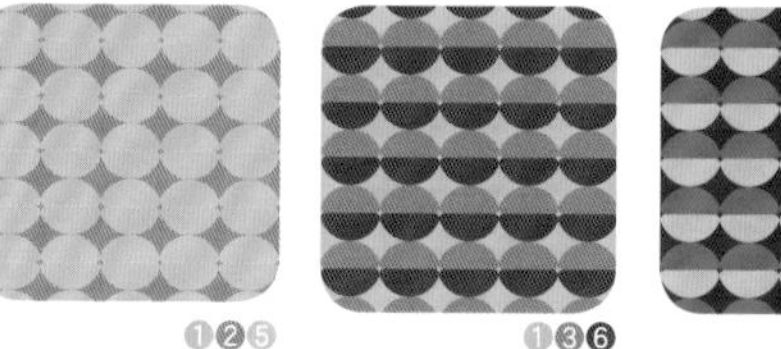
①②⑤ ①③⑥ ①④⑦

● 四色配色

①②⑤⑧ ①③⑥⑧ ①④⑦⑧

● 五色配色

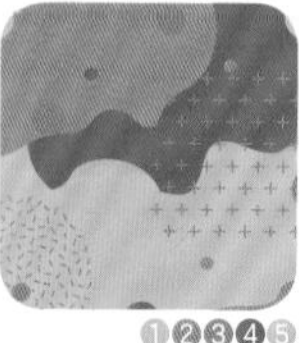
①②③④⑤

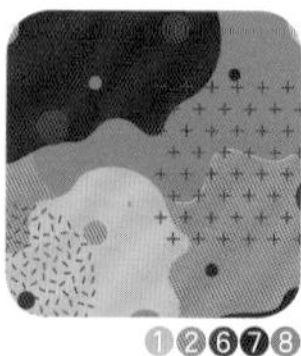
①②⑥⑦⑧

①③⑤⑥⑦

224

舒适

Comfortable

意象介绍

舒适指的是轻松愉快而安逸。筱缕蓝给人一种静谧湖面的感觉，搭配低明度的蓝色使画面更加安适。

1 筱缕蓝
75-15-20-0
1-163-193

2 絮托蓝
100-60-30-0
0-93-140

3 砧淡蓝
55-15-20-0
121-180-197

4 臻深蓝
70-50-30-30
71-93-119

5 羽璐蓝
60-25-15-0
108-162-195

6 豆茵蓝
90-65-20-40
2-61-107

7 鸢莲蓝
100-90-40-40
2-34-77

8 煜芗蓝
80-30-20-10
0-132-169

双色配色

①②

①③

①④

三色配色

①②⑤

①③⑥

①④⑦

四色配色

①②⑤⑧

①③⑥⑧

①④⑦⑧

五色配色

①②③④⑤

①②⑥⑦⑧

①③⑤⑥⑦

225

古韵

Archaic

意象介绍

古韵指的是淳厚古朴的味道。偲芸绿如同碧玉，搭配低纯度的绿色系使画面更加有古韵。

1 偲芸绿
85-50-70-0
37-111-94

2 余媪绿
55-0-40-0
118-197-171

3 欧曲灰
30-10-20-0
189-211-205

4 唐悦绿
35-10-45-10
168-191-147

5 泷夜绿
35-0-25-0
177-219-203

6 清灰绿
50-10-35-20
118-165-152

7 蔑却绿
55-30-50-0
130-157-134

8 丝絮绿
70-30-35-10
74-138-149

● 双色配色

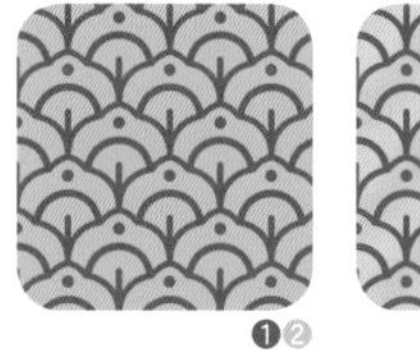

1 2

1 3

1 4

● 三色配色

1 2 5

1 3 6

1 4 7

● 四色配色

1 2 5 8

1 3 6 8

1 4 7 8

● 五色配色

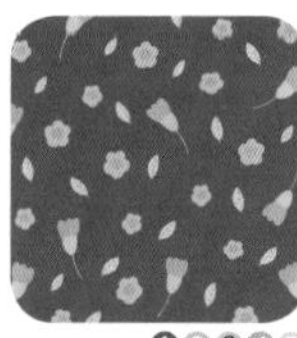

1 2 3 4 5

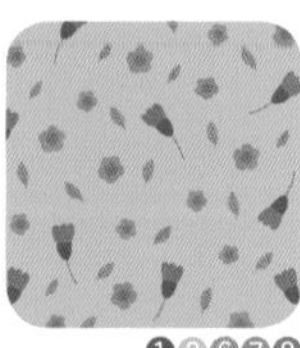

1 2 6 7 8

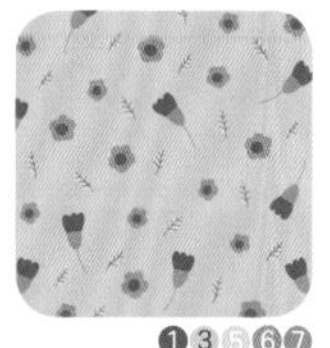

1 3 5 6 7

226

陶醉

Intoxicated

意象介绍

陶醉指的是沉浸在某种境界或思想活动中。高纯度的久铜紫好似一杯香醇的葡萄酒，让人沉醉，搭配橙色使画面更加迷人。

1 久铜紫
65-90-0-30
92-32-114

2 蜂黄色
0-35-90-10
232-170-20

3 袖叉蓝
90-50-0-50
0-66-119

4 牟薇红
10-100-50-50
136-0-45

5 豆铁红
25-100-85-0
192-24-47

6 皂籽橙
0-80-80-5
227-82-48

7 沉黑紫
70-70-20-65
45-33-70

8 冠紫红
25-90-20-50
122-18-75

● 双色配色

①② ①③ ①④

● 三色配色

①②⑤ ①③⑥ ①④⑦

● 四色配色

①②⑤⑧ ①③⑥⑧ ①④⑦⑧

● 五色配色

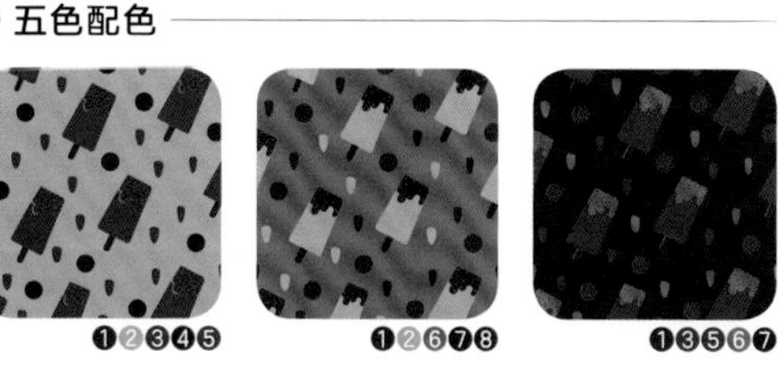

①②③④⑤ ①②⑥⑦⑧ ①③⑤⑥⑦

227

靓丽

Flamboyant

意象介绍

靓丽指的是鲜明而美丽。低纯度的稀靓粉搭配黄色和橙色，使画面有一种少女般的青春活力。

1 稀靓粉 5-35-6-0 237-187-206

2 魔酡红 0-90-40-0 231-53-98

3 鸢绘黄 0-35-80-0 248-183-61

4 蒿亮橙 0-70-75-0 237-109-61

5 浅沁黄 0-18-70-0 253-215-92

6 火莲橙 0-80-100-0 234-85-4

7 杜珠粉 0-80-55-0 234-84-87

8 珊芸粉 0-35-20-0 246-188-184

双色配色

12

13

14

三色配色

125

136

147

四色配色

1258

1368

1478

五色配色

12345

12678

13567

228

清纯

Chastity

意象介绍

清纯指的是清新而纯净。磐石绿给人清透亮眼的感觉，搭配黄色和蓝色使画面更加澄净。

1 磐石绿
20-0-70-0
217-227-103

2 光遇橙
0-32-75-0
249-189-75

3 沁祥蓝
45-0-6-0
144-211-236

4 芳愉绿
45-0-100-0
157-200-20

5 杏蔷紫
40-20-0-0
163-188-226

6 阐光黄
0-0-60-0
255-246-127

7 柠叶黄
5-5-90-0
249-231-0

8 函悦蓝
60-20-6-0
103-169-213

双色配色

1 2

1 3

1 4

三色配色

1 2 5

1 3 6

1 4 7

四色配色

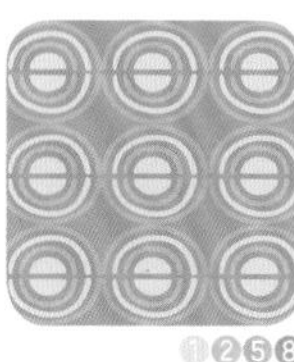

1 2 5 8

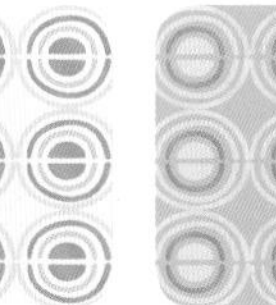

1 3 6 8

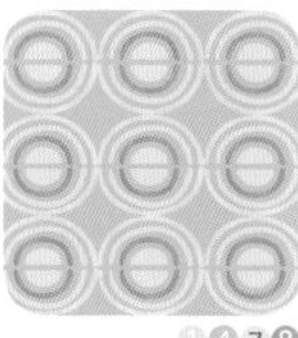

1 4 7 8

五色配色

1 2 3 4 5

1 2 6 7 8

1 3 5 6 7

229 沉静 Imperturbable

意象介绍

沉静指的是沉着而冷静。浮静紫给人一种幽静的感觉，搭配低纯度的绿色和紫色，使画面更加寂静。

1 浮静紫 60-58-0-0 120-111-177

2 浅洋绿 45-10-25-5 146-191-189

3 婧灰紫 60-65-20-30 97-77-118

4 熙月灰 45-25-40-0 155-173-155

5 扇贝红 40-70-20-0 167-98-143

6 臻绿色 45-15-35-0 153-188-172

7 苌蒲紫 60-70-10-10 116-84-144

8 晨鸢绿 65-35-50-0 103-142-131

● 双色配色

1 2　　1 3　　1 4

● 三色配色

1 2 5　　1 3 6　　1 4 7

● 四色配色

1 2 5 8　　1 3 6 8　　1 4 7 8

● 五色配色

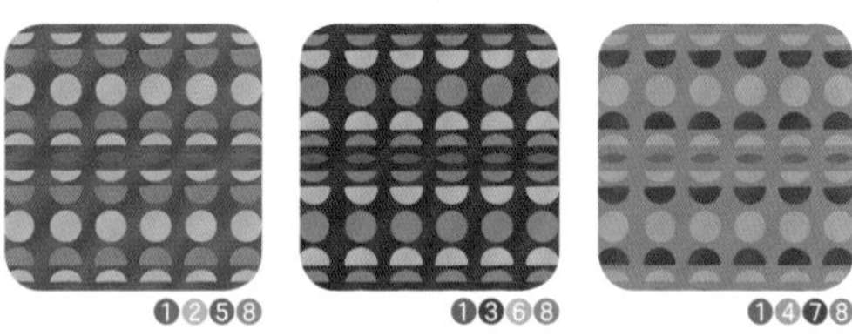

1 2 3 4 5　　1 2 6 7 8　　1 3 5 6 7

230

信赖

Trust

意象介绍

信赖指的是信任且可以依靠的感情。低纯度的红豆灰有种厚重感，搭配低纯度的绿色和黄色，使画面更加可靠。

1 红豆灰
55-70-70-0
137-93-93

2 貂毛灰
0-0-0-50
159-160-160

3 胡桃黄
35-60-75-0
179-118-73

4 瑄橙色
5-20-40-10
227-198-151

5 冀辛绿
70-55-55-20
84-96-95

6 红砖砂
30-40-30-30
149-126-127

7 鹦雀绿
30-25-55-40
135-130-89

8 磁灰色
60-55-60-0
123-115-102

● 双色配色

❶❷

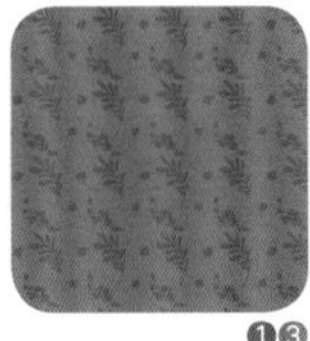
❶❸

❶❹

● 三色配色

❶❷❺

❶❸❻

❶❹❼

● 四色配色

❶❷❺❽

❶❸❻❽

❶❹❼❽

● 五色配色

❶❷❸❹❺

❶❷❻❼❽

❶❸❺❻❼

231 醇厚 Mellow

意象介绍

低明度的琅滨棕让人有种醇厚浓郁的感觉，搭配低明度的绿色和红色，使画面更加温和。

1. 琅滨棕 60-80-100-40 91-50-25
2. 棕榈灰 15-35-55-30 174-139-95
3. 臻叶绿 90-50-70-0 0-109-94
4. 唐筒橙 45-90-100-0 158-59-40
5. 钛殿红 30-100-100-60 100-0-0
6. 瓦灰绿 15-15-50-50 139-132-88
7. 双油绿 95-70-90-45 0-53-39
8. 墨绿黑 85-75-90-70 18-25-13

● 双色配色

❶❷　❶❸　❶❹

● 三色配色

❶❷❺　❶❸❻　❶❹❼

● 四色配色

❶❷❺❽

❶❸❻❽

❶❹❼❽

● 五色配色

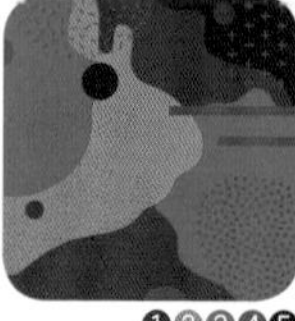

❶❷❸❹❺

❶❷❻❼❽

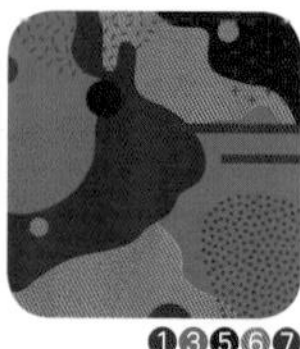

❶❸❺❻❼

意象介绍

娇柔指的是娇媚而温柔。鸢艳红给人一种娇俏的感觉，搭配低明度的紫色使画面更加和谐。

鸢艳红
0-85-10-0
232-67-136

玄袅紫
85-100-0-0
72-28-135

金钗红
35-100-55-0
175-24-79

4 叙映紫
70-75-0-0
101-77-157

5 湘泉紫
50-100-30-10
139-20-100

粟紫色
70-90-0-25
88-36-120

7 株蟾红
30-100-15-0
183-0-118

8 筱襄紫
40-70-15-10
157-91-139

● 双色配色

❶❷

❶❸

❶❹

● 三色配色

❶❷❺

❶❸❻

❶❹❼

● 四色配色

❶❷❺❽

❶❸❻❽

❶❹❼❽

● 五色配色

❶❷❸❹❺

❶❷❻❼❽

❶❸❺❻❼

233

涵养

Cultured

意象介绍

涵养指的是修养。葙雪蓝给人一种非常温润的感觉，搭配低纯度的蓝色，使画面更加舒适。

1 葙雪蓝
65-35-0-20
82-125-177

2 函莲蓝
45-5-10-20
127-178-195

3 卷云蓝
30-0-10-0
188-226-232

4 深鸾蓝
80-70-20-0
72-85-143

5 萃天蓝
35-0-0-0
173-222-248

6 羽灰紫
40-25-10-0
165-179-206

7 荆花紫
40-35-0-10
155-153-195

8 饵蓝色
55-20-10-20
104-151-181

双色配色

1 2

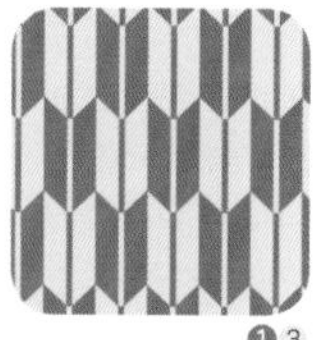
1 3

1 4

三色配色

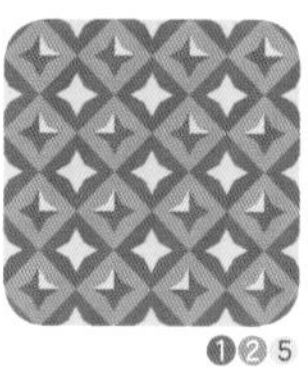
1 2 5

1 3 6

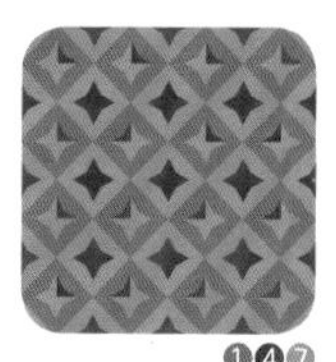
1 4 7

四色配色

1 2 3 5

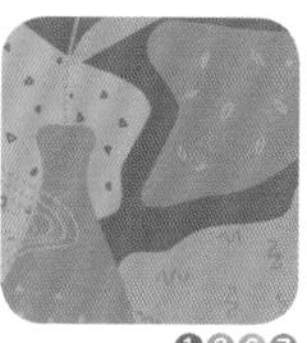
1 2 6 7

1 3 5 6

五色配色

1 2 3 4 5

1 2 6 7 8

1 3 5 6 7

234 原始 Original

意象介绍

原始指的是古老的、本源的。低纯度的暗硫绿给人一种远古的感觉，搭配低明度的绿色，使画面更加神秘。

1 暗硫绿
35-0-35-60
93-117-99

2 卡其灰
0-0-0-35
191-192-192

3 廖蓝色
35-5-10-40
124-153-162

4 沉香绿
90-50-75-35
0-81-65

5 葱灰绿
40-25-60-0
169-175-118

6 苍绿色
60-35-60-0
119-145-114

7 螺蓝灰
40-20-20-10
155-175-183

8 缘茶绿
75-55-90-15
76-97-58

● 双色配色

● 三色配色

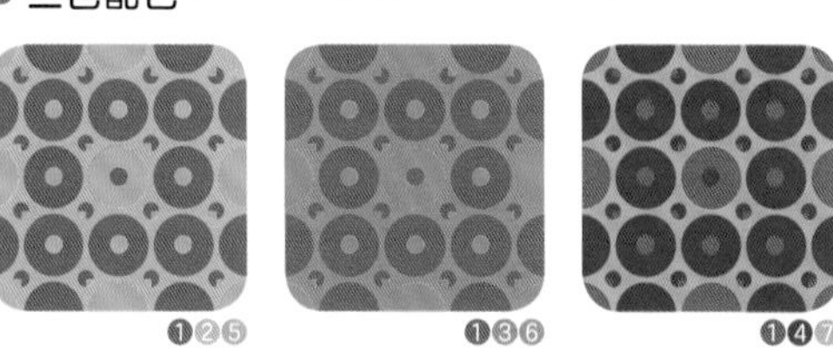

● 四色配色

● 五色配色

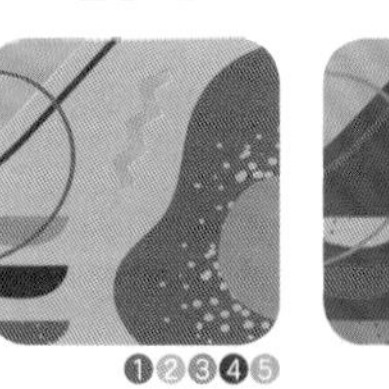

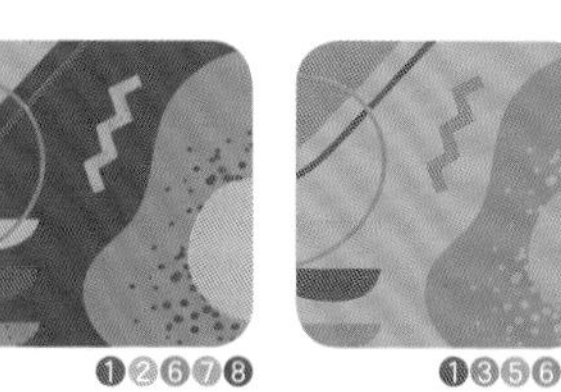

235

能量

Energy

意象介绍

能量指的是人或物的活动能力和能发挥的作用。高纯度的珀橙色给人一种高能量感，搭配红色和绿色使画面更加有魅力。

1 珀橙色
0-80-95-5
227-82-19

2 熙晴绿
100-0-90-0
0-154-83

3 蕊黄色
0-30-100-0
250-190-0

4 褐蓝色
85-70-20-60
19-37-78

5 萄晶紫
80-100-0-0
84-27-134

6 沙倾蓝
90-70-0-0
29-80-162

7 焦芊红
25-100-100-0
192-25-32

8 甚亮粉
0-95-40-0
230-29-94

● 双色配色

❶❷ ❶❸ ❶❹

● 三色配色

❶❷❺ ❶❸❻ ❶❹❼

● 四色配色

❶❷❺❽ ❶❸❻❽ ❶❹❼❽

● 五色配色

❶❷❸❹❺ ❶❷❻❼❽ ❶❸❺❻❼

236
留恋
Nostalgia

意象介绍

留恋指的是舍不得且眷恋。昔日黄有种陈旧的感觉，搭配低明度的紫色使人怀念往事。

1 昔日黄
5-20-40-5
235-206-157

2 雾朦蓝
70-60-35-0
98-104-133

3 暗莹蓝
50-20-10-10
128-167-196

4 鼠螺紫
70-70-20-30
79-67-114

5 灰紫白
10-10-0-20
201-200-211

6 蔷蓝紫
70-60-10-20
83-89-143

7 笠紫色
50-40-20-0
143-147-174

8 枫芥紫
70-75-25-0
102-80-133

双色配色

12

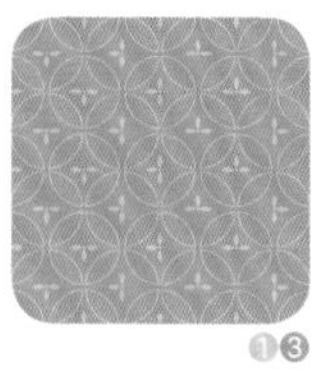
13

14

三色配色

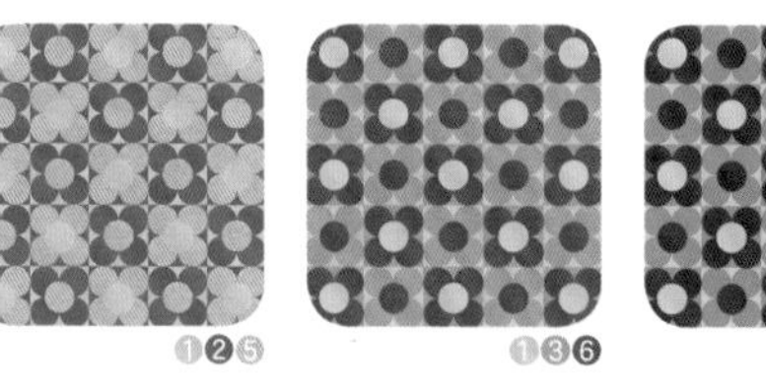
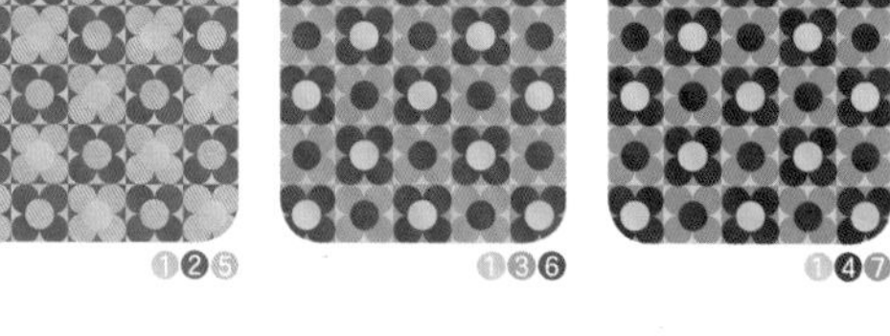

125　136　147

四色配色

1258　1368　1478

五色配色

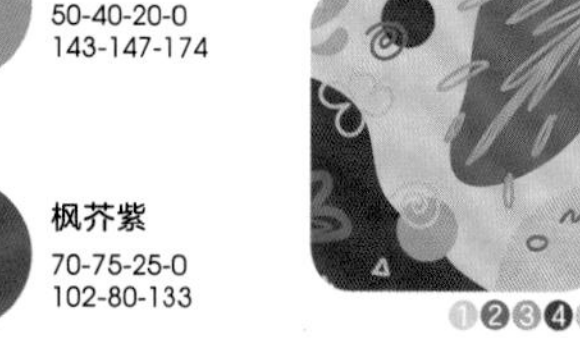
12345

12678

13567

237

淡然

Indifferent

意象介绍

淡然指的是淡泊名利、内心豁达。翠雌绿给人明澈的感觉，搭配绿色和蓝色，使画面有种被微风拂过般的恬淡。

1 翠雌绿
55-0-45-5
116-191-157

2 碧莉绿
40-0-25-0
163-214-202

3 御呈绿
100-0-60-0
0-157-133

4 脂菁蓝
45-5-10-15
132-185-203

5 海昌色
80-30-20-5
0-136-175

6 青崒色
42-0-40-0
159-210-172

7 鲜绛蓝
95-60-0-30
0-72-139

8 瓷苣绿
55-0-70-0
124-193-109

双色配色

1 2

1 3

1 4

三色配色

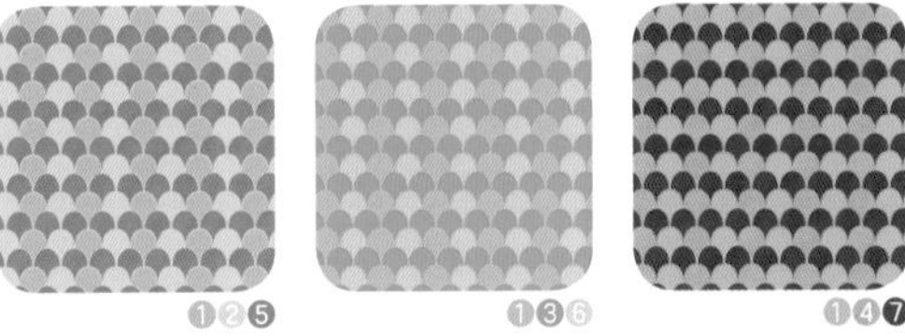

1 2 5　　1 3 6　　1 4 7

四色配色

1 2 5 8　　1 3 6 8　　1 4 7 8

五色配色

1 2 3 4 5

1 2 6 7 8

1 3 5 6 7

意象介绍

玄妙指的是奇妙深奥、难以捉摸。沫紫色给人一种深奥的感觉，搭配蓝色和粉色使画面显得更加高深莫测。

1 沫紫色
60-80-0-0
125-70-152

2 亮漓蓝
100-0-0-0
0-160-233

3 槿粉红
0-80-5-0
233-82-147

4 岩彩蓝
100-75-0-0
0-71-157

5 素紫红
35-100-0-0
174-0-130

6 甘丽紫
70-85-0-20
90-48-129

7 蓉诱红
0-100-0-0
228-0-127

8 灯泡黄
0-5-90-0
255-235-0

双色配色

12

13

14

三色配色

125

136

147

四色配色

1258

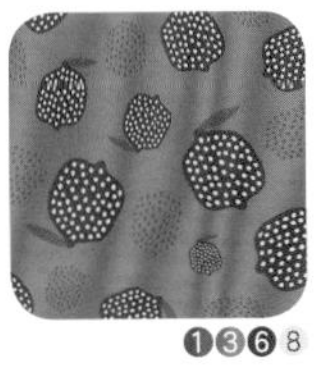
1368

1478

五色配色

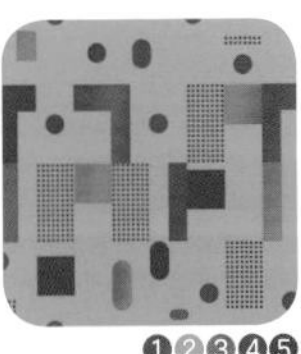
12345

12678

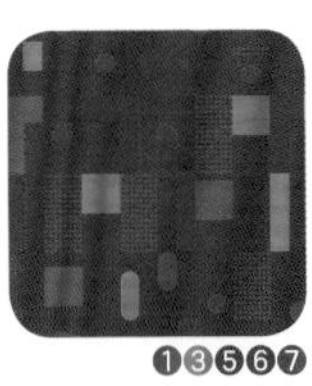
13567

239

舒畅

Coziness

意象介绍

舒畅指的是开朗快乐、舒适畅快。糅芸粉给人一种惬意的感觉，搭配黄色和紫色使画面更加舒畅。

1 糅芸粉
10-65-20-0
221-118-148

2 米蜜黄
0-15-40-0
253-224-165

3 淡橙灰
5-15-20-0
243-223-204

4 悻紫灰
20-40-5-10
195-157-186

5 暮春粉
0-30-15-0
247-199-198

6 琳黄色
5-35-50-0
239-183-130

7 果馥红
5-75-35-30
180-74-93

8 鞠禄紫
35-45-10-20
154-128-160

双色配色

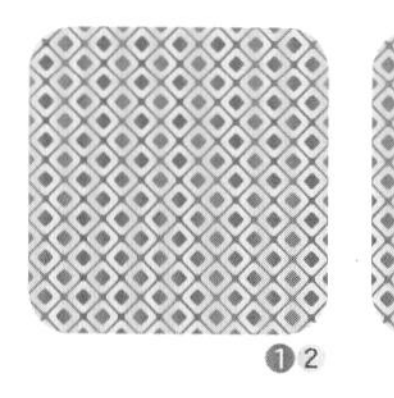

1 2

1 3

1 4

三色配色

1 2 5

1 3 6

1 4 7

四色配色

1 2 5 8

1 3 6 8

1 4 7 8

五色配色

1 2 3 4 5

1 2 6 7 8

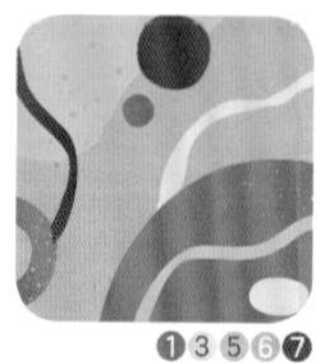

1 3 5 6 7

240

结实

Sturdy

意象介绍

结实指的是身体健壮、坚固耐用。低明度的砖红褐给人一种沉着的感觉，搭配绿色和黄色使画面更加坚实。

1 砖红褐 40-80-70-35 127-56-52

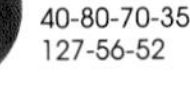

2 晖光黄 5-5-35-0 247-239-184

3 红豆酱 35-65-45-20 154-94-99

4 嫩茄紫 70-50-10-0 90-119-175

5 立秀绿 60-25-45-20 97-139-127

6 古柏绿 0-0-20-20 221-218-190

7 荒絮绿 55-15-45-0 125-178-152

8 绿蟹灰 30-15-35-10 179-189-163

● 双色配色

● 三色配色

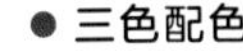

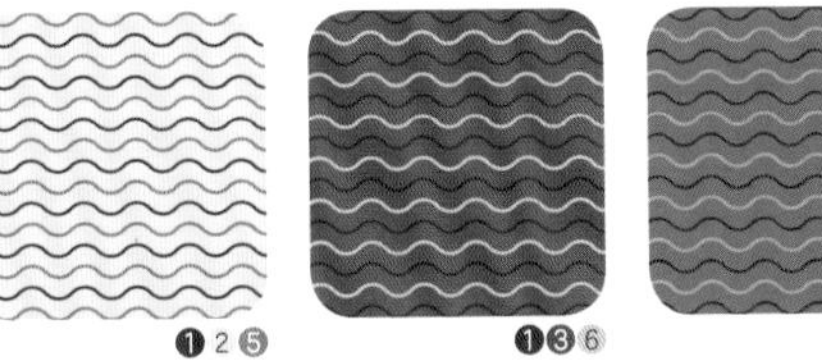

● 四色配色

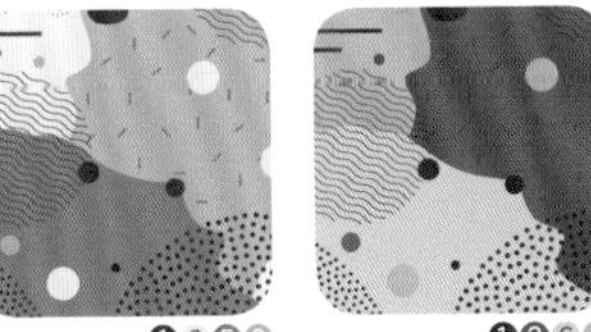

● 五色配色

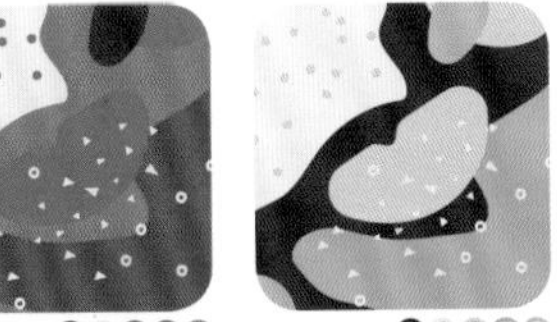

10

第 10 章 大自然配色

大自然是顶级配色师，平静的海面、茂密的森林、纯净的冰川……让人陶醉在色彩丰富的风景里。本章以大自然为主题，配色风格清新自然，给人平静感。

241
湖畔秋色

湖畔的一簇簇红叶仿佛正在燃烧，铺天盖地的红宛若华美而柔软的绸缎，在庄重的褐色衬托下显得格外耀眼，整个搭配呈现出秋日的风光。

简洁　活力　成熟　稳重

1 浅玫瑰棕
25-40-30-0
199-163-161

2 赭朱砂
35-70-65-5
173-96-81

3 火焰红
0-90-95-0
232-56-23

4 秋日绿
60-60-85-15
114-96-58

5 哥特红
45-90-100-20
138-49-31

6 金菊蟹黄
0-45-60-0
244-164-102

7 丝绸黑
80-80-70-50
46-40-46

8 巴洛克紫
65-70-50-10
107-84-100

双色配色

1 2

1 3

1 4

三色配色

1 2 5

1 3 6

1 4 7

四色配色

1 2 5 8

1 3 6 8

1 4 7 8

五色配色

1 2 3 4 5

1 2 6 7 8

1 3 5 6 7

242
湖面阳光

清澈的湖水在阳光的照耀下波光粼粼，湖面上停留着几只小鸭子，湖边一排排绿树，树枝上垂下几盏可爱的灯。

希望　青春　积极　浓郁

1 向日葵黄
0-35-90-0
248-182-22

2 蝴蝶兰
10-10-5-0
233-230-235

3 稻花香
5-10-35-0
245-230-180

4 深苔绿色
70-55-90-10
93-103-59

5 浅翠竹绿
35-20-70-0
182-185-99

6 收音机棕
55-75-100-25
115-69-32

7 酸橙绿
60-30-100-0
120-150-46

8 黑玉色
75-65-90-35
65-69-43

双色配色

12　13　14

三色配色

125　136　147

四色配色

1258　1368　1478

五色配色

12345　12678　13567

243
雪山湖泊

皑皑雪山下碧蓝色的湖泊仿佛被蓝天浸染过，湖面的波光如玻璃般透明。在蓝色的基调上加入黄棕色，画面变得沉稳和亲切。

澄清　严谨　古朴　冷静

1 烟白色
10-6-7-0
234-236-236

2 晚塘月色
28-4-3-0
192-223-242

3 礁石蓝
57-0-13-0
104-198-221

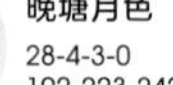

4 姜糖奶茶
10-32-53-0
231-185-126

5 黑巧克力
63-62-66-22
101-88-77

6 布斯托蓝
87-57-33-2
28-100-138

7 苦巧克力
67-88-84-61
57-22-22

8 胡桃色
40-59-78-8
161-112-66

双色配色

①② ①③ ①④

三色配色

①②⑤ ①③⑥ ①④⑦

四色配色

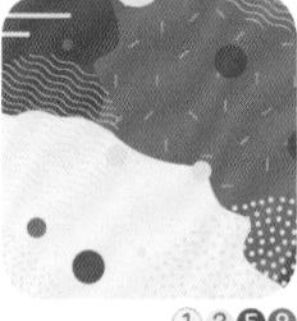

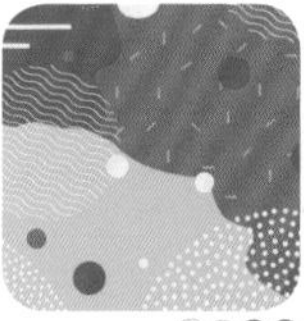

①②⑤⑧ ①③⑥⑧ ①④⑦⑧

五色配色

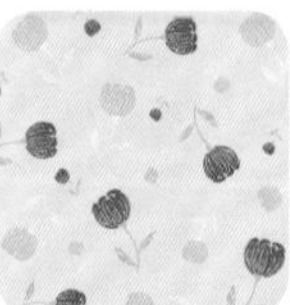

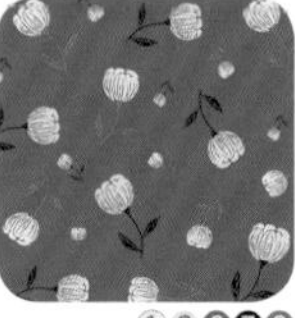

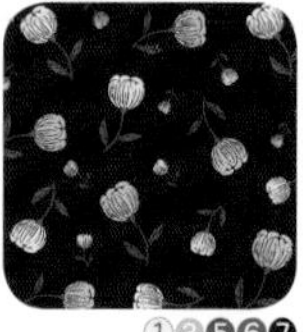

①②③④⑤ ①②⑥⑦⑧ ①③⑤⑥⑦

244
日落归鸟

归鸟盘旋于海面，艳丽的晚霞像是打翻了的颜料。画面整体以黄橙色为主，色彩明暗对比较强，增强了画面的表现力。

灿烂　优雅　端庄　高雅

1 萱草色
1-29-66-0
248-195-99

2 火烧云橙
0-59-70-0
239-134-75

3 肯尼亚红
25-58-57-0
198-127-102

4 矿物红
42-58-56-4
161-117-102

5 火星红
39-82-97-7
164-73-37

6 软糖棕色
59-67-64-20
111-82-77

7 黑茶色
64-97-98-63
60-4-5

8 初夏枇杷
9-45-53-0
229-161-117

双色配色

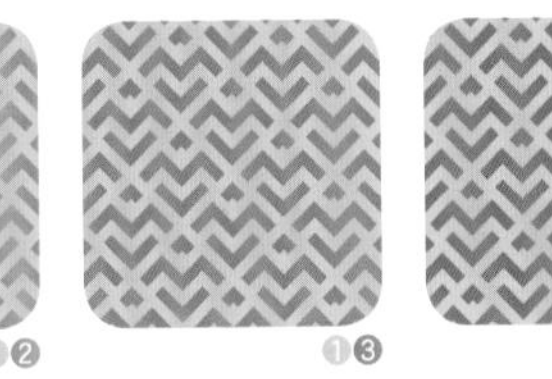

12　13　14

三色配色

125

136

147

四色配色

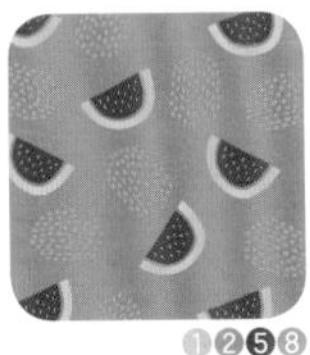

1258

1368

1478

五色配色

12345

12678

13567

245
雪域高山

巍峨的雪山高耸入云，大面积的白色与土黄色搭配，给人明朗利落的感觉，同时突出了山体的陡峭与雄伟。

简约　干净　品质　干练

1 法国蓝
45-26-7-0
152-175-209

2 青花瓷
80-46-2-0
38-119-187

3 绛石粉
26-32-33-0
198-176-163

4 紫灰蜻蜓
23-18-12-0
204-204-212

5 越橘蓝
81-72-54-16
65-73-91

6 枇杷茶
36-53-66-0
177-131-92

7 含羞紫灰
11-9-8-0
232-230-231

8 砖青色
61-41-19-0
112-138-173

双色配色

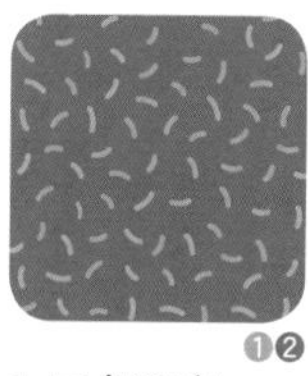

①②

①③

①④

三色配色

①②⑤

①③⑥

①④⑦

四色配色

①②⑤⑧

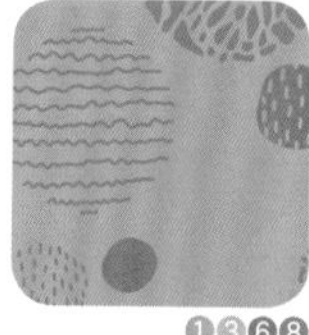

①③⑥⑧

①④⑦⑧

五色配色

①②③④⑤

①②⑥⑦⑧

①③⑤⑥⑦

246
初雪日出

初雪过后迎来了清晨的第一缕阳光，在冬日里温暖而美好，大面积的浅灰白与红紫色搭配，给冬日的苍白冷清增添了平静和安定。

素雅　高贵　温柔　雅致

雪山白
4-2-0-0
246-249-252

通草紫
30-50-26-0
188-141-156

淡紫色
34-26-5-0
179-183-213

乌檀蓝紫
82-78-47-11
67-68-99

粉紫丁香
14-33-10-0
222-185-202

薄雾兰花
69-56-17-0
97-110-160

木槿花紫
51-40-0-0
138-146-200

初雪天空
27-8-0-0
194-218-242

双色配色

①②

①③

①④

三色配色

①②⑤

①③⑥

①④⑦

四色配色

①②⑤⑧

①③⑥⑧

①④⑦⑧

五色配色

①②③④⑤

①②⑥⑦⑧

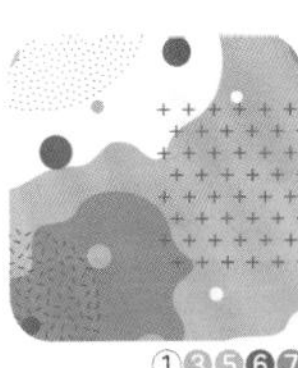
①③⑤⑥⑦

247
晨曦灯塔

黎明下的灯塔静静矗立在海边，迎接着清晨的到来，安静而美好。紫色调与橙黄色调搭配，使画面柔和，呈现出梦幻的朝霞景象。

甜美　虚幻　饱满　神秘

1 梦幻紫
33-39-0-0
181-161-204

2 葡萄柚粉
5-53-38-0
233-147-135

3 薄雾玫瑰
6-30-20-0
237-195-189

4 薰衣草紫
58-60-0-0
125-109-175

5 活力橙
0-68-65-0
237-113-79

6 暗板岩蓝
87-92-45-12
60-48-93

7 皇室蓝
81-71-16-0
69-83-146

8 蟠桃浅橙
4-35-37-0
240-185-154

双色配色

①②

①③

①④

三色配色

①②⑤

①③⑥

①④⑦

四色配色

①②⑤⑧

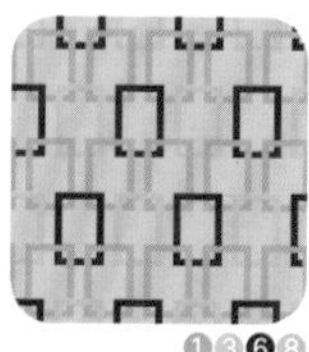
①③⑥⑧

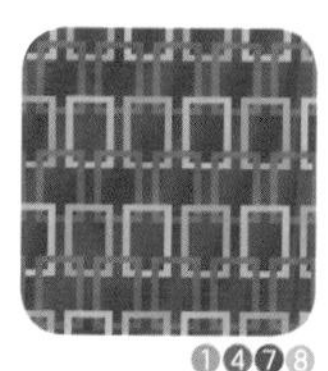
①④⑦⑧

五色配色

①②③④⑤

①②⑥⑦⑧

①③⑤⑥⑦

248
旭日初升

地平线上太阳升起，阳光逐渐洒满整个大地，迎来美好的一天。从大面积的蓝色过渡到明亮的暖色调，使画面富有朝气。

朝气　洒脱　品位　坚定

1 鱼肚白
0-5-10-0
254-246-234

2 浅橘色
0-30-33-0
248-197-167

3 珊瑚火橙
0-60-69-0
240-132-76

4 彗星蓝
63-18-1-0
90-169-221

5 蓝色妖姬
89-46-1-0
0-113-187

6 黛蓝
87-75-41-24
43-62-96

7 岩板蓝
70-56-34-3
95-108-136

8 勃艮第红
34-84-100-35
135-51-16

双色配色

①②　①③　①④

三色配色

①②⑤　①③⑥　①④⑦

四色配色

①②⑤⑧　①③⑥⑧　①④⑦⑧

五色配色

①②③④⑤　①②⑥⑦⑧　①③⑤⑥⑦

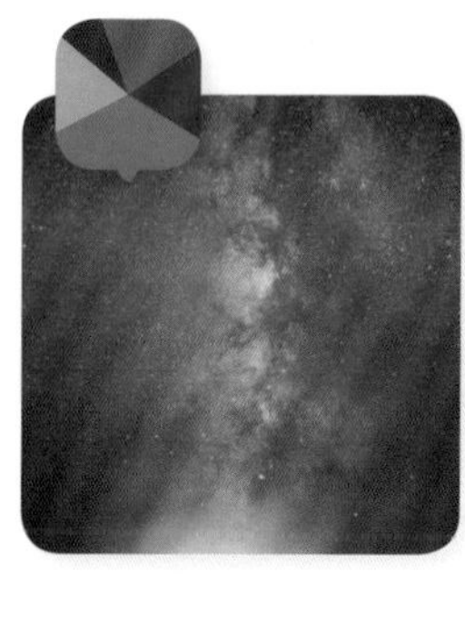

249
繁星点点

深蓝色的夜空中繁星点点，犹如一颗颗闪耀着光芒的钻石。画面从大面积的深蓝色过渡到明亮的黄色，呈现出深邃的夜空。

充实　成熟　信赖　沉稳

1 木瓜黄 13-52-73-0 221-143-76

2 夜来香 27-17-12-0 194-202-213

3 比开湾蓝 80-47-38-0 53-117-140

4 海军藏蓝 93-70-44-7 10-78-111

5 芒果橙 4-46-91-0 238-159-28

6 浆果紫 54-68-54-7 133-92-97

7 淡雅紫藤 51-53-31-1 141-123-145

8 橡胶黑 80-72-73-45 48-53-51

双色配色

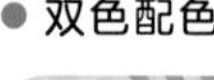

❶❷

❶❸

❶❹

三色配色

❶❷❺

❶❸❻

❶❹❼

四色配色

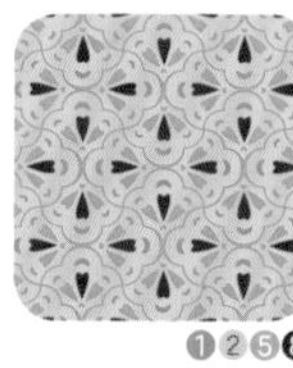

❶❷❺❽

❶❸❻❽

❶❹❼❽

五色配色

❶❷❸❹❺

❶❷❻❼❽

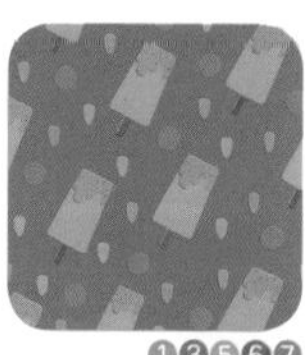

❶❸❺❻❼

250
盛夏星空

盛夏的夜晚，流星从夜空划过，打破了宁静。画面以蓝色系为主，由暗到亮，衬托出夜晚的静谧与神秘。

格调　质朴　静寂　休闲

1 钢蓝色
100-99-58-22
23-37-73

2 龙胆蓝色
96-80-25-0
13-68-129

3 浪漫之都
51-22-3-0
133-174-217

4 灰蓝色调
74-49-12-0
77-118-173

5 淡蓝清风
29-0-1-0
190-228-249

6 香盈藕粉
12-20-12-0
227-210-213

7 浪漫情调
24-33-21-0
201-177-183

8 信号蓝
82-53-25-0
47-109-153

双色配色

12

13

14

三色配色

125

136

147

四色配色

1258

1368

1478

五色配色

12345

12678

13567

251
神秘极光

蓝绿色的极光出现在深蓝色的夜空中，充满了神秘感。深蓝色系体现了夜晚的深邃，少量的橙黄色给画面增添了安定感。

安定　静谧　冷静　睿智

1 浅绿松石
51-0-22-0
128-203-206

2 浩瀚深空
95-73-35-1
0-77-123

3 浅葱色
75-15-31-0
30-162-175

4 丝绒黑
80-90-77-67
32-13-22

5 金丝带
13-42-78-0
224-162-69

6 美人蕉橙
9-76-90-0
222-94-36

7 比利时蓝
82-43-11-0
20-122-180

8 牛仔深蓝
100-91-51-13
17-50-89

● 双色配色

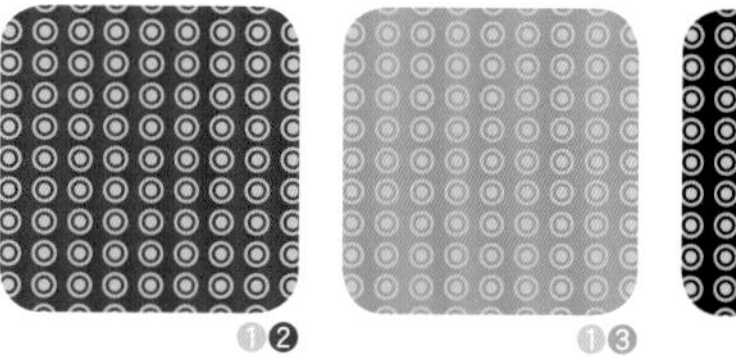

①②　①③　①④

● 三色配色

①②⑤　①③⑥　①④⑦

● 四色配色

①②⑤⑧　①③⑥⑧　①④⑦⑧

● 五色配色

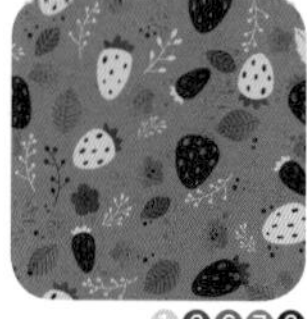
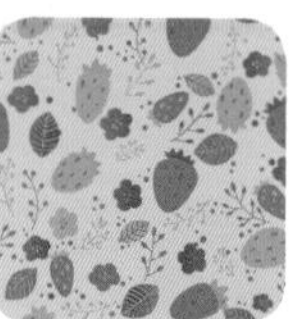

①②③④⑤　①②⑥⑦⑧　①③⑤⑥⑦

252
极地梦幻

蓝色夜空中划过绚丽的极光，仿佛给夜空披上了一条条丝带。画面整体以蓝色系为主，给人静谧的感觉。蓝绿色的自然过渡增加了梦幻效果。

纯净 清爽 欢快 明朗

1 浅蓝晨雾 31-1-6-0 184-224-238

2 猎户座蓝 63-1-15-0 79-191-217

3 翡翠透绿 57-0-48-0 112-193-155

4 杜若色 82-49-3-0 36-113-182

5 露草色 71-22-8-0 58-157-206

6 藏青色 93-75-32-5 20-73-122

7 青绿色 69-7-30-0 55-177-184

8 沥青黑 96-84-67-55 1-32-45

双色配色

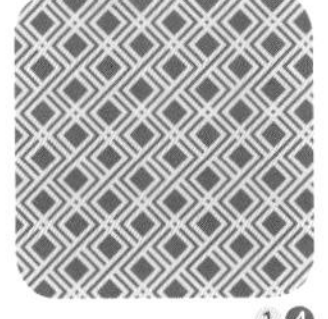

1 2　1 3　1 4

三色配色

1 2 5　1 3 6　1 4 7

四色配色

1 2 5 8　1 3 6 8　1 4 7 8

五色配色

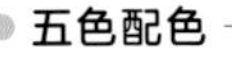

1 2 3 4 5　1 2 6 7 8　1 3 5 6 7

253
碧海细沙

远处的大海一望无际，柔软的沙滩上留下一串脚印，在阳光下显得闲适美好。画面整体明度较高，浅蓝色与浅灰白的搭配呈现出干净清爽的感觉。

温和　轻松　休闲　文艺

1 白青色
12-0-4-0
230-244-247

2 飞燕草蓝
50-16-11-0
135-183-212

3 清凉蓝
41-5-7-0
158-208-230

4 贝壳色
9-17-21-0
234-216-200

5 蓝烟灰
58-51-38-0
126-124-138

6 蛋奶色
3-8-16-0
248-237-219

7 岩石蓝
48-27-16-0
145-170-194

8 石蓝花
62-44-28-0
114-133-158

● 双色配色

①② ①③ ①④

● 三色配色

①②⑤ ①③⑥ ①④⑦

● 四色配色

①②⑤⑧ ①③⑥⑧ ①④⑦⑧

● 五色配色

①②③④⑤ ①②⑥⑦⑧ ①③⑤⑥⑦

254 夏日沙滩

蓝蓝的天空下海水有节奏地冲刷着沙滩，呈现夏日海边独有的清凉感。大面积的蓝色系过渡到米白色，营造平静、清爽的氛围。

雅致　柔和　安宁　凉爽

1 仿锰蓝色 57-6-0-0 102-191-237

2 浅马赛蓝 51-4-11-0 126-199-223

3 北国山川 29-5-9-0 191-221-230

4 温莎蓝色 76-33-0-0 35-139-205

5 白铝灰色 28-15-7-0 193-206-223

6 初雪时节 6-10-11-2 239-230-224

7 晨间积雪 1-3-7-0 254-250-241

8 蓝墨茶 71-68-71-48 61-56-50

双色配色

①②

①③

①④

三色配色

①②⑤

①③⑥

①④⑦

四色配色

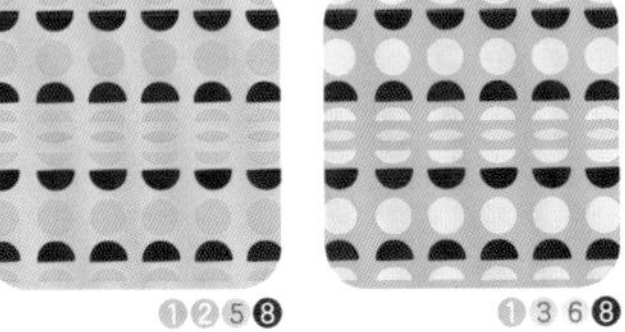
①②⑤⑧

①③⑥⑧

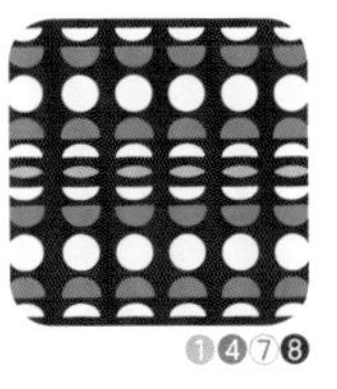
①④⑦⑧

五色配色

①②③④⑤

①②⑥⑦⑧

①③⑤⑥⑦

255
云的国度

软软的云朵紧紧地挨着，挤满了整个天空。画面整体明度较高，以浅蓝色为主，强调天空的浩瀚，红色的点缀则赋予画面活力。

透明　轻柔　纯真　清爽

1 爱丽丝蓝
15-3-3-0
224-238-246

2 祖母宝石
45-2-5-0
143-208-237

3 挪威蓝
40-7-3-0
162-207-235

4 云天蓝
22-4-3-0
208-230-244

5 山樱花
2-7-5-0
251-242-240

6 绀青灰
69-60-28-10
93-97-134

7 白葡萄酒
0-2-2-2
252-250-249

8 苏打蓝
58-6-9-0
102-190-222

双色配色

1 2　1 3　1 4

三色配色

1 2 5　1 3 6　1 4 7

四色配色

1 2 5 8　1 3 6 8　1 4 7 8

五色配色

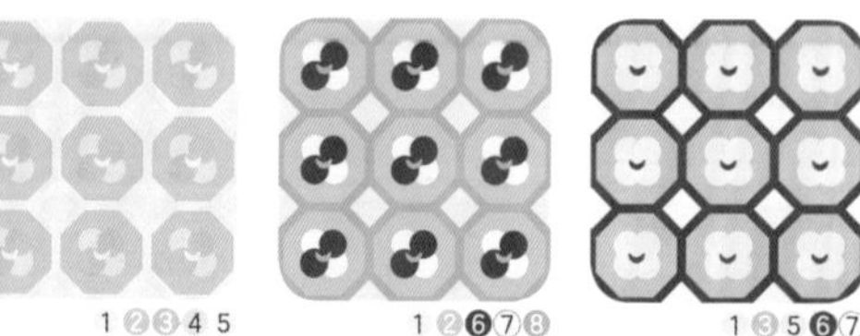

1 2 3 4 5　1 2 6 7 8　1 3 5 6 7

256

天空之梦

紫色的云占据了整个天空，就像一场奇妙的梦境。明亮的浅蓝色与迷人的紫色搭配，呈现出绚丽夺目的景象。

温柔　恬静　优雅　高贵

1 晨雾蓝 20-11-0-0 211-220-240

2 白藤色 14-19-0-0 223-211-232

3 藤紫色 41-40-0-0 162-153-201

4 兰花粉 16-45-0-0 214-159-198

5 铃铛花蓝 55-52-0-0 130-123-185

6 绀桔梗 80-69-6-0 69-84-158

7 大花蕙兰 0-13-8-0 252-233-229

8 葡萄红 73-85-33-18 86-53-102

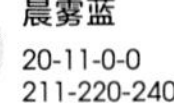

双色配色

12

13

14

三色配色

125

136

147

四色配色

1258

1368

1478

五色配色

12345

12678

13567

257

轻柔海风

蓝灰色的天空与蔚蓝的大海给人深邃冷静的感觉，与暖色系的橙黄色搭配增强了对比效果，使画面舒畅又开阔。

宁静　忧郁　冷静　幽深

1 天湖蓝
27-0-4-0
196-230-243

2 绿洲蓝
67-33-23-0
89-145-174

3 深裸粉
8-37-48-0
233-178-132

4 浅土蓝
80-54-52-7
58-102-110

5 佛罗蓝
65-26-25-0
95-156-177

6 冷灰棕
53-60-65-7
134-106-88

7 尼斯湖蓝
97-71-48-15
0-72-100

8 土赭色
93-87-86-77
4-4-5

双色配色

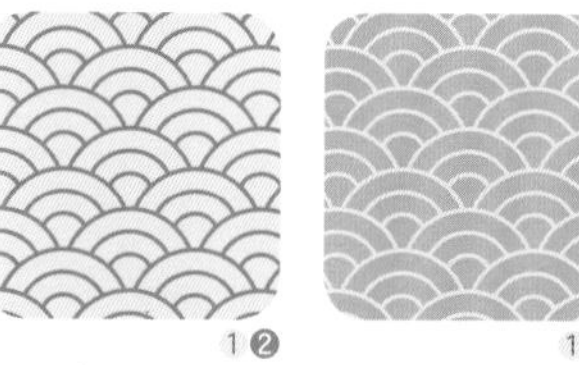

12　13　14

三色配色

125　136　147

四色配色

1258　1368　1478

五色配色

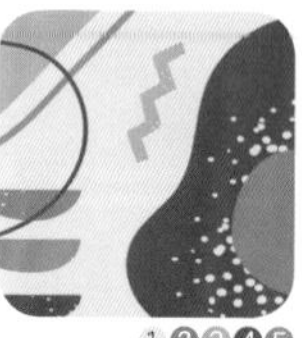

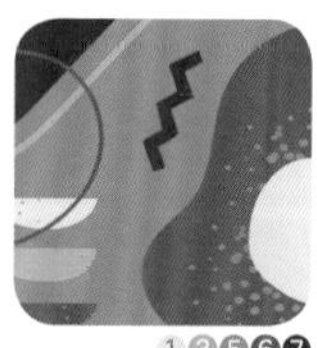

12345　12678　13567

258
浪花滔滔

翻腾的浪花仿佛在嬉戏打闹，大面积的浅蓝色和白色搭配，给人干净、清爽的感觉，不同明度的蓝色点缀强调了画面，也增强了画面的稳定感。

清新 平和 轻快 舒适

1 港湾浅蓝
31-10-0-0
184-211-238

2 矢车菊蓝
60-29-2-0
107-156-209

3 水晶灰蓝
41-23-13-0
162-182-204

4 泡沫蓝
15-2-3-0
224-240-246

5 碧水色
58-4-21-0
106-192-204

6 午后蓝
53-12-7-0
124-188-222

7 琉璃深蓝
91-51-25-2
0-107-152

8 绿宝石色
74-6-31-0
0-173-183

双色配色

①②

①③

①④

三色配色

①②⑤

①③⑥

①④⑦

四色配色

①②⑤⑧

①③⑥⑧

①④⑦⑧

五色配色

①②③④⑤

①②⑥⑦⑧

①③⑤⑥⑦

259
驼铃悠扬

一支骆驼的队伍缓缓行进在沙漠中，传来一串悠扬的驼铃声。黄色调的画面给人平和与安定的感觉，少量的深红色点缀使画面更有深意。

阳光　炎热　开朗　热情

1 浅橘黄
5-45-72-0
236-161-79

2 酱橙色
32-62-84-1
184-114-57

3 南瓜橙红
15-70-71-2
212-104-71

4 土著黄绿
34-31-97-0
184-166-27

5 木莓红
38-98-100-11
160-32-33

6 骆驼色
22-60-85-0
204-123-53

7 棕暮色
60-68-79-28
101-75-55

8 透亮蜂蜜
0-22-49-0
251-210-141

双色配色

①②

①③

①④

三色配色

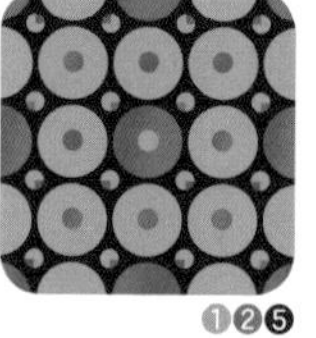
①②⑤

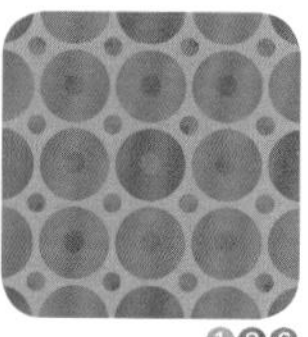
①③⑥

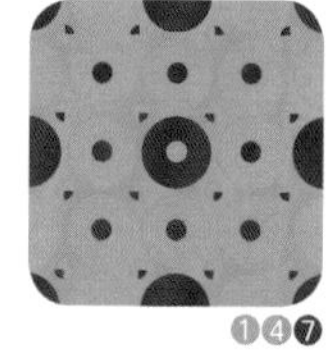
①④⑦

四色配色

①②⑤⑧

①③⑥⑧

①④⑦⑧

五色配色

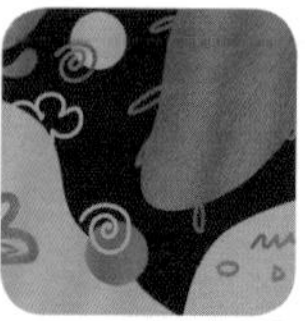
①②③④⑤

①②⑥⑦⑧

①③⑤⑥⑦

260
热情沙漠

金黄的沙砾犹如一团团燃烧的火焰，铺天盖地地蔓延，尽情地展示着自己的热情。画面以黄色为主，色调过渡自然，画面平静、安定。

淡雅　饱满　温暖　灿烂

1 粉茶色
0-8-12-0
254-241-227

2 孔雀粉
0-15-15-0
252-228-214

3 风滚草色
12-39-47-0
225-171-132

4 珊瑚金色
20-59-71-0
207-127-77

5 暮色珊瑚
21-51-59-0
206-141-102

6 意式汤面
31-73-99-8
176-90-29

7 赤铜色
42-91-100-38
120-35-19

8 圣诞红
38-85-100-21
148-58-28

● 双色配色

①②　①③　①④

● 三色配色

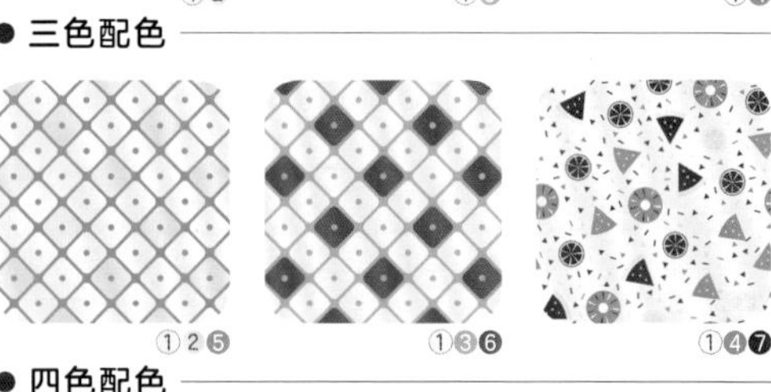

①②⑤　①③⑥　①④⑦

● 四色配色

①②⑤⑧　①③⑥⑧　①④⑦⑧

● 五色配色

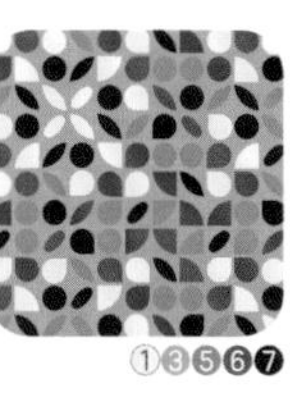

①②③④⑤　①②⑥⑦⑧　①③⑤⑥⑦

261
山涧流水

叶子红透了的树木矗立在流水两旁。大面积的褐色背景中的橙红色缓和了冷淡的基调，与白色形成对比，赋予画面活泼明朗的感觉。

澄清　华丽　富丽　古典

1 辣豆棕 42-74-95-17 147-79-37

2 瓦红 30-91-100-0 185-56-33

3 深棕色 51-99-99-42 103-16-19

4 深褐棕色 70-85-89-64 50-22-16

5 燃烧橙 26-72-98-2 192-97-29

6 秋日卡其 54-52-97-4 136-119-46

7 蜜糖醇棕 67-74-98-51 67-47-21

8 晨雾色 23-16-18-0 206-207-204

● 双色配色

①②

①③

①④

● 三色配色

①②⑤

①③⑥

①④⑦

● 四色配色

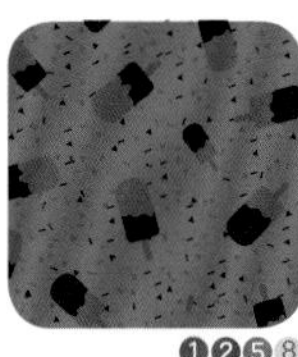
①②⑤⑧

①③⑥⑧

①④⑦⑧

● 五色配色

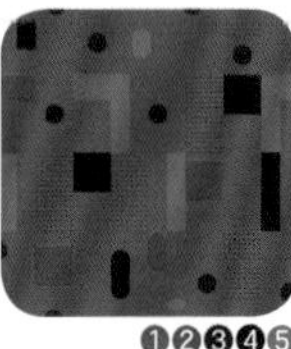
①②③④⑤

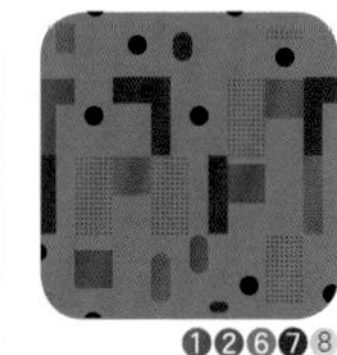
①②⑥⑦⑧

①③⑤⑥⑦

262
溪流银瀑

万千溪流汇聚而成瀑布，浩浩荡荡地倾泻而下，溅起巨大的水花。在浅褐色的背景中，浅灰白与蓝色搭配呈现出动感十足的效果。

都市 现代 睿智 理智

1 勿忘草色 44-8-5-0 150-202-230

2 萨克斯蓝 76-37-25-0 54-134-167

3 月影灰 48-39-19-0 148-151-177

4 冰山蓝 58-18-12-0 110-174-207

5 浅海昌蓝 57-30-8-0 119-158-201

6 鼠尾草蓝 74-53-25-0 81-112-153

7 午夜深蓝 89-80-54-28 38-54-78

8 漆黑 84-81-81-68 24-22-21

双色配色

12

13

14

三色配色

125

136

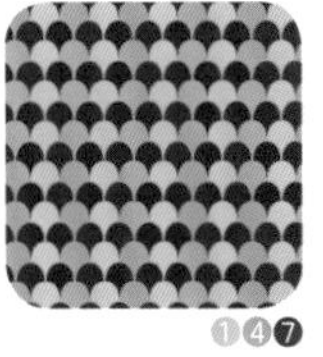
147

四色配色

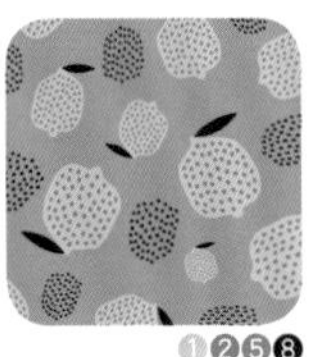
1258

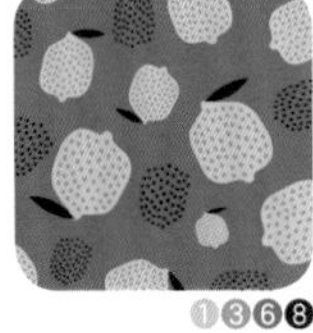
1368

1478

五色配色

12345

12678

13567

263
晶莹晨露

深秋的早晨，树枝上还挂着一颗颗晶莹剔透的露珠。浅灰色调中的黄色增强了画面的平静稳定感。

安静　安稳　高雅　古典

1 白金银灰 16-13-12-0 219-219-219

2 牡蛎灰 44-33-38-0 159-161-152

3 可涅酒橙 23-52-79-0 203-138-67

4 胡桃深棕 58-75-87-32 102-63-42

5 辣椒粉红 31-75-100-2 185-90-30

6 奶茶栗棕 52-84-95-27 118-55-34

7 巧克力奶 27-39-44-0 196-162-138

8 伦勃朗棕 60-82-100-56 73-35-12

双色配色

12

13

14

三色配色

125

136

147

四色配色

1258

1368

1478

五色配色

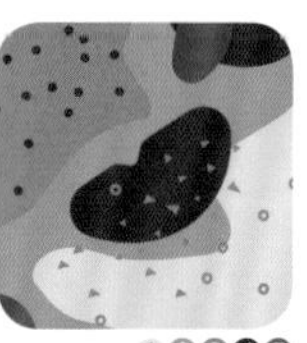

12345

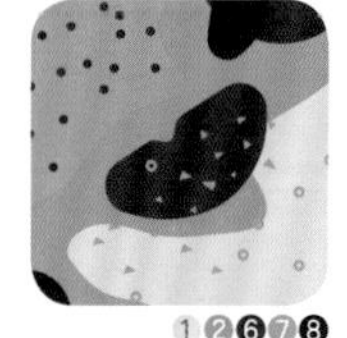

12678

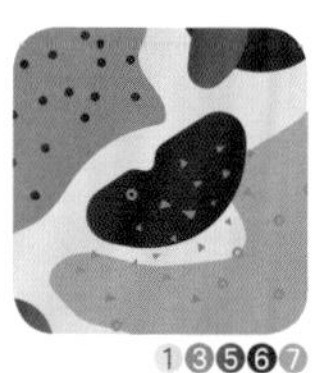

13567

264
草原骏马

骏马正自在地吃着青草，远处低矮的灌木密密麻麻，绿色布满画面，小面积的深绿与浅绿形成对比，使画面整体富有生命力。

安宁　素雅　惬意　沉静

1 冰川灰
22-13-17-0
208-213-210

2 水嫩新绿
29-6-50-0
194-213-148

3 沙拉绿
56-18-71-0
125-170-101

4 古典青
76-46-55-11
68-111-108

5 蕉叶绿
72-56-69-28
75-87-72

6 温暖金
41-43-85-1
167-144-63

7 松花绿
80-38-93-20
44-110-56

8 枯叶浅绿
36-24-45-0
176-181-147

双色配色

12　13　14

三色配色

125　136　147

四色配色

1258　1368　1478

五色配色

12345　12678　13567

265
丰收季节

在宽阔的平原上，大片金灿灿的麦田营造出丰收的喜悦氛围，与远处绿色的树林相衬，显得温暖惬意。

收获 成熟 柔和 厚重

1 嫩芽黄
0-7-57-0
255-235-132

2 金麦黄色
13-35-96-0
226-174-0

3 红砖墙色
16-58-90-0
214-129-40

4 月亮黄绿
35-30-92-0
182-168-45

5 豆蔻绿
43-21-87-0
164-176-62

6 翠鸟绿
82-60-87-26
52-80-55

7 赤红色
29-72-100-24
159-80-19

8 紫葡萄黑
65-92-96-62
59-15-10

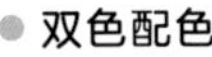
双色配色

1 2

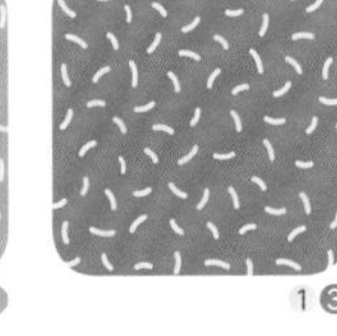
1 3

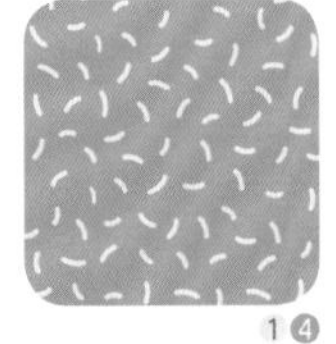
1 4

三色配色

1 2 5

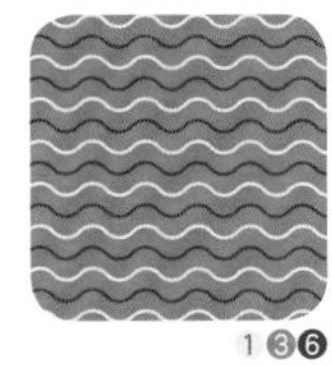
1 3 6

1 4 7

四色配色

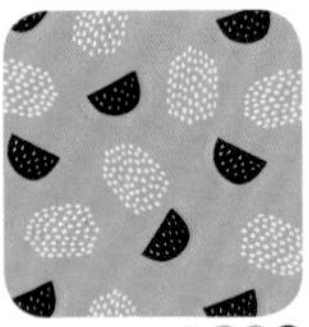
1 2 5 8

1 3 6 8

1 4 7 8

五色配色

1 2 3 4 5

1 2 6 7 8

1 3 5 6 7

266

高粱成熟

黄绿色的枝叶布满画面，饱满的红棕色高粱粒仿佛就要破壳而出，掩不住丰收的喜悦。

质朴　兴起　坚实　内敛

1 自然粉饼
4-27-50-0
244-199-135

2 石黄色
13-39-78-0
225-168-70

3 黄绿褐色
38-38-87-0
174-153-60

4 赤土色
36-74-100-0
177-92-33

5 红壳
49-64-100-0
151-106-40

6 桦茶色
50-74-100-33
115-66-25

7 地砖灰
53-52-80-0
140-123-74

8 墨石绿
71-64-100-33
77-73-34

双色配色

①②

①③

①④

三色配色

①②⑤

①③⑥

①④⑦

四色配色

①②⑤⑧

①③⑥⑧

①④⑦⑧

五色配色

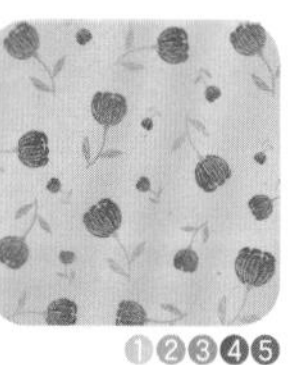

①②③④⑤

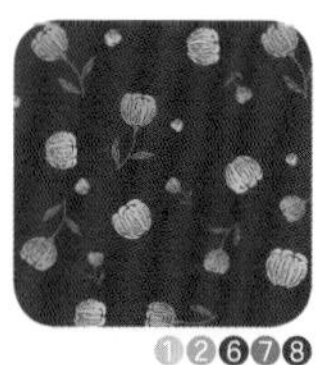

①②⑥⑦⑧

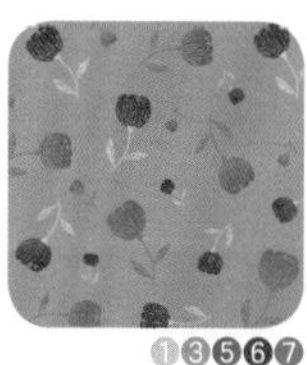

①③⑤⑥⑦

267
秋叶飘扬

明亮的暖黄色落叶与褐绿色台阶搭配，明暗对比强烈，赋予画面秋日的慵懒与温馨。

安心　质朴　暖阳　丰收

1 柠檬糖黄
15-10-76-0
227-216-82

2 花蕊黄
14-32-93-0
225-179-21

3 柿子亮橙
15-55-95-0
217-135-23

4 纯枫叶红
23-85-97-0
198-70-32

5 嫩橄榄色
47-34-100-0
155-153-35

6 普洱茶
67-67-100-36
82-68-31

7 酒心巧红
51-96-100-32
114-30-26

8 纯黑咖啡
68-78-100-56
61-38-15

双色配色

①②

①③

①④

三色配色

①②⑤

①③⑥

①④⑦

四色配色

①②⑤⑧

①③⑥⑧

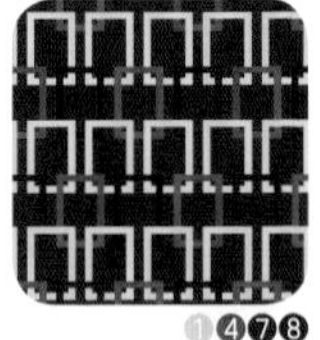

①④⑦⑧

五色配色

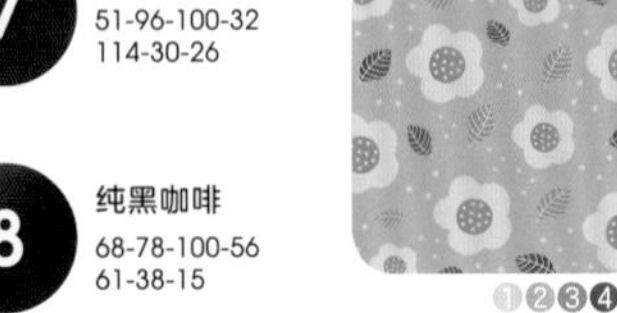

①②③④⑤

①②⑥⑦⑧

①③⑤⑥⑦

268
原野青青

一望无际的原野碧绿青翠，让人忍不住想多呼吸几口新鲜的空气。画面以绿色系为主，整体呈现出大自然的生机勃勃。

纯净　平静　生动　明朗

1 淡蜻蜓蓝
30-15-6-0
187-203-224

2 海天蓝白
16-4-5-0
220-234-240

3 茶白青色
19-2-24-0
215-232-207

4 黄瓜新绿
66-22-91-3
96-154-66

5 雨林森绿
82-35-90-32
27-101-53

6 石灰色
53-31-35-1
134-158-159

7 椰林绿
91-51-85-62
0-53-32

8 豌豆荚青
57-19-49-0
120-170-143

双色配色

1 2

1 3

1 4

三色配色

1 2 5

1 3 6

1 4 7

四色配色

1 2 5 8

1 3 6 8

1 4 7 8

五色配色

1 2 3 4 5

1 2 6 7 8

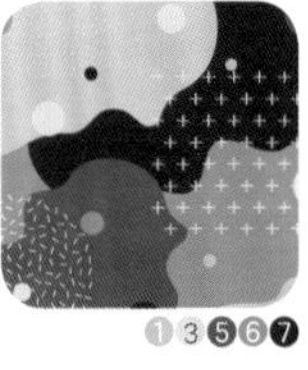
1 3 5 6 7

269
雨色朦胧

窗外的雨越下越密，雨水滴在玻璃上，模糊了窗外的景色。雨天的冷清在少量的红色灯光点缀下增添了几分生机，避免了画面的单调。

理性　朴实　可靠　严肃

1 白铁矿灰
18-15-11-0
215-214-220

2 胭脂浅粉
0-28-29-0
248-201-176

3 青瓷灰色
54-29-33-0
130-160-163

4 深煤烟色
83-63-60-16
54-84-88

5 亮鹤顶红
19-82-77-0
204-78-58

6 墨灰色
42-24-30-0
161-178-174

7 昏暗青
71-46-47-0
89-123-128

8 深夜黑
96-79-75-60
0-31-35

● 双色配色

1 2

1 3

1 4

● 三色配色

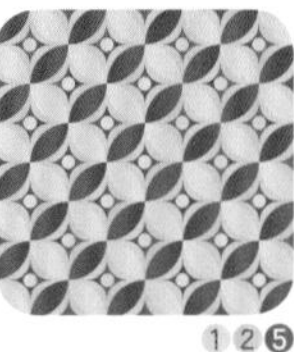

1 2 5

1 3 6

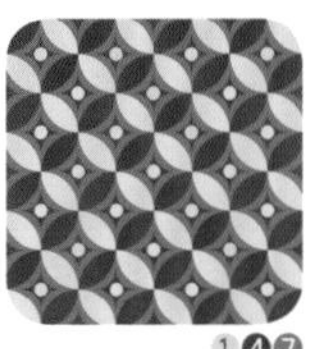

1 4 7

● 四色配色

1 2 5 8

1 3 6 8

1 4 7 8

● 五色配色

1 2 3 4 5

1 2 6 7 8

1 3 5 6 7

270
幽静森林

在墨绿色的画面中，少量的橙红色衬托出秋日的风光，绯红的叶子打破了画面的宁静，使画面格外耀眼。

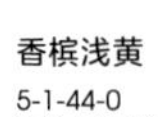

幽深　蓬勃　幻想　宁静

1 香槟浅黄 5-1-44-0 249-244-167

2 暖秋黄 20-41-71-0 211-161-86

3 纯绛红 21-86-100-0 201-68-27

4 瓷黄绿 22-17-43-0 210-204-157

5 芥末黄绿 64-49-88-4 112-120-63

6 森林沉绿 76-67-99-41 58-62-31

7 浅白绿 8-5-15-0 239-240-223

8 魅影黑 80-82-93-66 32-23-13

● 双色配色

1 2　1 3　1 4

● 三色配色

1 2 5　1 3 6　1 4 7

● 四色配色

1 2 5 8　1 3 6 8　1 4 7 8

● 五色配色

1 2 3 4 5　1 2 6 7 8　1 3 5 6 7

271
花的梦境

在偏蓝紫色的背景中，紫色与淡粉色相衬，透出几分浪漫气息，营造出梦幻与神秘感，令人向往。

梦幻　惬意　精灵　稀有

1 铁线莲色
7-15-0-0
239-225-239

2 清新浅蓝
30-13-5-0
188-208-228

3 朦蔚蓝
58-39-0-0
119-144-200

4 粉蓝梦
46-36-0-0
150-157-206

5 姜糖黄绿
17-16-82-0
221-204-63

6 兰花桃色
24-53-0-0
198-139-187

7 深锦葵红
30-72-15-0
186-96-146

8 神秘鸢紫
79-78-11-0
79-72-144

双色配色

1 2

1 3

1 4

三色配色

1 2 5

1 3 6

1 4 7

四色配色

1 2 5 8

1 3 6 8

1 4 7 8

五色配色

1 2 3 4 5

1 2 6 7 8

1 3 5 6 7

272
茂林绿丘

灌木丛分布在丘陵的各个角落，生机盎然。大面积的绿色给人清新自然的感觉，局部偏黄的色调丰富了画面。

干净　自然　健康　纯粹

1 苔藓绿 38-8-74-0 175-200-95

2 仙人掌绿 58-29-40-0 120-157-151

3 精灵绿 34-11-29-0 180-204-187

4 矿物绿 68-38-55-1 95-136-120

5 浮萍绿 64-17-90-0 102-163-69

6 山葵色 33-11-49-0 186-204-147

7 粉末蓝 16-7-0-0 221-231-245

8 鳄梨绿 82-55-96-34 44-79-42

双色配色

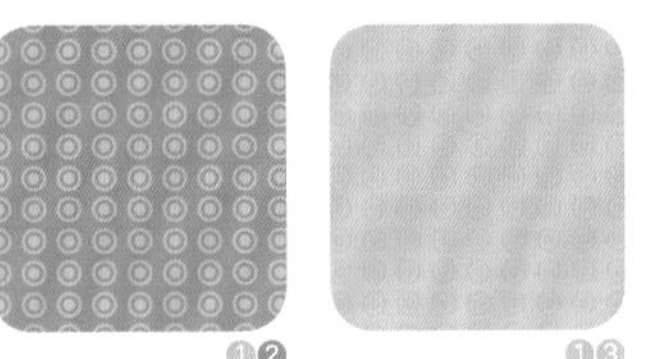

①②　①③　①④

三色配色

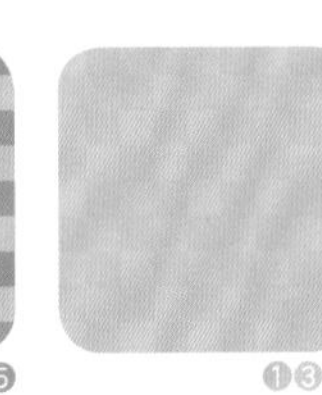

①②⑤　①③⑥　①④⑦

四色配色

①②⑤⑧

①③⑥⑧

①④⑦⑧

五色配色

①②③④⑤　①②⑥⑦⑧　①③⑤⑥⑦

273
秋日白桦

画面中，白桦树错落有致地生长着，一眼望去，黄色的叶子与枝干相衬，给人整齐划一和干净利落的感觉。

 素净 安稳 秋色 和谐

1 雪灰色 16-13-11-0 221-219-222

2 岩石灰 35-28-33-0 178-176-166

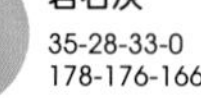
3 工业灰 64-58-51-7 110-104-108

4 杏黄灰色 14-34-53-0 223-179-125

5 风吹麦浪 19-36-73-0 214-171-84

6 土琮黄 37-61-89-2 174-114-51

7 甘栗色 60-76-70-28 102-64-61

8 深抹茶绿 66-55-81-15 98-101-66

双色配色

12

13

14

三色配色

125

136

147

四色配色

1258

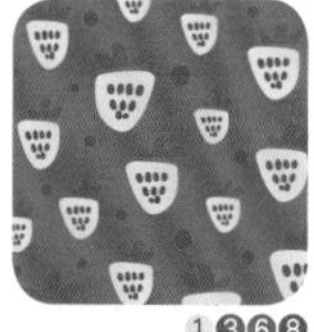
1368

1478

五色配色

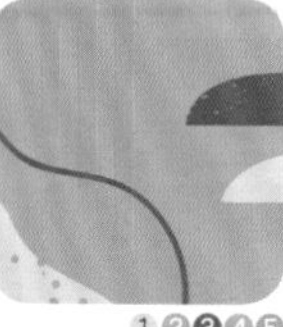
12345

12678

13567

274
白露为霜

干枯的草上凝结着一簇簇白霜，仿佛裹上了一件棉袄。深绿与白色搭配，给人冬季的寒冷感觉，少量的红色点缀营造出几分节日的气氛。

平和　舒适　宁静　稳重

1 浅霜蓝 35-7-15-0 177-211-216

2 精华绿 72-35-44-0 77-138-140

3 叶脉蓝青 56-21-31-0 122-170-173

4 春花浅橙 2-18-23-0 248-220-196

5 薄荷冰蓝 22-3-10-0 208-230-232

6 木炭黑 82-71-71-41 46-57-56

7 青石板灰 75-59-55-7 80-98-103

8 草莓糖霜 0-62-52-0 238-128-104

双色配色

12　13　14

三色配色

125

136

147

四色配色

1258

1368

1478

五色配色

12345

12678

13567

275
风吹麦浪

在以浅蓝灰为背景的冷色调画面中，青黄色系之间的明暗搭配衬托出小麦逐渐成熟的状态。

丰收 务实 品格 远方

1 亮蓝白 3-2-0-0 250-251-253

2 浅霾蓝 30-17-0-0 187-201-231

3 乌云灰 30-26-33-0 190-183-168

4 麦芽橙白 4-16-34-0 246-220-176

5 浅麦绿 20-22-62-0 213-194-113

6 麦黄绿 25-48-91-0 199-144-43

7 枯叶橙黄 31-64-100-0 187-112-28

8 干叶绿色 60-47-100-2 123-124-46

双色配色

①② ①③ ①④

三色配色

①②⑤ ①③⑥ ①④⑦

四色配色

①②⑤⑧ ①③⑥⑧ ①④⑦⑧

五色配色

①②③④⑤ ①②⑥⑦⑧ ①③⑤⑥⑦

276 麦田守望

黄色的暖阳与嫩绿色的麦穗搭配，整体色调过渡自然，呈现出平静柔和的氛围。

悠长　温暖　真诚　乐天

1 晨光
11-9-63-0
236-223-117

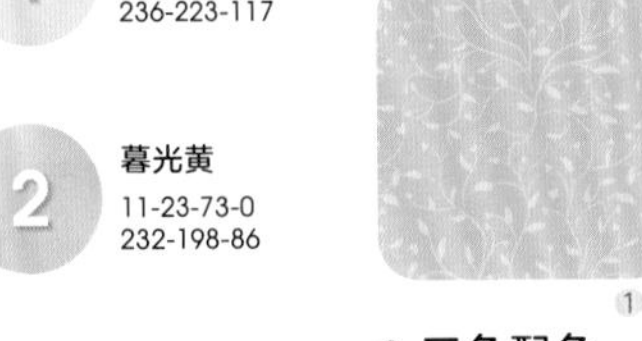

2 暮光黄
11-23-73-0
232-198-86

3 瓷光灰
34-27-25-0
181-181-181

4 藤青黄
28-29-93-0
198-174-38

5 金晨黄
17-44-95-0
216-156-23

6 晨曦绿
60-34-100-0
121-144-46

7 小麦绿
79-55-100-15
65-96-49

8 绿沉松
90-67-100-52
13-50-26

双色配色

1 2　1 3　1 4

三色配色

1 2 5

1 3 6

1 4 7

四色配色

1 2 5 8

1 3 6 8

1 4 7 8

五色配色

1 2 3 4 5

1 2 6 7 8

1 3 5 6 7

277
斑驳树干

在蓝灰色的背景中，明度较高的灰白色与少量的橙黄色搭配，避免了画面过于冷清，使画面稳定舒适。

朦胧　素雅　单纯　冷静

1 浅莲灰
11-10-13-0
233-228-220

2 雾霾尘灰
44-35-33-0
158-159-160

3 湖泊亮蓝
46-8-12-0
145-199-218

4 浅灰蟹蓝
63-32-32-0
106-149-161

5 浅灰媚茶
28-19-38-0
195-196-165

6 浅土棕色
47-48-56-1
152-133-111

7 面包焦黄
40-61-100-3
168-112-33

8 墨鱼棕
55-64-63-13
125-94-85

双色配色

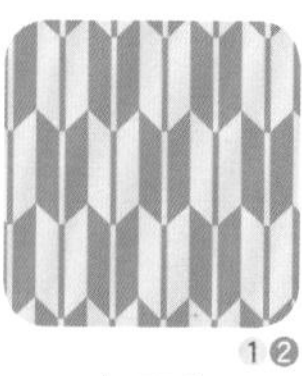
1 2

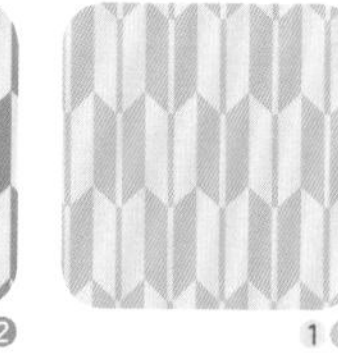
1 3

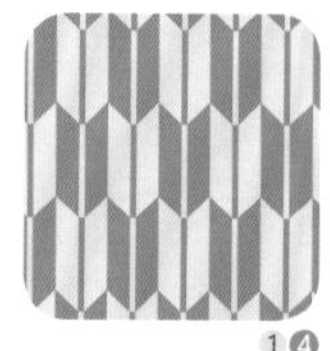
1 4

三色配色

1 2 5

1 3 6

1 4 7

四色配色

1 2 5 8

1 3 6 8

1 4 7 8

五色配色

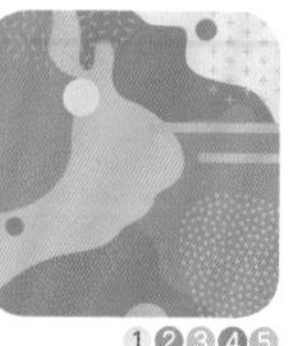
1 2 3 4 5

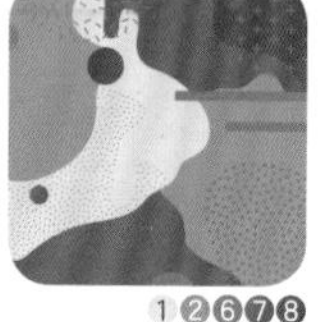
1 2 6 7 8

1 3 5 6 7

278
含苞待放

在深绿色的背景中，深玫红色的叶子与明黄色的花搭配，使画面具有稳重感，同时又富有生机。

安稳　幽雅　华美　质朴

1 亮蛋黄
20-29-75-0
213-182-81

2 土黄尘
37-58-99-4
172-117-32

3 土桃红
40-63-42-0
168-111-121

4 绯玫瑰
47-89-60-17
137-51-72

5 酒紫红
59-86-61-35
97-45-61

6 羽衣甘绿
63-45-71-2
113-128-90

7 烟灰绿墨
81-54-71-25
49-88-74

8 墨水黑绿
89-66-80-51
16-53-43

● 双色配色

12　13　14

● 三色配色

125　136　147

● 四色配色

1258　1368　1478

● 五色配色

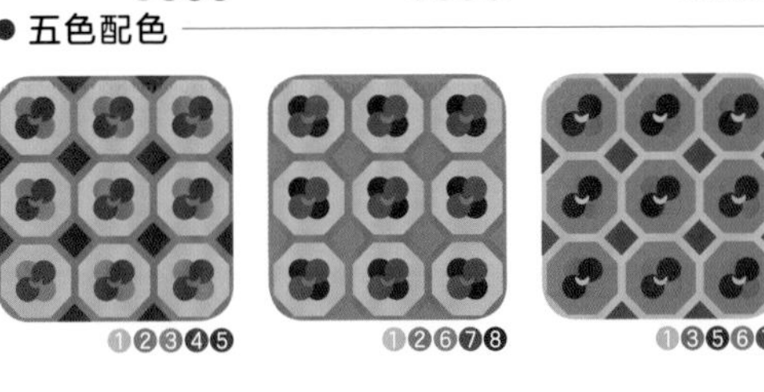

12345　12678　13567

279
丝竹清韵

大面积的嫩绿色使画面具有通透感，与小面积的翠绿色搭配，则使画面稳定。

柔和　质朴　自然　安心

1 西林雪山
3-2-2-0
250-250-250

2 雨后春笋
48-5-99-0
149-192-33

3 浅殷黄
7-0-76-0
246-238-79

4 夏日阳绿
32-0-88-0
191-214-53

5 繁盛枝叶
65-31-99-2
104-144-50

6 成熟青柠
78-57-100-58
35-55-19

7 竹叶青烟
76-41-98-19
65-110-48

8 马卡浅绿
13-0-31-0
230-239-194

双色配色

①②　①3　①④

三色配色

①②⑤　①3⑥　①④⑦

四色配色

①②⑤8　①3⑥8　①④⑦8

五色配色

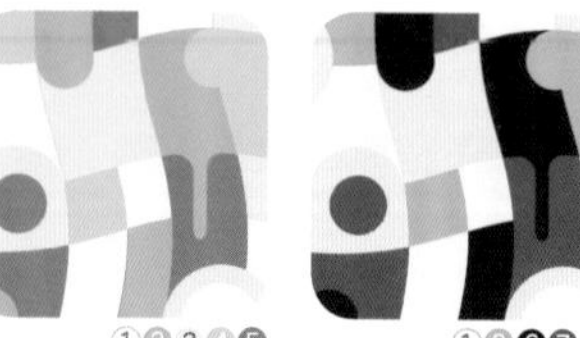

①②3④⑤　①②⑥⑦8　①3⑤⑥⑦

280
清晨枯叶

深绿色系使画面具有镇静稳重的感觉，与橙黄搭配形成强烈的冷暖对比，赋予画面开放感和稳定感。

舒适　成长　暖阳　淡泊

1 灰晨雾
17-17-15-0
218-211-209

2 清新绿纤
35-18-74-0
181-188-92

3 西蓝花青
66-42-97-2
105-128-53

4 深水草色
80-41-86-15
49-112-67

5 森墨绿色
90-62-75-33
14-71-62

6 岩石棕灰
70-68-85-38
73-64-44

7 棕毛橙色
41-75-92-5
162-85-45

8 夕阳红烨
40-92-96-7
162-51-38

双色配色

1 2

1 3

1 4

三色配色

1 2 5

1 3 6

1 4 7

四色配色

1 2 5 8

1 3 6 8

1 4 7 8

五色配色

1 2 3 4 5

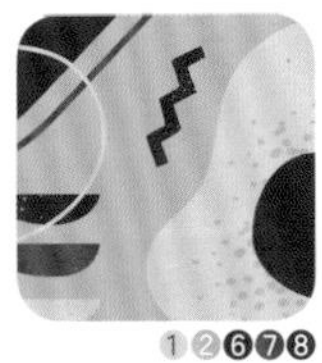
1 2 6 7 8

1 3 5 6 7

281
飞花蝴蝶

淡雅的蝴蝶隐藏在鲜艳的花朵间，被花朵衬托得清新脱俗。深绿灰色的背景展现出温和含蓄的美感。

自然　艳丽　开朗　典雅

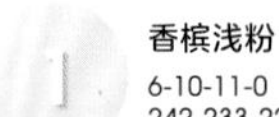

香槟浅粉
6-10-11-0
242-233-227

果冻甜橙
0-34-67-0
248-185-92

可可红豆
17-64-72-0
211-118-72

棕色针织
28-45-67-0
194-149-93

粉色浴缸
9-22-19-0
233-207-199

云雀之舞
60-42-49-0
119-136-127

7 纽约粉橘
4-84-88-0
227-76-37

8 半暖时光
29-67-78-1
189-106-64

双色配色

12

13

14

三色配色

125

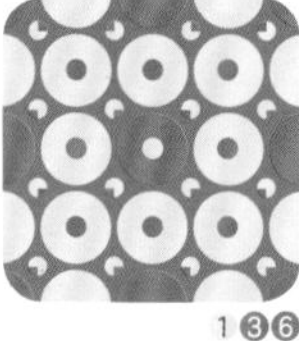
136

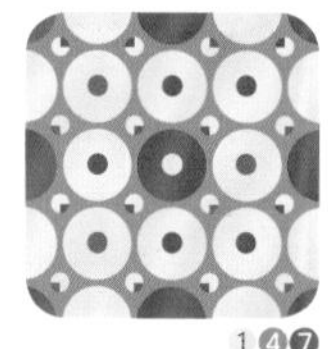
147

四色配色

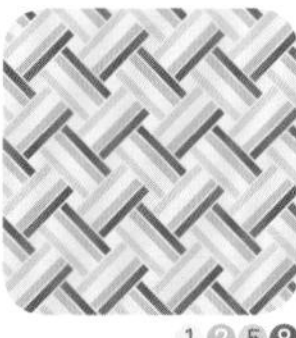
1258

1368

1478

五色配色

12345

12678

13567

282
蓝带翠鸟

颜色艳丽、体型小巧的翠鸟十分美丽。蓝色与少量的橙黄色搭配，呈现出艳丽醒目的效果，使人眼前一亮。

朦胧　舒适　纯真　热情

1 早春三月
27-22-82-0
199-188-68

2 银杏之舞
4-28-59-0
243-196-115

3 果冻阳光
0-59-92-0
240-134-22

4 海风徐徐
55-1-12-0
110-199-222

5 珊本蓝
85-37-38-0
0-127-147

6 棕苦色
53-65-70-12
131-93-75

7 滕琉璃蓝
93-58-23-0
0-98-150

8 黑蓝皮革
98-78-69-54
0-38-46

双色配色

①②

①③

①④

三色配色

①②⑤

①③⑥

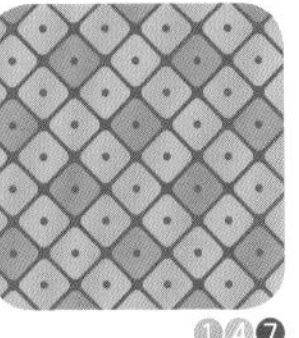
①④⑦

四色配色

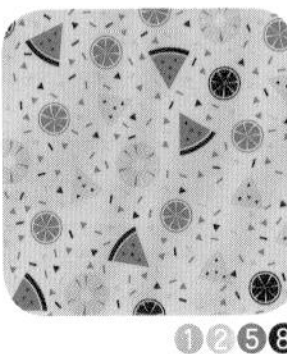
①②⑤⑧

①③⑥⑧

①④⑦⑧

五色配色

①②③④⑤

①②⑥⑦⑧

①③⑤⑥⑦

283
深海水母

在深蓝色的海洋中，橙黄色的水母明亮通透，如金子般闪耀着夺目的光芒，让画面富有感染力。蓝色与橙黄色搭配，冷暖对比强烈，衬托了生命的活力。

理性　浓重　醒目　明朗

1 玉见松绿
70-20-30-0
70-160-174

2 塞纳河蓝
84-52-31-0
33-109-146

3 夏日暴雨
100-90-39-3
16-54-107

4 冰菊物语
6-0-45-0
246-243-164

5 香蕉橙汁
5-27-73-0
242-196-84

6 水润红橙
6-68-78-0
229-113-59

7 诱惑血橙
32-85-83-3
179-68-53

8 名画紫
79-100-48-28
70-27-74

● 双色配色

①②　①③　①④

● 三色配色

①②⑤　①③⑥　①④⑦

● 四色配色

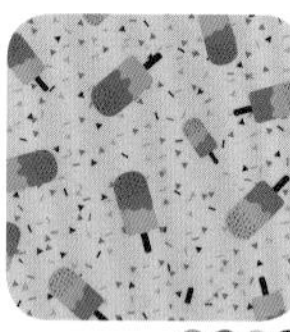
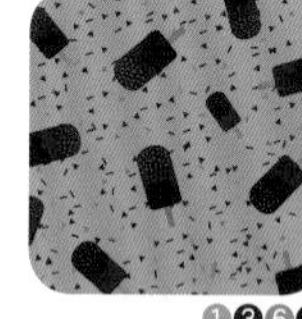

①②⑤⑧　①③⑥⑧　①④⑦⑧

● 五色配色

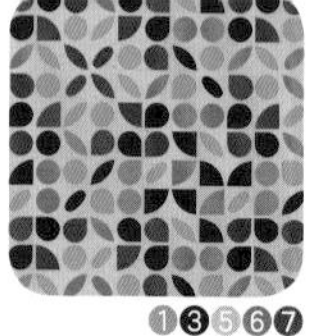

①②③④⑤　①②⑥⑦⑧　①③⑤⑥⑦

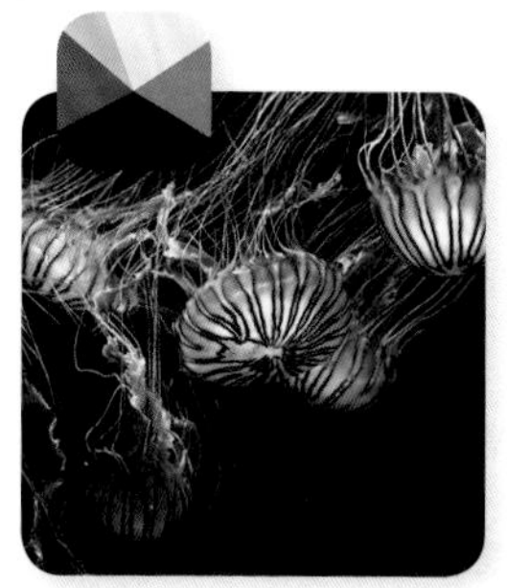

284
海底精灵

一群水母照亮了黑暗的海洋，使人感到光明与安心。深蓝色与浅蓝色搭配，明暗对比强烈，展现神秘深邃的特点。

严谨　冷清　安静　透亮

1 天蝎蓝黑
100-100-61-54
9-16-45

2 漂浮蓝屿
94-69-17-0
0-83-147

3 夏威夷蓝
69-40-7-0
87-134-188

4 海上蓝花
33-19-0-0
180-196-229

5 清水蓝
17-6-0-0
218-231-246

6 雪环灰
22-16-13-0
208-210-214

7 刚果黄绿
54-61-99-22
120-92-35

8 格兰卡其
33-28-58-0
186-176-120

● 双色配色

1 2

1 3

1 4

● 三色配色

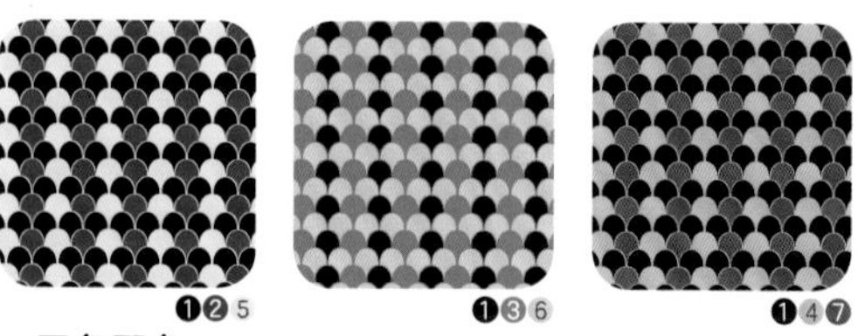

1 2 5　1 3 6　1 4 7

● 四色配色

1 2 5 8

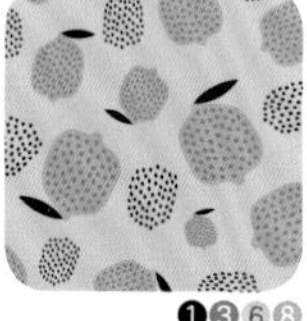

1 3 6 8

1 4 7 8

● 五色配色

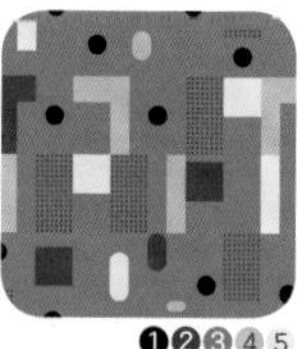

1 2 3 4 5

1 2 6 7 8

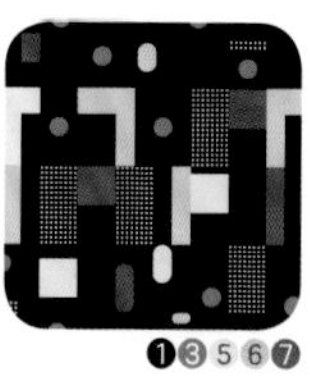

1 3 5 6 7

285 万里长城

画面以绿色与褐色为主色调，表现出大自然的生命力，红色树叶的点缀使城墙更加突出。

灿烂　古朴　绚丽　田园

1 黄绿水晶
14-22-96-0
227-195-0

2 诗人棕
24-35-38-0
202-173-152

3 钏钗紫灰
57-62-49-18
115-92-99

4 粉衣素裹
22-22-13-0
206-199-208

5 秋日漫步
28-60-96-0
192-120-34

6 落基山棕
57-57-83-29
105-89-52

7 粗晶皂绿
80-65-98-57
36-48-20

8 西班牙红
33-82-95-9
170-72-36

双色配色

①②

①③

①④

三色配色

①②⑤

①③⑥

①④⑦

四色配色

①②⑤⑧

①③⑥⑧

①④⑦⑧

五色配色

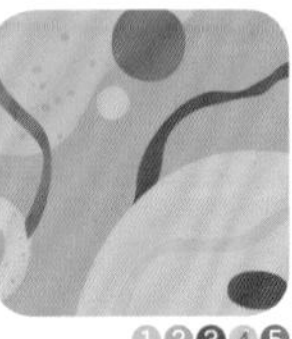
①②③④⑤

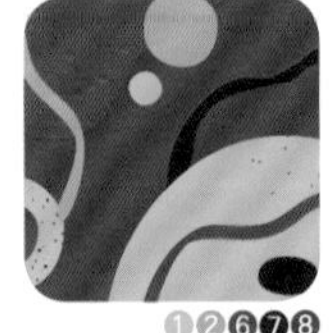
①②⑥⑦⑧

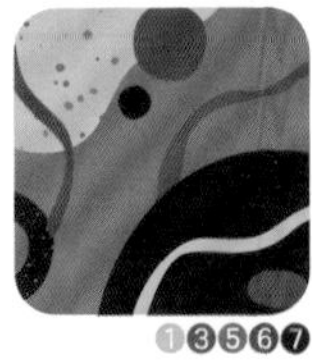
①③⑤⑥⑦

286
蓝色海岸

五渔村是五个依山傍海的小村庄，在这里可以俯瞰地中海的北岸。大面积的暖色奠定了画面温暖舒适的基调，海洋的深蓝色平衡了画面的整体色调。

温暖　丰硕　浓重　热烈

1 柠檬薄纱
3-7-16-0
249-239-219

2 灰秋麒麟
7-20-36-0
239-211-169

3 古金色
32-45-97-0
188-146-30

4 日常暖橘
6-75-95-0
226-95-23

5 蛋白石蓝
98-56-48-14
0-90-110

6 釉底瓷红
37-95-98-20
150-36-30

7 酸甜柠檬
7-14-89-0
243-215-28

8 末路蓝花
96-68-25-0
0-84-138

双色配色

1 2　1 3　1 4

三色配色

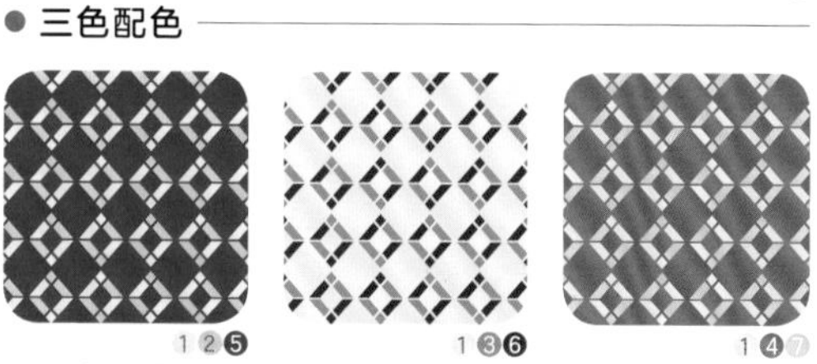

1 2 5　1 3 6　1 4 7

四色配色

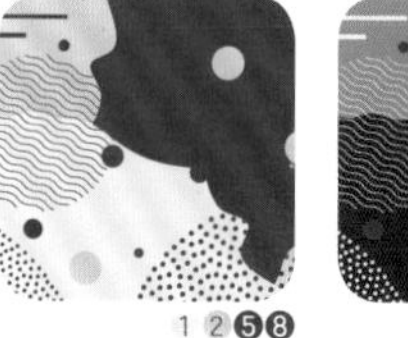

1 2 5 8

1 3 6 8

1 4 7 8

五色配色

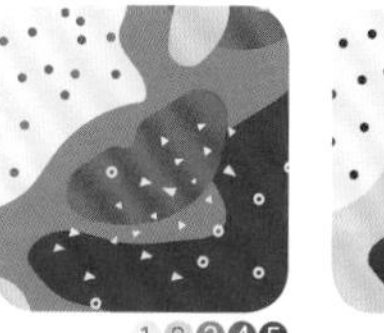

1 2 3 4 5

1 2 6 7 8

1 3 5 6 7

287
粉霞天空

圣托里尼是由一群火山组成的岛环。画面以粉色系色调为主，在鳞次栉比的房屋中加入丰富的颜色以突出细节，烘托浪漫梦幻的氛围。

梦幻　甜蜜　圣洁　舒畅

1 番木瓜
0-10-0-0
252-239-245

2 灯笼海棠
0-38-0-0
245-185-211

3 大丽花黄
2-43-100-0
243-165-0

4 珊瑚奥汀
2-64-55-0
235-124-99

5 海洋之心
84-57-0-0
38-101-176

6 江边映日
1-28-21-0
247-202-190

7 荧光亮粉
4-64-2-0
230-124-172

8 马鞭草紫
47-67-38-0
153-100-122

双色配色

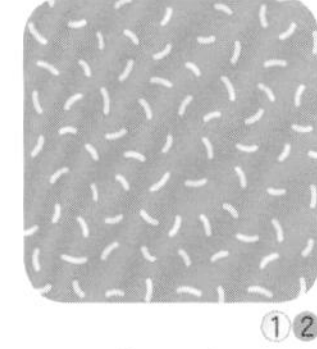
①②

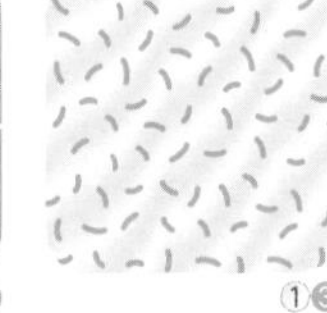
①③

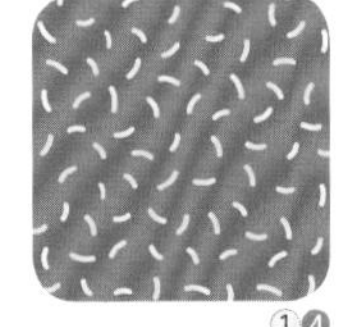
①④

三色配色

①②⑤

①③⑥

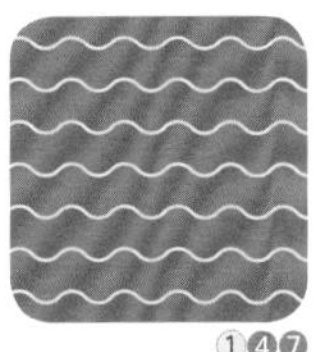
①④⑦

四色配色

①②⑤⑧

①③⑥⑧

①④⑦⑧

五色配色

①②③④⑤

①②⑥⑦⑧

①③⑤⑥⑦

288
茫茫白雪

色彩鲜艳的房屋分布在稀疏的树木间，大面积的白色和纯度较低的浅蓝色表现了冰雪寒冷之感，零星的暖色丰富了画面色彩，给人温馨的感觉。

寒冷 优雅 简洁 冷淡

1 白雪纷飞 9-3-0-0 237-244-251

2 古镇蓝河 45-18-4-0 149-187-223

3 蓝印花布 69-47-24-0 92-123-160

4 珠光烟灰 20-24-27-0 210-195-182

5 粉红国度 5-68-44-0 229-113-112

6 幽幽深谷 90-71-43-13 31-74-106

7 浅水红 12-24-14-0 227-202-205

8 竹月蓝 60-25-9-0 107-162-204

● 双色配色

①②

①③

①④

● 三色配色

①②⑤

①③⑥

①④⑦

● 四色配色

①②⑤⑧

①③⑥⑧

①④⑦⑧

● 五色配色

①②③④⑤

①②⑥⑦⑧

①③⑤⑥⑦

289
富士山下

富士山山体高耸入云，山巅白雪皑皑，放眼望去，好似一把悬空倒挂的扇子。画面以蓝色系为主，搭配黄色，丰富的层次给人以柔和广阔的感觉。

灵动　广阔　愉快　深邃

1 一帘幽梦
48-7-7-0
137-198-227

2 浅蟹灰
29-10-36-0
193-210-175

3 香蕉船
0-26-78-0
251-199-69

4 日落之光
0-35-64-0
247-184-100

5 桂皮黄
17-29-52-0
218-186-130

6 少梦灰
62-51-55-9
111-114-106

7 浩渺星河
71-39-0-0
76-134-199

8 月夜靛蓝
100-93-43-9
20-48-97

双色配色

①②

①③

①④

三色配色

①②⑤

①③⑥

①④⑦

四色配色

①②⑤⑧

①③⑥⑧

①④⑦⑧

五色配色

①②③④⑤

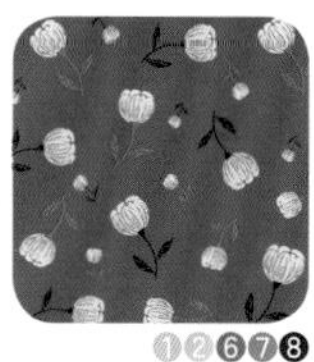
①②⑥⑦⑧

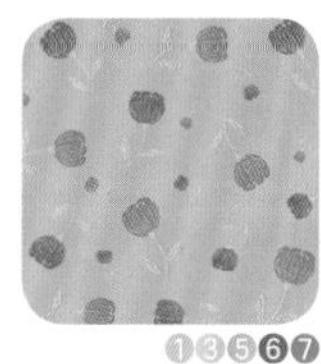
①③⑤⑥⑦

290
天边水色

高高低低的建筑静立在微暖的阳光下，仰望着湛蓝的天空。画面以暖色调为主，大面积的黄色搭配蓝色，呈现出恬静和安逸的舒适感。

欢乐 纤细 安适 开朗

1 蓝色星球
44-14-5-0
151-193-224

2 晚霞红日
0-49-63-0
243-155-94

3 暮色橘棕
20-60-99-0
208-124-16

4 晶透棕
45-73-100-8
152-87-36

5 松果豆沙
12-31-37-0
227-188-157

6 深古巴棕
58-59-63-5
126-108-93

7 灰湖绿
46-30-84-0
156-161-70

8 情愫蓝桥
84-46-15-0
13-117-172

双色配色

①②

①③

①④

三色配色

①②⑤

①③⑥

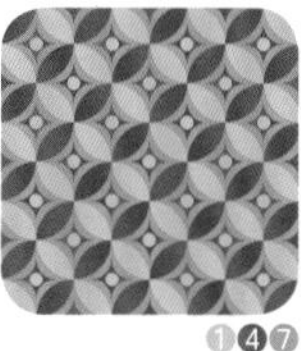
①④⑦

四色配色

①②⑤⑧

①③⑥⑧

①④⑦⑧

五色配色

①②③④⑤

①②⑥⑦⑧

①③⑤⑥⑦

291
远山红叶

秋季，古老的寺院外红枫飒爽，橙红色的枫叶搭配浅色系天空和山，高纯度和高明度的色彩给人强烈的视觉冲击。

洁净　美好　放松　轻快

1 原色蓝
17-1-2-0
218-239-248

2 茵梦湖
53-9-9-0
121-190-220

3 明亮正橘
0-56-65-0
240-140-86

4 绵绵蓝灰
49-7-23-0
139-197-200

5 马提尼蓝
96-54-33-6
0-98-137

6 血牙红
17-98-100-0
206-27-28

7 枫叶玫瑰
13-80-96-0
215-83-27

8 崧蓝绿石
67-18-44-0
86-163-151

● 双色配色

1 2　1 3　1 4

● 三色配色

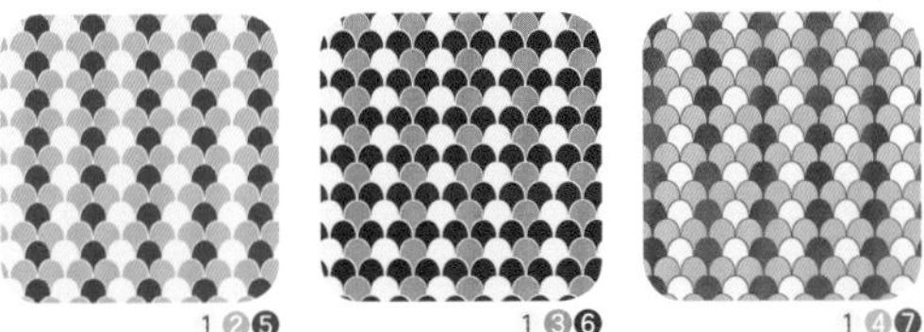

1 2 5　1 3 6　1 4 7

● 四色配色

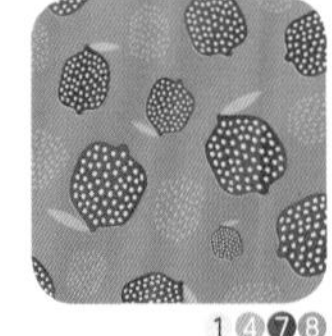

1 2 5 8　1 3 6 8　1 4 7 8

● 五色配色

1 2 3 4 5　1 2 6 7 8　1 3 5 6 7

292
草原斑马

斑马的身体黑白相间，塑造出经典的颜色搭配，在生活中被广泛运用。黑白相间呈现出简约的风格，与黄色搭配则给人自然稳定感。

自然　冷静　高贵　雅致

1 清甜星粉 2-15-19-0 250-226-206

2 乳蓝天空 13-0-4-0 229-244-247

3 派对橙 24-64-100-0 199-115-21

4 瓦尔登棕 45-77-100-12 146-77-35

5 蓝卡尔其 45-16-9-0 150-188-215

6 迪拜流沙 38-47-64-0 174-140-99

7 盈光棕 49-71-100-15 137-84-35

8 石油黑 79-85-82-69 31-17-17

双色配色

1 2　1 3　1 4

三色配色

1 2 5　1 3 6　1 4 7

四色配色

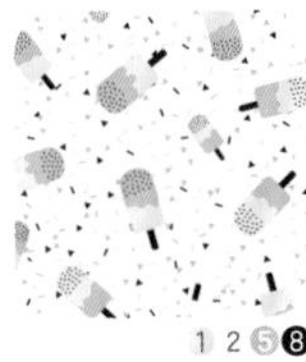

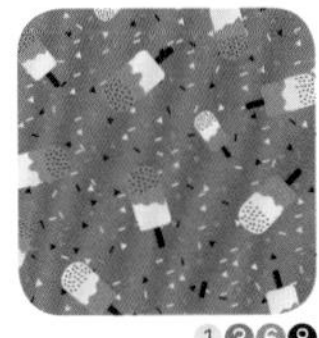

1 2 5 8　1 3 6 8　1 4 7 8

五色配色

1 2 3 4 5　1 2 6 7 8　1 3 5 6 7

Color Scheme

11

第 11 章 流行风格配色

不同的艺术风格构建出不同的基本色调，给我们无限的色彩幻想。本章以不同的流行风格为主题讲解配色。

293
文艺复兴

文艺复兴时期的艺术有一个显著的特点，即重视以人的价值为核心的人文主义，在风格和技法上更注重色彩的协调和自然，对于色彩的使用与搭配不拘一格。

1 金韵黄
12-24-62-0
230-197-112

2 山吹棕
40-55-88-0
169-125-55

3 星锐绿
62-46-82-3
117-125-73

4 石泉绿
74-60-88-27
73-82-51

5 幽静深棕
62-75-94-41
87-55-30

6 风吹棕叶
48-78-97-16
137-72-37

7 浓郁蓝绿
59-31-45-5
115-148-137

8 墨鱼汁黑
91-86-77-69
13-16-23

● 双色配色

❶❷

❶❸

❶❹

● 三色配色

❶❷❺

❶❸❻

❶❹❼

● 四色配色

❶❷❺❽

❶❸❻❽

❶❹❼❽

● 五色配色

❶❷❸❹❺

❶❷❻❼❽

❶❸❺❻❼

294
巴洛克

巴洛克艺术的基本特点是打破了文艺复兴时期的严肃、含蓄和均衡的美感，崇尚豪华和气派。同时注重强烈情感的表现，作品的气氛热烈紧张，具有动人心魄的艺术效果。

1 柔嫩肤色
9-22-22-0
234-207-193

2 芳香奶酪
22-35-45-0
206-173-139

3 巴坦棕
63-73-78-34
91-63-52

4 臻蓝叶
58-36-13-0
119-148-187

5 石峰黄
10-28-55-0
232-192-123

6 南坪橙
18-44-67-0
213-157-91

7 浮空蓝
93-82-51-18
33-59-89

8 朽木棕黑
75-80-88-64
42-28-19

双色配色

1 2

1 3

1 4

三色配色

1 2 5

1 3 6

1 4 7

四色配色

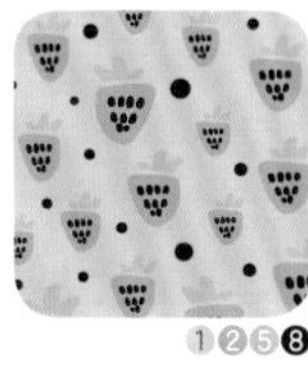

1 2 5 8

1 3 6 8

1 4 7 8

五色配色

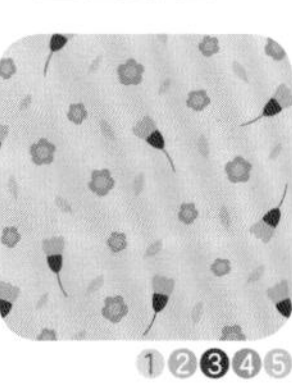

1 2 3 4 5

1 2 6 7 8

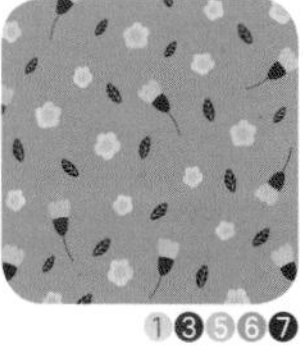

1 3 5 6 7

295 洛可可

洛可可艺术风格是强调轻快、华丽、精致和细腻，同时兼具繁琐、纤弱、柔和的特征。洛可可风格追求轻盈纤细的秀雅美，比较精致典雅。

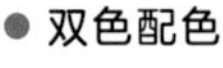

1 柳浪闻莺
72-50-63-4
87-113-99

2 米兰轻裸
38-63-49-0
172-112-111

3 丹皮棕
48-58-98-4
148-112-41

4 香泡浴灰
26-29-33-0
198-181-166

5 美式糖棕
51-75-88-17
131-76-47

6 庄严蓝光
85-70-64-31
44-65-71

7 夕阳粉灰
43-53-45-0
163-129-125

8 暗棕宝石
69-79-82-54
61-39-32

双色配色

❶❷

❶❸

❶❹

三色配色

❶❷❺

❶❸❻

❶❹❼

四色配色

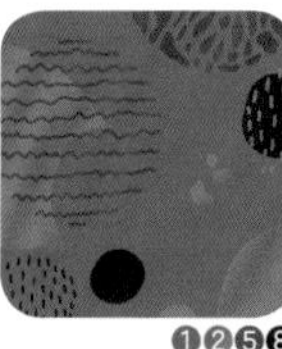
❶❷❺❽

❶❸❻❽

❶❹❼❽

五色配色

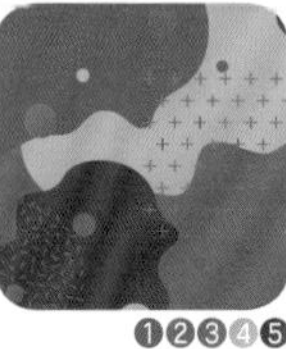
❶❷❸❹❺

❶❷❻❼❽

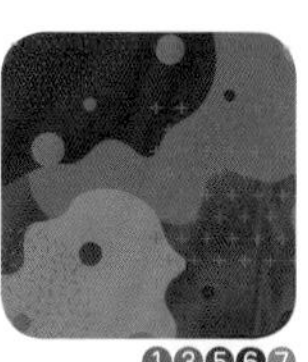
❶❸❺❻❼

296

新艺术

新艺术风格在形式上偏爱运用线条的表现功能，让线条与色彩之间产生关联、完成构图。线条、色彩与构图间的构成，表现出较强的装饰倾向，具有唯美主义、抽象的特质。

1 叶薇灰
22-30-42-0
208-182-150

2 春诺棕
55-67-69-10
129-92-77

3 亚潘棕
34-58-71-0
180-122-79

4 蕾甜粉
30-74-62-0
185-92-84

5 锡惠红
27-98-90-0
189-34-42

6 珊瑚灰绿
73-53-67-8
83-106-90

7 柚胶棕
58-69-84-23
111-78-52

8 戴萝棕
66-83-76-49
72-38-39

双色配色

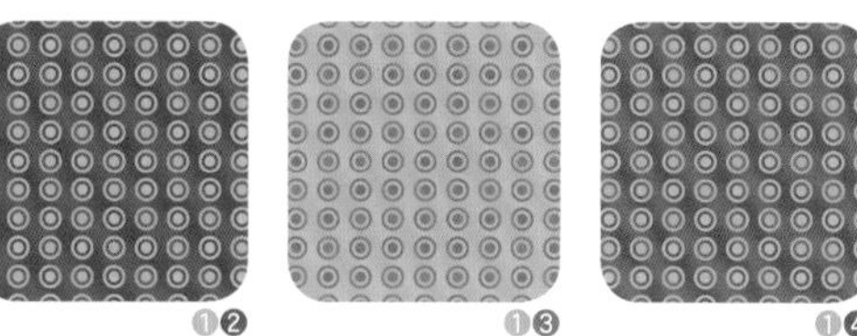

①② ①③ ①④

三色配色

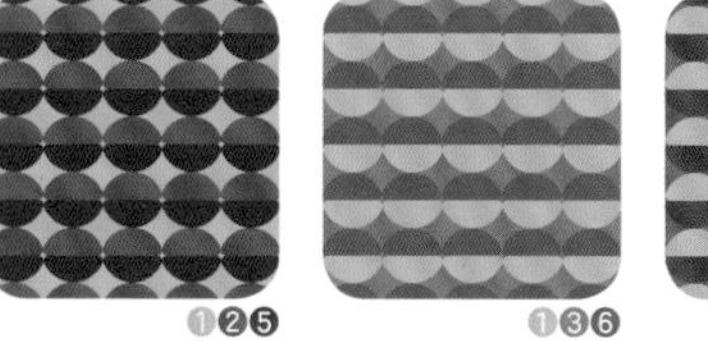

①②⑤ ①③⑥ ①④⑦

四色配色

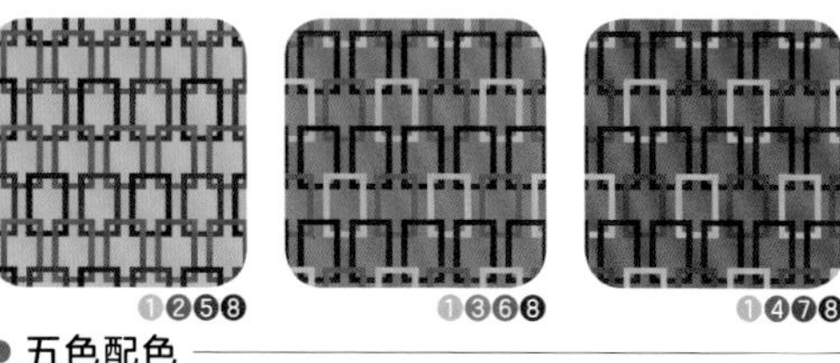

①②⑤⑧ ①③⑥⑧ ①④⑦⑧

五色配色

①②③④⑤

①②⑥⑦⑧

①③⑤⑥⑦

297
印象派

印象派把对自然清新生动的感观放到了首位，画家认真观察沐浴在光线中的自然景色，寻求并把握色彩的冷暖变化和相互作用，把变幻莫测的光色效果记录在画布上。

1 哑粉灰
25-21-26-0
201-196-185

2 坞墙蓝
45-22-20-0
152-178-192

3 摄幅蓝
72-48-29-0
83-120-151

4 离歌绿
66-47-89-5
104-119-63

5 雾中绿藤
84-59-78-27
44-81-64

6 里约绿
39-40-85-0
175-150-63

7 雅阁灰
44-35-22-0
157-159-176

8 深柏粉灰
50-62-53-1
146-108-106

双色配色

①② ①③ ①④

三色配色

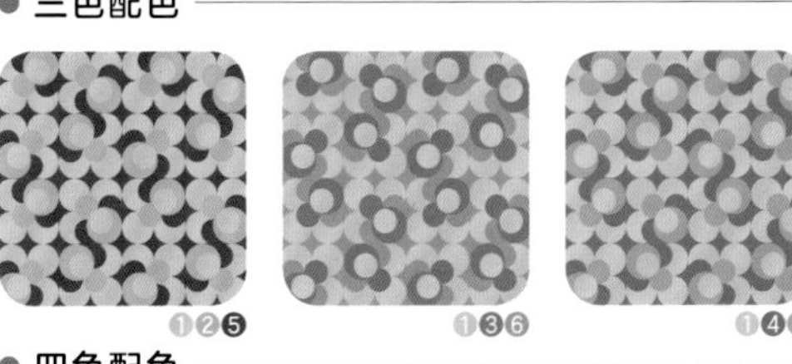

①②⑤ ①③⑥ ①④⑦

四色配色

①②⑤⑧ ①③⑥⑧ ①④⑦⑧

五色配色

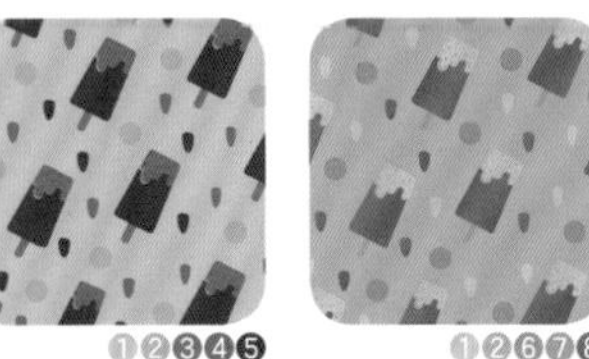

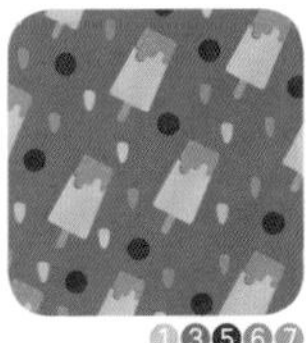

①②③④⑤ ①②⑥⑦⑧ ①③⑤⑥⑦

298 后印象派

后印象派反对印象派仅对于光与色的片面追求，他们同样着迷于色彩，用各具特色、情感浓烈的笔触、线条和色彩，共同展现了画面，这正是后印象主义的特点。

1 维基黄绿
21-17-83-0
214-200-62

2 马鞍绿
33-31-87-0
187-169-58

3 瞿椰棕
45-70-88-7
152-92-52

4 塔巴灰
43-36-40-0
160-156-147

5 玄武蓝灰
74-51-41-0
82-115-133

6 柳絮微绿
75-47-88-7
76-113-66

7 红鬃色
52-64-94-11
134-96-45

8 菲斯蓝
87-76-56-23
46-63-82

双色配色

❶❷

❶❸

❶❹

三色配色

❶❷❺

❶❸❻

❶❹❼

四色配色

❶❷❺❽

❶❸❻❽

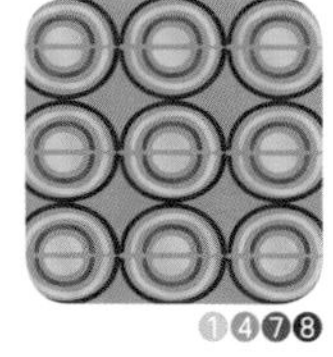
❶❹❼❽

五色配色

❶❷❸❹❺

❶❷❻❼❽

❶❸❺❻❼

299
立体主义

立体主义追求一种几何形体的美，追求形式的排列组合所产生的美感，因此把不同视点所观察和理解的形状、形态诉诸画面，从而表现出时间的持续性。

1 宣暖粉 20-45-39-0 209-155-140

2 香蓉粉 34-67-62-0 181-106-90

3 仓那灰 30-24-26-0 189-188-183

4 冰花润蓝 59-39-34-0 120-142-154

5 琴黛蜜红 46-76-70-6 150-82-72

6 春奎粉 24-59-38-0 198-125-129

7 夜茶棕 65-75-69-29 92-64-63

8 澜宥黑 73-70-71-34 70-65-61

双色配色

①②

①③

①④

三色配色

①②⑤

①③⑥

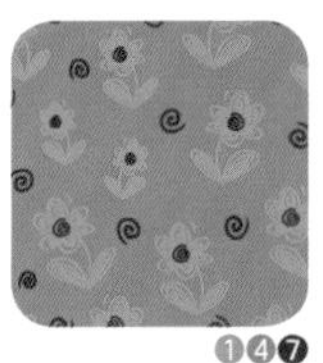
①④⑦

四色配色

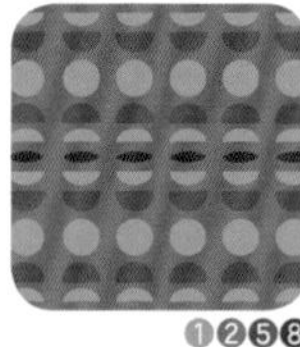
①②⑤⑧

①③⑥⑧

①④⑦⑧

五色配色

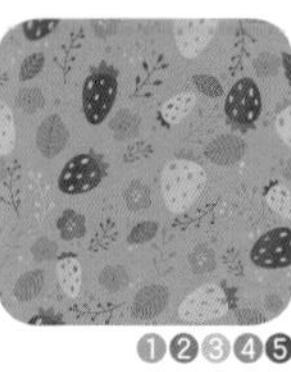
①②③④⑤

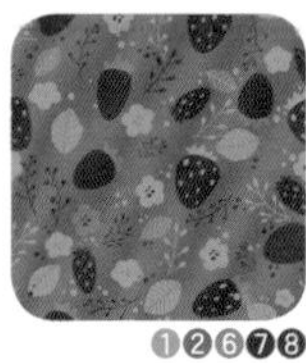
①②⑥⑦⑧

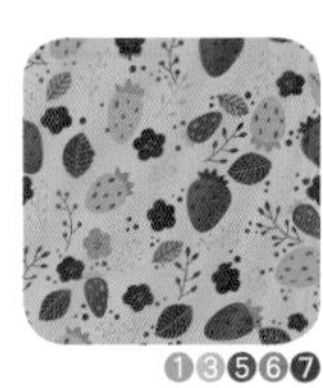
①③⑤⑥⑦

300 抽象主义

抽象主义通过抽象的色彩、线条、色块、画面构成来表达和叙述人性，追求独创性，并把创新作为唯一的艺术标准。

1 加仑黄 6-3-45-0 246-239-163

2 沉吟灰 24-34-53-0 203-172-124

3 木魅橙 17-42-45-0 214-161-133

4 发露绿 61-36-44-0 113-144-139

5 浅芳粉 36-62-44-0 177-114-118

6 傲丽红 36-93-80-2 173-51-56

7 驻玫蓝 79-64-17-0 69-94-151

8 兰海蓝 81-57-34-0 61-104-137

双色配色

1 2

1 3

1 4

三色配色

1 2 5

1 3 6

1 4 7

四色配色

1 2 5 8

1 3 6 8

1 4 7 8

五色配色

1 2 3 4 5

1 2 6 7 8

1 3 5 6 7

301
包豪斯

包豪斯的风格就是构成艺术，由几何形体以及特定的排列形式构成，摒弃了多余装饰，线条明朗，造型简洁利落，但是变化很多。

1 特根灰
14-15-28-0
226-215-187

2 斯基蓝灰
67-42-40-0
99-132-141

3 团星云红
41-84-84-5
162-69-54

4 思科黄
14-28-67-0
225-189-98

5 塔砌蓝
77-56-44-1
73-106-125

6 枯可棕
40-69-82-2
166-99-61

7 陀秋红
40-94-100-6
161-46-36

8 思礼黑
78-72-70-41
55-56-56

双色配色

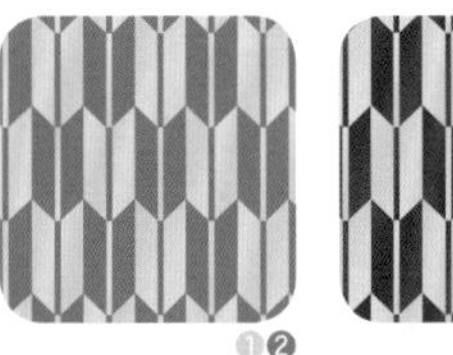
①②

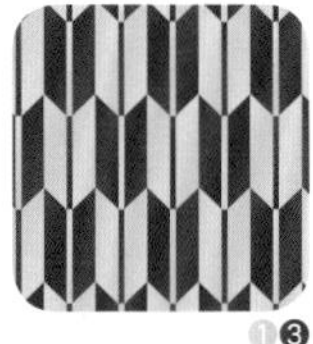
①③

①④

三色配色

①②⑤

①③⑥

①④⑦

四色配色

①②⑤⑧

①③⑥⑧

①④⑦⑧

五色配色

①②③④⑤

①②⑥⑦⑧

①③⑤⑥⑦

302 莫兰迪

莫兰迪风格在用色上没有运用大亮大暗的颜色去给人们造成视觉上的冲击，而更偏向于降低颜色的纯度，将物品的朴素特质发挥到极致，画面散发出宁静与神秘的气息。

1 雨薇灰 16-30-31-0 218-188-170

2 沙石浅棕 24-46-48-0 201-151-125

3 桂绍灰 36-47-36-0 176-143-144

4 于然绿 53-47-69-0 140-131-91

5 珏奕绿 69-51-65-4 98-115-96

6 虎晃橙 25-54-58-0 198-135-102

7 法老棕 64-67-69-21 100-80-71

8 昏葛灰 71-75-62-27 81-64-72

双色配色

①②

①③

①④

三色配色

①②⑤

①③⑥

①④⑦

四色配色

①②⑤⑧

①③⑥⑧

①④⑦⑧

五色配色

①②③④⑤

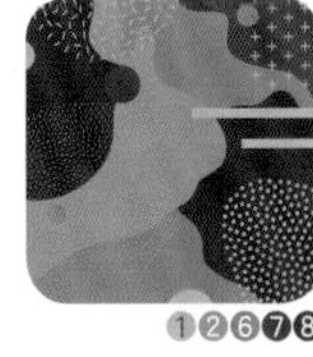
①②⑥⑦⑧

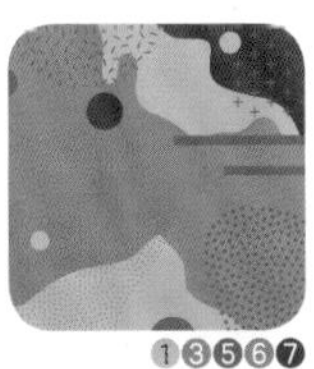
①③⑤⑥⑦

303
波普风

波普风通过塑造夸张的、视觉感强的、比现实生活更典型的形象与色彩来表达写实主义。

1 春暖花开
0-22-93-0
253-206-0

2 蓝鸟色
65-24-11-0
90-160-200

3 暗红咖啡
42-100-100-10
154-30-35

4 苏尼达绿
74-0-64-0
22-176-125

5 裸橘桂芯
2-62-58-0
237-127-95

6 明亮玫红
20-85-34-0
201-68-111

7 瓷釉瓶蓝
86-52-13-0
9-108-168

8 蓝森夜
85-73-53-13
54-73-94

● 双色配色

①②

①③

①④

● 三色配色

①②⑤

①③⑥

①④⑦

● 四色配色

①②⑤⑧

①③⑥⑧

①④⑦⑧

● 五色配色

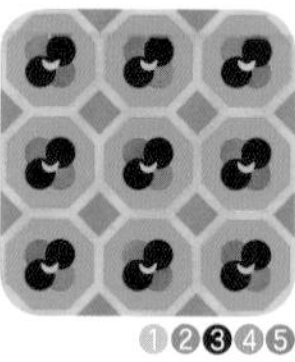
①②③④⑤

①②⑥⑦⑧

①③⑤⑥⑦

304
孟菲斯

孟菲斯风格用点、线、面等细小的几何形体做趣味的装饰设计，在配色上多用撞色，多选用明丽鲜艳的色彩，特别爱用粉红、粉绿等高明度、高纯度色调。

1 炫珞粉
7-84-29-0
222-71-117

2 曙黄色
6-16-88-0
243-212-32

3 孤落霞橙
13-74-78-0
216-96-58

4 半暖蓝
84-66-0-0
53-88-167

5 从南粉
2-69-16-0
233-111-148

6 篁草绿
40-2-57-0
168-208-135

7 笃麦橙
7-52-49-0
231-147-117

8 平流蓝
43-0-10-0
150-212-229

双色配色

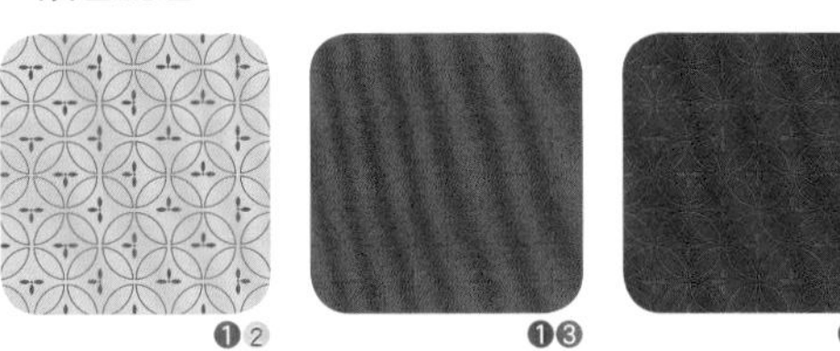

1 2　　1 3　　1 4

三色配色

1 2 5　　1 3 6　　1 4 7

四色配色

1 2 5 8　　1 3 6 8　　1 4 7 8

五色配色

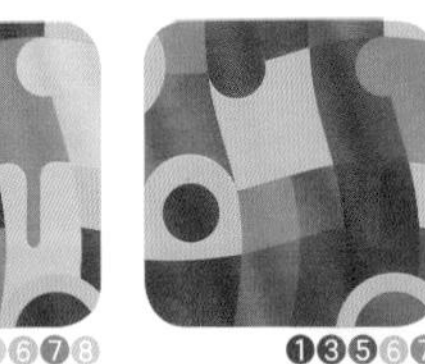

1 2 3 4 5　　1 2 6 7 8　　1 3 5 6 7

305
国潮风

国潮风是以中国传统文化和元素为基础，集时尚、流行等元素于一身的设计风格，是传统和现代的时尚碰撞，将东方美和西方美结合在了一起。

1 隗钻黄
15-24-52-0
223-196-133

2 茶梅橙
29-65-76-0
190-110-68

3 乾玥棕
31-51-56-0
186-137-108

4 格簧白
4-11-24-0
246-232-201

5 康玲绿
68-38-58-0
97-136-115

6 腊烟棕
51-80-84-20
127-65-49

7 燃情红橙
31-85-100-0
184-69-33

8 颓暮棕黑
63-96-98-61
63-8-7

● 双色配色

①②

①③

①4

● 三色配色

①②⑤

①③⑥

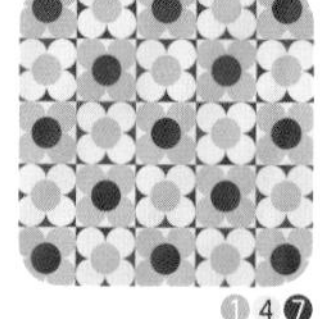

①4⑦

● 四色配色

①②⑤⑧

①③⑥⑧

①4⑦⑧

● 五色配色

①②③4⑤

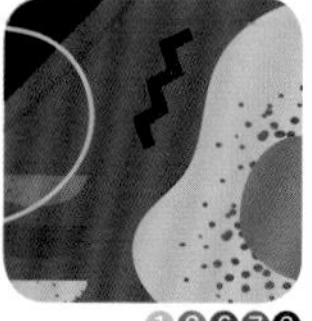

①②⑥⑦⑧

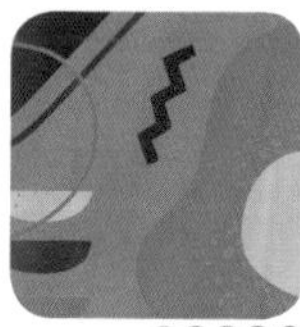

①③⑤⑥⑦

306
波希米亚

波希米亚风格是指某游牧民族有特色的服装风格，装饰鲜艳、面料粗糙厚重，多采用红褐色、蓝色等组成的民族风图案。

1 盛夏繁星
31-21-15-0
186-192-204

2 棕色毛呢
45-58-86-0
159-117-60

3 晚秋丹枫
24-72-100-15
179-88-20

4 沉溺于酒
57-96-100-43
92-25-21

5 挚爱深红
51-95-100-9
139-46-39

6 珠光宝黑
89-84-89-74
12-13-8

7 混血棕蓝
91-50-36-0
0-109-140

8 翠羽雅青
100-82-52-24
0-54-84

● 双色配色

①②

①③

①④

● 三色配色

①②⑤

①③⑥

①④⑦

● 四色配色

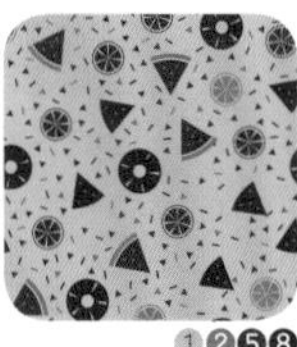
①②⑤⑧

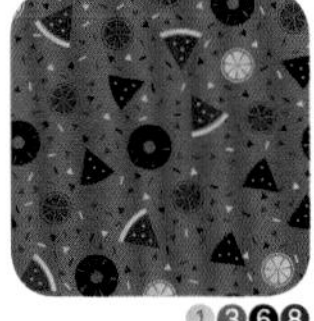
①③⑥⑧

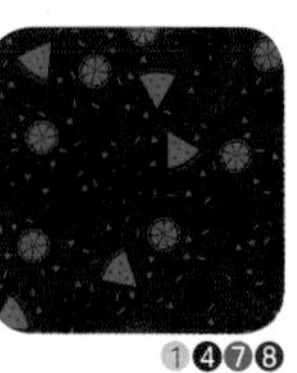
①④⑦⑧

● 五色配色

①②③④⑤

①②⑥⑦⑧

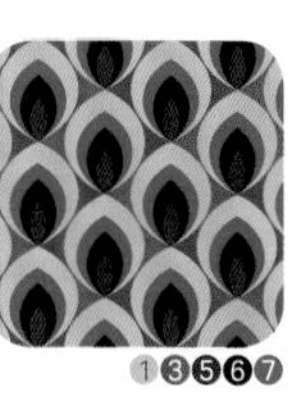
①③⑤⑥⑦

307
北欧风

北欧风通常以简约、实用为主。干净素雅的房间一角，整体以明亮的白色为主，少量的绿色点缀则体现了简约大气的风格。

奶油陷阱
7-5-5-0
241-241-241

2 晨间薄雾
18-14-13-0
216-216-216

3 蛋白玉石
42-30-41-0
164-168-151

4 潮鸣灰绿
55-41-54-0
133-141-120

5 林间小路
75-59-82-25
70-84-60

6 约克石米黄
20-22-25-0
212-200-188

7 手工烘焙棕
32-43-52-0
186-151-120

8 李子玫瑰红
49-65-50-0
149-103-109

● 双色配色

①②

①③

①④

● 三色配色

①②⑤

①③⑥

①④⑦

● 四色配色

①②⑤⑧

①③⑥⑧

①④⑦⑧

● 五色配色

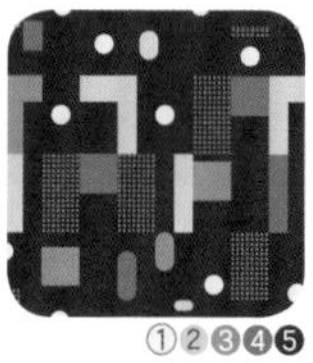
①②③④⑤

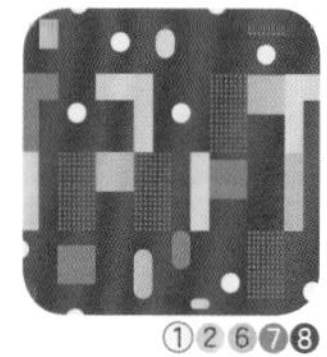
①②⑥⑦⑧

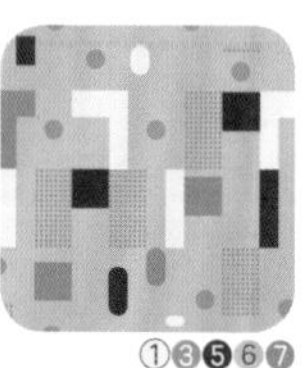
①③⑤⑥⑦

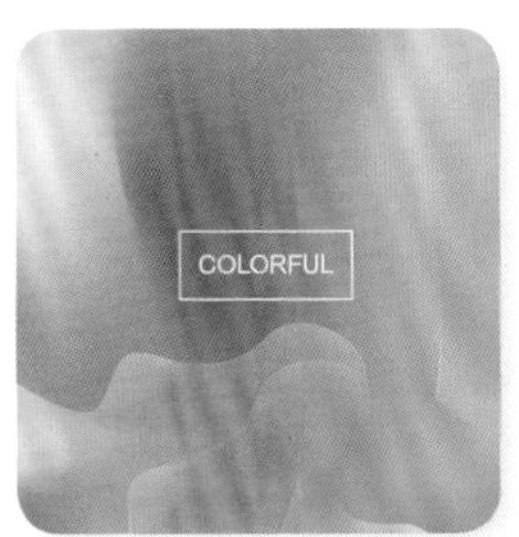

308

渐变流体

渐变流体风格有很强的节奏感和审美情趣，通常采用丰富的色彩变化来增强视觉张力。

1 棉麦粉
5-27-3-0
239-203-220

2 梦曲粉
1-58-6-0
238-140-176

3 南里泉黄
7-29-57-0
237-191-119

4 漫期蓝
64-34-9-0
99-146-193

5 寿御紫
25-47-0-0
196-149-194

6 玉川绿
37-16-28-0
172-193-185

7 单娇浅紫
19-23-0-0
211-199-226

8 漫菀粉
2-50-36-0
239-155-141

双色配色

①②　①③　①④

三色配色

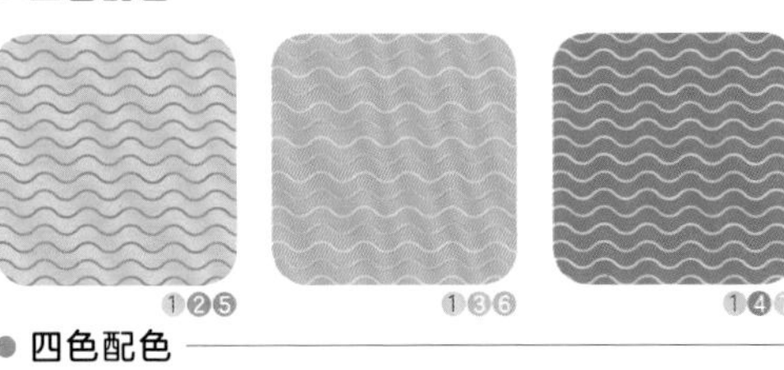

①②⑤　①③⑥　①④⑦

四色配色

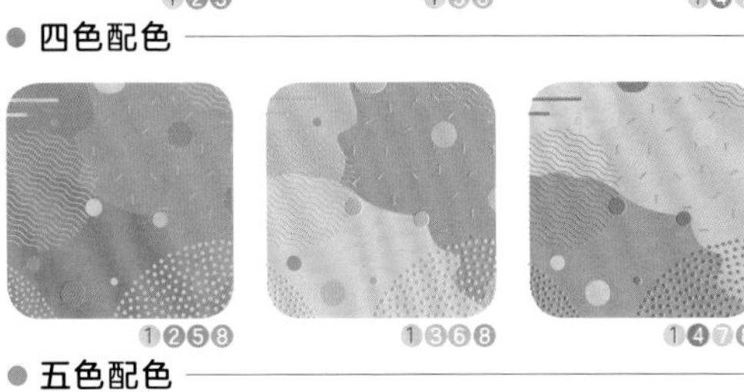

①②⑤⑧　①③⑥⑧　①④⑦⑧

五色配色

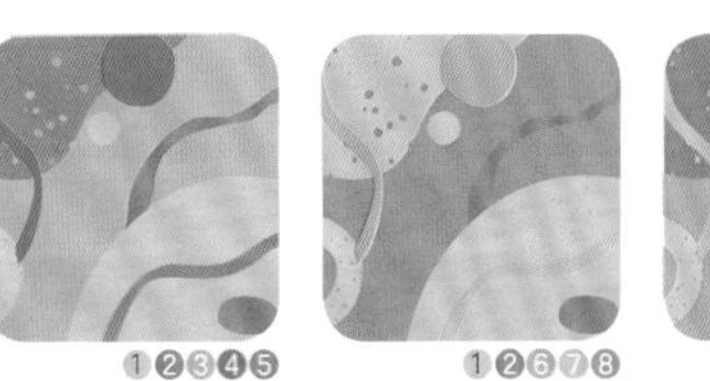

①②③④⑤　①②⑥⑦⑧　①③⑤⑥⑦

309
复古风

复古风设计多以象牙白为主色调，以浅色为主、深色为辅。褐色的箱子搭配深绿色的背景，画面呈现出含蓄、怀旧的气氛。

麦野花白
1-11-16-0
252-234-216

暖水泥
34-29-33-0
181-175-164

时空恋人
24-54-65-0
201-136-91

甜甜圈棕
53-73-93-22
122-74-41

苏格兰棕
65-76-87-46
76-50-34

尼罗珊蓝
71-34-40-0
81-141-147

原始森林
80-53-68-8
60-103-89

孔雀羽蓝
85-66-64-26
44-73-76

● 双色配色

1 2

1 3

1 4

● 三色配色

1 2 5

1 3 6

1 4 7

● 四色配色

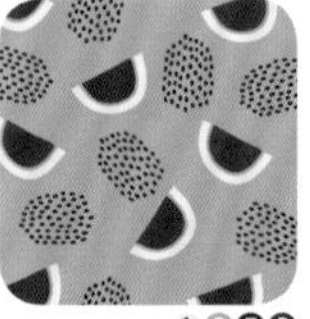
1 2 5 8

1 3 6 8

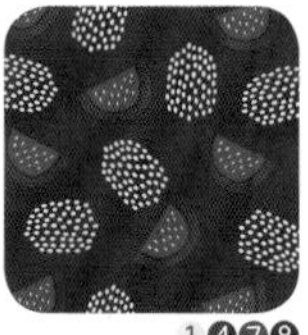
1 4 7 8

● 五色配色

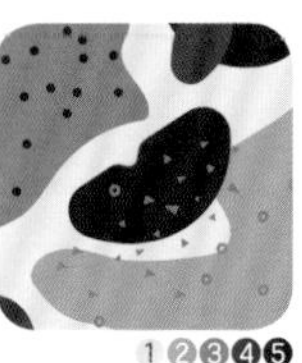
1 2 3 4 5

1 2 6 7 8

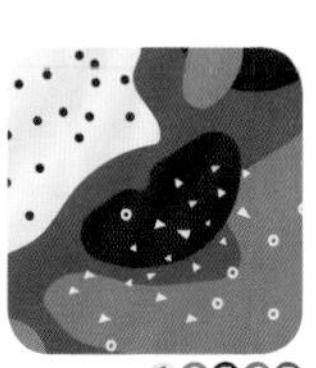
1 3 5 6 7

310
极简风

极简风是以简单为追求的设计风格。淡黄色的桌子搭配深褐色的花瓶给人传统稳定感，瓷白色的加入则赋予画面洁白素雅的特点。

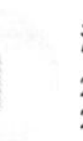

洛樱粉白
2-9-5-0
249-239-239

胭脂灰
12-14-13-0
229-220-216

石壁灰
43-36-34-0
160-157-157

鹿毛色
30-36-46-0
190-165-136

木纹家具
49-56-69-1
149-118-86

深墨玉棕
69-68-76-38
76-65-52

甜甜圈灰
54-49-48-22
115-109-105

夏布利黑
77-73-72-46
53-51-50

双色配色

①②

①③

①④

三色配色

①②⑤

①③⑥

①④⑦

四色配色

①②⑤⑧

①③⑥⑧

①④⑦⑧

五色配色

①②③④⑤

①②⑥⑦⑧

①③⑤⑥⑦

311
赛博朋克

赛博朋克风格让人有一种直观的科技感，拥有五花八门的视觉冲击效果，搭配的色彩以黑、紫、绿、蓝、红为主。

1 鹤姣粉 0-70-26-0 235-109-135

2 慕斯粉灰 18-42-15-0 211-164-182

3 酱蜜亮紫 64-71-0-0 114-86-162

4 木塔红紫 30-90-0-0 183-47-140

5 蛟琴红 0-94-47-0 230-36-86

6 卿吉蓝 64-34-9-0 99-146-193

7 梳棉紫 77-100-39-2 92-37-100

8 月迁深紫 82-100-61-40 55-23-56

双色配色

1 2

1 3

1 4

三色配色

1 2 5

1 3 6

1 4 7

四色配色

1 2 5 8

1 3 6 8

1 4 7 8

五色配色

1 2 3 4 5

1 2 6 7 8

1 3 5 6 7

312
故障艺术

故障艺术是通过制造和模拟故障所形成的审美活动，具有鲜明前卫的视觉表现和风格特征，如抽象、失真、变形、破碎、扭曲等，还经常用一些条纹、叠色作为辅助丰富呈现。

1 芒稻灰
27-20-23-0
197-197-191

2 瑾青绿
46-0-32-0
146-207-188

3 品暮蓝
78-44-0-0
48-123-192

4 油亮黄
20-0-82-0
218-226-67

5 普江雀粉
26-72-16-0
193-98-145

6 沁纫绿
48-4-73-0
148-196-101

7 安洼紫
49-68-19-0
147-99-147

8 宣奎蓝黑
92-88-62-44
25-35-56

双色配色

12

13

14

三色配色

125

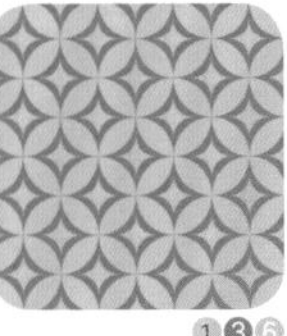
136

147

四色配色

1258

1368

1478

五色配色

12345

12678

13567

本书将收录的共1950种颜色以红色系、橙色系、黄色系、绿色系、蓝色系、紫色系、无色彩系分为7组，每组按照由浅到深的顺序进行排列。每个色彩标注了名称和页码，色彩所在的页码内有详细的CMYK和RGB数值以及配色方案，可根据个人需要进行参考。

红色系

莹星粉 P309	山茶粉 P231	杜鹃红 P46	水粉紫红 P225
鹤妃粉 P348	温柔粉 P237	玫瑰红 P44	长春花 P213
出水芙蓉 P286	西洋粉 P225	玫瑰粉 P208	池瑄花 P246
雨薇灰 P433	百合粉 P313	桃花红 P209	樱粉少女 P248
桃浆红 P248	梦妮粉 P313	繁花桃红 P219	桃红牵牛 P276
马卡龙粉 P210	温柔紫粉 P211	彩灯红 P211	瑶柱红 P264
荧光粉 P219	蜜桃粉 P211	粉玫瑰 P207	茜红色 P275
木槿粉 P240	水基粉 P342	女郎粉 P210	俏皮粉 P266
浪漫情调 P379	粉红国度 P417	西瓜红 P218	红提色 P48
粉花蕾 P287	从南粉 P435	缅甸红 P260	草莓红 P50
浅中红 P275	荧光亮粉 P416	西柚红 P313	茜草红 P54
摩奇灰 P256	普江雀粉 P443	老海红 P330	甚三红 P231
肉梅红 P274	春奎粉 P430	糅芸粉 P366	珊瑚红 P226
温婉皮粉 P264	夕阳粉灰 P426	鹤姣粉 P442	韩红花 P243
慕斯粉灰 P442	桂绍灰 P433	蕾甜粉 P427	嫣红色 P247
黄昏粉 P331	宣暖粉 P430	明亮玫红 P434	樱桃红 P239
浅梦粉 P213	浅芳粉 P431	馆桃粉 P328	酡红色 P269
一斤染红 P240	寒烟粉 P291	甜蜜粉 P326	宝石桃红 P267
蓝光粉 P267	豆沙粉 P290	素舒粉 P329	欲望红 P318
紫薇粉 P248	珠宝灰 P241	硫紫红 P331	红豆酱 P367
梦曲粉 P439	红朱鹭 P233	海棠粉 P231	红砖砂 P357
甜筒粉 P36	粉扇贝 P291	肯尼亚红 P373	矿物红 P373
葡萄柚粉 P376	土桃红 P407	香蓉粉 P430	李子玫瑰红 P438
伊甸粉 P42	米兰轻裸 P426	可可棕 P276	深柏粉灰 P428

木兰红 P331
赤野红 P342
槿粉红 P365
鸢艳红 P359
水霓红 P348
杜珠粉 P354
蔷薇色 P210
牡丹粉 P266
霓虹粉 P249
桃红海棠 P246
皎琴红 P442
蓉诱红 P365
魔酡红 P354
赦红色 P329
甚亮粉 P362
长琴红 P335
石榴红 P52
亮橘红 P206
火焰红 P370
株蟾红 P359
素紫红 P365
绒桃红 P289
深桃红 P207
青莲红 P249

炫珞粉 P435
深锦葵红 P400
木塔红紫 P442
扇贝红 P356
琮碧紫 P342
果馥红 P366
朱砂粉 P253
海棠红 P217
玫瑰酱 P284
甜菜根红 P223
血牙红 P420
亮鹤顶红 P398
纯绛红 P399
团星云红 P432
诱惑血橙 P412
西班牙红 P414
暗红咖啡 P434
火星红 P373
摩奇红 P285
驼色沙砾 P252
绯玫瑰 P407
傲丽红 P431
陀秋红 P432
锡惠红 P427

瓦红 P390
木莓红 P388
釉底瓷红 P415
夕阳红烨 P409
红土色 P258
红樱桃派 P249
红紫枫 P329
金钗红 P359
焦芊红 P362
豆铁红 P353
车厘子红 P247
鸡冠花红 P250
日落红 P270
荷洋红 P349
土红色 P251
黛螺红 P329
象牙红 P269
琴黛蜜红 P430
红豆灰 P357
酒红色 P56
栗梅色 P263
鹿燃红 P335
童鹤红 P332
圣水红 P252

毅红 P254
柳红色 P320
辣椒红 P282
牡丹红 P231
戈亚红 P206
烈火红 P218
猪肝红 P285
胭脂红 P276
胭脂褐色 P270
荒原红 P324
法鲁红 P252
牟薇红 P353
冠紫红 P353
哥特红 P370
鲍红色 P332
焦棕色 P251
深樱桃 P279
砖红褐 P367
酒心巧红 P396
深棕色 P390
酒紫红 P407
甘栗色 P402
栗色 P58
茄子红 P324

丝竹红 P294
绯夜红 P250
谷仓红 P282
荒原褐 P338
绯棕红 P347
钛殿红 P358
素薰棕 P349
桑茶棕 P332
殿棕色 P320
红鸢色 P263
榛壳色 P253
夜茶棕 P430

橙色系

柠檬薄纱 P415
粉茶色 P389
蛋奶色 P382
碧白石 P341
淡橙灰 P366
春花浅橙 P403
麦野花白 P440
清甜星粉 P421
孔雀粉 P389

灰秋麒麟 P415
豆橙 P238
麦芽橙白 P404
夙娇橙 P344
琇春橙 P334
肉甜橙 P328
白煎橙 P326
倩丽橙 P311
和煦黄 P299
饼干色 P298
湘色橙 P274
亮琇黄 P279
洗橙色 P288
远州橙 P289
茵徽橙 P283
蜜糖橙 P275
艾橙色 P330
悠久橙 P309
乡间橙 P305
裸粉色 P322
淡雅橙 P287
透亮蜂蜜 P388
自然粉饼 P395
银杏之舞 P411

浅橘色 P377
蟠桃浅橙 P376
杏仁色 P62
嫩花橙 P298
十祥锦橙 P240
玉橙色 P241
沙土橙 P229
赤白橙 P269
斯栗橙 P281
浅嫣橙 P315
巷烨橙 P305
暮光橙 P226
醇香橙 P250
蛋奶橙 P266
松果豆沙 P419
木魅橙 P431
沙石浅棕 P433
芳香奶酪 P425
杏黄灰色 P402
琳黄色 P366
姜糖奶茶 P372
瑄橙色 P357
媒竹橙 P289
肤色 P64

野花橙 P318
花叶橙 P248
脂漾橙 P344
巧克力奶 P392
风滚草色 P389
深裸粉 P386
冰沙橙 P295
朝阳橙 P287
斯里橙 P260
樱黛橙 P206
花粉橙 P217
黎明橙 P208
铃木橙 P286
肉橙灰 P290
斯里黄 P241
杏黄灰 P233
赦橙色 P288
灵气橙 P311
果冻甜橙 P410
日落之光 P418
石黄色 P395
晚霞红日 P419
浅松皮橙 P243
飘烟橙 P311

璞于橙 P330
初夏枇杷 P373
粉茶橙 P313
优格橙 P311
橙伞菇 P326
肉粉色 P284
金鱼草橙 P241
奶茶色 P270
赤金橙 P274
芳香橙 P322
仓烨橙 P340
鹿鸣橙 P334
金菊蟹黄 P370
浅橘黄 P388
南坪橙 P425
时空恋人 P440
罗勒橙 P215
果冻橙 P210
彩霞橙 P228
金橘色 P218
韵橙色 P281
青蒲橙 P322
花茜橙 P341
柏茵橙 P344

光遇橙 P355
金丝带 P380
温光黄 P350
铅黄色 P328
南瓜肉橙 P218
橙银杏 P318
洗橙黄 P322
清慈橙 P340
晨沙黄 P329
阳光橙 P243
金秋橙 P247
芒果橙 P378
娇黄色 P349
乾玥棕 P436
承德棕 P319
苍橙色 P289
咖啡褐 P279
山川橙 P283
醉橙色 P284
乐园橙 P239
霞粉橙 P264
暮橙粉 P311
黄丹橙 P271
洗朱橙 P275

曙色橙 P251
明正橘 P217
漫菀粉 P439
笃麦橙 P435
明亮正橘 P420
暮色珊瑚 P389
盏油棕 P341
乌木棕 P311
松棕色 P319
深沙橙 P320
织锦橙 P324
卡特褐 P279
虎晃橙 P433
橘黄色 P68
金盏花黄 P66
大丽花黄 P416
木瓜黄 P378
橘碧彩 P267
小松橙 P212
果冻阳光 P411
柿子亮橙 P396
红砖墙色 P394
可涅酒橙 P392
亚潘棕 P427

苔皮黄 P350
派对橙 P421
暮色橘棕 P419
柿婵红 P344
太阳橙 P70
裸橘桂芯 P434
珊瑚火橙 P377
果粒橙 P270
萱草橙 P246
鲑鱼橙 P318
铭皇橙 P322
柑橘橙 P72
郁金香橙 P226
火烧云橙 P373
珊瑚奥汀 P416
草莓糖霜 P403
砂栎橙 P349
暖柿橙 P250
笑容橙 P318
杏橙色 P245
砂糖橘 P206
赤朽橙 P335
活力橙 P376
可可红豆 P410

珊瑚金色
P389

蒿亮橙
P354

栗沧橙
P344

南瓜橙红
P388

日常暖橘
P415

天龙橙
P349

水润红橙
P412

美人蕉橙
P380

晚霞橙
P218

魅力橙
P251

妃橙色
P249

奶橙色
P207

枇杷茶色
P270

鸭蛋黄
P332

孤落霞橙
P435

半暖时光
P410

骆驼色
P388

茶梅橙
P436

酱橙色
P388

瑄棕色
P341

胡桃黄
P357

黄土棕
P259

黄松叶
P263

榴棕色
P338

古素棕
P347

秋叶棕
P206

赭朱砂
P370

枯可棕
P432

瞿椰棕
P429

焦糖色
P258

辣椒粉红
P392

赤土色
P395

意式汤面
P389

棕毛橙色
P409

赤红色
P394

燃烧橙
P390

辣豆棕
P390

晚秋丹枫
P437

若鸢橙
P327

雄橙色
P320

黛赭色
P272

赭石色
P268

欧曼橙
P250

红柿橙
P74

裸橘色
P246

炫目橙
P247

钢合橙
P334

橙桧皮
P329

火星橙
P334

旭日橙
P344

珀橙色
P362

皂籽橙
P353

火莲橙
P354

朱旦橙
P349

蒿瑜橙
P349

纽约粉橘
P410

枫叶玫瑰
P420

彩州橙
P335

绯红橙
P276

枫糖橙
P226

布莱棕
P311

属蜀橙
P329

南瓜色
P76

纯枫叶红
P396

唐筒橙
P358

燃情红橙
P436

塔里木色
P78

春诺棕
P427

晶透棕
P419

瓦尔登棕
P421

榴绀棕
P341

赤赦棕
P338

橙褐色
P80

冰露棕
P233

土棕色
P82

红茶色
P84

亚麻棕
P258

勃艮第红
P377

圣诞红
P389

赤铜色
P389

风吹棕叶
P424

腊烟棕
P436

甜甜圈棕
P440

美式糖棕
P426

沃土褐
P329

挚爱深红
P437

奶茶栗棕
P392

咖啡色
P266

伍炳棕
P350

收音机棕
P371

宸菘棕
P347

桦茶色
P395

柚胶棕
P427

塔克棕
P290

深红棕
P262

琅滨棕
P358

瑜昭棕
P341

法老棕
P433

胡桃深棕
P392

沉溺于酒
P437

巴坦棕
P425

幽静深棕
P424

苏格兰棕
P440

戴萝棕
P427

颓暮棕黑
P436

黄色系

鱼肚白
P377

梨花白
P209

富春纺黄
P219

格篑白
P436

果肉黄
P208

研宵白
P344

达克黄
P307

清甜星粉
P421

工业黄
P305

梦蕊黄
P308

浅乳黄
P299

散光黄
P284

菜花白
P285

晖光黄
P367

丽格黄
P287

亮葵黄
P271

谷丰黄
P274

浅织黄
P264

象牙黄
P88

奶油色
P90

黄天鹅毛
P234

香草黄
P206

薄卵色
P210

婴儿白
P238

燕麦色
P230

鸡蛋壳
P233

奶粉黄
P228

黄苹果肉
P238

饼干黄
P239

浅黄白
P237

春日黄
P245

蒸蛋黄
P270

蟹肚黄
P275

月白色
P291

加仑黄
P431

夏日黄
P298

色拉黄
P268

乳褐色
P263

芦黄
P271

大麦黄
P239

松粉黄
P277

蜡黄色
P286

薄纱黄
P281

浅秀黄
P273

月桂黄
P315

稻花香
P371

莲黄茵
P319

菀碧黄
P349

冰菊物语
P412

小鸠黄
P221

香槟浅黄
P399

嫩芽黄
P394

梨树黄
P340

黄杨桃
P278

浅觅黄
P283

鱼肚黄
P211

麦米黄
P262

嫩姜黄
P303

莉花黄
P328

丹东黄
P244

黄秋香
P274

乳黄
P215

鸡蛋黄
P207

淡奶黄
P92

菊花黄
P236

晨光黄
P209

初夏黄
P261

嫩芽黄
P285

米蜜黄
P366

幼黄色
P331

南里泉黄
P439

昔日黄
P363

石峰黄
P425

沉吟灰
P431

悠幽黄
P311

明快黄
P298

谐黄色
P322

帛黄
P326

肖针黄
P337

阐光黄
P355

桂皮黄
P418

芝士黄
P212

蜂蜜黄
P267

玉草黄
P280

冰菊黄
P313

花叶黄 P228	浅杏黄 P313	芒果黄 P247	忍冬黄 P206
法式黄 P262	萱草色 P373	极光黄 P245	干麦黄 P250
浅沁黄 P354	连翘黄 P96	欧曼黄 P227	金麦色 P106
海蝓黄 P276	浅殷黄 P408	春暖花开 P434	金晨黄 P405
湖光黄 P271	金汤黄 P328	向日葵黄 P371	田野黄 P221
赤巧叶 P277	灯泡黄 P365	荧光黄 P98	落花生 P263
番茄黄 P290	曙黄色 P435	香蕉黄 P100	昏黄色 P254
桃黄色 P269	金发色 P108	柠檬黄 P102	樊黄色 P242
山吹黄 P264	谷黄彩 P249	果汁黄 P211	棕色针织 P410
奶酪色 P94	亮草黄 P251	琵琶黄 P249	麦黄绿 P404
吐司棕 P282	浅麦尖黄 P215	蜂黄色 P353	迪拜流沙 P421
慵懒黄 P258	樱草黄 P260	鸢绘黄 P354	黄赭石 P110
伊莫拉黄 P259	钴黄色 P318	苗黄色 P335	枇杷茶 P374
隗钴黄 P436	柠叶黄 P355	灵韵黄 P266	山吹棕 P424
虾黄色 P319	银黄色 P331	沙茶黄 P226	棕色毛呢 P437
梅辛黄 P326	酸甜柠檬 P415	菠萝蜜 P212	浮土绿 P337
暮末黄 P344	香蕉船 P418	花蕊黄 P396	干藤黄 P252
珲韵黄 P340	苏倩黄 P348	亮蛋黄 P407	选金黄 P321
思科黄 P432	辛黄色 P328	暖秋黄 P399	黄海松 P325
暮光黄 P405	绯黄色 P322	橙皮色 P245	古金色 P415
香蕉橙汁 P412	蕊黄色 P362	丝瓜花黄 P242	金丝菊 P266
风吹麦浪 P402	金麦黄色 P394	萤火虫黄 P246	土橡木黄 P262
黄槿花 P243	金韵黄 P424	日照黄 P104	唐茶褐 P278
童年黄 P285	槐黄 P242	亮橙黄 P207	絮土黄 P341

深葵黄 P327

雾棕色 P277

黄松皮 P253

深琥珀 P269

丁子黄 P332

土黛黄 P327

秋日漫步 P414

土琮黄 P402

土黄尘 P407

枯叶橙黄 P404

面包焦黄 P406

岩石棕 P293

丁子茶 P212

丹皮棕 P426

红鬃色 P429

黎棕色 P279

盈光棕 P421

绿色系

天青色 P220

斯托青 P308

白嫩青 P264

浅白绿 P399

水黄青 P273

浅青草 P278

乳青色 P296

水青色 P215

叶尖青 P221

湘灰绿 P306

坣石绿 P305

马卡浅绿 P408

浅青色 P299

茶白青色 P397

陶器绿 P310

花影绿 P305

莲梦青 P299

结霜绿 P271

白叶青 P243

淡荷色 P217

淡雅绿 P214

米绿色 P261

绿白色 P114

精灵绿 P401

浅蟹灰 P418

元庆绿 P308

诺韦绿 P308

午后绿 P314

白玉色 P280

淡荷彩 P241

黄瓜瓤 P238

豆花绿 P236

浅芽绿 P242

柔嫩绿 P267

穗绿色 P306

春绿 P243

露青色 P277

碧泉绿 P240

浅新绿 P238

茶白色 P219

冰淇淋绿 P236

奶青色 P328

璐露绿 P337

积冰青 P342

欧曲灰 P352

古柏绿 P367

晨光 P405

瓷黄绿 P399

浅灰媚茶 P406

水嫩新绿 P393

山葵色 P401

浅霞绿 P340

细雪青 P296

里海绿 P310

泷夜绿 P352

玉川绿 P439

云淡青 P292

石末绿 P306

秀场绿 P303

豆蔻青 P299

浅抹茶 P278

精灵果绿 P220

水嫩绿 P242

浅薄青 P244

碧莉绿 P364

明月绿 P306

沁水绿 P222

恺绿色 P300

甜瓜绿 P301

薄荷叶绿 P299

山吹绿 P337

巷映绿 P310

水嫩黄绿 P215

春风绿 P214

普雅绿 P317

水光绿 P261

茜天绿 P342	博翠绿 P342	黄光绿 P331	土青绿 P331
绸缎绿 P256	臻绿色 P356	奇异果绿 P236	芳愉绿 P355
奶黄绿 P314	枫暖绿 P303	浅黛绿 P218	果绿色 P221
青岺色 P364	青瓷绿 P280	夏日绿 P215	芳草绿 P212
石青绿 P317	卡其绿 P273	新芽绿 P212	青草绿 P215
枯叶浅绿 P393	唐悦绿 P352	摩尔绿 P214	青柠色 P219
深米绿 P314	簧草绿 P435	黄芥末 P280	苹果绿 P213
清茶色 P277	浅绿野 P221	浅麦绿 P404	雨露绿叶 P211
果油绿 P303	瑾青绿 P443	姜糖黄绿 P400	薄荷绿 P220
碧泉青 P221	春意绿 P213	黄绿水晶 P414	深霓绿 P318
奶油绿 P214	磐石绿 P355	清新绿纤 P409	菜叶绿 P297
西湖绿 P259	阳光绿 P318	早春三月 P411	沉黄绿 P278
流系绿灰 P314	田园绿 P325	维基黄绿 P429	苗绿色 P260
橘绿色 P263	柠檬糖黄 P396	盎然绿 P285	清新绿 P236
浅草绿 P227	夏日阳绿 P408	葱绿色 P242	青苹果 P245
果青绿 P296	苔藓绿 P401	青黄花菜 P297	柳绿色 P269
黄叶绿 P219	雨后春笋 P408	柳绿 P227	软青玉 P244
青干草 P296	油亮黄 P443	浅翠竹绿 P371	树影绿 P317
荷茎绿 P269	沁纫绿 P443	湾塘绿 P297	翠雎绿 P364
马卡龙绿 P212	丹冬绿 P337	水鸭绿 P281	青玉绿 P297
亮黄绿 P217	清澈绿 P328	多肉绿 P225	梦中绿 P296
新竹绿 P267	烟墨绿 P350	碧蓝绿 P220	翡翠透绿 P381
浅洋绿 P356	纤春绿 P337	浅绿松石 P380	富春绿 P296
奶盐绿 P222	浅苔藓 P278	碧水色 P387	余媪绿 P352

沙拉绿 P393
豌豆荚青 P397
叶脉蓝青 P403
谷丰绿 P291
绀岩绿 P317
巷绿色 P279
梅茶色 P273
奶灰绿 P310
灰绿色 P116
霞菘绿 P340
素净绿 P337
素辛绿 P340
熙月灰 P356
清灰绿 P352
绿蟹灰 P367
荒絮绿 P367
暮灰绿 P310
格兰卡其 P413
葱灰绿 P361
豆蔻绿 P394
月亮黄绿 P394
鸢茶色 P325
唐酯绿 P347
龙井绿 P285

飞舞绿 P301
沁透绿 P301
塘澄绿 P348
青烟绿 P261
崧蓝绿石 P420
瓷岂绿 P364
钴绿色 P118
天晴绿 P220
冰绿色 P218
祖母绿 P221
春绿色 P217
绿瓷色 P214
青绿色 P381
绿宝石色 P387
苏尼达绿 P434
馨磬绿 P300
菀蓝色 P297
茜绿色 P303
品杜绿 P348
浅葱色 P380
藓沉绿 P317
若竹绿 P219
翡翠绿 P214
幽静绿 P222

绿玉薄荷 P243
深海绿 P244
浓郁绿 P303
浮晓绿 P310
淞皮绿 P335
倾情绿 P301
御呈绿 P364
熙晴绿 P362
婆娑绿 P317
酸橙绿 P371
咔特绿 P337
菠菜绿 P242
翠绿色 P126
浮萍绿 P401
黄瓜新绿 P397
翠竹绿 P217
繁盛枝叶 P408
晨曦绿 P405
灰湖绿 P419
土著黄绿 P388
马鞍绿 P429
藤青黄 P405
里约绿 P428
黄绿褐色 P395

嫩橄榄色 P396
深芽绿 P263
朱梓绿 P350
古陶绿 P325
素黄绿 P321
温暖金 P393
苦茶绿 P249
枯叶黄 P242
普洱绿 P250
葵叶绿 P332
苔绿色 P122
鹦雀绿 P357
仪征绿 P339
消灰绿 P325
于然绿 P433
瓦灰绿 P358
秋日卡其 P390
黎铜绿 P350
梅新茶 P321
梧桐灰绿 P216
枯绿灰 P259
薄墨绿 P314
枯萎绿 P293
松叶绿 P120

枯叶绿 P233	竹绿色 P132	千岁绿 P278	板胡棕 P350
幻漾绿灰 P310	浓绿色 P130	星锐绿 P424	地砖灰 P395
选金绿 P333	孔雀石绿 P128	绿琉璃 P269	红壳 P395
仙人掌绿 P221	老竹绿 P264	柳絮微绿 P429	刚果黄绿 P413
春树绿 P233	宝石绿 P218	橄榄绿 P124	重芽绿 P325
乌纱绿 P259	海藻绿 P214	桧绿色 P325	牵掸绿 P339
庄严绿 P257	森林绿 P217	梅竹绿 P325	鸳鸯绿 P321
潮灰绿 P256	松柏绿 P247	海松绿 P321	秋日绿 P370
蔑却绿 P352	偲芸绿 P352	山茶叶 P327	深苔绿色 P371
立秀绿 P367	岩绿灰 P292	烟灰绿墨 P407	利休绿 P321
苍绿色 P361	蓝墨绿 P333	雾中绿藤 P428	猕猴桃绿 P216
晨莺绿 P356	星宇绿 P310	珏奕绿 P433	绿铜色 P347
仙泉绿 P401	青橄榄 P263	墨绿灰 P235	考古绿 P332
精华绿 P403	面纱绿 P212	青蟹灰 P233	昏暗绿 P253
帛坊绿 P327	西蓝花青 P409	霉绿色 P314	绿黑色 P279
昏暗青 P398	干叶绿色 P404	暗硫绿 P361	蕉叶绿 P393
矿物绿 P401	离歌绿 P428	禽羽绿灰 P268	珊瑚灰绿 P427
浓郁蓝绿 P424	芥末黄绿 P399	百香茗绿 P293	铜绿色 P134
丝絮绿 P352	羽衣甘绿 P407	素鼠绿 P273	银树绿 P279
尼罗珊蓝 P440	深水草色 P409	冀辛绿 P357	古典青 P393
发露绿 P431	竹叶青烟 P408	露楚绿 P291	浅土蓝 P386
康玲绿 P436	松花绿 P393	煎绿灰 P332	原始森林 P440
深忧绿 P316	雨林森绿 P397	柳浪闻莺 P426	臻叶绿 P358
菘露绿 P342	小麦绿 P405	缘茶绿 P361	深翠绿 P301

千岁青 P253
湖绿色 P136
古典绿 P235
绿野仙踪 P252
虫奥绿 P321
沉香绿 P361
林间小路 P438
翠鸟绿 P394
鳄梨绿 P401
椰林绿 P397
孔雀羽蓝 P440
森墨绿色 P409
黑玉色 P371
落基山棕 P414
深抹茶绿 P402
石泉绿 P424
蜜糖醇棕 P390
普洱茶 P396
墨石绿 P395
成熟青柠 P408
粗晶皂绿 P414
绿沉松 P405
森林沉绿 P399
墨水黑绿 P407

蓝墨茶 P383
双油绿 P358
墨绿黑 P358
沥青黑 P381

蓝色系

蓝白烟 P300
乳蓝天空 P421
泡沫蓝 P387
原色蓝 P420
爱丽丝蓝 P384
云天蓝 P384
清水蓝 P413
海天蓝白 P397
薄荷冰蓝 P403
透明蓝 P288
粉末蓝 P401
青阳蓝 P298
浅蓝晨雾 P381
大洋蓝 P208
海玉蓝 P302
晨雾蓝 P385
香草蓝 P209

柔嫩蓝 P227
天湖蓝 P386
叶脉蓝 P281
自由蓝 P299
暮歌蓝 P317
云水蓝 P238
云天蓝 P223
雪花蓝 P234
温馨蓝 P302
极地蓝 P304
晚塘月色 P372
北国山川 P383
浅觅蓝 P228
丝絮浅蓝 P224
雪莲蓝 P222
初雪天空 P375
淡蓝清风 P379
白铝灰色 P383
清新浅蓝 P400
港湾浅蓝 P387
淡蜻蜓蓝 P397
夜来香 P378
水晶灰蓝 P387
水草蓝 P333

铅丹蓝 P303
氧气蓝 P260
怡然蓝 P283
闲淡蓝 P298
雾霾蓝 P284
蓬莱蓝 P257
暮雪蓝 P237
浅天蓝 P238
运河蓝 P300
丹东蓝 P296
苏打蓝 P301
透亮蓝 P340
卷云蓝 P360
琉白蓝 P345
萃天蓝 P360
祖母宝石 P384
清凉蓝 P382
素纤蓝 P237
挪威蓝 P384
浅霜蓝 P403
鹿草蓝 P316
城市蓝 P306
蓝桂色 P300
平流蓝 P435

春蓝灰 P232
海上蓝花 P413
浅霾蓝 P404
湖泊亮蓝 P406
勿忘草色 P391
沁祥蓝 P355
浅水蓝 P345
爽冰蓝 P336
浅马赛蓝 P383
风度蓝 P307
幻彩蓝 P224
冰蓝色 P210
清凉蓝 P226
马赛蓝 P239
苏打蓝 P244
软蓝色 P297
钻石冰蓝 P280
空谷蓝 P300
茵梦湖 P420
绵绵蓝灰 P420
一帘幽梦 P48
蓝色星球 P419
古镇蓝河 P417
蓝卡尔其 P421

蕙馨蓝 P301
洗台蓝 P308
清波蓝 P315
安卡蓝 P308
礁石蓝 P372
樱星蓝 P306
水蓝色 P140
飞燕草蓝 P382
午后蓝 P387
海风徐徐 P411
仿锰蓝色 P383
苏打蓝 P384
猎户座蓝 P381
天蓝色 P214
锰蓝色 P222
水色 P222
水洗蓝 P224
花浅蓝 P323
毅燕蓝 P345
莫蓝灰 P317
冰莓蓝 P282
石英蓝 P283
黄昏蓝 P257
冰露蓝 P236

云霓蓝 P304
玛丽蓝 P220
薄荷蓝 P224
雨滴蓝 P208
云朵蓝 P222
勿忘草蓝 P227
蜻蜓蓝 P223
清凉蓝天 P244
奇遇蓝 P255
函莲蓝 P360
脂菁蓝 P364
菇淡蓝 P351
松柏蓝灰 P323
羽灰紫 P360
岩石蓝 P382
法国蓝 P374
浪漫之都 P379
坞墙蓝 P428
因浅蓝 P346
冰蓝灰 P272
胡姬蓝 P267
寒雨蓝 P312
螺蓝灰 P361
海蓝灰 P235

蓝涟漪 P261
绅士灰 P257
湖滨蓝 P241
巴罗蓝 P286
玻璃蓝 P309
慕斯蓝 P304
茵星蓝 P309
函悦蓝 P355
羽璐蓝 P351
彗星蓝 P377
冰山蓝 P391
浅海昌蓝 P391
漫期蓝 P439
竹月蓝 P417
蓝乌色 P434
臻蓝叶 P425
露殿蓝 P345
晴野蓝 P239
午后蓝 P281
矢车菊蓝 P387
千见松绿 P412
佛罗蓝 P386
露草蓝 P227
新桥蓝 P226

尼罗蓝
P225

千草蓝
P254

活力蓝
P260

锦衣蓝
P304

深锰蓝
P280

锦绣蓝
P297

绿松石蓝
P144

青苔蓝
P301

夜曲蓝
P307

海上蓝
P300

祥云蓝
P336

亮漓蓝
P365

露草色
P381

温莎蓝色
P383

筱缕蓝
P351

夏威夷蓝
P413

卿吉蓝
P442

绿洲蓝
P386

海昌色
P364

饵蓝色
P360

暗莹蓝
P363

廖蓝色
P361

豆蓝色
P323

照世蓝
P336

月影灰
P391

盏蓝色
P330

萡雪蓝
P360

砖青色
P274

菁灰蓝
P346

石蓝花
P382

青瓷灰色
P398

浅灰蟹蓝
P406

冰花润蓝
P430

鹊蓝灰
P243

冰原蓝
P235

岩石蓝
P142

珊本蓝
P411

深蓝缥
P277

箬本蓝
P316

蓝露草
P257

煜芗蓝
P351

孔雀蓝
P148

萨克斯蓝
P391

靛蓝色
P223

湖蓝
P222

海天色
P224

幻想蓝
P255

童年蓝
P283

芭比蓝
P307

蔚蓝色
P146

韵透蓝
P345

彗星蓝
P244

石青蓝
P224

蓝印花布
P417

情愫蓝桥
P419

瓷釉瓶蓝
P434

海洋之心
P416

杜若色
P381

嫩茄紫
P367

沙青色
P312

浩淼星河
P418

品暮蓝
P443

蓝色妖姬
P377

比利时蓝
P380

景泰蓝
P374

灰蓝色调
P379

驻玫蓝
P431

蓝灰缎
P208

迷欧蓝
P346

苍蓝灰
P323

斯基蓝灰
P432

欧美蓝
P282

荆棘灰
P287

普罗灰
P338

竹青灰
P316

鼠尾草蓝
P391

摄幅蓝
P428

玄武蓝灰
P429

青花蓝
P282

混血棕蓝
P437

兰海蓝
P431

塔砌蓝
P432

岩板蓝
P377

马提尼蓝
P420

琉璃深蓝
P387

塞纳河蓝
P412

信号蓝
P379

布斯托蓝
P372

海蓝色
P150

比开湾蓝
P378

玛莎蓝
P254

青金色
P152

深海峡蓝
P297

雾喷蓝
P312

海岩蓝
P304

夜竹蓝
P335

道奇蓝
P209

可丽蓝
P315

正青色
P223

颜料蓝
P154

杜若蓝
P280

温莎蓝
P251

皇室蓝
P376

半暖蓝
P435

漂浮蓝屿
P413

藤琉璃蓝
P411

末路蓝花
P415

岩彩蓝
P365

沙倾蓝
P362

群青
P227

赛船蓝
P244

深绒蓝
P254

青花瓷
P255

契木蓝
P257

石磨蓝
P308

桑染蓝
P333

崇傲蓝
P335

静思蓝
P345

浩瀚深空
P380

喏玄蓝
P345

絮托蓝
P351

鲜绛蓝
P364

龙胆蓝色
P379

深鸾蓝
P360

袖叉蓝
P353

藏青色
P381

夏日暴雨
P412

普鲁士蓝
P156

石楠灰
P316

臻深蓝
P351

庚萃蓝
P346

雾朦蓝
P363

紫绀
P230

乌金蓝
P336

黎玄蓝
P333

革烨蓝
P316

海神蓝
P257

深煤烟色
P398

海蓝色
P206

琉璃蓝
P254

龙胆蓝
P257

深夜蓝
P207

瓷釉蓝
P256

沙青蓝
P272

黑橡蓝
P308

魔宇蓝
P312

钴蓝色
P255

深海昌蓝
P323

蛋白石蓝
P415

午夜蓝
P158

尼斯湖蓝
P386

海军藏蓝
P378

幽幽深谷
P417

月夜靛蓝
P418

墨水蓝
P250

静夜蓝
P251

新警蓝
P261

伽罗蓝
P330

豆茵蓝
P351

深鳄蓝
P333

海底蓝
P160

宇宙蓝
P251

海军蓝
P162

静夜深蓝
P270

群星蓝
P282

庄严蓝
P316

焉知蓝
P338

蓝森夜
P434

午夜深蓝
P391

黛蓝
P377

浮空蓝
P425

菲斯蓝
P429

藻井蓝
P216

越橘蓝
P374

庄严蓝光
P426

翠羽雅青
P437

璃夜蓝
P345

馨香深蓝
P255

寒夜蓝
P256

鸢莲蓝
P351

褐蓝色
P362

牛仔深蓝
P380

深邃蓝
P252

藏蓝黑
P333

鬓蓝色
P324

深卯蓝
P338

绀蓝黑
P323

钢蓝色
P379

宣奎蓝黑
P443

天蝎蓝黑
P413

黑蓝皮革
P411

紫色系

雪山白 P211
浅紫素纤 P213
青紫灰 P275
忧伤紫 P300
织浅紫 P296
涅浅紫 P305
灰泥紫 P305
萃紫色 P323
铁线莲色 P400
白藤色 P385
单娇浅紫 P439
醇香紫 P302
粉衣素裹 P414
松粉紫 P336
通透紫 P220
葛霜紫 P274
元粉色 P319
日不落紫 P302
浅紫莲 P231
云岭紫 P309
淡紫色 P375
灰紫白 P363

元紫色 P307
青紫色 P229
波斯菊紫 P315
柔软紫 P237
萨基紫 P298
浅紫莲 P288
柔软紫 P265
蝶舞紫 P281
奶提紫 P239
可捏紫 P302
青紫色 P248
蔷薇紫 P302
杏蔷紫 P355
浅紫藤 P170
水貂紫 P288
斑比诺蓝 P213
石板紫 P289
薄紫 P228
波斯紫 P245
紫绒花 P209
希尔紫 P236
果粉紫 P238
浅米紫 P326
香影紫 P304

桃珍珠 P239
叶子紫 P208
木槿紫 P228
兰花粉 P385
兰花桃色 P400
玉兰紫 P223
古代紫 P232
晨雾紫 P284
夜曲蓝 P272
水粉紫 P271
紫丁香 P166
海淞紫 P334
烟廖紫 P343
菁紫色 P275
悖紫灰 P366
针织紫 P286
碧玉紫 P323
白藤紫 P210
梦幻紫 P376
闪蝶紫 P230
欧薄荷 P168
精灵紫 P287
宁静紫 P248
紫薯色 P236

樱紫色 P240
蔓藤紫 P237
藤紫色 P229
郁金香紫 P302
迷雾紫 P315
紫皂灰 P319
通草紫 P375
藤紫灰 P319
陌路紫 P312
荻花紫 P229
绣球紫 P231
紫菀 P228
浅茄紫 P240
寿御紫 P439
裹柳紫 P334
皂紫色 P309
可洋紫 P348
紫芽蕾 P224
蓓蕾紫 P255
瓷釉紫 P307
黛西紫 P304
柔静紫 P315
雅阁灰 P428
海索灰 P241

汝紫色
P336

媪清紫
P343

粉蓝梦
P400

藤紫色
P385

木槿花紫
P375

荆花紫
P360

朦蔚蓝
P400

铁线莲紫
P223

蓝紫色
P288

笠紫色
P363

醇桦紫
P316

紫锦葵
P172

波兰紫
P248

藕紫色
P245

兰花色
P209

夏夜蓝
P312

爱兰紫
P294

淡雅紫藤
P378

通草紫
P230

灰暗紫
P265

雅粉灰
P256

尚雅紫
P343

珊瑚紫
P315

安洼紫
P443

丁紫色
P326

鼠紫色
P240

半紫色
P229

奇遇紫
P284

铃铛花蓝
P385

布利紫
P309

烟紫色
P176

鞠禄紫
P366

虹膜紫
P228

永固浅紫
P213

鸢尾花
P174

蝴蝶花
P178

红碧紫
P274

明斯克紫
P261

夜童紫
P330

深毛紫
P275

魅影紫
P309

紫桔梗
P248

星河紫
P210

栗紫色
P327

薄雾兰花
P375

未来紫
P307

暗谷紫
P330

叆蓝紫
P343

鲜蓝紫
P267

浮静紫
P356

薰衣草紫
P376

叙映紫
P359

酱蜜亮紫
P442

沫紫色
P365

紫露色
P255

神秘紫
P231

筱襄紫
P359

马鞭草紫
P416

紫晶色
P281

绀青灰
P384

郁金紫
P265

紫砂色
P230

果皮紫
P285

湖碧紫
P343

月牙紫
P312

紫罗兰
P180

蝶恋花紫
P211

黛螺紫
P249

气球紫
P246

紫色妖姬
P224

神秘鸢紫
P400

炫彩紫
P289

蔷蓝紫
P363

绀桔梗
P385

枫芥紫
P363

苌蒲紫
P356

荷金紫
P334

梅帛紫
P348

婧灰紫
P356

钏钗紫灰
P414

巴洛克紫
P370

浆果紫
P378

紫茄色
P182

幻影紫
P294

甘丽紫
P365

梳棉紫
P442

萄晶紫
P362

粟紫色
P359

极光紫
P184

久铜紫
P353

紫棠色
P247

菖蒲紫
P229

湘泉紫
P359

宫廷紫
P262

巫紫红
P266

香水草紫
P229

夜曲紫
P304

佩斯利紫
P223

芦蒲紫
P343

紫涛戈
P312

露茶紫
P334

葡萄紫
P186

古典紫
P253

幽静紫
P255

玄袅紫
P359

葡萄红
P385

鼠螺紫
P363

茜紫色
P327

乌檀蓝紫
P375

闪电紫
P252

铁绀紫
P254

紫水晶
P188

暗板岩蓝
P376

幽灵紫
P294

芸滨紫
P348

名画紫
P412

月迁深紫
P442

沉黑紫
P353

无色彩系

瓷光灰
P405

奶油陷阱
P438

西林雪山
P408

亮蓝白
P404

白雪纷飞
P417

白葡萄酒
P384

雪山白
P375

絮白色
P234

灯芯白
P306

晨间积雪
P383

烟白色
P372

棒棒灰
P306

印象灰
P303

雪白色
P299

松露白
P307

蝴蝶兰
P371

鸭卵灰
P232

含羞紫灰
P374

白盐色
P293

初雪时节
P383

白青色
P382

雪灰色
P402

白金银灰
P392

香槟浅粉
P410

沙土白
P322

银狐灰
P343

贝色
P192

蒙白色
P295

朦晔灰
P346

白铁矿灰
P398

雪环灰
P413

晨间薄雾
P438

胭脂灰
P441

灰晨雾
P409

古董白
P258

蜡白色
P259

丰润白
P287

白玫瑰
P260

青豆白
P280

甘石白
P272

贝壳色
P382

绯白色
P290

庞贝白
P286

白胡椒
P237

浅莲灰
P406

珠光烟灰
P417

冰川灰
P393

晨雾色
P390

隐珠灰
P339

紫灰蜻蜓
P374

约克米黄
P438

芦苇黄
P295

慧心灰
P270

青霜灰
P230

浅米绿
P268

砂灰色
P295

藕粉灰
P294

晨间白
P292

米灰色
P276

雪花膏
P225

月光灰
P234

柔静蓝
P265

可丽灰
P235

浅山葵绿
P234

波斯白绿
P265

海滩色
P293

绸缎灰
P234

素坊灰
P339

卡其灰
P361

特根灰
P432

名称	编号
仓那灰	P430
香泡浴灰	P426
盛夏繁星	P437
稀灰色	P291
灰尘色	P286
茶汤色	P277
蕙兰灰	P232
驼绒灰	P258
黄琇灰	P230
清浅灰	P254
绛石粉	P374
薄雾灰	P216
绿豆灰	P232
硅藻灰	P282
雾霾灰	P288
岩石灰	P402
芒稻灰	P443
诗人棕	P414
麦田棕	P271
浅宛褐	P273
鼹鼠棕	P292
暖灰色	P268
相思灰	P320
乌云灰	P404
哑粉灰	P428
暖水泥	P440
约克灰	P295
狼毛灰	P265
斯里灰	P216
布朗尼灰	P216
旷谷灰	P225
葛褐色	P277
花灰叶	P327
浅玫瑰棕	P370
蛋白玉石	P438
墨灰色	P398
牡蛎灰	P392
黎雀灰	P347
兴牧棕	P339
绛鸢灰	P347
鹿毛色	P441
裸绒灰	P294
胡桃灰	P230
黛西灰	P232
神谷灰	P294
鸠羽灰	P232
草药棕	P271
胡桃棕	P241
朗姆灰	P262
深铜色	P265
棕咖灰	P268
衣橱棕	P292
白橡棕	P272
栗仁色	P290
布朗尼棕	P295
叶薇灰	P427
烘焙棕	P438
成熟棕	P293
丝絮褐	P293
象灰色	P314
绒毛灰	P320
幼鹿棕	P233
部落灰	P268
流灰蓝	P268
貂毛灰	P357
雪土灰	P346
石灰色	P397
草蓝灰	P333
露烨灰	P343
灰纽扣	P225
月光银	P194
雾霾尘灰	P406
塔巴灰	P429
石壁灰	P441
水泥灰	P265
暖风灰	P235
毛发灰	P235
珍珠灰	P196
土橄榄色	P251
花影灰	P259
陶土棕	P338
棕榈灰	P358
沉沙棕	P339
梅雨棕	P292
纸棕色	P295
深阎灰	P291
浅土棕色	P406
木纹家具	P441
玛雅灰	P252
陶土黄	P253
土巷色	P324
岩脂棕	P339
崖辛棕	P341
干草色	P258
唐纳滋灰	P256
暗绿灰	P232

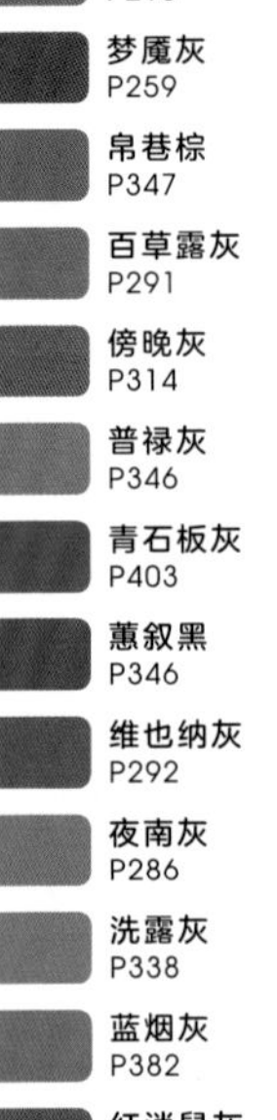
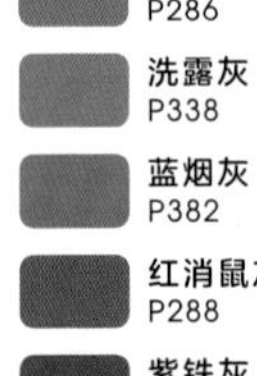

云雀之舞 P410
枯竹叶 P293
阿格斯棕 P216
梦魇灰 P259
帛巷棕 P347
百草露灰 P291
傍晚灰 P314
普禄灰 P346
青石板灰 P403
蕙叙黑 P346
维也纳灰 P292
夜南灰 P286
洗露灰 P338
蓝烟灰 P382
红消鼠灰 P288
紫铁灰 P290
玛丽灰 P294
甜甜圈灰 P441
磁灰色 P357
黑巧克力 P372
深古巴棕 P419
星空灰 P198
工业灰 P402
少梦灰 P418

板岩灰 P200
易宏灰 P339
雀茶棕 P295
绛石棕 P262
胡桃色 P372
解放棕 P320
棕烨色 P324
泥土棕 P253
干花色 P216
栗子皮 P273
冷灰棕 P386
软糖棕色 P373
棕苦色 P411
墨鱼棕 P406
深铜褐 P278
棕暮色 P388
深茂棕 P324
玄棕色 P273
水草棕 P321
泥泞棕 P256
燕尾棕 P292
深墨玉棕 P441
岩石棕灰 P409
黑茶色 P373

深褐棕色 P390
紫葡萄黑 P394
纯黑咖啡 P396
昏葛灰 P433
伦勃朗棕 P392
苦巧克力 P372
暗夜色 P202
深墨绿 P207
阿格斯灰 P258
暗灰色 P324
深瓦灰 P320
暗棕宝石 P426
夏布利黑 P441
朽木棕黑 P425
墨鱼汁黑 P424
石油黑 P421
木炭黑 P403
思礼黑 P432
澜宥黑 P430
橡胶黑 P378
土赭色 P386
丝绒黑 P380
魅影黑 P399
珠光宝黑 P437

丝绸黑 P370
混沌黑 P350
漆黑 P391
深夜黑 P398
墨黑色 P235